Jean Otter

Reisen in die Türkei und nach Persien

Nebst einer Nachricht von den Unternehmungen des Tahmas Kouli Kahn

Jean Otter

Reisen in die Türkei und nach Persien
Nebst einer Nachricht von den Unternehmungen des Tahmas Kouli Kahn

ISBN/EAN: 9783743692510

Hergestellt in Europa, USA, Kanada, Australien, Japan

Cover: Foto ©ninafisch / pixelio.de

Weitere Bücher finden Sie auf **www.hansebooks.com**

Johann Otters,

Mitgliedes der Königlichen Academie der Aufschriften und schönen Wissenschaften zu Paris,

Reisen

in
die Türkey und nach Persien.

Nebst
einer Nachricht von den Unternehmungen
d e s
Tahmas Kouli Khan.

Aus dem Französischen übersetzt, und mit einigen Anmerkungen, vollständigen Registern, aller darinnen beschriebenen Städte, und Flüsse, wie auch des Verfassers Leben, versehen:

von
Georg Friederich Casimir Schad.

Erster Band.

Heu miserande puer , si qua fata aspera rumpas,
Tu Marcellus eris. *Virgilius.*

Nürnberg.
Im Verlag der M. J. Bauerischen Buchhandlung.
1 7 8 1.

Dem

Hochwohlgebohrnen

Gnädigen Herrn,

Herrn

Johann Georg Frie-
derich von Hagen;

auf Obernbürg u. s. w.

Hochfürstlich brandenburgischen Hofrath,

und des fränkischen Kreises Rechnungs-

rath :

seinem

hochzuverehrenden

Gönner,

wiedmet dieses

als

ein aufrichtiges Zeichen

seiner

Ehrfurcht,

der

Uebersetzer.

Vorbericht des Uebersetzers.

Es würde überflüssig seyn, hier, eine weitläuftige Untersuchung von des Verfassers Leben, oder den Nutzen den man aus seinem Werk schöpfen kann, anzustellen : da ersteres bereits in der vorgesetzten Lebensbeschreibung desselben geschehen ist, das andere hingegen schon aus den häufigen Gebrauch erhellet, welchen Herr D. Büsching in seiner Erdbeschreibung von Asien, die Verfasser der allgemeinen Welthistorie, und der Historie aller Reisen, vorzüglich aber Hanway, davon gemacht haben.

Außer

Endlich erinnere noch, daß der Herr von Bougainville, im Jahr siebzehnhundert acht und vierzig, zu Paris, eine Vergleichung zwischen Alexanders und Nadir Chah Feldzug nach Indien, unter den Titel : Paralléle d'Alexandre dans les Indes avec la conquête des mêmes contrées par Thamas Kouli Khan, 8. à Paris, siebzehn hundert acht und funfzig, herausgegeben hat, wovon ich im dritten Band eine Ueberſetzung liefern werde, ſo, wie von noch andern wichtigen Schriften, welche in lateiniſcher, franzöſiſcher, welſcher, und Engliſcher Sprache, abgefaſſet ſind.

Vorrede.

Vorrede.

Auf der Reise wovon ich jeßo die Beschreibung an das Licht stelle, habe ich mir angelegen seyn lassen, die Oerter, Ströme, und Berge, wodurch ich gekommen bin, ihre wechselsweise Entfernung von einander, nebst meinen Beobachtungen über die Landesproducten, und Sitten der Einwohner, täglich in meiner Schreibtafel zu bemerken. Selbst, wenn ich unterwegs einige Minuten Zeit hatte, oder mich irgend wo aufhielt, brachte ich alle diese Beobachtungen in ein Tagbuch, theils zu meinen Gebrauch, theils um in der Königlichen Bibliotheck verwahret zu werden. Seit meiner Zurückkunft nach Frankreich, haben aber einige Personen, deren Urtheil ich in Ehren halte, bey Durchlesung dieses Tagbuches geglaubet, daß es die Morgenländische Erdbeschreibung und Geschichte aufklären könnte, voraus, wenn ich die Länder, deren ich gedenken müste, etwas weitläuftiger beschriebe.

Dieses

Dieses hat mich bewogen, die besten Morgenländischen Erbbeschreiber nachzuschlagen, deren
Werke sich in der Königlichen Bibliotheck befinden.
Insbesondere aber den Aufseher der Buchdruckerey
zu Constantinopel, Ibrahim Effendi (*), welchen
ich den türkischen Erbbeschreiber nenne, weil er der
einzige unter diesen Volk ist, der ein System der
Erbbeschreibung heraus gegeben hat.

Was den historischen Theil anlanget, ist
er theils aus geschriebenen Nachrichten, theils aber
aus den Unterredungen genommen, welche ich
mit sehr erfahrnen Personen gehabt habe. Diesem
sind noch diejenigen Begebenheiten beygefüget worden, wovon ich so zu sagen ein Zeuge mit gewesen
bin, und einige geheime Nachrichten. Inson-
derheit vernahm ich von Abbul Bakikhan, dem
Persischen Gesandten bey der Pforte, und den vornehmsten seines Gefolgs, mit denen ich die Reise
von

---

*) Von diesem berühmten und gelehrten Renegaten, der
vorher Johann Friederich Bachstrom geheissen hat,
und ein aus Schlesien gebürtiger Arzt gewesen ist,
findet sich einige Nachricht in Dunkels Historisch
kritischen Nachrichten von verstorbenen Gelehrten
und deren Schriften, Band I. Seite 584. Band
III. Seite 955 — 57. und den daselbst angeführten Werken: ingleichen in Niebuhrs Beschreibung von Arabien, Seite 216. Anmerkung des
Uebersetzers.

ron Constantinopel nach Ispahan gemacht habe,
unterschiedliche merkwürdige Umstände von des Nadir Chah Leben. Andere habe ich während meines
Aufenthalts in dieser letzteren Stadt, ingleichen
zu Bagdad, und zu Basra, erfahren. Was
ich von seinen Feldzügen, besonders von dem nach
Indien melde, ist mir von Augenzeugen erzählet
worden, und stimmet auch noch außerdem mit einem in Persischer Sprache abgefasten, und zu
Dilli, im Jahr sieben hundert drey und funfzig der
Hegire, (siebzehn hundert und vierzig), geschriebenen Bericht überein. Dieses höchst seltene, und
vielleicht einzige Stück in seiner Art, habe ich in
des Königs Bibliotheck zu hinterlegen für nöthig er-
achtet, damit diejenigen, welche die Sprache verstehen, und gern die Richtigkeit der Geschichten untersuchen, sich von meiner Treue selbst überführen können.

Ueberdieß habe ich aus den mit Leuten von
verschiedenen Morgenländischen Nationen gehabten
Umgang, ihre Sitten, Gebräuche, Denkungsart, Angelegenheiten, und Regierungsform kennen lernen.

Meine Wege habe ich nach Möglichkeit verän-
dert, um einen desto größern Strich zu besehen.
Ja, ich muste sogar eine von den Morgenländern
wenig besuchte Straße reisen, nämlich, die von
Diarbekir nach Sivas, über die Bergwerke von
Kirban, und durch Divrigui, deren noch kein
Reisender wie mich dünket, Erwähnung gethan
hat.

Endlich

Endlich muß ich von einigen in der Recht-
schreibung unterschiedlicher Namen vorgenommenen
Veränderung, noch Rechenschaft geben. Es haben sich durch Unwissenheit, und vielleicht auch
Nachläßigkeit, in die Reisebeschreibungen eine
Menge verfälschter Worte eingeschlichen, deren wir
dergestalt sind gewohnet worden, daß es scheinet
als könnte man sie nicht anderst, ohne die Ohren zu
beleidigen, aussprechen. Dergleichen sind unter
vielen andern die Wörter Vizir, Tartar, Turco-
man, Caravan, Caravansera, Moschee, So-
fi, Alcoran, und eine Menge Namen von Städten und Orten, welche bey ihrer Verunstaltung
denjenigen lächerlich vorkommen, welche an ihre
wahre Aussprache gewöhnet sind, und öfters ganz
etwas anders sagen, als ihr eigentlicher Sinn mit
sich bringt. Einige habe ich in ihrer rechten
Schreibart wieder hergestellet, andere hingegen
nicht verändert, aus Furcht getadelt zu werden,
als ob ich zu viel hätte unternehmen wollen.

Wenn das Publikum meine in diesem Stück
genommene Freyheit entschuldiget, werde ich in
dieser Verbesserung künftig weiter fortfahren.
Sollte es aber noch außerdiesem mit dem Inhalt des
Werkes selbst, zufrieden seyn, glaube ich meine
Zeit und Mühe wohl angewendet zu haben.

Inhalt

Inhalt

der in diesem ersten Band enthaltenen Kapitel.

Erstes Kapitel.

Abreise des Verfassers von Paris nach Marseille, und weiter zur See nach Constantinopel, Beschreibung des währender Fahrt ausgestandenen gefährlichen Sturms, und der darauf erfolgten glücklichen Ankunft in dieser Hauptstadt.   Seite 19

Zweites Kapitel.

Beschreibung von Constantinopel.   S. 24

Drittes Kapitel.

Kurze Nachricht von den Vorstädten um Constantinopel. Beschreibung der Audienz des französischen Ministers bey dem Großvezir: wie auch des feyerlichen Ausritts vom Großherrn, am großen Bairamfest, in die Sophienmoschee.   S. 26

Viertes

Viertes Kapitel.

Verschiedene Beobachtungen über die Türken.   Nachricht von der St. Sophienkirche, und einigen andern Moscheen.   Seite 33

Fünftes Kapitel.

Nachricht von der Pest zu Constantinopel, und den Landhäusern, wohin die Franken ihre Zuflucht gegen dieselbe nehmen.   Verdrüßlicher Zufall so dem Holländischen Gesandten begegnet.   S. 41

Sechstes Kapitel.

Nachricht von den Friedensunterhandlungen, zwischen den Persern und Türken.   Kriegserklärung der Pforte gegen die Moscowiter, und prächtiger Auszug des Großvezirs.   Ankunft des Persischen Abgesandten zu Constantinopel, den geschlossenen Frieden zu bekräftigen. S.44

Siebentes Kapitel.

Abreise von Constantinopel nach Ispahan.   S. 48

Achtes Kapitel.

Fortsetzung der Reise, von Konia nach Adana.   S. 68

Neuntes Kapitel.

Reise von Adana, nach Haleb.   S. 71

Zehntes Kapitel.

Reise von Haleb, nach Kizil-Hisar.   S. 95

Eilftes

Eilftes Kapitel.

Reise von Kizil-Hisar nach Urfa.   Seite 105

Zwölftes Kapitel.

Reise von Urfa bis an den Tiger.   S. 117

Dreyzehentes Kapitel.

Nachricht vom Tiger Strom.   Ankunft zu Mosul, und
Beschreibung dieser Stadt.   S. 124

Vierzehentes Kapitel.

Reise von Mosul nach Bagdad.   S. 145

Funfzehentes Kapitel.

Ankunft zu Bagdad, und Beschreibung dieser Stadt. S. 157

Sechzehentes Kapitel.

Reise von Bagdad bis nach Kirmanchah.   S. 165

Siebzehentes Kapitel.

Abreise von Kirmanchah, und Ankunft zu Ispahan. S. 178

Achtzehentes Kapitel.

Beschreibung von Ispahan.   S. 194

Neunzehentes Kapitel.

Der Verfasser macht zu Ispahan verschiedene Bekanntschaften, und weigert sich den Abdul-Bakikhan nach Kandehar zu begleiten.   S. 201

Zwanzigstes Kapitel.

Nachrichten von dem Zustand der Handlung zu Ispahan,
und in Persien überhaupt: ingleichen von den Anstal-

ten

ten des Nadir Chah zu seinen Zug nach Indien, und den Einfällen der Lesgi in die Persischen Gränzen, nebst andern Merkwürdigkeiten.   Seite 209

Ein und zwanzigstes Kapitel.

Beschreibung der Eußbecken und ihres Landes. Nachricht von der gänzlichen Ausrottung der unglücklichen Familie des Chah-Husein.   S. 220

Zwey und zwanzigstes Kapitel.

Geschichte der Unruhen in Persien, von ihrem Anfang bis zu des Mirveis Tod.   S. 228

Drey und zwanzigstes Kapitel.

Fortsetzung dieser Geschichte von Erwählung des Mahmoud, zum Oberhaupt der Afganen, bis zur Empörung der Lezgis.   S. 240

Vier und zwanzigstes Kapitel.

Mahmoud marschiret nach Absetzung des Lustali Khan, auf Kirman, und von da gegen Ispahan, welches er belagert.   S. 244

Fünf und zwanzigstes Kapitel.

Große Verwirrung und Hungersnoth welche zu Ispahan durch die Belagerung entstehet. Der König Chah Husein tritt endlich die Stadt und sein Königreich an Mahmoud, ab.   S. 249

Sechs und zwanzigstes Kapitel.

Mahmoud sucht sich bey seinen neuen Unterthanen beliebt zu machen, und durch seine Generale die übrigen Provin-

zen

zen unter sich zu bringen.   Er lässet zu Jspahan ein
großes Blutbad anstellen.   S. 251

Sieben und zwanzigstes Kapitel.

Chah Tahmas setzet sich den Afganen mit abwechselnden Glück
entgegen.   Die Türken suchen die Unruhen in Persien gleichfalls zu benutzen.   Mahmoud wird auf die letzt
ganz im Kopf verruckt.   S. 258

Acht und zwanzigstes Kapitel.

Echeref wird von den Afganen auf den Thron gesetzt.   Dieser lässet den Mahmoud sogleich umbringen, und suchet
dem Chah Tahmas durch verstellte Freundschaft in seine Hände zu bekommen, welches ihm aber mislingt. S.265

Neun und zwanzigstes Kapitel.

Nachrichten von den Streifereyen der Abdalis - Afganen,
Lezguis , Moscowiter , und anderer , in Persien,
welche sich vieler Provinzen bemächtigen.   Echeref schicket einen Gesandten nach Constantinopel , der aber
nicht angenommen wird : lässet endlich den Chah Husein
das Leben nehmen.   S. 272

Dreysigstes Kapitel.

Nadir Kouls Herkunft und tapfere Verrichtungen in Persien,
bis im November des Jahres siebzehn hundert und
dreysig.   S. 279

Ein und dreysigstes Kapitel.

Tahmas Kouli Khan wird vom König zum Seraskier ernennt, und vertreibt die Afganen gänzlich aus der Provinz

vinz Chiraz.   Echeref verlieret in einem Gefecht mit
den Bolougden sein Leben.   Seite 288

Zwey und dreyßigstes Kapitel.

Tahmas Kouli Khan wird von Chah Tahmas, bey seiner
Ankunft nach Ispahan, zum ersten Staatsminister ernennt, und marschiret gegen die Türken, welche von
ihm und dem Chah Tahmas zu unterschiedenen malen
geschlagen werden.   Chah Tahmas schließet mit den
Türken einen nachtheiligen Frieden, wird aber endlich
von Tahmas Kouli Khan des Thrones entsetzet, und
sein Sohn unter den Namen Chah Abbas als König
ausgerufen.   S. 291

. Drey und dreyßigstes Kapitel.

Tahmas Kouli Khan wird unter den Namen Weli Nimet zum
Regenten des Königreichs ernennt.   Er macht mit den
Moscowitern Frieden, und gehet auf die Türken los.
Muhammed Khan suchet den Chah Tahmas wieder auf
den Thron zu setzen, wird aber geschlagen.   S. 298

Vier und dreyßigstes Kapitel.

Tahmas Kouli Khan setzt den Krieg gegen die Türken fort,
entreiset ihnen alle von Persien eroberte Provinzen, und
besteiget hierauf durch allerley Kunstgriffe den Persischen
Thron.   S. 302

Fünf und dreyßigstes Kapitel.

Nadir Chah lässet sich von den jährlichen Einkünften der
Mollas, ein richtiges Verzeichniß geben, und ziehet
solche hernach ein.   Den Abdul-Bakikhan schickt er
als Gesandten nach Constantinopel, und rüstet sich zur
                                                  Belage-

Belagerung von Kan behar, welches er nach einer langwierigen Belagerung endlich erobert.   Seite 309

Sechs und dreyßigstes Kapitel.

Nadir Chah entschließet sich zu den Feldzug nach Indien. Geschichte von der Unordnung, worinnen sich dieses Reich befunden hat, bis zur Empörung der Merehes. S. 313

Sieben und dreyßigstes Kapitel.

Der Kaiser entdeckt zuletzt die schändliche Aufführung seiner Minister, und ruft den Nizam - ul Mulk wieder an Hof zurück: der von neuen daselbst verspottet, und hierdurch dergestalt aufgebracht wird, daß er nebst Seadet Khan den Nadir Chah nach Indien locket. S. 328

Acht und dreyßigstes Kapitel.

Nadir Chah entschließet sich auf die Vorstellungen der beyden Umeras in Indien einzubrechen, und erobert Kiabul. S. 331

Neun und dreyßigstes Kapitel.

Ueber die empfangene Nachricht der Eroberung von Kiabul, entstehet eine große Bestürzung an den Mogolischen Hof, Nadir Chah bemächtiget sich nach vielen überwundenen Schwierigkeiten der Stadt Pichaiver.   S. 338

Vierzigstes Kapitel.

Die Eroberung von Pichaiver setzt den Mogolischen Kaiser in große Bestürzung. Nadir Chah erobert Lahour, schneidet dem zu Kiernal stehenden Mogolischen Heer die Lebensmittel ab, und wird von Seadet Khan angegriffen.   S. 343

Ein und vierzigstes Kapitel.

Seadet Khan wird von den Persern gefangen genommen, und hierauf die Mogolische Armee geschlagen, auf Zureden

des

des Nizam-ul-Mulk, schließet Muhammed Chah mit
dem Nadir Chah einen Vergleich, und begiebt sich zu
ihm ins Lager, wo er zurück bleiben muß.　Seite 352

Zwey und vierzigstes Kapitel.

Seadet Khan wird von Nadir Chah mit einem Trupp Persischer Reuterey voraus nach Dilli geschickt, von
dem dortigen Kastell Besitz zu nehmen. Nadir Chah
lässet alles im Indianischen Lager erbeutete, mit guter
Bedeckung nach Kiabul abgehen, und hält wenige Tage hernach, seinen Einzug zu Dilli. Seadet Khan wird
daselbst von dem König übel empfangen, und bringet sich
aus Verdruß darüber, mit Gift um das Leben. S. 360

Drey und vierzigstes Kapitel.

Die Einwohner von Dilli empören sich gegen die Perser, und
bringen viele derselben ums Leben. Nadir Chah
lässet deshalben ein großes Blutbad anstellen, die Stadt
plündern, und zum Theil anzünden. Fernere Erzählung der Grausamkeiten, welche daselbst auf seinen
Befehl verübet werden, um Geld zu erpressen. S. 364

Vier und vierzigstes Kapitel.

Nadir Chah begehret bey Muhammed Chah eine Prinzessinn
von Geblüt für seinen Prinzen, Nasrullach Mirza,
und nöthiget ihn dem neuvermählten Paar unterschiedliche Provinzen von Indien förmlich abzutretten. S. 372

Fünf und vierzigstes Kapitel.

Nadir Chah erpresset auf die grausamste Art, ohne jemand
zu verschonen, große Geldsummen von den Einwohnern zu Dilli.　　　　　　　　　S. 381

Leben

Leben

Johann Otters. *)

Johann Otter war den drey und zwanzigsten des Wein=
monats, im Jahr siebzehnhundert und sieben, zu Chri=
stianstadt, in der Schwedischen Provinz Schonen
gebohren. Seine Aeltern waren in sehr guten Glücksumstän=
den, wegen des Handels, der durch die Lage der Stadt an
dem.

*) Diese Lebensbeschreibung, welche den Herrn de Bougainville
zum Verfasser hat, und im drey und zwanzigsten Bande
der Histoire de l'academie des Inscriptions stehet, Sei=
te zwey hundert sieben und neunzig und f. ist von mir aus dem
ersten Theil, der siebzehnhundert vier und siebzig zu Breslau
in Octav herausgekommenen Lebensbeschreibungen merkwürdiger
Personen, dieses und des vorigen Jahrhunderts, Seite zwey
hundert ein und sechzig bis neun und siebzig genommen worden.
Einige Nachrichten von der Otterischen Familie findet man in
dem zweyten Bande von Schlözers Schwedischen Biographie,
Seite drey hundert neun und funfzig bis zwey und sechzig.
Anm. des Uebers.

A

dem Baltischen Meere sehr blühend gemacht werden kann.
Aber damals war unter einem kriegerischen König, der Handel in ganz Schweden eingeschlafen, und bald darauf durch
die Unordnungen, welche auf die Schlacht bey Pultawa folgten, fast völlig vernichtet.   Im Jahr siebzehnhundert und
zehn, unternahmen die Dänen eine Landung auf Schonen,
und bemächtigten sich Christianstadt, deren Bewohner die
Plünderung durch fast unausbringliche Brandschatzungen er-
kaufen musten. Dieser Unglücksfälle, welche die Familie
des jungen Otters betrafen, ungeachtet, gab man ihm eine
Erziehung, die im Stand war, seine natürlichen Anlagen zu
entwicklen.   Mitten unter den Schrecken des Kriegs bildete
sich ein Mann für die Wissenschaften, der seinem Vaterlan-
de Ehre machen sollte. Eine unüberwindliche Neigung reizte
ihn zu dem Studium der Sprachen; und schon in seiner
Jugend lernte er fast alle.

Durch den Nystädter Frieden kam Schweden wieder
zu sich selbst. Herr Otter machte sich dieses zu Nutzen, und
gieng im Jahr siebzehn hundert und vier und zwanzig nach
der Universität Lund, um daselbst zu studieren. , Er wande
drey volle Jahre auf die Naturlehre und Theologie, unter
der Aufsicht des gelehrten Bischofs dieser Stadt, Andreas
Rhydelius.   Damals war es, als ein geheimer Umgang
mit Katholiken, und seine eigene Belesenheit ihm einigen
Verdacht gegen Luthers Reformation beybrachten.   Er
gieng nach Stockholm, um sich seine Zweifel auflösen zu lassen, und einige Monate nach seiner Ankunft in dieser Hauptstadt, schwur er den lutherischen Glauben ab. Der Graf von
Creste Brancas, war damals Königlich französischer Gesandter an dem schwedischen Hof; und eilte, diesen neuen Ka-

tholiken

tholichen nach Frankreich überſetzen zu laſſen. Herr Otter
landete in den Hafen zu Dieppe, und nahm ſeinen Weg nach
Rouen, wo ihn ein General Vicarius dieſes Kirchſpiels
auf Befehl des Hofs empfieng. Man unterſuchte die Bewe-
gungsgründe ſeiner Bekehrung; ſie ſchien ohne Vorurtheil,
aufrichtig, und gründlich zu ſeyn. Dieſer Schritt, ſeine
ordentliche Lebensart, ſein unwiderſtehlicher Hang zum Studieren, die Kenntniſſe, die er ſich ſchon in der Theologie erworben hatte, alles dieſes ſchien einen offenbaren Beruf zu
dem geiſtlichen Stand anzuzeigen. Man brachte ihn alſo
in das Seminarium zu Rouen. Hier lebte er drey Jahre,
von ſeinen Vorgeſetzten geachtet. Ob er nun ſchon die Denkungsart und Aufführung dieſes Standes hatte, fühlte er
dennoch, daß er nicht für denſelben gebohren wäre. Bey einer etwas mindern Bedenklichkeit, hätte er ihn als einen
leichten Weg zu ſeinem Glücke anſehen können. Aber er
hatte zu viel Achtung für die Religion, als daß er ſie zu ei-
gennützigen Abſichten hätte anwenden ſollen: und da er zu
aufrichtig war, ſeine Denkungsart zu verbergen, mit Gefahr
in den Verdacht der Unbeſtändigkeit zu fallen, gab er dem
Kardinal Fleury Nachricht davon. Dieſer Miniſter befahl
ihm nach Paris zu kommen, und wies ihm eine Stelle bey
dem Poſtweſen an. Seine große Kenntniß von faſt allen
europäiſchen Sprachen, ſetzte ihn in Stand bey dieſer Be-
dienung Nutzen zu ſchaffen. Damals redete er nicht nur
ſeine Mutterſprache und die Franzöſiſche, ſondern auch die
Däniſche, die Deutſche und ihre Dialecte, das Engliſche,
die Spaniſche und Italiäniſche, mit gleicher Fertigkeit.
Dieſe ſonderbare Fertigkeit, beſonders in Rückſicht auf die
drey letzten Sprachen, die er auf ſeinem Zimmer ohne
Sprachmeiſter blos aus Büchern gelernt hatte, kann uns ei-

ne richtige Vorstellung von seiner außerordentlichen Geschicklichkeit in dieser Art Studien, machen.

Wie viel Eigenschaften setzt nicht diese Gabe bey
denjenigen voraus, die sie zu einen vorzüglich hohen Grad
bringen

Eine lebhafte Einbildungskraft, ein glückliches Gedächtniß, eine unermüdete Einsamkeit, sind nicht die einzigen wesentlichen Eigenschaften. Dazu muß noch kommen
die Beurtheilungskraft, die Kunst eine Menge von Ver-
hältnissen zu verbinden, die sich um so viel schwerer unterscheiden lassen, da sie willkührlich sind; Scharfsinn genug, um das Eigenthümliche jeder Sprache zu erkennen,
und Genauigkeit zur Erlernung ihrer Regeln, viel Verstand,
um sie unter Grundsätze einer allgemeinen Sprachlehre zu
bringen, die man für eine sehr feine Metaphysik anzusehen
hat. Indem man sein Gedächtniß mit einer unendlichen
Menge von verschiedenen Wörtern überhäuft, muß man sie
ohne Verwirrung darinnen vertheilen, ohne Zwang behalten, und so mit seinen Ideen verbinden, daß sie allezeit
fertig sind, sich im erforderlichen Fall zu zeigen. Eine
Art von System, durch welche nur ein Ordnungsvoller
Kopf im Stand ist, die Menge zu regieren. Kurz, man
kann keine vollkommene Kenntniß von Sprachen haben,
wenn man nicht von ihren Ursprung unterrichtet ist, wenn
man ihre Entstehungsart, ihre Veränderungen, ihre Ver-
mischungen, die Verwandtschaft, welche unter denen, die
einen gemeinschaftlichen Ursprung haben herrschet, nicht
kennet; wenn man nicht die eigenthümlichen Wörter von
andern unterscheiden kann, die unvermerkt aus andern Spra-

chen

chen aufgenommen worden sind; lauter Kenntnisse, die von einer zum wenigsten allgemeinen Bearbeitung der Geschichte abhängen.

Wer Herrn Otter näher gekannt hat, wird leicht die Anwendung von allem dem was ich gesagt habe, auf ihn machen können.

Durch diese Vorzüge in einer so nützlichen Wissenschaft erwarb er sich die Gewogenheit eines Ministers, der die Wissenschaften schützte, und ihn gleichsam in ihren Namen warb; und von dieser Zeit an, wird die Geschichte seines Lebens für uns merkwürdiger. Die Wissenschaften konnten von der Geschicklichkeit des Herrn Otter in Sprachen, großen Vortheil ziehen, und von einer andern Seite machten ihn sein Verstand und Eifer fähig, zu gleicher Zeit dem Staate und den Wissenschaften nützlich zu seyn. Der Graf von Maurepas entschloß sich aus dieser doppelten Absicht, ihn in die Morgenländer zu schicken. Die Absicht seiner Reise war, die Morgenländischen Sprachen gründlich zu erlernen, deren Kenntniß einen starken Einfluß auf die neuere Geschichte hat; und dann zu sehen, welche Maaßregeln man nehmen müste, um die Handlung der Franzosen mit den Persern, wieder herzustellen. Herr Otter erhielt im Januar des Jahrs siebzehn hundert vier und dreyßig, Verhaltungsbefehle vom Hofe. Er gieng zu Marseille ohne Verzug zu Schiffe; auf der Reise stand er einen sehr heftigen Sturm aus; und kam den zehnten Merz zu Constantinopel an. Seine erste Sorge war, sich dem Französischen Gesandten, Marquis von Villeneuve zu zeigen, welcher ihn in seinem Pallaste aufnahm. Einige Tage wurden für die

Neu-

Neugier angewendet; so bald er sich aber einen allgemeinen
Begriff von dem Lande und dessen Einwohnern gemacht hatte, legte er sich mit allen Eifer auf die Erlernung der Türkischen und Arabischen Sprache, und indem er dadurch seine
Pflicht erfüllete, hatte er zugleich das Vergnügen, seinem
Geschmack zu folgen, und seine Kenntnisse erweiterten sich
schnell. Das Lesen war nicht das einzige Mittel, welches
er zu seiner Absicht anwendete, er verband damit den Umgang, der mehr als Bücher im Stande ist eine lebendige
Sprache geläufig zu machen. Er besuchte Armenier und
Türken, vorzüglich aber den Ibrahim Effendi einen geschickten Erdbeschreiber, der durch seine Werke, und durch die Er-
richtung einer Druckerey in Constantinopel, bekannt ist.
Herr Otter konnte ihm bald verstehen und ihm antworten.
In kurzer Zeit hatte er die Anfangsgründe der arabischen
Sprache innen, und in der Türkischen war er Meister;
nun sahe er sich im Stand, seine Reise nach Persien anzu-
tretten und die Befehle auszurichten, die er auf sich genom-
men hatte. Aber der damalige Krieg der Perser mit den
Türken, nöthigte ihn seine Abreise aufzuschieben. Der
Krieg wurde durch den Frieden, den der berühmte Achmed
Pacha von Bagdad, zwischen den zwo Mächten sehr geschickt
zu Stand brachte, geendiget; und ein Persischer Abgesandter brachte dem Sultan die Genehmigung von Seiten seines
Herrn.

Dieser Minister trat nach einigen Tagen, die er in
Constantinopel zubrachte, seine Rückreise nach Hispahan
an. Es war im November siebzehn hundert sechs und
zwanzig, und nach der Abrede, die der Marquis von Vil-
leneube mit ihm genommen hatte, begleitete ihn Herr
Otter-

Otter. Ohne mich in einzelne Umstände einzulassen, die mich zu weit führen würden, will ich nur sagen, daß er, nach einer Reise von ohngefähr acht Monaten durch weite Länder, wo man jetzt nicht so viel Hütten, als sonst blühende Städte antrifft, gegen den Heumonat im Jahr siebzehn hundert sieben und dreyßig, zu Hispahan ankam. Was er auf der Reise gesehen hatte, machte ihn schon einen Vorbegriff von dem abscheulichen Zustand, worinnen er diese Hauptstadt antraf. Es war eine Wüste, wo das Aug nichts als Trümmer fand. Die wenigen übrig gebliebenen Bewohner waren mit Abgaben überhäuft, und hatten keinen Trieb mehr zur Handlung, die durch die letzten Staatsveränderungen war zernichtet worden. Die meisten fremden Kaufleute waren nach Bender Abassi geflüchtet, und erwarteten in dieser Freystadt einen günstigern Zeitpunkt. Der übrige Theil des Reichs hatte noch vielmehr von den Einfällen der Afganen gelitten.

Während der Zeit diese Rebellen mit Feuer und Schwerd in den südlichen Provinzen wüteten, hatten die Türken, die Russen, die Basgis, und alle benachbarte Völker sich sein Unglück zu Nutzen gemacht, um es zu verwüsten und zu zertrümmern. Obgleich der tapfere Nadir Chah, die alten Gränzen der Monarchie wieder herstellte; so war doch dieser berühmte Mann, der unter den Namen Tahmas Kouli Chan, in Europa bekannt ist, nur der Retter seines Vaterlandes, um dessen Geissel zu werden. Begierig auf Mord, Reichthümer und Eroberungen, ein Feind seiner Unterthanen, da er als ein aufgedrungener Beherrscher, keine Sicherheit als mitten unter den Soldaten fand, entvölkerte er Persien, um die benachbarten Na-

tio

tionen seiner Herrschaft zu unterwerfen. Die Eroberung von Kandahar, im Jahr siebzehn hundert acht und dreyßig, öfnete seiner unersättlichen Begierde den Weg nach Indien.

Der Charakter dieses Prinzen, und die Umstände des Reichs, machten, daß Herr Otter alle Absichten zur Anlegung des französischen Handels nach diesen Land fahren ließ. Ohne durch vergebliche Bemühungen, eine kostbare Zeit zu verlieren, war er so klug, sich blos auf den zweyten Endzweck seiner Reise, auf die Erlernung der Persischen Sprache, einzuschränken. Sein Umgang mit den vorzüglichsten Gelehrten der Hauptstadt, erleichterte seine Bemühung. Er bearbeitete sie mit Eifer: vernachläßigte aber die Arabische nicht dabey, welche er für unentbehrlich hielt, um zu einer vollkommenen Kenntniß der zwo andern zu gelangen, besonders zu der Persischen. Diese letztere ist in der That nur eine Mundart, und vielleicht nur ein verdorbenes Arabisch.

Nach einen Aufenthalt von zwanzig Monaten zu Hispahan, reiste Herr Otter im April siebzehn hundert neun und dreyßig ab, um nach Basra, einer wichtigen Stadt an den Persischen Meerbusen, zu gehen, deren Handel schon für sich wichtig war, aber durch den Verfall der Persischen noch weit mehr zugenommen hatte, sie stand damals unter Achmed, der die Provinz Bagdad mit uneingeschränkter Macht regierte, ob er gleich ein Vasall des Groß Herrn war. Man konnte hoffen, dieser Pacha, der größte Politiker unserer Zeit, würde die Vorschläge bewilligen, die der Persische Tyrann nicht einmal angehört hätte. Um sich davon zu versichern, nahm Herr Otter seinen

keinen Weg nach Bagdad. Er wuſte ſich einen leichten
Zutritt bey Achmed zu verſchaffen, unterhielt ihn von den
Vortheilen, die aus der Erweiterung des franzöſiſchen Handels zu Baſra entſtehen würden, und da er ihn bereit fand
die Abſichten des franzöſiſchen Hofes zu befördern, gab er
dem Marquis von Villeneuve Nachricht davon, der alsdann
die Sache ſehr geſchickt ausführte. Da dieſe Unterhandlung
zu Ende gebracht war, ſetzte ſich Herr Otter auf den Tigris-
fluß um ſeine Reiſe zu vollenden, und ſahe endlich am neunzehnten Brachmonat, Baſra.

Während eines Aufenthalts von faſt vier Jahren in
dieſer Stadt, erſt ohne Titel, hernach als Conſul, leiſtete
er der franzöſiſchen Nation alle Dienſte, die man von einem klugen und dienſtfertigen Manne, den der Pacha
ſchätzte, erwarten konnte. Aber das Gebiet von Baſra empfand endlich die Unruhen, welche die Betrügerey des Achmed, und der Ehrgeiz des Nadir Chah, in allen dortigen Gegenden unterhielte.

Im Jahr ſiebzehnhundert ein und vierzig brachte der
Aufruhr von faſt allen Stämmen der Araber, die in der
Nachbarſchaft dieſer Stadt verbreitet waren, Schrecken und
Unordnung in dieſe Stadt. Die Rebellen hielten ſie faſt zwey
Monathe eingeſchloſſen, plünderten die Kaufleute, und begiengen in der umliegenden Gegend die gröſten Ausſchweifungen. Herr Otter, der damals in den Mauern von Baſra
eingeſchloſſen war, nahm an der Furcht der Einwohner
Antheil. Dieſe Unordnungen hinderten aber ſeinen Fleiß
in Erlernung der arabiſchen Sprache, unter den ge-
ſchickteſten Lehrern, niemals. Er bezahlte ſie theuer, ob

er gleich seine Ausgaben sehr genau einrichten muste : aber
die Leidenschaften erstreckten ihre Herrschaft über das Nothwendige, und Herr Otter liebte das Studium der Sprachen
sehr heftig.

Er konnte nicht zu viel Fleiß an die Arabische wen-
den, die vielleicht unter allen bekannten Sprachen die aus-
gebreiteste und reichste ist. Sie zeigt unserer Neugierde eine
große Anzahl von Werken in allen Gattungen. Keine Nation hat so viele Redner und Dichter hervorgebracht.
Man macht ihrer Sprachlehre den Vorwurf, daß sie zu
schwer sey; sie enthält alle Feinheiten, deren diese Kunst
nur fähig ist; die Araber sind dabey ins übertriebene gefallen. Aber Schwierigkeiten nehmen dem Genie niemals den
Muth, sie reitzen vielmehr, und feuren es an. Die Schwierigkeiten der arabischen Grammatik waren nicht sowohl Hindernisse als Reitzungen für Herrn Otter; er überwand sie
durch unablässige Arbeit, und brachte es so weit, daß er vor
seiner Abreise von Basra so leicht arabisch sprach, als die
Einwohner des Landes. Unterdessen hatte dieses Studium
nicht alle seine Zeit weggenommen. Er wandte auch welche auf die türkische Sprache, von der er sich durch eigenen Fleiß Meister machte, und durch den Umgang mit einem
Derwisch, der durch seinen Witz und durch seine Kenntnisse
im ganzen Lande bekannt war. Mit ihm versuchte er es sogar, das neue Testament ins Türkische zu übersetzen. Er
hatte die Absichten, es den Christen in dieser Gegend verständ-
lich zu machen, die größtentheils nicht Arabisch genug verstehen, um die vortreflichen Uebersetzungen, welche von den
Maroniten sind verfertigt worden, zu lesen. Das Werk
war beynahe zu Ende gebracht, als er am sechsten May
sieb-

ſiebzehn hundert drey und vierzig, Befehl erhielt nach Frankreich zurück zu gehen.

Seine Genauigkeit und Pünktlichkeit erlaubten ihm
nicht, die Reiſe aufzuſchieben, unerachtet er Gründe hatte, ſo die Verzögerung, die alle ſeine Freunde für nöthig
hielten, zu berechtigen ſchienen. Schon den neunten May
machte er ſich auf den Weg nach Conſtantinopel, wo er
gegen Ende des Auguſtus ankam. Alle, die ihn bey ſeinen
erſten Aufenthalt daſelbſt gekannt hatten, hielten ihn wegen
der Sprache für einen Araber. Die Kritik fand nichts an
ihm zu tadeln, als eine zu ſtrenge Reinigkeit; ein Fehler,
der Einſichten und Geſchmack vorausſetzt! ſechs Wochen
auszuruhen, ſchienen ſeiner Ungedult zu lang. Er gieng am
dritten October zu Schiffe, und kam den eilften Jenner
ſiebzehn hundert vier und vierzig zu Marſeille an, und am
acht und zwanzigſten Februar ſahe man ihn ſchon wieder in
Paris. Nach einer zehnjährigen Abweſenheit brachte er ſolche Reichthümer zurück, welche die alten Philoſophen ſo weit
von ihren Vaterland aufſuchten, eine große Menge nützlicher
Kenntniſſe. Die Geographie, Politik und Geſchich-
te, hatten wirklich auch ihren Antheil an ſeiner auf das
Studium der morgenländiſchen Sprachen verwendeten Zeit
gehabt. Er war fähig, zu beobachten und nachzudenken,
und hatte ſich von jedem Lande das er durchgereiſet,
eine richtige Vorſtellung gemacht. Er kannte die Sitten der
Einwohner, ihr Genie, ihre Geſetze, ihre Regierungsart,
die Produkte verſchiedener Gegenden, und beſonders das
Intereſſe ihrer Fürſten. Das Gemählde vom Orient war
ſo zu ſagen, ſtets vor ſeinen Augen.

Herr

Herr Otter war gewohnt während seiner Reise ein ge=
naues Verzeichniß der Wege zu halten, und in dieses Tag=
buch brachte er auch alles, was seine eigene Beobachtung
und die besondere Unterredung ihn noch merkwürdiges geleh=
ret hatten. Nach seiner Rückkunft machte er ein Buch dar=
aus, welches er unter Aufsicht des Grafen von Maurepas
drucken ließ. Leser die den Werth des Wahren fühlen, und
sich nur mit den Nützlichen begnügen lassen, ertheilen diesem
Werke große Lobsprüche. Ohne Rücksicht auf die persönli=
chen Umstände des Verfassers, die uns merkwürdig seyn müs=
sen, da sie einen Mann von Wissenschaften, der ein
guter Bürger war betreffen, verdiente es auch aus vielen an=
dern Ursachen eine gute Aufnahm. Es sind wenige Wissen=
schaften, die nicht Nutzen daraus sollten ziehen können.
Dem Erdbeschreiber liefert es eine Menge uns wenig be=
kannter Lagen, welche durch arabische Astronomen bestimmt
worden sind, den mit Richtigkeit gezeichneten Lauf der
Flüsse, sehr genaue Begriffe von dem Umfange, der
Abhängigkeit und den Gränzen verschiedener Gegenden. Der
Sprachlehrer findet eine Ortographie, wodurch eine große An=
zahl von Wörtern, die durch die Unwissenheit verstellt
worden sind, wieder hergestellet wird: der Antiquarius,
sonderbare Denkmaale angezeiget oder beschrieben; der
Physiker, verschiedene Nachrichten für die Naturgeschichte;
der Philosoph, ein ungekünsteltes, aber wahres Gemähld
von den besondern, oder wenigstens von den unsrigen sehr ab=
weichenden Sitten; der Staatskundige, einen richtigen
Begriff von den morgenländischen Händeln, die wegen der
Verbindung mit der französischen Handlung nicht für fremd
anzusehen sind. Endlich findet der Geschichtskundige eine
vortrefliche Abhandlung darinnen, eine kurze Erzählung von

den

den letzten Staatsveränderungen in Persien, von dem Leben des Tahmas Kouli Khan, die Thaten dieses neuen Attila, und von seiner Unternehmung auf Indien. Dieser Theil des Buches ist um so viel merkwürdiger, weil der Verfasser an den Orten selbst gewesen war, und einige Vorfälle gesehen hat, die in seinem Buche erzählt werden, welche er nebst andern glaubwürdigen Nachrichten oder Zeugnissen gebraucht hat. Die Schreibart selbst gibt seiner Erzählung alle Zuverlässigkeit, welche solche ursprüngliche Abhandlungen haben können. Sie ist einfach, ohne Schmuck, ohne Kunst, ohne Enthusiasmus, obgleich der Gegenstand für die Einbildungskraft sehr fruchtbar war: Der Verfasser scheinet aber gegen seine Einbildungskraft beständig auf der Hut gewesen zu seyn. In der Ueberzeugung, daß die Wahrheit das Verdienst des Geschichtschreibers ausmache, und daß man Gefahr laufe, sie durch Zierrathen zu verfälschen, hat er sich in den Gränzen der gewissenhaftesten Genauigkeit gehalten. Man muß gestehen, daß die übertriebene Beobachtung dieses Grundsatzes seine Erzählung etwas trocken macht. Man findet keine glänzende Beschreibung, keine witzigen Gemählde: aber Züge, so wahre Gemählde machen können, hin und wieder zerstreuet, und ein Leser der denken kann, hat das Vergnügen sie zu verbinden, und folglich eine Aussicht zu genießen, die er sich zum Theil selbst schaffet. Wenn übrigens die trockenen Erzählungen des Herrn Otter, das Vergnügen vermindern, so wird dieser Mangel durch Reinigkeit der Sprache ersetzt: eine Eigenschaft, die selbst einem gebohrnen Franzosen Ehre machen würde, weil sie selten ist; die aber bey einem Fremden, der sehr spät nach Frankreich kam, wieder zehen Jahre abwesend war, und überdieß eine große Menge

von

von Sprachen verstand, wohl verdienet angemerkt zu werden.

Als er in Paris ankam, ertheilte man ihm für seine Dienste ein Jahrgeld, ohne daß er darum anhielt. Der Graf von Maurepas brachte ihn nicht lange darauf bey der Königlichen Bibliotheck, als Dollmetscher der Morgenländischen Sprachen an. Diese Stelle setzte ihn in Stand, die auf seinen langen Reisen erworbenen Kenntnisse zu bearbeiten, und sogar auf dem Zimmer mit Bequemlichkeit zu erweitern, und verschafte ihm ein sicheres Mittel, sie dem Publico nützlich zu machen. Diese Königliche Bibliotheck enthält eine große Sammlung von Werken, die von Türken, Persern, und besonders von Arabern in verschiedenen Gattungen der Gelehrsamkeit sind verfertiget worden. Viele von diesen Abhandlungen, betreffen die Astronomie, Algeber und andere Wissenschaften, welche unter einigen Khalifen, so den Ruhm als Beförderer der Wissenschaften gehabt haben, mit glücklichen Erfolg sind getrieben worden. Aber die meisten morgenländischen Handschriften sind historisch, und enthalten die Geschichte der Muselmänner, eine Geschichte, die schon an sich, aber auch durch die Verbindung, welche die Unternehmungen der Saracenen auf Italien, Spanien und Frankreich, und die Züge der Franzosen nach Asien, in der Geschichte der Morgenländer und Abendländer machen, wichtig ist. Wenn wir nur die französischen Geschichtschreiber bey diesen Begebenheiten zu Rath ziehen, werden wir von den meisten, eine falsche Vorstellung bekommen. Wie kann sich die Kritik auf Erzählungen verlassen, welche Partheylichkeit, Unwissenheit in der Sprache und den Sitten, Ent-

fer-

ferung und Mängel der Schriften, mit groben Fehlern angefüllt haben? in den Schriftstellern einer Nation, muß man ihre Geschichte lernen. Vergleicht man die Schriften der Araber mit den Abendländischen, so wird man die einen durch die andern verbessern können, und von dieser Untersuchung würde eine richtige Kenntniß der seltsamsten Vorfälle zu erwarten seyn, besonders würden die Kreuzzüge dadurch erläutert werden, jene berühmten Kriege, in denen der französische Adel sich so viel Ehre erworben hat.

Aber die morgenländischen Handschriften sind für die meisten Gelehrten vergrabene Schätze. Niemand war mehr im Stand aus diesen reichen Minen zu gewinnen, als Herr Otter, und er wuste sich den Weg dazu zu öfnen. Völlig frey von dem niedrigen Geiz, der sich nicht getrauet, den gelehrten Reichthum zu theilen, glaubte er von seinen Untersuchungen keinen Nutzen zu haben, als wenn er sie dem Publiko mittheilte.

So bald er sich im Besitz so vieler unbekannter Werke befand, entschloß er sich, nur die historischen durchzugehen, und zu lesen. Seine Absicht war, uns nach morgenländischen Schriftstellern eine vollständige Reihe von den Staatsveränderungen welche seit Entstehung des Mohametismus bis auf jetzige Zeiten vorgefallen sind zu liefern. Er verglich die verschiedenen Autores, prüfte ihr Zeugniß und sammelte alles mit vieler Sorgfalt, was sie nützliches und sonderbares hatten. Durch eine sehr gute Wahl hat er die Schriften des berühmten Novairi zur Grundlage seines Werks genommen. Dieser Novairi ist ein Geschichtschreiber des vierzehnten Jahrhunderts, und nach den Urtheil
des

des Abts von Languerun in seiner allgemeinen Geschichte der
Araber, der richtigste unter allen. Er folgt ihm Schritt
vor Schritt, erläutert den Text durch Erklärungen,
die oft nöthig sind, und vereinigt damit alles
was andere Quellen lieferten. Herr Otter wiedmete sich
eben so langen als beschwerlichen Arbeiten: aber Leute von
Genie kennen sich, sie messen mit einem Blicke die Weite
des Wegs, der sich vor ihnen öfnet, und der Erfolg be-
lohnet die angewendete Mühe mit Vergnügen.

Herr Otter hatte schon einen Theil seines Endzwecks
erreichet, als er im Jahr siebzehn hundert sechs und vierzig
zum Königlichen Professor der arabischen Sprache ernannt
wurde. Zwey Jahre arbeitete er mit vollen Eifer,
da ihn die Akademie der Inschriften zu Paris, die schon
lang aufmerksam gewesen war, durch einstimmige Wahl
zu ihrem Mitglied aufnahm. Dieses geschah am neunzehnten Merz des Jahrs siebzehn hundert acht und vierzig. Einige Tage darauf las er der Akademie als eine Probe seiner Arbeit eine lange Abhandlung von der Eroberung von
Afrika durch die Araber vor, die mit vielen artigen Anmerkungen bereichert war. Dieser Abhandlung sollte eine andere
folgen, von der Eroberung Spaniens, aber ein zu frühzeiti-
ger Tod ließ ihm nicht Zeit diese letzte Arbeit auszuführen:
sie ist nebst vielen andern, die er zugleich bearbeitete, un-
vollendet geblieben.

Darunter ist besonders die Uebersetzung einer allgemeinen Geschichte von Schweden, die Schwedisch geschrieben war, und vor einigen Jahren in verschiedenen Bänden
in Folio herauskam. Er hatte die Uebersetzung auf Befehl
des

des Grafen von Maurepas übernommen; und ob er gleich kaum angefangen hatte, fand man doch den ersten Band schon zu Ende gebracht. Man arbeitet mit den glücklichsten Erfolg, wenn das Herz die Kräften der Seele anstrengt. Herr Otter genoß das Vergnügen, für Frankreich zu arbeiten, welches er für sein anderes Vaterland ansah, indem er sich mit Schweden beschäftigte, wo er gebohren war.

Er gedachte diesen Band im letzten Herbst wieder durchzusehen und zu verbessern. Aber nach einen monathlichen Aufenthalt auf den Land, wurde er von einem Fieber befallen. Anfänglich hielt er es für ein leichtes Fieber, dergleichen ihn auf seinen Reisen oft angefallen hatte, glaubte es durch Bewegung wieder los zu werden, und gieng nach Paris zurück. Er irrete sich aber, es war ein bösartiges Fieber, das von Verderbniß des Bluts, welches unvermerkt durch seine beständige Arbeit und durch schlaflose Nächte ausgetrocknet war, entstanden. Als er in Paris ankam, hatte die Krankheit schon dermassen überhand genommen, daß alle Kunst der Aerzte, ihre Heftigkeit nicht hemmen konnte. Herr Otter sah seinen Tod mit der Ruhe eines Christen heran nahen, dessen Sitten allemal die Religion zum Grund haben. Er empfieng die Sacramente der Kirchen, vergoß Thränen über das Schicksal einer alten Mutter, die er ohne Beyhülfe tief in Schweden hinterließ, und starb mit Standhaftigkeit am sechs und zwanzigsten September siebzehn hundert neun und vierzig, in dem ein und vierzigsten seines Alters. Was ich bisher gesagt habe, kann uns eine Abbildung von seinem Charakter geben; nur noch einige Züge werden sie volleuden. Herr Otter war eben so sanft, als rechtschaffen, zurückhaltend, aber aufrichtig, gegen Freundschaft empfind-

B   sam,

sam, aber nicht in Stand zu haffen. Für seine Pflichten auf eine gewisse Art besorgt, voll von der lebhafteften Erkenntlichkeit gegen seine Beförderer, verband er Höflichkeit mit Freymüthigkeit, Wissenschaft mit Bescheidenheit. Der Gefährlichkeiten, die er auf seinen Reisen ausgestanden hatte, ungeachtet, wünschte er die Morgenländer wieder zu besehen. Ein zehnjähriger Aufenthalt in diesen Gegenden hatte eine solche Veränderung in seinem Temperamente hervorgebracht, daß, ob er gleich unter den rauhen Himmelsstrich von Schweden gebohren war, sich dennoch in Frankreich fast mitten in der Hitze des Sommers über Kälte beklagte. Dieser Aufenthalt hatte so gar auf seine Denkungsart Einfluß gehabt. Er liebte die Morgenländer so sehr, daß er oft tadelnswürdige Gewohnheiten an ihnen entschuldigte. Die Tyranney, welche die Muselmänner über die Frauen verüben, war ihm erst zuwider gewesen: unvermerkt aber wird man gegen Misbräuche unempfindlich, wenn man sie oft siehet. Bey seiner Zurückkunft vertheidigte er fast eine Gewohnheit, die selbst zu dem Glück desjenigen nichts beyträgt, den sie ungerecht macht; denn sie vernichtet die Empfindung, ohne welche die Gesellschaft keinen Reitz hat. Herr Otter würde seine ersten Meynungen ohne Zweifel wieder angenommen haben. Es ist überhaupt nicht wunderbar daß die Gesinnungen der Morgenländer über diesen Punkt, einen Mann auf einige Zeit haben verführen können, dessen Klugheit auch schon den Schatten der Gefahr fürchtete. Eine Begebenheit, die er in seiner Reisebeschreibung angeführet hat, und dessen vorsichtige Aufführung, berechtigen uns zu glauben, daß wenn er in den Umständen gewesen wäre, in denen sich Scipio befand, er das nämliche Beyspiel der Tugend würde gegeben haben.

Johann Otters
Reisen
in die Türkey, und nach Persien.

I. Band.

Erstes Kapitel.

Abreise des Verfassers von Paris nach Marseille,
und weiter zur See nach Constantinopel. Beschreibung des während der Fahrt ausgestandenen
gefährlichen Sturms, und der darauf erfolgten
glücklichen Ankunft in dieser Hauptstadt.

Als der Hof für gut befand mich in den Orient zu senden,
reisete ich nach vorher empfangenen Verhaltungsbefeh-
len von dem Herrn Grafen von Maurepas, auf Marseille,
woselbst ich vier Tage hernach, ein für Constantinopel gela-
denes Kauffahrteyschiff bestieg. Wir liefen gegen Abend aus

bet

der Rheede, und segelten die Nacht über mit einen guten frischen Wind, der an folgenden Morgen so stark wurde, daß
wir den dritten Tag unserer Fahrt, die Westliche Küste von
Malta entdeckten, woselbst er bey einbrechender Nacht gänzlich aufhörte, und sich in eine Windstille veränderte, welche
vier und zwanzig Stunden anhielt.

Ungeachtet meiner grosen Begierde, bald nach Constantinopel zu kommen, würde es mir dennoch nicht entgegen gewesen seyn, wenn ich auf dieser berühmten Insel einige Tage
hätte verweilen können, um im Vorbeygehen die sich
daselbst befindlichen Seltenheiten zu betrachten. Ich hätte daher gewunschen, daß uns ein stürmisches Wetter hier einzu-
laufen nöthigen möchte : indem der Hauptmann sonst wohl
nicht gestatten dürfte, da anzulanden. Jedoch ich wurde
dieses Vergnügens nicht theilhaftig. Es erhub sich ein gün-
stiger Wind der uns in Stand setzte unseren Lauf so schleunig
zu verfolgen, daß wir am zehnten Tag schon zwischen den
Vorgebirg Or, und der Insel Andros waren, woselbst er
aber nachließ.

Wir hoffeten mit den nämlichen Wind, wenn er sich
am folgenden wieder erheben würde, durch diesen Kanal zu
segeln : indem alsdann unsere Fahrt von kurzer Dauer hätte seyn können. Es trug sich aber ganz etwas anders zu:
denn kaum war der Tag angebrochen, als der Unterbefehls-
haber in das Zimmer trat, und auf Provensalisch sagte,
„das Vorgebirg wäre bedeckt.„ Da ich nicht verstund, was
er damit haben wollte, bekümmerte ich mich anfänglich nicht
darum, vermuthete aber, als ich sie eilfertig heraus laufen
sah, daß irgend eine Gefahr vorhanden seyn müste. Ich
gieng ihnen auf den Fuß nach, um zu erfahren was es denn
eigentlich betraf. Das Meer glänzte wie ein Spiegel, wir

hatten

hatten uns für keinen Feind zu fürchten, und waren alle
biß auf sie, ruhig. Bey diesen Umständen konnte ich mir
nicht vorstellen, warum sie so bestürzt aussahen.

Die Seeleute sehen es nicht gern daß man sie lang
ausfraget, wenn der Kopf mit etwas anders eingenommen
ist: ich blieb also nur von fernenstehen, und hoffte bald
wegen unsers Zustandes durch die Arbeit der Matrosen Er-
läuterung zu bekommen, wie es auch wirklich geschah. Das
Meer fieng an in einiger Entfernung von uns aufzuschwel-
len: worauf der Hauptmann sofort rief, man sollte geschwind die Segel einziehen. Die Gefahr schien damals
dringend zu seyn: ich glaubte daher, es wäre mir erlaubt
zu fragen, was man denn wohl zu befürchten habe, und wendete mich an den Unterhauptmann. Sehet ihr nicht, antwortete er mir auf französisch, jene kleine Wolke, so die Spitze
des Gebirgs bedecket, und daß uns der Wind entgegen ist!
wir haben einen Sturm zu befürchten, wollte Gott ich irrete
mich! hierauf kehrete er sich zu den Hauptmann, und sagte
ihm, daß man seiner Meynung nach, in einen Haven sollte
zu kommen trachten, um dem Ungewitter auszuweichen. Er
besegelte schon lange Zeit den Archipel, und sein Rath war
gut. Der Hauptmann mochte nun entweder die Gefahr nicht
einsehen, oder den von seinem Untergebenen ihm ertheilten
Rath nicht befolgen wollen: kurz, er nahm sich fest vor, seinen Lauf fortzusetzen, befahl auch das Focksegel aufzuspannen,
und ließ verschiedene Wendungen machen. Unterdessen nahm
der Wind zu, und das Meer fieng an zu brausen, und auf-
zuschwellen. Die Wogen so mit größter Wuth an die Sei-
tenwände des Schiffes schlugen, überschwemmten öfters das
Verdeck. Hierauf überzog sich der Himmel mit Wolken,
und der Tag wurde auf einmal in die finsterste Nacht verwan-

delt.

pelt. Endlich brach das Wetter aus: und der mit Blitzen
Donner und Hagel vermischte Regen, stellete nebst den Wel
len, welche sich bis an die Wolken erhoben, ein grausames
Schauspiel vor Augen. Der Wind verstärkte sich immer
mehr, und man war genöthigt das einzige noch aufgezogene
Segel, einzunehmen, und folglich das Schiff den Wellen zu
überlassen. In diesem Zustand schlug eine Meereswoge, wel
che alle andere an Größe übertraf, gegen Mitternacht an das
Schiff und warf es auf die Seiten. Die Matrosen, so darüber erschracken, stießen ein großes Geschrey aus, und flüch-
teten sich insgesammt auf das Casteel. Ich war alle Minuten in Gefahr, entweder durch die Küsten welche sich losrißen,
zerschmettert, oder vom Wasser ersäufet zu werden, so in das
Zimmer, woselbst ich auf den Boden lag, damit mir die gewaltige Bewegung des Schiffes desto weniger beschwerlich fallen möchte, wie ein reisender Strom eindrang. Hierauf suchte ich mich so geschwind, als möglich loß zu machen, erreichte die Thür und gieng auf das Verdeck, woselbst man bis
an die Kniee im Wasser stand. Der Hauptmann stieg auf
das Casteel, und rief ihnen mit dem Sprachrohre zu, daß
man das Besaansegel fest anziehen sollte. Ich fragte ihn
wie es mit uns stünde: worauf er antwortete, „es siehet sehr
schlimm mit uns aus, empfehlet euch Gott, ich will das
nämliche thun.„ Dieser schreckliche Zustand daurete eine halbe Stunde. Der Hauptmann schrie vergeblich, man gehorchte nicht mehr, und gab ihm weiter kein Gehör: sondern man
war nur darauf bedacht sich zum Tod, der für unvermeidlich
gehalten wurde, zu bereiten. Endlich sprang der Unterbe-
fehlshaber, als er jedermann unthätig sahe, auf das Verdeck,
rief den Hochbootsmann zu sich, und sagte: „wenn man ja
umkommen müste, wäre es eben so gut dem Tode entgegen

gehen, als ihn zu erwarten, man sollte also noch das äußerste Rettungsmittel versuchen.„ Alsdann nahm der Hochbootsmann ein Messer zwischen die Zähne, stieg mit vieler Mühe hinauf, schnitt die Reebänder an den Besansegel entzwey, und ließ es herunter fallen. Kaum war solches aufgezogen, als wir merkten wie sich das Schiff allgemachs wieder in die Höhe richtete. Das Wasser nähm auf dem Verdeck ab, und das Steuerruder fieng wieder an in Gang zu kommen. Die Matrosen schöpften frischen Muth, und arbeiteten aus Leibeskräften, nachdem ihnen der Hauptmann Brandewein in Ueberfluß hatte reichen lassen. Wir brachten auf diese Art einen Theil der Nacht, und den folgenden Tag, zwischen Leben und Tod zu, und legten dem ungeachtet einen ziemlichen Strich zurück, ohne zu wissen wo wir uns befanden.

Erst gegen vier Uhr Nachmittags, zertheilte sich der Nebel ein wenig, hierauf erblickten wir in einiger Entfernung etwas, welches dunkler war, als das übrige, und vermutheten daß es Land seyn müste, woran wir uns auch nicht betrogen. Das Wetter klärete sich gänzlich auf, und wir sahen eine sehr hohe Küste vor uns, welche zum großen Erstaunen des Hauptmanns, Candia war, indem er nicht begreifen konnte, wie es zugieng, daß wir in dieser kurzen Zeit so weit gekommen wären.

Da sich der Sturm nunmehr legte, und bey uns nichts zerschmettert, auch sogar nicht einmal etwas beschädigt war, liefen wir in keinen Haven von dieser Insel ein, sondern ankerten nur an der westlichen Küste, und blieben beständig auf dem hohen Meere, indem wir diese Nacht wie auch den Tag, und die darauf folgende Nacht, lavirten. Endlich hörte das Ungewitter völlig auf, die See wurde allgemachs ruhig, und der Wind blies von einer guten Ecke: wir kamen wieder

B 4 der

der auf unsere Strasse, und setzten solche ununterbrochen fort, langten endlich auch den zehnten Merz zu Constantinopel an.

Zweytes Kapitel.
Beschreibung von Constantinopel.

Constantinopel lieget an einer Meerenge, welche zwey Meere vereiniget, und einen großen und bequemen Haven machet. Moscheen, Serails und Springbrunnen, deren Bauart sonderbar ist; Häuser, die sich vom Meerufer als ein Amphitheater erheben, Gärten und Cypressen, welche daselbst, besonders in den Gärten häufig anzutreffen sind, eine Menge Schiffe, und andere Fahrzeuge von verschiedener Gestalt, die an beyden Ufern hinsegeln, und einige tausend Kaiks, oder kleine Fahrzeuge, so unaufhörlich in den Haven hin und her fahren: Alles dieß zusammen, sage ich, giebt, wenn man zur See anlanget, den schönsten Anblick der nur kann gesehen werden. Dieser erste Eindruck von Schönheit verlieret sich aber so bald man in die Stadt kommt, gar geschwind. Die Strassen sind eng, schmutzig, und der Boden uneben. An den von Holz gebauten Häusern, befindet sich eine Gattung von Erkern, welche mit Gitterfenstern versehen sind, darinnen Sofas liegen worauf man sich setzt, und die vorbeygehenden betrachtet, welches eine mit von den Zeitverkürzungen in diesem Lande ist, wo es weder öffentliche Spaziergänge, noch Schauspiele giebt. Die mancherley Gattungen von Leuten, und

und Nationen, so man daselbst in großer Menge antrifft, welche sich durch ihre Kleidung und Sprache unterscheiden, und insgesamt ungehindert ihre Geschäfte treiben, erregen die Aufmerksamkeit eines Reisenden, und geben zu erkennen, daß die Türken bey weiten nicht so wild und barbarisch sind, als man insgemein glaubet. Die Sicherheit, Policey und gute Ordnung so in dieser großen Stadt herrschet, worinnen sich vielleicht mehr als achtmal hundert tausend Menschen befinden, und wo man fast niemals von nächtlichen Todschlägen, oder Einbrüchen reden höret, beweiset es noch besser, wenn man sich nur eine kurze Zeit daselbst aufhält, und darauf Acht giebt.

Sobald ich ans Land gestiegen war, erbot sich ein Dollmetscher von unserer Nation, mich in den französischen Pallast zu führen, um dem Herrn Abgesandten, wie es die Gewohnheit mit sich brachte, meine Aufwartung zu machen. Ich überreichte dem damaligen französischen Minister an der Pforte, Herrn von Villeneuve, ein Schreiben des Herrn Graven von Maurepas. Er befahl mir, nachdem er es gelesen, daß ich in seinem Pallaste logiren sollte: welche Höflichkeit ich ohne Zweifel der Empfehlung des Herrn Graven von Maurepas zu danken hatte, dessen Gnade mich allenthalben begleitete. Alsdann wartete ich den Ministern der übrigen Höfe auf, wie es gebräuchlich ist, wenn man in dieser Stadt anlanget. Außer den französischen Abgesandten, befindet sich daselbst noch einer von England, Holland, und Venedig, ein Kaiserlicher Resident, zween von Moskau, und ein Polnischer. Sie haben ihre Paläste insgesammt zu Pera. Diese Vorstadt liegt auf einer Anhöhe, hat gesunde Luft, schöne Aussichten, und bequeme Häuser. Die Kaufleute wohnen zu Pera, oder Ga-

lata;

lata: ihre Niederlagen befinden sich aber in dieser letzteren Vorstadt, wo sie näher beym Haven und Zoll sind. Die französische Nation ist daselbst die zahlreichste, und treibet auch den stärksten Handel.

Drittes Kapitel.

Kurze Nachricht von den Vorstädten um Constantinopel. Beschreibung der Audienz des französischen Ministers bey dem Groß Vezir: wie auch des feyerlichen Ausritts vom Groß Herrn am großen Bairamfeste, in die Sophienmoschee.

Nachdem ich Pera, Galata, und die übrigen disseits des Havens liegende Quartiere, nach Muse betrachtet hatte, woselbst von merkwürdigen Gebäuen, Topkhane, (1) die ganz nahe dabey befindlichen schönen Springbrunnen, das Serai der Itchouglans (2), und Terskhane,

---

1) Top-khane ist die Stückgießerey, woselbst man sehr schöne, und darunter einige außerordentlich große Kanonen anstifft.

2) Das Serai der Itchouglans, ist der Pallast wo die Pagen des Großherrn erzogen werden: und man nimmt daraus diejenigen, so in dem großen Serai dienen sollen. Sie werden hier im Lesen, Schreiben, und den Leibesübungen

unter

khane, oder das Arsenal, ausgenommen, weiter nichts anzutreffen ist: erhielt ich Gelegenheit den Palast des Großvezirs zu sehen. Es ist derselbe ein großes Gebäu, im Geschmack der übrigen Häuser in der Stadt, und nicht allzuweit von dem Serai des Großherrn entfernt.

Haikim-Ouglou (3) Ali Pacha, damaliger erster Staatsminister des Reichs, ließ den Herrn von Villeneuve einladen, daß er sich zu einer Unterredung bey ihm einfinden möchte. Nachdem der Herr Abgesandte über den Haven in einem Kaik gefahren war, stieg er zu Pferd, und verfügte sich in Begleitung der ganzen Nation dahin, welche ihm zu Fuß nachfolgte, indem der Abgesandte nur allein reiten darf.

Ich war in seinem Gefolge, und hatte das Vergnügen die Ceremonien welche bey dergleichen Umständen vorgehen, mit anzusehen. Man führet anfangs den Gesandten mit seinen Leuten in ein Vorzimmer, woselbst er einige Minuten

nämlich den Dyrid zu werfen, (welches ein kurzer Staab ist, den man sehr bebend gegen einander wirft,) mit der Flinte und dem Bogen zu schießen, und dergleichen mehr, unterwiesen.

3) Haikim-Ouglou heisset so viel, als Sohn eines Arzts. Es ist aber in Orient gebräuchlich, Personen so einerley Namen führen, durch die Namen ihrer Väter, oder ihrer ältesten Kinder, ihrer Geburtsörter, oder durch Spottnamen zu unterscheiden. Der Vezir wurde deswegen also genannt, wie man sagt, weil sein Vater bey dem Kizlar Agasi, Medicus gewesen war, der ihn zu dieser vornehmen Stelle befördert, und daher jederzeit beschützet hatte, ob er schon manchesmal in seine Ungnade willigen mußte.

nuten ausruhet, bis nämlich dem Vezir seine Ankunft ist
gemeldet worden. Wenn dieser nun fertig ist, daß er sich
kann sehen lassen: bringt man den Abgesandten nebst seinem
Gefolg in den Audienzsaal, wo er sich dem Platze des Groß
Vezirs gegen über, in einen Armsessel niederlässet, und
alle die Seinigen hinter sich stehen hat. Kurz darauf gehet
der Vezir durch eine andere Thür hinein, und vor seinen
Agen vorbey, welche auf einer etwas erhabenen Stuffe in
Reihen gestellet sind, und ihn wenn er zu den Sofa hinkom-
met, mit großen Geschrey bewillkommen. Sobald
er hereintritt, stehet der Gesandte auf, und sie setzen sich alsdann beyde zu gleicher Zeit nieder.

Man war genöthiget sich dieses Ceremoniel gefallen zu
lassen, weil die Mahometaner überhaupt nicht gern für den
Christen aufstehen. Vorzüglich aber dächten die Vezire
etwas ihrer Hoheit und Würde unanständiges zu begehen,
wenn sie den Abgesandten der europäischen Fürsten diese Ehre
erwiesen.

So bald sie einmal sich niedergelassen haben, redet ihn
der Vezir zuerst an, und fragt nach seinen Befinden, worauf sie fortfahren von gleichgültigen Dingen mit einander zu
sprechen. Während dessen bringen zween Bediente Scha-
len mit Confect (4), welches sie beyden zugleich überreichen.
Diesen folgen zween andere mit Caffe nach, den sie auf
gleiche Art herum geben. Wenn der Caffe getrunken ist, giebt
der Ceremonienmeister ein Zeichen, auf welches die Agen des
Vezirs, und das Gefolg des Abgesandten, jedes allein,

durch

---

4) Dergleichen sind Rosenlatwerge, Pommeranzenschaalen, Quitten, und andere eingemachte Früchte.

durch die zwo Thüren hinaus gehen. Bey dem Geſandten bleibet außer einem Secretär, und Dollmetſcher,
niemand zuruck; bey dem Vezir hingegen, der Kihaja (5),
der Reis Effendi (6), und der Dollmetſcher von der Pforte (7), der alles ausleget; zween Stumme aber bleiben
gleichfalls unten an der Bühne ſtehen, um ſich ihrer im
Nothfalle bedienen zu können. Wenn alle diejenigen, welche hinaus müſſen, abgetretten ſind, alsdann werden die
Geſchäfte abgehandelt. Nach geendigter Unterhandlung,
gehet ein jeder wieder an ſeinen Platz, und ſetzt ſich wie vorher. Hierauf wird Cherbet, (8) Roſenwaſſer und Rauch-
werk gebracht, und auf die nämliche Art als das Confect,
und der Caffe herumgegeben. Der Geſandte trinkt, oder
ſtellet

---

5) Der Kihaja iſt des Vezirs Lieutenant, auf den gemeiniglich
alle Geſchäfte liegen.

6) Der Reis Effendi iſt der Reichskanzler.

7) Dieß iſt meiſtens ein Griech, der die türkiſche, und dazu wenigſtens noch eine von den europäiſchen Sprachen, fertig redet Dieſe Leute ſind wahre Sclaven, und erſcheinen bey
dem Vezir jederzeit mit Zittern, maßen ſie ſolche wegen der
Fehler die ſie ſelbſten begehen, und des ſchlimmen Erfolgs der
Unterhandlungen, zur Verantwortung ziehen. Demjenigen,
ſo dieſe Stelle damals bekleidete, wurde nach den letztern Frie-
densſchluß zwiſchen den Türken, Kaiſer, und Moskau, der
Kopf abgeſchlagen.

8) Cherbet heiſſet ein Getränk. Die Türken machen denſelben
aus gemeinen Waſſer, Roſenwaſſer, Citronenſaft, und Zucker, dazu ſie manchesmal noch Ambra nehmen.

stellet sich doch wenigstens als ob er von dem Sherbet trân-
ke : und nachdem man ihm Rosenwasser entweder auf die
Hånde, oder auf sein Schnupftuch gegossen hat, stehet er
auf, und begiebt sich weg, der Vezir hingegen, bleibt
sitzen.

Ich sahe den Großherrn nicht eher als an großen
Bairam (9). Diesen Tag ritt er wie gewöhnlich mit einem
ansehnlichen Gefolg nach St. Sophien (10), und wurde
von

---

9) Der große Bairam ist das Fest welches die Mahometaner un-
mittelbar nach den Ramadan, oder dem Fastenmonath, dem ersten Tag des zehnten Monaths, Chewal genannt, feyern.
Der kleine Bairam, obschon in der That wegen der Opfer u.
s. w. der höchste, fället auf den zehnten Tag des Zil-Hadge,
welches der letzte Monath ihres Jahres ist.

Herbelot irret sich, wenn er sagt : „das erste von diesen Festen, welches auf den zehnten Tag des letzten Monaths
im Arabischen Jahre, fället, wird von den Türken Buiuk
Bairam, oder der große Bairam genannt. Den zweyten hingegen, der auf den ersten Tag des Monaths Chewal fället;
nennet man Kutchuk-Bairam oder den kleinen Bairam.„ Er
hat ihnen nicht allein unrechte Namen, sondern auch eine falsche Ordnung beygeleget; indem die Arabischen Monathe in
dieser Reihe auf einander folgen. 1. Muharrem 2. Safer.
3. Rebi-ul-Ewel. 4. Rebi-ul-Akhir. 5. Dgemadi-ul-
Ewel. 6. Dgemadi-ul-Akhir. 7. Redgeb. 8. Chaban. 9.
Ramadan. 10. Chewal. 11. Zul-Kade. 12. Zul-Hadge.

10) Die Türken haben ihren alten griechischen Namen beybehalten:
und nennen sie nach ihrer übeln Aussprache, Aia Sophia.

von dem Kizlar Agaſi (11), dem Vezir, dem Capudan
Pacha (12), dem Janitſcharen Aga, dem Mufti, den
Kadilesfiers (13), nebſt einer Menge anderer Perſonen begleitet. Die Janitſcharen (14), ſtunden auf beyden Seiten in Ordnung, von dem Thore des Serai an, bis zu
der Moſchee. Der Großherr grüßete ſie im Durchreiten
von Zeit zu Zeit mit Beugung des Haupts: dagegen ſie
aus Ehrfurcht ſich auf das tiefſte verneigten, und den Kopf
nicht

---

11) Der Kizlar-Agaſi iſt ein Beamter, dem die Oberaufſicht
über des Großherrn Frauenzimmer aufgetragen iſt. Er iſt
ein Schwarzverſchnittener, und das Oberhaupt aller Verſchnit-
tenen: hat die Hauptverwaltung der frommen Stiftungen,
Vakef genannt, und giebt im Serai Audienz.

12) Der Capudan Pacha, iſt der Großadmiral, welcher für
die zweite Perſon nach den Vezir angeſehen wird. Damals begleitete Djanumkodja dieſe Stelle. Ich hatte zweymal Audienz bey ihm, und ſahe mit dieſer Gelegenheit Ters-Khane,
oder das Arſenal, wo die Capudans Pachas logiren, welches
eine mit von den Merkwürdigkeiten dieſer Stadt iſt.

13) Kadilesfier will ſo viel ſagen, als Richter bey den Armeen.
Es ſind jederzeit ihrer zween in Amt, einer von Roumili, der
andere von Anadoli, oder Natolien. Man hat auch noch
andere, welche das nämliche Anſehen haben.

14) Wir haben dieſes Wort von Yegui-tcheri abgeleitet, welches
ſo viel als neue Truppen heißet. Dieſer Namen iſt ihnen eigentlich damals beygeleget worden, als Orkhan des Oſmanns
Sohn, dieſe furchtbare Miliz aufgerichtet hat.

nicht eher als bis er vorbey war, wieder in die Höhe richteten. Es war dieses der heut zu Tag regierende Sultan Mahmoud. Dieser zwar gütige und friedfertige Fürst ist fast beständig in Krieg verwickelt gewesen: anfangs mit den Persern, hernach mit den Moskowitern und dem Kaiser, zuletzt aber nochmals mit den Persern. Sein Kislar Agasi hatte die völlige Gewalt in Händen: er regierte nicht allein den Harem (15), und das Serai, sondern auch die Hauptstadt, und das ganze Reich, ja es geschahe nichts ohne seinen Befehl. Indessen war es an dem, daß dieser Staatsbediente durch seinen Eifer und Geschicklichkeit, das Zutrauen seines Herrn vollkommen verdiente.

---

15) Harem ist ein Arabisches Wort, und zeiget eine heilige, oder verbottene Sache an. Man bedienet sich dessen erstlich bey Mecca und Medina, zweytens für den Ort des Hauses wo sich die Frauen aufhalten, und drittens für die Frauen selbst. Gemeiniglich irret man sich, wenn man dem Worte Serai, die zweyte Bedeutung dieses Wortes beyleget, welches nichts anderes als einen Pallast anzeiget.

Viertes Kapitel.

Verschiedene Beobachtungen über die Türken. Nachricht von der St. Sophienkirche, und einigen andern Moscheen.

Ich legte mich ohne Unterlaß auf die mir dienliche Sprachen: und hielt es für nöthig das Lesen mit den Umgang zu verbinden. In dieser Absicht machte ich sowohl in den Quartieren der Franken, als auch zu Constantinopel, mit Armeniern, und Türken, Bekanntschaft; woselbst ich von Zeit zu Zeit den Ibrahim Effendi besuchte, den nämlichen der die Buchdruckerey daselbst eingeführet hatte. Dieser Einführung haben sich zwar die Gesetzlehrer, wegen einer Menge Schreiber welche sich vom Abschreiben der Bücher ernähren, heftig entgegen gesetzet: es erhielt aber Effendi, da er unabläßig den Nutzen derselben vorstellete, endlich dennoch die Erlaubniß alle Arten von Büchern, diejenigen so von der Religion handeln, ausgenommen, zu drucken.

Von dieser Ausnahm geben zwar die Heuchler folgenden Grund an, es wäre sündlich das Wort Gottes zu drucken: die wahre Ursach ist aber ohne Zweifel, weil man den Abschreibern noch einige Mittel sich zu nähren, hat lassen wollen. Noch öfters besuchte ich einen andern, in der Arabischen Sprache sehr erfahrenen Gelehrten, der mir die Anfangsgründe davon beybrachte. Er ließ mich einige Kapitel aus den Koran lesen, und erklärte mir solche; empfahl mir aber dabey jederzeit es geheim zu halten.

C   Die

Die Mahometaner halten die Christen für unrein, und daher für unwürdig, dieses Buch, welches sie ein göttliches Werk nennen, nur anzurühren. Wenn von ihren Unterthanen, ein Raia, das ist ein Christ, oder ein Jud, überzeugt würde, daß er ihn zu Hauß hätte, und läse; würden sie denselben gewiß nöthigen ihre Religion anzunehmen, oder doch sonst übel mit ihn umgehen. Nun hatte ich zwar nicht Ursach dergleichen Gewaltthätigkeiten zu besürchten: dem ungeachtet beobachtete ich die meinem Lehrmeister zugesagte Verschwiegenheit, um ihn keinen Vorwürfen, oder vielleicht sonst irgend einer schlimmen Begegnung auszusetzen. Ja, die Mahometaner treiben die Einbildung von unserer Unreinigkeit so hoch, daß sie mit uns weder aus einer Schüssel, oder aus einem Gefäße trinken, noch auf den nämlichen Teppich sitzen wollen. Wenn es auch von jemand unter ihnen aus Gefälligkeit geschiehet, verläugnet er seine wahren Grundsätze: und man hält ihn, wo nicht für einen ungläubigen, doch wenigstens für einen laulichten Mahometaner.

Ich war begierig zu wissen worauf sich diese Meynung gründete: und erfuhr daß es hauptsächlich daher käme, weil wir Wein tränken, und Schweinenfleisch äßen, auch die Reinigung nicht beobachteten.

Unter allen Kleidungsarten scheinet ihnen unsere die ungereimteste zu seyn, und misfällt ihnen an meisten. Es könnte daher leicht geschehen, daß jemand, der sich unvorsichtigerweise in Strassen welche von den Franken (*) wenig besu

---

(*) Unter den Franken werden in der Türkey alle Christen, von welcher Nation sie auch seyn mögen, verstanden. Anm. des Uebersetzers.

besuchet werden, damit wagete, vom Pöbel beleidiget würde. Diesem ungeachtet habe ich meine Kleidung da ich unter den Franzosen leben muste, nicht verändert: sondern mich nur begnügt, einen von des Abgesandten Janitscharen mit mir zu nehmen.

Die fremden Minister haben eine gewisse Anzahl derselben bey sich, welche ihnen der Großherr zur Wache giebt: Sie logiren in ihren Pallästen, und bekommen außer des Großherrn Sold, noch einen besonders von den Ministern. Diese Stellen werden um so mehr gesuchet, da sie hierdurch, nebst den Vortheil doppelten Sold zu beziehen, auch vom Dienst frey sind, und folglich sehr bequem leben können. Ihre Kameraden so über ihre guten Tage eifersüchtig und neidisch sind, geben ihnen zuweilen, wenn sie uns in ihrer Begleitung auf den Strassen begegneten, lose Reden, und nannten dieselben gemeiniglich nur Dömuz ‑ tchobanlari, oder Schweinhirten. Dieser Janitschar begleitete mich so oft ich nach Constantinopel gieng, und schützte mich für den Beschimpfungen die ich mir durch meine Kleidung hätte zu ziehen können. Ich kam mit einigen Scheltworten, als Guiaour, oder Kiafir, das ist, Ungläubiger, und andern dergleichen, davon, welches aber, wenn man sich in diesem Lande aufhalten, und allenthalben hingehen will, nicht darf geachtet werden.

Als ich einst mit meinem Jänitscharen nach Pera zurückkehrete, begegnete mir in einer abgelegenen Strasse, ein Trupp Weibspersonen, die vermuthlich aus dem Bade kamen. Ihr Gesicht war nach Landesgebrauch mit einem Schleyer bedeckt, und kein Theil ihres Körpers zu sehen,

denn

denn die Augen, welche das Sirma (1) womit sie solche
gerieben, frisch und lebhaft machte : und das äußerste der
Finger, welche so roth waren, als ob sie solche in Blut
getauchet hätten. Zu dieser Farb nehmen sie ein gewisses
Kraut, Hinna genannt, welches sie stoßen und in Alaun-
wasser einweichen, hernach aber sich die Haare, Hände,
und Füße damit reiben. Es färbet dunkelroth, und dauert
verschiedene Tage. Die Männer bedienen sich derselben
wenn sie ins Bad gehen. Sie behaupten, daß solche diejenigen Glieder stärke welche damit bestrichen werden. Ohne
mich weiter mit einer umständlichen Erzählung der übrigen
Kräfte welche sie ihr beylegen, aufzuhalten, habe ich
auch einige gesehen, die sich den Bart damit färbten.

Dem Ansehen nach hatten diese Weibspersonen noch
niemals unsere Art sich zu kleiden gesehen, denn sie verwunderten sich darüber, und blieben stehen, baten mich auch
gleichfalls einen Augenblick zu verziehen Ich fragte alsdann meinen Janitscharen, ob dabey nichts zu besorgen wäre, und blieb auf seine Versicherung daß ich ihre Neugier
ohne Gefahr befriedigen könnte, stehen. Nachdem sie mich
nun von Kopf bis auf die Füße betrachtet hatten, sagte eine unter ihnen, so vermuthlich die Gebietherinn der übrigen war, zu mir : „O Guiaour ! schämest du dich nicht,
auf den Straßen halb nackend zu erscheinen, wie, du kommest
aus

---

1) Das Sirma ist eine Augensalbe, womit sich das Frauenvolk die
Augenlieder, und den Rand um die Augen schwärzet, um
solche lebhafter zu machen. Die Mannspersonen bedienen sich
dessen auch, um, wie sie sagen das Gesicht zu stärken.

aus einem Lande wo das Tuch gemacht wird, und haſt nicht
ſo viel in Vermögen, dir einen tuchenen Rock anzuſchaffen,
womit du den ganzen Leib hätteſt bedecken können!

Dem ungeachtet war es meine Kleidung nicht allein ſo
ihnen misfiel: die Perrucke kam ihnen noch viel ſeltſamer
vor, als das übrige. Einige ſagten es wären meine eigenen Haare: andere hingegen behaupteten, daß ſolches nicht
ſeyn könnte. Nachdem ſie einige Zeit mit einander deswegen geſtritten hatten, näherte ſich die herzhafteſte, und nahm
eine von den Seitenlocken meiner Perrucke, welche ſie ſo weit
aufhob, daß man die andere Seite davon ſehen konnte:
Sie zog aber ihre mit Haarpuder bedeckte Hand ſogleich wieder zurück, ſchüttelte ſolche ab, und ſagte zu mir; „Ungläubiger, du haſt mich verunreiniget! Ich habe es euch
ja geſagt, fuhr ſie fort, indem ſie ſich hernach zu den andern wendete, daß es ſeine eigenen Haare nicht ſind! es
ſind wirklich Frauenhaare, die man auf eine Haube befeſti-
get, welche er, damit ſolches deſto weniger in Obacht genommen würde, ganz mit Mehl überſtreuet hat.„ Mein
Janitſchar hatte mir feſt eingebunden, wenn ich in der
Stadt herum gieng, mir ja nicht merken zu laſſen, daß ich die
Landesſprache verſtünd: vor allen aber die Grobheiten, welche man mir allenfalls ſagen möchte, nicht zu beantworten.
Ich beobachtete alſo hier, wie bey vielen andern Gelegenheiten, ein tiefes Stillſchweigen, und dieſe neugierigen
Weibsperſonen verließen mich: alsdann ſetzte ich meinen
Gang fort, und hatte dabey meine Gedanken über die man-
cherley Vorurtheile der Nationen.

Ich

Ich hatte zum Lehrmeister im Persischen, einen Der=
wisch, und im Türkischen, einen Molla (2): welcher
letztere eine Neigung zu mir fassete. Als wir einst spazie=
ren giengen, bat er mich mit ihm nach Hauß zu kommen,
und daselbst den Caffe zu trinken. Nachdem wir in seinem
Hause angelangt waren, bemerkte ich während der Unterre=
dung, daß in einem Nebenzimmer Frauenspersonen waren,
die uns durch Gitterfenster betrachteten. Ich wendete mei=
ne Augen oft dahin: der Molla, so dieses gewahr wurde,
gieng eilfertig hinaus, und befahl ihnen wieder in den Ha=
rem zurück zu kehren, woselbst er sie einschloß. Als er zu=
rück kam wagte ich es ihm zu sagen, „ich wäre sehr miß=
vergnügt darüber, daß er sie eines so unschuldigen Vergnü=
gens beraubet hätte: und setzte noch hinzu, wie er mich
sehr verbinden würde, wenn er ihnen erlauben wollte, auf
einen Augenblick ihre Neugier zu befriedigen.„ Bey diesen
Vorschlag, wuste er nicht mehr an sich zu halten, sondern
machte ein sehr ernsthaftes Gesicht, und antwortete mir auf
eine Art, daraus ich seinen Unwillen abnehmen konnte:
„wenn ich nicht so viel Freundschaft gegen sie hegte, als ich
wirklich hege, würde ich es ihnen nicht verzeihen, daß sie
mir einen dergleichen Vorschlag gethan haben. Außerdem,
weis ich von langer Zeit her, daß bey ihnen die Gewohn=
heit eingeführet ist, dem Frauenzimmer zu erlauben nicht
allein Besuche anzunehmen, und sich mit Mannspersonen in
den Häusern zu unterreden, sondern auch auszugehen ohne
                                                          das

---

2) Molla ist so viel als ein Rechtsgelehrter, oder Studierter
   welchen Titel sie den Kadis beylegen. Cheit ist der Ehren=
   titel des Mufti.

das Angeſicht zu bedecken. Ja, ich nehme ihnen dasjenige was ſie mir eben geſagt haben, weniger übel, als ich es thun würde, wofern mir ihre Gebräuche unbekannt wären. Ich bitte ſie aber, ſagen ſie mir doch, wie können die Mannsperſonen einen ſolchen Misbrauch geſtatten? wenn das nämliche bey uns erlaubt wäre, was für Plaudereyen, Unruhe, und Unglück würde nicht die Bosheit dieſes Geſchlechts täglich unter uns anſtiften! Man müſte es ſich in dieſem Falle vergehen laſſen, mehrere Frauen zu nehmen, ja, man könnte nicht einmal ſicher eine heurathen.,, „Dieß haben wir nicht zu befürchten, antwortete ich ihm, unſere Frauenzimmer ſind ſanftmüthig und verſtändig, und wir überlaſſen ſie ihrem eigenen Gutdünken, ohne deswegen beſorgt zu ſeyn.,, „Meinem Bedünken nach, verſetzte er, iſt das Frauenvolk allenthalben einerley: und ich danke Gott daß er mich hat in einem Lande laſſen gebohren werden, wo es den Männern erlaubt iſt ſich um ihre Aufführung zu bekümmern.,, Ich begab mich hierauf weg, um dieſer Unterredung ein Ende zu machen.

Im folgenden Jahre, ſiebzehn hundert fünf und dreyßig, hatte ich Gelegenheit die prächtige Kirche der heil. Sophia zu beſehen. Die Türken geſtatten uns niemals den Eintritt, wenn nicht etwann ein Miniſter von einem der chriſtlichen Höſe um Erlaubniß dazu anhält, welche aber gemeiniglich erſt nach der Abſchieds-audienz erthilet wird. Der Großherr ſchickt ſodann einen Tchaouche-bachi mit, der den Miniſter dahin führet. Der Tchaouche-bachi iſt ein Hofbedienter, oder eine Art von Gefreyten, der ſich bloß durch ſeinen Turban unterſcheidet, worauf ein Federbuſch ſteckt. Dieſer mit einen Ferman, oder ſchriftlichen Befehl des Großherrn verſehene Hofbediente,

gehet

gehet vor dem Abgesandten her, und führet ihn allenthalben herum. Dieser Gelegenheit bedienen sich die Christen, und gehen hinein ohne weiter einige Vorsicht zu gebrauchen, als daß sie ihre Schuhe ablegen.

Ich gieng mit dem Venetianischen Gesandten, Herrn Emo, dahin, und kam sehr vergnügt wieder zurück, daß ich dieses schöne Gebäu gesehen hatte. Da man sie in den Nachrichten der Reisenden (*) umständlich beschrieben, und sehr genau abgezeichnet findet, werde ich mich hier in keine genaue Erzählung von den Schönheiten derselben einlassen. Daher berichte bloß, daß dieser alte Tempel, groß, hoch, und seine Kuppel von einer sehr ungezwungenen Bauart: und mit Säulen von Marmor, Porphyr, Granit, und verde antico (vertantique) gezieret ist. Inwendig waren die Wände ehehin mit schöner Mosaischer Arbeit bekleidet: welche aber von den Türken seit dem sie Besitzer davon sind, allenthalben, so weit sie solche haben erreichen können, ist zerbrochen und verdorben worden.

Wir besahen hernach auch die Moscheen des Sultan Soliman, und des Sultan Ahmed: welche mit ersterer, un-
ge-

(*) Eine genaue Beschreibung und Abbildung derselben, wird in folgenden etwas seltenen Werke, angetroffen: Relation nouvelle d'un voyage de Constantinople. Enrichie de plans levez par l'auteur sur les lieux, & des figures de tout ce qu'il y a de plus remarquable dans cette ville. Presentée au Roy. (par Mr, Grelot) gr. 12. à Paris 1681, Seite 136 — 190, Anm. des Uebers.

geachtet sie schön und groß sind, doch nicht können verglichen werden. Nicht weit von der Moschee des Sultan Ahmed, ist der Hippodromus, den die Türken At-meidan nennen. Man siehet daselbst noch zwo Pyramiden, welche ehehin, beym Pferderennen zum Ziel dienten : wie auch eine Gruppe von ehrnen Schlangen, die ineinander geschlungen sind, denen aber die Türken die Köpfe abgeschlagen haben. Einige behaupten es sey ein auf diesen Platz gesetzter Talismann, um die Stadt für giftigen Thieren zu behüten, der aber seit dem er verstümmelt worden, seine Kraft verloren habe. Gemeiniglich versammlen sich die Janitscharen auf diesem großen Platz, wenn sie eine Empörung anfangen wollen.

Fünftes Kapitel.

Nachrichten von der Pest zu Constantinopel und den Landhäusern wohin die Franken ihre Zuflucht gegen dieselbe nehmen. Verdrüßlicher Zufall so dem Holländischen Abgesandten begegnet ist.

Die Pest regieret zwar beständig zu Constantinopel : jedoch im Winter nicht so stark, als Sommerszeit. Die Franken, welche nicht wie die Mahometaner verbunden zu seyn glauben, solche mit gänzlicher Ergebung in den Willen Gottes zu erwarten : suchen sich dafür zu bewahren, indem sie wenn selbige heftig wüthet, sich entweder in ihren Häusern einschließen, oder auf das Land flüchten. Dieser Ursach wegen sowohl, als die schöne Jahreszeit zu genie-

ßen,

sen, haben sie in der um die Stadt liegenden Gegend, Landhäuser.

Die Prinzen Eylande in den Meerbusen von Izmid, werden in Ansehung ihrer Entfernung, und, weil keine Türken daselbst wohnen, für eine sichere Zuflucht gehalten. Sie werden nur durch Griechen bewohnt, von denen einige französische Kaufleute Häuser gemiethet haben. Der Deutschen und Moskowiter Aufenthalt war diese Zeit über zu Tarapia, einem kleinen, am westlichen Ufer des Kanals, zwischen Constantinopel, und dem schwarzen Meere, gelegenen Dorfe. Hingegen nahmen die Venetianer, nebst den unter französischen Schutz stehenden Genevern, und mehr andere französische Familien, ihre Zuflucht nach Bujukdere (oder das große Thal), einem andern Dorf, welches auf der nämlichen Seite, aber näher an der Mündung dieses Meeres lieget. Der Herr von Villeneuve hatte daselbst gleichfalls ein Haus, woselbst ich einen Theil dieses Sommers mit vielen Vergnügen zugebracht habe.

Ich verfügte mich nach Bellegrade erst an folgenden Sommer. Dieß ist ein Griechisches, vier Meilen von Constantinopel entferntes Dorf, und liegt an der Spitze eines großen Waldes, worinnen man Wildpret in Menge antrifft. Die großen Herrn haben daselbst Kioskes, oder Lusthäuser, bauen lassen, wo sie manchmal frische Luft schöpfen. In der Gegend um dieses Dorf, sind Wasserbecken wovon das Wasser mittelst unterirdischer Kanäle in ein Dorf Namens Baktche Kicui, (Dorf der Gärten), geführet wird, woselbst es durch eine große hier befindliche Wasserleitung läufet, und hernach in neun Kanäle fliesset, welche solches beym Eingang von Pera, in einen Röhrkasten leiten, von da es sich in die

Spring-

Springbrunnen vertheilet. Gemeiniglich trinken die Fran
ken das Waſſer aus den Ciſternen welche ſie in ihren Häuſern
haben. Die Engländer, Holländer, und einige Franzo‐
ſen, hatten zu Bellegrade Häuſer : der Baron von Hopken,
und Herr Carlſon nahmen daſelbſt auch eines, als ſie zu
Miniſtern des Königs von Schweden (1) waren ernennt wor‐
den. Eben dazumal wiederfuhr dem Holländiſchen Geſandten
ein verdrüßlicher Streich. Sein Kammerdiener gieng nach‐
dem er ſich betrunken hatte, neben den Begräbnißplatz der
Chriſten ſpazieren. Ein Janitſchar der ihm begegnete und
ſich darüber ärgerte daß er denſelben in dieſen Zuſtand antraf,
verwies ihm ſolches. Der Holländer zog hierauf den De‐
gen, und ſtieß ihm ſelbigen durch den Leib. Andere Tür‐
ken; ſo dieſen Meuchelmord mit angeſehen hatten, liefen
alſobald hin, und zeigten es bey der Wache zu Top‐khane an,
welche ſich des Mörders bemächtigte, und ihn gefangen ſetz‐
te. Als der Abgeſandte von dieſem Vorfall Nachricht er‐
halten hatte, ließ er ihn abfodern : und die übrigen Mi‐
niſter, insbeſondere der Herr von Villeneuve, baten gleich‐
falls, jedoch vergeblich für denſelben. Dieſer Handel hät‐
te beynahe einen Aufruhr verurſachet. Die Janitſcharen
empörten ſich nämlich, und droheten die Häuſer der Fran‐
ken zu plündern, wofern man dieſen Mord nicht beſtrafte.
Der Vezir muſte aus Furcht ſie möchten ihre Drohungen ins
Werk ſetzen, und wenn ſie ſich einmal zuſammen rottiret
hätten,

---

1) Es befand ſich dazumal kein Miniſter von Sicilien daſelbſt. Wie
aber dieſer Hof kurz darauf mit der Pforte einen Vertrag geſchloſ‐
ſen hatte : fand ich bey meiner Zurückkunft nach Conſtantinopel,
den Ritter Maio der dieſe Stelle begleitete.

hätten, die Empörung noch weiter treiben, ihnen Genugthuung versprechen, und den Mörder zum Tod verdammen. In der That wurde auch das Urtheil gar bald gefället, und ihm öffentlich auf den Platz bey Top-khane, der Kopf abgeschlagen.

Sechstes Kapitel.

Nachricht von den Friedensunterhandlungen zwischen den Persern und Türken. Kriegserklärung der Pforte gegen die Moskowiter, und prächtiger Auszug des Großvezirs. Ankunft des Persischen Abgesandten zu Constantinopel, um den geschlossenen Frieden zu bekräftigen.

Gegen Ende dieses Jahrs sprach man von einem nahen Frieden zwischen den Persern und Türken, und von einem Bruch zwischen diesen letztern, und den Moscowitern. Nadir Chah hatte sich nach Verjagung der Afganen aus Persien, vorgenommen sie in ihrem Lande anzugreifen, um sich von Kandehar Meister zu machen. Damit er nun nicht befürchten dürfte in seiner Unternehmung gestört zu werden, hielt er für nöthig mit den Türken Unterhandlung zu pflegen. Er ließ ihnen also den Frieden anbieten, ob schon dieser Schritt, den mit den Moscowitern gemachten Verträgen, wie man sagte, entgegen war. Seinen Endzweck zu erreichen, bediente er sich des Ahmed Pacha, eines der berühm-

rühmtesten Männer in dem Osmannischen Reiche, den einige seiner Anhänger ohne Bedenken Ahmed Padichah, oder
den Kaiser Ahmed, nannten.

Dieser Pacha dem die Gesinnungen der Pforte bekannt
waren, hatte keine Mühe seine Unterhandlung glücklich hinaus zu führen: ja, er stürzte dadurch sogar noch seinen
Feind, den Vezir Ali-Pacha, dem er zum Theil den unglücklichen Ausgang des Kriegs mit Schuld gab. Der Großherr konnte sich kaum entschließen diesen Staatsminister ab-
zusetzen, und ernannte an seine Stelle den Ismail Pacha,
der vom Janitscharen Aga, zum Statthalter von Bagdad
gestiegen war. Diese Statthalterschaft wurde hernach dem
Ahmed Pacha, dem er sie kurz vorher genommen hatte,
wieder gegeben.

Ismail Pacha blieb aber kaum vier Monathe Großvezir. Als nämlich die Pforte während dieser Zeit, den
Moskowitern den Krieg angekündigt hatte: wurde Maho-
med Pacha von dem Großherrn aus dem Serai genommen,
und mit den Titel eines Serasfiers, um die Armee so man
gegen sie schickte, zu commandiren, zum Großvezir ernennet.
Dieser neue Staatsminister zog mit großen Pracht aus Constantinopel, und die Standarte des Propheten wurde vor
ihm hergetragen. Es würde zu weitläuftig seyn, diese Ceremonie welche von Fremden gesehen zu werden verdienet,
umständlich zu beschreiben, ich bemerke hier also nur, daß
sie drey Tage dauerte, und während dieser Zeit in den Straß-
sen, wo die Truppen vorbeyzogen, Carneval gehalten wurde. Unter allen gefielen mir zwanzig prächtige Pferde, aus
des Großherrn Stall, die man zur Verherrlichung des Ge-
pränge.

prängs, an der Hand führete. Sie waren kostbar auf'ge-
zäumet, und mit Edelgesteinen, Perlen, und Gold, völlig bedecket.

Der Kaiser ließ sich dem Großherrn als Mittler anbieten, welcher ihn ausschlug. Die Gesandten von England, und Holland thaten die nämlichen Vorschläge, die
aber, weil die Türken außerordentlich mistrauisch sind, nicht
angenommen wurden. Der Herr von Villeneuve war der
letzte so die Vermittlung des Königs seines Herrn anbot. Da
die Pforte keine Ursach hatte sich darüber zu beklagen, noch
deshalben mistrauisch zu seyn, nahm sie solche an. Dieser Gesandte war nachmals so glücklich die Unruhen, wovon
ich nur den Anfang gesehen habe, zu stillen.

Abdul-Balikhan kam dieses Jahr zu Constantinopel
im Namen des Nadir Chah, an, den von Ahmed Pacha
zwischen diesen neuen König, und dem Großherrn, geschlossenen Frieden, zu bestättigen. Er hatte mit den Ministern der Pforte verschiedene Conferenzen: und die Mollas welche er aus Persien mitbrachte, disputirten mit den
Gelehrten zu Constantinopel, über einige strittige Puncte
von ihrer Religion, unter andern, auch über das Recht
welches die Perser zu Mecka zu haben vermeynen. Ob es
nun schon dem Abgesandten gelang, diejenigen, mit denen
er in Unterhandlung trat, zu hintergehen: konnten doch
die Mollas, sie niemals von der Rechtglaubigkeit der Kizilbaches (1), überzeugen. Indessen zweifelten sie nicht, daß
es

---

1) Kizilbache heisset ein vergoldeter Kopf. Es wurde mir in
Persien gesagt, daß man ehehin die Leibwache des Königs
also

es ihnen in Perſien beſſer gelingen möchte, woſelbſt dieſe
Streitfrage in Gegenwart des Nadir Chah, weitläuftiger
ſollte unterſuchet werden.

Der Herr von Villeneuve hatte mir gleich bey meiner
Ankunft geſagt, daß er mich auf ſeine Verantwortung bis
zu Ende des Perſiſchen Kriegs bey ſich behalten, und dem
Hoſe ſchon von den Urſachen meines Aufenthalts Nachricht
ertheilen wollte. Es war mir nicht entgegen einige Zeit in
dieſer Stadt zu bleiben, um mich in der Sprache, den
Sitten, und Landesangelegenheiten zu unterrichten. Als
Abdul-Bakithan ſeine Unterhandlung geendiget hatte rüſtete
er ſich wieder nach Perſien zurück zu kehren. Herr von Villeneuve ſagte mir, wie er es dahin zu bringen gedächte, daß
ich mit ihm abreiſen könnte : ich ſollte daher nur alles was
zu meiner Reiſe nöthig wäre, anſchaffen. Ich war bald
reiſefertig. Unſere Abſichten wären aber beynahe vereitelt
worden : indem mich während meines Aufenthalts zu Bujukdere ein Fieber überfiel, welches von dem daſelbſt gefährlichen Abenthau herkam. Dennoch wollte ich mir ungeachtet ſeiner Vorſtellungen, dieſe Gelegenheit zu Nutz machen :
und er bewilligte endlich mein Anſuchen.

---

also genannt habe, weil ſie eine Art Mützen auf den Kopf trugen, welche von Gold, Silber, oder einem andern Metalle
verfertiget waren. Die Türken geben dieſen Namen allen Perſern
überhaupt, aber in einer andern Bedeutung. Sie verſtehen
darunter einen Ketzer, und nennen ſie auch Rafſi, welches
das eigentliche Wort iſt einen Ketzer auszudrucken. Kiſil
heiſſet auch roth, daher man geglaubt hat, der Namen Kiſil-
bach bedeute einen rothen Kopf.

Sie-

Siebentes Kapitel.

Abreise von Constantinopel nach Jspahan.

Man war des Persischen Abgesandten sehr überdrüßig: der nur deswegen seinen Aufenthalt zu verlängern suchte, weil er zu gleicher Zeit da er die Geschäfte seines Herrn nach Möglichkeit in die Länge zog, sich ungemein bereicherte.

Die türkischen Kaiser legen ihre Größe und Freygebigkeit vorzüglich durch die sogenannten Tayins an den Tag, welche sie den Gesandten verwilligen: und die orientalischen Fürsten überhaupt genommen, unterlassen diesen Gebrauch niemals. Sie bestehen aus einer festgesetzten Summe, welche entweder an Geld oder Lebensmitteln, nach des Abgesandten Belieben, und manchesmal in beyden zusammen, entrichtet wird. Die Gesandten der christlichen Mächte weigern sich zuweilen diese Tayins anzunehmen: welches aber von denen aus Orient niemals geschiehet.

Abdul - Bakithan empfieng einen sehr beträchtlichen, ohne die Geschenke zu rechnen, welche ihm häufig von dem Großherrn, dem Vezir, und den Personen bey denen er speisete, gegeben wurden. Es ist in diesem Lande gebräuchlich, wenn ein Geringerer einen Vornehmern beym Essen hat, oder wenn sie sich als ihres gleichen begegnen, daß der Wirth den Gast beschenkt: um demselben dadurch gleichsam zu bezeugen, wie angenehm es ihm gewesen ist, daß er die Ehre gehabt hat ihn zu bewirthen. Diese Geschenke werden von den Türken Diche-Kirasi, (Belohnung der Zähne genennet.

Als

Als der Tag von des Perſiſchen Geſandten Abreiſe endlich einmal feſtgeſetzet war, fuhr ich nach Scutare hinüber, wohin ſein ganzes Gefolg ſich ſchon einige Tage zuvor
begeben hatte. Scutare, oder Eskiudar, lieget Conſtantinopel gegen über, auf der andern Seite des Kanals. Dieſe Stadt iſt groß, und kann, es ſey nun in Betracht ihrer
Lage, oder der Gebäue, und Gärten, für ſchön gehalten
werden; ja, es fehlt ihr nichts als ein Haven. Unter
ihre Merkwürdigkeiten zählt man auch die mit marmornen
Gräbern angefüllten Kirchhöfe : dazwiſchen Cypreſſenbäume
ſtehen.

Wir brachen den vier und zwanzigſten November, ſiebzehn
hundert ſechs und dreißig auf, und blieben nach Verfluß einer
Stunde ſtill liegen. Der Geſandte, der Newabe (1) der Molla
bachi, und die Geſandtſchafts Cavaliere, ſtiegen ab, und verrichteten ihr Gebet bey einem Grabe, worein man vor einigen Jahren
des Abgeſandten Sohn geleget hatte. Da es ſehr ſtark regnete,
war ich über dieſe Andachtsübung um ſo mehr erſtaunet.
Nach geendigten Gebet ſetzten wir unſere Reiſe drey Stunden
lang fort, bis zu den nicht ſehr weit vom Meerbuſen Izmid entfernten Flecken Kartab (*), woſelbſt ich in einem
ſehr ſchlechten Kiervanſerai (2) logieren muſte.

---

1) Newabe heiſſet eigentlich einen ſolchen, der eines andern Stelle
verſiehet. Dieſer hier, war gleichſam des Königs Lieutenant,
um auf das Bezeugen des Geſandten Acht zu haben, den er
bey ſeiner Zurückkunft nach Perſien anzuſchwärzen ſuchte.

*) Kartal bedeutet einen Adler.

2) Kiervanſerai, iſt ein Pallaſt, oder Herberg, die Reiſenden
zu logieren, und wird fälſchlich Caravanſera genannt.

Das Fieber und die üble Witterung machten mir zwar die Reise sehr beschwerlich: aber die Veränderung der Speisen, und die schlimmen Nachtquartiere, wozu ich den Anschein nach mich gefaßt machen mußte, bekümmerten mich mehr als das übrige. Indessen gewohnte ich beydes gar bald: und es mag nun die Veränderung der Luft, oder das Reiten, vielleicht auch alles zusammen, mir anständig gewesen seyn, kurz, ich empfand, daß meine Kräfte von Tag zu Tag zunahmen. Das Fahren ist in diesen Ländern nicht gebräuchlich, daher muß man seine Reisen zu Pferd anstellen: dem ungeachtet giebt es Sänften für die Weibspersonen, und Kranken, welche es aufwenden können.

An fünf und zwanzigsten legten wir zwo Meilen weiter zurück, alsn de ersten Tag. Hierauf kamen wir das an den nämlichen Meerbusen gelegene Dorf Pendik vorbey, nach den Flecken Guegne-bize (*), der auf einer ziemlichen Anhöhe, ohngefähr zwo Meilen vom Meer liegt. Mustafa Pacha, einer von des Sultan Soliman Veziren, hat daselbst eine große Moschee, ein Collegium nebst verschiedenen Kiervanserais und Bädern bauen lassen. Ich war in diesem Flecken besser als zu Kartal logiret. Der Kihaja Kirimbeg, dem mich Herr von Villeneuve besonders empfohlen hatte, verschafte mir nachmals so viel als es sich thun ließ, bequemere Quartiere: und ich wurde von Abdul-bakikhan der mich hoch schätzte, täglich zum Speisen eingeladen.

Zwischen

---

*) Guegne-bize will sagen, wir sind wohl und bequem logirret.

Zwischen den Persern und Türken ist ein großer Unterschied, nicht allein in Ansehung ihrer Religion, sondern
auch der Kleidung, und Speisen. Ihre Kleider kommen
mehr mit den unsrigen überein, sind kürzer, und haben einen bessern Schnitt als bey den Türken. Sie tragen tuche-
ne Strümpfe, und Schuhe von grünen Safian, die just so
als unsere Weiberpantoffel formiret sind. Das Haupt bedecken sie sich mit einer viereckigten Mütze, um welches sie
ein Chale, oder Art von wollener Binde wickeln. Dieser
Kopfputz ist eine Erfindung des Nadir Chah. Ihre Speisen, insbesondere aber die Pilaus, sind köstlicher, besser
zubereitet, und gemeiniglich mehr gewürzet als bey den Türken: Auch ist das Backwerk, die Gallerten, und der
Eherbet, bey ihnen vortreflich. Sie setzen sich gleich den
Türken, auf die Beine, welche ruckwärts gebogen, und
kreuzweis über einander geschlagen sind. Die Speisen werden in Schüsseln vorgetragen, und auf kleine, nach
Art unsrer chinesischen Theebretter verfertigte Tischchen, in
Ordnung gestellet, welche man hernach auf die Erde vor sie
hinsetzet. Wann sich unter der Gesellschaft jemand befindet,
so dem andern soll vorgezogen werden, hat er einen für sich
allein: dagegen von den übrigen, zween, und zuweilen
drey, an den nämlichen Tisch sitzen. Ob sie gleich den
Wahn von unserer Unreinigkeit noch viel weiter treiben als
die Türken; so erzeigten sie mir doch die Ehre zu erlauben
daß ich auf die nämlichen Sofas, deren sie sich bedienten,
mich niedersetzen durfte, weil ich ihr Musafir war, welches
einen Reisenden, Fremden, oder jemands Gast anzeiget.
Unter diesen Titeln wird der letztere heut zu Tag von den
Morgenländern noch eben so hoch geschätzet, als zur Zeit
der Patriarchen: bey den Arabern wird er für unverletzlich

D 2   gehal-

gehalten, wenn sie einmal jemand unter dieser Benennung
bey sich aufgenommen haben, glauben sie zu seiner Erhaltung
und Beschirmung verbunden zu seyn, ja, sie überhäufen
ihn mit Ehrenbezeugungen und Höflichkeiten.

Nichts desto weniger hatte man jederzeit so viel Achtung,
mir eines von diesen Tischchen allein zu geben. Dieses konnte
ich nun gar wohl geschehen lassen, indem die Perser alles, und
sogar ihren Pilau, ohne Löffel und Gabel verzehren. Jedoch kam mir diese Ehre anfangs sehr theuer zu stehen, wegen
der Mühe so ich hatte, nach ihrer Art schicklich zu sitzen.
Da ich nun zwar ihre Kleidung trug, doch aber noch nicht
gewohnt war in dieser Stellung lang zu bleiben, empfand
ich an den Kniekehlen und Füßen, einen dermaßen empfind-
lichen Schmerzen, daß ich wegen des kalten Schweißes, der
mich überfiel, hinaus gehen muste. Als endlich der Gesandte meine Quaal gewahr wurde, befahl er daß man ein
Küssen vom Sofa umkehren sollte, und erlaubte mir nach
meiner Bequemlichkeit zu sitzen, indem ich die Beine gerad
ausstreckte. Dieser Erlaubniß bediente ich mir so lang, bis
ich es mit der Zeit gewohnt hatte nach ihrer Weise zu sitzen.

Am sechs und zwanzigsten marschierten wir vier Stunden bey
einem heftigen Regen, dadurch die Straßen in diesen Gegenden,
wo der Erdboden sett ist, sehr verschlimmert wurden. Ein
schlechtes Dorf, Taouchandgik, (oder der kleine Hase,)
genannt, war an diesen Tag unser Konak (3). Ich brach-

k

---

3) Konak, heisset ein Ort wo die Reisenden nach geendigter Tagreise liegen bleiben.

te hier den übrigen Theil derſelben, und die folgende Nacht ſehr unbequem zu : ſowohl wegen des Regens der in meine Kammer drang, als des Rauches.

Den ſieben und zwanzigſten fanden wir die Straſſen dermaſſen mit Waſſer überſchwemmet, daß ſich die Wegweiſer ſelbſt kaum darein finden konnten. Dieſe Ueberſchwemmung rührte vom Regen her, der von Tag zu Tag zunahm. Reiſende Ströme ſchoſſen von denjenigen Bergen herab, an deren Fuß unſer Weg vorbey gieng, und führeten zween Männer und zwo Frauen mit ſich fort, die man unmöglich retten konnte.

Nach einen fünftägigen Marſch langten wir zu Izmid an, und blieben daſelbſt drey Tage, weil die Ueberſchwemmung den Weg unbrauchbar machte.

Izmid iſt die Hauptſtadt im Bezirk Kodja - Ili, der alſo genennt wird, weil Aktche - Kodja, einer von des Osman - Gazi Hauptleuten ſolchen erobert hat. Man ſchreibt es auch Iznik - mid, welches eine Zuſammenziehung ſeines alten Namens, Nicomedia iſt. Sie lieget faſt am Ende eines Meerbuſens, der ſich von Conſtantinopel hundert Meilen gegen Morgen erſtrecket, und iſt auf den Abſchuß eines Berges gebauet, von deſſen Höhe ſie bis an das Meerufer reichet. Ihr Haven wird einzig und allein durch die einheimiſchen Fahrzeuge beſuchet, und die Kaufleute welche daſelbſt Handlung treiben, ſind meiſtentheils Griechen.

Iznik, oder Nicäa, iſt eine von ih ... (4). Dieſe Stadt war noch zur Zeit der letzten griechi-

D 3 ſchen

schen Kaiser, stark bevölkert. Die Türken sagen daß vorzeiten dreyhundert und achtzehn Mönche hier wären versammlet gewesen, die Glaubensartikel der Christen zusammen zu tragen, und man hätte der nämlichen Ursach wegen, noch mehr Versammlungen daselbst gehalten. Dieß ist ihre mündliche Ueberlieferung von den in dieser Stadt gehaltenen Kirchenversammlungen.

Orkhan Gazi machte eine von ihren Kirchen zur Moschee, welche noch stehet. Man verfertiget daselbst unächtes Porcellan, dessen sich die Türken bedienen. Sudwest von Iznik befindet sich ein See, dessen Umfang dem türkischen Erdbeschreiber zufolge, zweyhundert Meilen in Umkreis beträget. Sein Wasser ist süß, und es werden verschiedene Arten Fische darinnen gefangen: unter andern einer Line genannt, der eine halbe Spanne in der Länge hat. Man schätzet denselben sehr hoch, und versendet ihn getrocknet, sowohl nach Constantinopel, als nach Prusa. In der Gegend um diesen See, giebt es unterschiedliche Bäche, welche sich bey Guemlik in das Meer von Mermere ergießen.

Während daß wir zu Izmid waren, langte ein Tchapar, oder Kourier vom Nadir Chah, an. Wir vermutheten daß der Brief welchen er dem Gesandten einhändigte, nichts verdrüßliches für ihn enthalten muste: indem er selbigen

---

Es-liuber, Al-Yazi, Al-Hisar, Bazar-Kieui, Earltchair, Eavandje, Gueiwe, Yelal-Abad, Kieurle, Yourous, Kara-Merfel, Samaulu, Kara-Sou, Kandiri, Chile, und Bazar-Soui.

bigen begierig las, und hernach auf den Kopf zwischen die Müße und der Chale legte, und den ganzen Tag also bey sich trug. Auf diese Art giebt man nämlich seine Ehrfurcht und Zufriedenheit zu erkennen. Ich konnte von diesem Kourier nichts weiter erfahren, als daß Nadir Chah Truppen zusammen zöge: und man vermuthe, daß er eine Unternehmung gegen die Afganen möchte in Schild führen.

Wir verfolgten den ersten December unsere Reise, musten aber weil das Wasser noch nicht abgelaufen war, umkehren. Den folgenden Tag machten wir uns wieder auf den Weg, und kamen in sechs Stunden mit vieler Mühe nach Sapandze. Dieser Flecken lieget in einer Ebene, an den westlichen Ufer eines Sees von funfzehn Meilen in Umfang: ist mehr lang als breit, und eine halbe Tagreise vom Meerbusen Jzmid entfernt. Der Boden daselbst, ist zum Getrandbau vortreflich: die Ebne hingegen, wird von einem grosen Wald umgeben, den die Türken Ajatche Deguizi, oder das bretterne Meer nennen. Ich fand da kein anderes Quartier, als einen Kiervanserai, worinnen ich zwo Nächte unter den Kiurden zubrachte, aus denen die Wache des Gesandten bestund.

Den dritten bereiseten wir Gebirge, und ritten hernach auf einer steinernen Brücke über den Fluß Sakaria, (bey den Alten Sangarius genannt), der an diesen Ort sehr breit ist. Er laufet dem See von Sepandze gegen Morgen, und stürzt sich alsdann ins schwarze Meer. Im Jahre der Hegire neun hundert und neun, (funfzehn hundert und drey), stellte Sinan Pacha der Pforte vor, man könnte ihn mit diesem See durch einen Kanal zusammen fügen, und hernach

den

den See und den Meerbusen von Izmid dadurch verbinden, welches zur Fortschaffung des Holzes sehr nützlich gewesen wäre, das man zum Galerenbau für den Grosherrn mit wenigen Kosten hätte darauf können bringen lassen. Seine Vorstellungen fanden Gehör, und die Pforte schickte deshalben erfahrene Leute auf den Platz. Sie billigten zwar den Entwurf, es schlug aber dennoch fehl, durch die Ränke derjenigen Personen, denen daran gelegen war die Ausführung zu hintertreiben.

Wir hielten nach einen sechsstündigen Marsch zu Gueibe still: einen von dem Strom, dessen ich eben gedacht habe, nicht weit entlegenen Flecken. Unser Konak war zu sehr entfernt, als daß wir daselbst ohne unsere Pferde allzustark zu ermüden, hätten anlangen können: wir ritten also, da unser Weg ohnehin an der andern Seite des Stroms vorbey gieng, den vierten auf der nämlichen Brücke wieder darüber, und schlugen, nachdem wir drey Stunden marschiret waren, bey dem wohlbevölkerten Flecken Akhisar, (oder das weiße Schloß genannt), unser Quartier auf.

Der Gesandte hatte einen Befehl vom Großherrn bey sich, vermög dessen sowohl er als sein Gefolg, allenthalben wo sie durchkamen, mit Quartier und Lebensmitteln musten versehen werden, wie es bey solchen Gelegenheiten in Orient üblich ist. Diese Befehle nennen die Türken Khatti-Cherif, oder eine edle Schrift, weil der Großherr die erste Zeile mit eigener Hand schreibet. Die Persischen Knechte aber, als Leute welche meistentheils unlängst erst vermög des letztgeschlossenen Friedens, aus der Sclaverey waren befreyet worden, misbrauchten öfters ihre Freyheit, und die

Vor-

Vorrechte des Abgeſandten: indem ſie mit der gröſten Stren=
ge unbillige Dinge foderten, ſo gar, daß ſie auch alsdann
die Türken auf das empfindlichſte beleidigten, wenn man ſich
beſtrebete ihnen alles zu verſchaffen. Einer von dieſen Knech=
ten hätte uns beynahe an dieſen Ort, wo die Einwohner
meiſtens aus Janitſcharen beſtunden, in einen verdrüßlichen
Handel verwickelt. Er ſchimpfte nämlich in ſeiner Sprache
einen unter ihnen, der ſolches, weil er in den letztern Per=
ſiſchen Krieg gedienet hatte, verſtund, und ihm auf eben
die Art wieder antwortete. Von Scheltworten kam es zu
Schlägen: die Perſer ihres, und die Einwohner andern=
theils, rotteten ſich zuſammen, und das Geſecht wurde
blutig, als Abdul=bakikhan und der Turnadgi=bachi (5),
um die Ruhe wieder herzuſtellen, herbeyeilten.

Den fünften reiſeten wir von Ak=hiſar ab, und über
denjenigen Arm des Stromes Sakaria, welchen die Alten
Gallus genennt haben. An dieſen Ort gehet eine ſteinerne
Brücke darüber, und er vereinigt ſich etliche Meilen von
hier gegen Norden, mit dem andern Arm.

D 5   Wir

---

5) Tournadgi=Bachi, iſt aus zwey Türkiſchen Worten zuſam=
mengeſetzt, welche das Oberhaupt derjenigen anzeigen, ſo die
Aufficht über die Kraniche haben. Dieß war vorzeiten ein
Jagdbedienter des Großherrn: nachmals iſt aber dieſe Bedie=
nung, eine Ehrenſtuſe der Soldaten unter den Janitſcharen ge=
worden. Gleiche Beſchaffenheit hat es mit dem Amte der
Dogandgi=Bachi, oder Oberfalkenmeiſters: und der Stelle
des Samſoundgi=Bachi, oder Vorgeſetzten über diejenigen
welche die engliſchen Doggen unter ſich haben.

Wir blieben nach einer sechsstündigen Reise zu Leffie über Nacht: einer in dem Bezirk Kudavendkiar, eine Tagereise gegen Morgen, von Iznik entlegenen Dorfe. Seit unserer Abreise von Constantinopel bis zur Ankunft an diesen Ort, woselbst wir uns aufhielten, hatten wir von Saribeg ouglou nichts gehöret: dessen Empörung uns noch vor der Abreise war berichtet worden. Dieser Beg hatte unter den Vorwand die Pforte habe ungerechter Weise seinen Vater umgebracht, einen Haufen Landstreicher an sich gezogen, mit denen er das Land unsicher machte. Die Einwohner von Leffie streueten vermuthlich in der Absicht uns furchtsam zu machen, viele Nachrichten von ihm aus, welche nachhero falsch befunden wurden. Ungeachtet Abdul-Bakikhan nur eine kleine Anzahl von bewafneten Leuten bey sich hatte, war er dennoch entschlossen mit Gefahr angegriffen zu werden, seinen Marsch fortzusetzen.

Nachdem wir also am siebenten abgereiset waren, gieng der Weg vier Stunden lang über pur Eis, und wir langten ohne einige verdrießliche Begegniß zu Vezir-Khani (der Khan, oder Kiervanserai des Vezirs), an. Die Einwohner von diesem Flecken, welches fast lauter Griechen waren, jagten uns nochmals einen blinden Schrecken ein, welches uns aber nicht abhielt den folgenden Tag unsere Reise fortzusetzen. Wir musten vier Stunden lang einen starken Regen ansiehen, und dieß auf einer Strasse wo die Pferde bis an die halben Schenkel hineinfielen. Diesen Tag war unser Konak in den großen Flecken Biledgik, unter dessen Gerichtszwang der Bezirk Sultan-Eugni (6) gehörte.

─────────────

6) Die übrigen Gerichtbarkeiten dieses Districts, sind Eski-Cheh-
rr

Ich traf daselbst Landwein an, der nicht übel schmeckte. Man verfertigt an diesen Ort artige Polster von Sammet mit Gold und Silber gestickt, für die Sofas: und anderes Geräth, welches in den nämlichen Geschmack gearbeitet ist. Die Armenier und Griechen kommen dahin, und kaufen sie, um selbige sowohl zu Constantinopel, als anderwärts wieder zu verkaufen: sie sind aber schlechter als diejenigen welche man zu Brusa (7) machet, einer Stadt, und Gerichtbarkeit von dem Bezirk Khudavendkiar, wo sich die türkischen Kaiser ehedin aufgehalten haben.

An

---

re, Ju-Engui, Bojavil, Said-Saji, Karadge-Chehre, Kaladgik, Eulan-Engui, und At-Bil.

7) Brusa liegt Nordwärts von Kiechiche-Dagui, oder dem Gebirge der Priester. Diese Stadt ist eine Meile lang, und eine halbe breit, hat auch auf einer Anhöhe ein Kastell. Der kleine Gueudere fliesset von diesem Gebirge herab, und verstehet einige Quartiere in der Stadt mit Wasser. Andere bekommen es vom At-Tchiglan: und ein dritter, der hinter dem Kastelle aus einem Felsen hervorquillet, verschaffet es den übrigen. Alle drey aber, nachdem sie unten an der Stadt die Gärten gewässert haben, fallen in den Strom Niloufer, der auf dem Gebirge Yegni-Dag, in der Gerichtbarkeit Edrenous, welcher eigentlich ein Arm von Kiechiche-Dagui ist, entspringet. Der Fluß Niloufer laufet alsdann mitten durch die Ebene von Brusa, strömet zwo Meilen Nordwärts dieser Stadt vorbey, hernach bey Baladandgik, und stürzet sich unterhalb Mendialidge in den See Oulenbad. Sein Lauf erstrecket sich von Osten nach Westen.

An neunten reiseten wir über ein hohes Gebirg, und nahmen den Weg durch Schnee und Eis, bey einem kalten Nebel der uns blendete: endlich kamen wir nach sechs Stunden zu den ansehnlichen Flecken Bozavik. Nachdem wir den zehnten bey ungemein strenger Kälte, drey Stunden marschiret waren: blieben wir zu In-Eugni über Nacht. Dieser Berg erhebt sich auf einer Ebne. Man hat in der einen Seite desselben, verschiedene Höhlen ausgehauen, welche bewohnet werden. Es stehet hier auch ein Thurn worauf zehen bis zwölf Mann zur Besatzung liegen.

Den folgenden Tag trafen wir Strassen an, auf denen wegen des Eises fast nicht fortzukommen war. Die Reise dauerte sechs Stunden: und unser Konak war zu Eski-Chere, der Hauptstadt von dem Bezirk Sultan-Eugni. Ihr Namen heisset so viel, als die Altstadt (8). Sie lieget in einer großen mit Weinbergen und Gärten angefüllten Ebene. Zwo Meilen von der Stadt werden Bäder angetroffen, welche so heiß sind, daß man bey der Quelle die Hitze nicht ertragen kann. Die Oberfläche dieses Wassers ist mit einer öhlichten Materie bedeckt, welche von den Landleuten als eine Arzney gegen mancherley Krankheiten, aufgesammlet wird.

---

8) Es giebt auch noch ein Yegni-Chere, oder Neustadt. Dieser Flecken liegt nordostwärts von Brusa, gegen Südost von Isnik, südwärts von Lefcke, endlich gegen Westen von At-bik, und Bilcdgik gegen über, zwo Tagreisen entfernt. Yegni-Chere ist deswegen also genennet worden, weil Osman Gaik, als er sie bey Stiftung des Reichs, zu seiner Hauptstadt machte, ein Serai, Häuser für seine Truppen, eine Moschee, und Bäder daselbst hat bauen lassen.

wird. Einige Bediente von des Abgesandten Gefolg geriethen mit den Einwohnern der Stadt, wegen der Quartiere in Streit: indem sie mit Gewalt andere nehmen wollten, da sie mit den angewiesenen nicht zufrieden waren. Als nun die Eigenthümer der Häuser sahen daß man ihre Thüren einschlug, widersetzten sie sich dieser Gewaltthätigkeit. Der Streit fieng schon an hitzig zu werden, als Abdul-Bakikhan eben noch zu rechter Zeit kam, und ihm ein End machte.

Unser Aufenthalt an diesen Ort, dauerte drey Tage, von da wir den funfzehnten in acht Stunden nach Seid-Gazi, (oder der Held, ein Verwandter des Propheten), einen wohlbevölkerten, und in der Ebene liegenden Flecken, marschirten. Er ist nach den Namen einer gewissen unter den Türken angesehenen Person, also benennet worden, die ganz nahe dabey, auf einen Hügel begraben liegt. Der Abgesandte, besuchte mit den vornehmsten des Gefolgs, sein Grab, und sie verrichteten daselbst ihr Gebet.

Den sechzehnten kamen wir nach einen vierstündigen Marsch, zu den Dorf Bardaklu, (voll von Erdentöpfen), das ohngefähr aus ein hundert Hütten bestehet, welche vielmehr Ställen als Häusern ähnlich sahen. Die Einwohner waren auf erhaltene Nachricht daß wir daselbst eintreffen sollten, in das Gebirg entflohen, nachdem sie vorher ihre Lebensmittel, und Geräthschaften weggebracht hatten. Jeder von uns quartierte sich ein, so gut er konnte. Ich schätzte mich glücklich daß ich ein kleines mit Stroh angefülltes Loch gefunden hatte, woselbst ich meinen Teppich ausbreitete, und Ruhe zu geniessen vermeynte, deren ich höchst benöthigt war: doch es kam mir diese Nacht kein Schlaf in die Augen.

Meine

Meine Pferde muste ich aus Furcht sie möchten mir gestohlen werden, an den nämlichen Ort stehen haben. Da
ich in einen sehr engen Platz eingeschlossen war, stund ich
in Gefahr bey der geringsten Bewegung welche sie machten,
ein Krüppel zu werden, und fand mich öfters ganz ins
Stroh vergraben. In dieser Stellung wurde mir die Zeit sehr
lang, und ich konnte den Anbruch des Tages kaum erwarten, um aus meiner Verlegenheit zu kommen. Zu allen
Glück verkündigte der Ausrufer unsere Abreise zwo Stunden
vor Sonnenaufgang. Ich reisete mit denjenigen so voraus
giengen, um Quartiere zu bestellen, in der Absicht mir ein
bequemeres als das letztere war, auszusuchen. Nach einen
fünf Stunden gedaureten Marsch, langte ich in einem Dorfe an, KhosrevPacha genannt.

Kaum war ich vom Pferde gestiegen als ich fünf bis
sechs Chatirs ohne ihre Herren ankommen sah. Diese Art
Knechte gehet jederzeit zu Fuß. Die bey den Persern, sind
sehr leicht auf den Beinen, und machen in kurzer Zeit lange
Reisen. Man hat mir Beyspiele von ihrer Geschwindigkeit
angeführet welche mich in Erstaunen gesetzet haben. Da ich
sie so erschrocken herbey eilen sah, wollte ich die Ursach ihres
Entsetzens wissen : sie antworteten, man wäre mit den Einwohnern des Dorfs wo wir unser Nacht Quartier gehabt
hatten, handgemeng worden. Wie der Abgesandte ankam,
erhielt ich vollkommene Nachricht von dieser Sache, womit
es folgende Beschaffenheit hatte.

Diese Bauern waren aus Misvergnügen, daß wir eine Nacht bey ihnen zubringen sollten, wie ich schon gemeldet habe, alle entflohen : und hatten in Willens uns ganz

un

unvermuthet anzugreifen. Sie kamen auch wirklich mit
Anbruch des Tages, und vermutheten, uns eben wenn
wir mit Aufpackung der Bagage, und satteln der Pferde beschäftiget wären, zu überfallen. Der Gesandte hatte
aber von ihren Vorhaben Nachricht erhalten, und vor Tags
aufzubrechen befohlen: daher sie nur einige zurückgebliebene
im Dorfe antrafen, auf welche sie schoßen.

Als nun Abdul-Bakikhan das Lärmen vom Schreyen
und Schießen vernahm, kehrete er wieder zurück, um ihnen mit seiner Wache die Spitze zu bieten. Da ihre Absicht
ihnen fehl geschlagen war, entflohen sie abermals auf die
Berge, und erreichten einen engen Paß, wo sie zum zwey-
tenmal die Perser angriffen. Unter unsern Truppen befanden sich nur ohngefähr vierzig Personen, die mit Gewehr gut umgehen konnten: anstatt daß der angreifende
Theil, aus zweyhundert bestund, so lauter Jäger, und
Räuber, folglich auch gut bewafnet waren. Sie hatten
sich noch über dieß zwischen die Bäume gestellet, daraus sie
auf die Perser feuerten, welche aber nach Losbrennung ihres Feuergewehrs, den Säbel zur Hand nahmen, um sie
von da zu vertreiben.

Endlich ergriffen die Räuber nach einen halbstündigen
Gefecht die Flucht, und ließen sechs Mann von ihren Leuten auf den Platz liegen, deren Pferde den Siegern zu Theil
wurden. Dreyßig bis vierzig unter ihnen sind, wie wir
seitdem gehöret haben, verwundet worden. Auf Seiten
der Perser wurden nur vier Personen verwundet, darunter
sich des Abgesandten Stallmeister befand, wovon zween

nach

nach einigen Tagen starben. Ein Mirza (9), Namens Agah-Kouli hieb einem von diesen Räubern, mit dem Säbel die zween Arme weg. Dieser Scharmützel geschah an siebzehnten. Jedermann war aus Furcht für einen neuen Ueberfall, die beyden folgenden Nächte wachsam. Die, so Gewehr hatten, hielten es in Bereitschaft: der übrige Theil versah sich mit großen Prügeln.

Als den zwanzigsten die Wache so wir erwarteten ange, kommen war, reiseten wir ab, und marschirten in fünf Stunden nach einen Dorf, Bayat, (oder Alt genannt). Wir legten am ein und zwanzigsten sieben Stunden zurück, und hatten unsern Konak in den Flecken Boulvadin, woselbst wir drey Tage still liegen blieben. Mustafa Pacha, des Groß-herrn Gesandter, der nach Persien gieng, erreichte uns an diesen Ort, und reisete voraus. Den fünf und zwanzig-sten passirten wir eine Brücke von vierzig Schwibbögen, die über einen Morast geschlagen war. Hier verließ uns die erste Bedeckung, und wurde durch vier Schwadronen abge-löset, welche von einem Officier des Pacha von Konia com-mandiret wurden. In sechs Stunden langten wir zu Isha-klu an, einen Flecken, und Gerichtszwang, des Bezirks Ak-Chere, (oder die weiße Stadt genannt,) wovon er eine

Tag-

---

9) Mirza ist ein Persisches Wort, und wird in einen doppelten Verstand gebraucht. Wenn es dem Namen einer Person vor-gesetzet ist, bedeutet es einen Gelehrten: folget es ihm aber nach, so zeiget es einen Mann von vornehmer Geburt an. Man leget diesen Titel sogar den Prinzen von der Königlichen Familie bey.

Tagreiſe entfernt iſt, und gegen Weſten an der Landſtraſſe liegt. Es befindet ſich daſelbſt zur Bequemlichkeit der Reiſenden, ein Kiervanſerai.

Den Tag darauf reiſeten wir in fünf Stunden, nach Al-Chehre, (10) einer mittelmäßigen Stadt. Sie liegt von Konia drey Tagreiſen Nordweſtwärts, an den mittägigen Ende einer großen Ebene, die von Bergen umgränzet wird, welche ſich von Oſten gegen Weſten erſtrecken. Hier giebt es viel Waſſer, und viele Gärten. Beym Eingang in die Stadt ſiehet man eine große Moſchee, deren Giebel eingeſtürzt iſt. Ich ſtund in den Gedanken, daß Zeit und Wetter ſolchen zerſtöret hätten, die Einwohner ſagten mir aber, es rühre von der Wuth des Tamerlans her, welcher nach der Schlacht zu Sivas (*) dahin gekommen war. Nasreddin Kodja, ein, bey den Mahometanern ſehr hochgeſchätz-

ter

---

10) Ebul-Feda ſetzet Al-Chehre dem Etvals zu Folge, unter dem fünf und funfzigſten Grad der Länge, und ein und vierzigſten der Breite, nach den Ibul-Said aber, unter den drey und funfzigſten Grad vier und vierzig Minuten der Länge, und dem neun und dreyßigſten Grad, fünf und vierzigſten der Breite. Seine übrigen Gerichtsbarkeiten ſind Ilgun, und Dogan-Hiſer

*) Dieſe Schlacht geſchahe um das Jahr Chriſti vierzehn hundert und zwey. Eine umſtändliche Nachricht davon, findet man in den XXVII Theil der Allg. Welth. Seite 387 — 390. und Deguignes Geſch. der Hunnen u. ſ w. Band IV. Seite 70 — 72. Anm. des Ueberſ.

E

ter Mann, liegt daselbst auf den Gottesacker einer schönen
neuen Moschee begraben. Eine Tagreise von hier, giebt
es zween Weyher, davon einer groß, der andere hingegen
etwas kleiner ist, beyde aber sehr fischreich sind. In diese: Stadt trafen wir den Gesandten des Grosherrn wieder
an, der uns zween Tage zuvor gekommen war.

Nachdem wir uns zween ganzer Tage daselbst aufgehalten hatten, marschirten wir am neun und zwanzigsten in sechs
Stunden nach Arkhit-Khan, und den dreyßigsten in vieren
nach Jlguin. Eine Meile von diesem Flecken trift man
warme Bäder an, worüber Alaeddin Seldiouki, (oder
Seljucide), ein steinernes Gebäu hat aufrichten lassen. Das
Wasser lauft durch zween Hahnen mit Löwenrachen, in ein
Becken. Es ist gemäßigter als das von den Bädern zu Es-
ki-Chehre. Wie man behauptet heilet selbiges die Gicht und
den Aussatz. Gegen Morgen von diesem Flecken liegt auch
an der Strasse nach Konia, ein See von acht Meilen in
Umfang, welcher ein süßes, und ungemein fischreiches
Wasser hat.

Wir blieben zu Jlguin, und reisten den ersten Jenner
siebzehn hundert sieben und dreyßig, in sechs Stunden nach
Kadikhan, (oder den Khan der Gebieterinn): einem Dorfe
der Karamanen. Kara, bedeutet schwarz, und Man, ein
Haus, oder eine Familie. Da sie nicht schwärzer sind als
die übrigen Einwohner dieses Landes, so vermuthe ich,
daß man ihnen deswegen diesen Namen beygeleget, weil sie
ursprünglich unter schwarzen Zelten gewohnet haben. Ich
habe sie in einigen Gegenden unter Zelten von dieser Farbe
liegen sehen. Es sind solche anderst als die gewöhnlichen
Zelten

Zelten gemacht, und eigentlich nur mit Roßhaaren und Thierhäuten bedecket, unter denen sie auch sogar des Winters sich aufhalten. Derjenige Theil von Asien, den die Griechen Cilicien nennen, hat ihnen seinen Namen zu danken. Wir hielten den zweyten nach einen dreystündigen Marsch bey einem kleinen Flecken, den die Karamanen Ladik nennen. Sein eigentlicher Namen heist Ladikie, welches das alte Laodicea Combusta ist. Er liegt an der Landstrasse, Konia, worunter er stehet, gegen Westen. Diese Stadt (11) woselbst wir des folgenden Tages in acht Stunden anlangten, ist das alte Jconium. Seine Provinz gränzet gegen Westen an die Länder Adana, und Morache, gegen Norden an Sivas und einen Theil von Natolien, gegen Westen an ein anderes Stück von Natolien, gegen Süden endlich an die Landschaft Jchtil. Heutzutag ist diese Stad so ehmals ein Sitz der Seljucidischen Sultane war, die Hauptstadt der Provinz, und die Residenz eines Pacha. Sie ist groß und wohl bevölkert, und liegt in einer weitläuftigen, reichlich mit Gärten und Weinbergen versehenen Ebene. Eine große Anzahl Bäche so gegen Abend aus den Bergen entspringen, fließen in die Stadt, nachdem sie vorher

E 2   her

---

11) Ebul-Feda setzt Konia nach den Etvals unter den sechs und funfzigsten Grad, drepßig Minuten der Länge, und ein und vierzigsten der Breite: aber den Jbul-Said zufolge, unter dem fünf und vierzigsten der Länge, und ein und vierzigsten Grad drepßig Minuten der Breite. Seine andern Gerichtbarkeiten heissen Grelli, Estl-Jl, Attche-Chebre, Ala-Dag Berlougand, Bel-Viran, Khatoun-Serai, Torgoud, Gaserpad, Karichi, Berendi, und Larenda.

her die Gärten und Felder gewässert haben, daraus nach
der Hand in der nämlichen Ebene ein See entstehet. Die Stadt
hat gute Mauern und Gräben, und ihre zwölf Thore sind
auf den Seiten mit Thürnen versehen. Der Boden herum
bringt Baumwolle, und verschiedene Arten Früchte hervor,
unter denen sich eine Gattung vortreflicher Apricosen, Kame-
reddinkaisi genannt, befindet. Gemüs giebt es da gleichfalls in Ueberfluß. Zugleichen wird hier noch eine Pflanze
gebauet, die blaue Blumen trägt, mit deren Körnern der
daselbst zubereitete Safian blau gefärbet wird. Auf einen
von ihren Thoren, stehet eine Menge Figuren, die sich
noch von den Zeiten der Griechen herschreiben, darunter ist
nebst andern eine, so die Sonne vorstellet, welche durch
zween Engel getragen wird, und die Bildsäule des Herku-
les, woran aber der Kopf fehlet. Die Landeseinwohner
geben vor, daß Plato in den Schloß von dieser Stadt begraben liege. Hajret Mevlana, ein bey den Türken ge-
ehrter Mann, hat daselbst sein Grab.

Achtes Kapitel.

Fortsetzung der Reise von Konia, bis Abana.

Ich war sehr besorgt, es möchte sich Abdul-Balikhan
zu Konia wegen des Ramadan, ein völliges Monath
aufhalten. Er fragte seine Mollas darüber um Rath: zu
allem Glück fiel aber der Schluß so aus, daß es besser wäre
die Fasten zu brechen, als die Reise zu verschieben, wobey
man sich vorbehielt, solche zu anderer Zeit nachzuholen,

welches

welches sie in dergleichen Fällen für erlaubt halten. Wir reiseten also den eilften ab, und ritten durch eine weite Ebene, welche größtentheils mit Wasser und Mannshohen Schilfe bedecket war. Sie erstreckt sich von Konia, bis an die Gränzen von Erekli: und man würde sie bey einer Ueberschwemmung für ein Meer ansehen. Die Landeseinwohner sagen, sie wäre vor Zeiten ein See gewesen, den Plato Mittel gefunden habe, auszutrocknen. Die Ueberschwemmung reichet öfters bis nach Iseil, einen zwölf Stunden ostwärts von dieser Stadt entlegenen Flecken. Iseil gegen Norden, siehet man große Gebirge, welche sich von Osten nach Westen erstrecken: derjenige Theil dieser Berge so dem Flecken gegen über lieget, heisset Fodoul-Baba-daglari, oder die Berge des stolzen Vaters.

Nach einen Marsch von zehen Stunden, langte ich in einen elenden Dorf an, Gucutchi genannt, woselbst ich sehr viele Mühe anwenden muste, bis ich ein Nachtlager bekam. Ich war dieser Sorge nicht so bald entledigt, als ich gegen Abend die verdrüßliche Nachricht hörte, daß meine Bagage, nebst vieler andern Personen ihrer, im Morast wäre stecken geblieben. Hier gab mir der Gesandte ein neues Merkmaal seiner Achtung: indem er zween Mann von seiner Wache nebst einigen Knechten abschickte um sie wieder heraus zu ziehen. Man brachte mir solche des Nachts in einen erbärmlichen Zustand. Ich verlor bey dieser Gelegenheit mein Zelt, einiges Geräth, und verschiedene Bücher.

Den zwölften reisten wir in acht Stunden nach Gucive, einen ziemlich großen Dorf, und den dreyzehnten in sechs Stunden nach Kara-Bignar, oder der schwarzen Quelle,

wel-

welches ein kleiner Flecken, mit schönen Kiervanserais und einer Moschee ist, die Sultan Soliman hat bauen lassen.
Dieser Flecken liegt an der Landstrasse, und ist von Jsmil
Nordwestwärts, von Erekli gegen Nordwest, und von Larenda (1) eine Tagreise Südwärts, entfernt. Nachdem wir
des folgenden Tages neun Meilen zurück geleget hatten, blieben wir in den großen Dorf Hartan, und kamen den funfzehnten von da in drey Stunden nach Erekli, oder He-
raclee, einen ansehnlichen Flecken, in der Landschaft
Karaman.

Er liegt in einen Thal zwischen Bergen, welche die
Landeseinwohner für zugeführte Erde ansehen, um anstatt
der Festungswerke zu seyn. Die Viehweiden sind auf den
Abschuß des Gebirges Ardouste, welches drey Meilen von
der Stadt entfernt liegt. Sein Strom entspringt aus einen
Felsen dieses Berges: der zwar nahe an seiner Quelle sehr
klein ist, aber dermaßen anläuft, daß man beym Flecken nicht durchwaten kann. Man leitet ihn häufig ab,
um die Felder und Gärten zu wässern: hernach strömet er
in der Ebene durch das Schilf, und verlieret endlich sein übriges Wasser in einen hohlen Felsen, Doudne genannt,
am Fuß der Gebirge Bouz-ouglan, und Bulgar, die
Kara-Bignar gegen über liegen. Im Felsen, wo seine
Quelle

---

1) Larenda liegt den Etvals zu Folge, unter den sechs und funfzigsten Grad der Länge, und vierzigsten Grad dreyßig Minuten der
Breite. Die Lage dieses Fleckens ist gegen Osten, und Süden
von Konia, in einem flachen Lande. Es hat ein Kastell,
laufende Wasser, Gärten, und Weinberge.

Quelle ist, hat man die Figur eines Mannes ausgehauen, der Abris (2) genennt wird. Der Sage nach soll es eine Verfälschung des Namens eines gewissen Abrinos seyn, dem dieser Ort zugehöret hat. Er hält in der einen Hand einige Aehren, und in der andern zwo Weintrauben. Man behauptet daß sich dieses Wasser versteinere, und zeigt einen Kiervanserai, der, wie man sagt, aus solchen daraus formirten Steinen soll erbauet worden seyn. Früchte und Gewächse finden sich hier in Ueberfluß, und man versicherte mich daß mehr als achtzigerley Arten von Birnen daselbst wüchsen.

Ich war theils wegen einer kleinen Unpäslichkeit, theils um unserer sehr späten Ankunft willen in den Konaks, schon seit drey bis vier Tagen nicht bey dem Abgesandten gewesen: daher machte ich ihm meine Aufwartung. Nach einigen kleinen Verweisen, fragte er, wie mir das Reisen gefiel? worauf ich antwortete, daß ich zwar bisher ziemlich gut zurecht gekommen wäre, jedoch könnte ich mein Pferd, ob es gleich ein Tatar, nicht mehr brauchen: auf Vernehmen daß in diesem Lande ausbündige Pferde anzutreffen wären, hätte ich jemand ersuchet mir eines zu kaufen. Sobald ich nur weggegangen war, ließ er sich verschiedene bringen, suchte eines davon aus, und überschickte mir solches zum Geschenk.

E 4   Wir

---

2) Es scheinet mir natürlicher zu seyn daß ihm die Karamanen diesen Namen beygeleget haben. Er ist blos Persisch, und bedeutet hier, einen der Wasser ausgießer: maßen Ab so viel heisset als Wasser, und rio, welches das Mittelwort von Ahheren ist, den der ausgießet.

Wir blieben daselbst zween Tage, und reiseten den achtzehnten in neun Stunden nach Doulou-Kichela, (heisset das
große Winterquartier), welches unter der Gerichtbarkeit von
Chodja-eddin, in den Bezirk Nikde (3) stehet, wov-
es drey Stunden Nordwärts entfernt ist.　Daselbst fanden
wir keine andere Herberg, als ein Kiervanserai, welches
von den Frauen unter den Gefolg des Abgesandten,
allein eingenommen wurde.　Jeden der drey folgenden
Tage legten wir sechs und zwanzig Stunden zurück,　um
über schreckliche Gebirge zu kommen, welche von den Türken, Ramadan-Dugiou-Yailakleri, (das ist Sommer
Quartiere des Sohns Ramadan), genennet werden, und der
Alten ihr Berg Taurus sind.　Wir lagerten uns auf Schnee
und Eis, und kamen den vierten Tag in die Ebne herab.
Nach einen sechsstündigen Marsch langten wir zu Adana,
der Hauptstadt einer kleinen Statthalterschaft an, welche
nur zween Bezirke hat, nämlich den von Sis (4), und den
von

---

3) Die übrigen Gerichtbarkeiten dieses Bezirks, heißen Endougui,
Orkioub, Bourtcham, Erdi, Dedein, Kai, Kara-Hi-
sar, Develi, und Nevens.　Nikde hat ein dreyfaches Kastell, steinerne Mauern unterschiedliche Moscheen, und andere schöne Gebäue.　Es ist mit einer Menge Gärten und
Weinberge umgeben, lieget gegen eine große Ebene, welche
von verschiedenen kleinen Flüssen durchschnitten wird, und mit
Ahornbäumen bepflanzet ist, die einen angenehmen Spaziergang
machen.　Diese Stadt ist vier Tagreisen Westwärts von
Konia, und zwo von Erekli entlegen.　Akserai, liegt zwischen Nikde und Konia.

4) Sis, eine ehemals beträchtliche Stadt, ist auf einen großen
Berg

von Tarsus (5). Wovon der erstere verheeret ist, der andere hingegen, von den Statthalter der Insel Cypern abhänget.

E 5   Die

Berg-gebauet, an dessen Fuß ein kleiner Strom vorbeyläuft. Sie liegt vier und zwanzig Meilen von Mises, und wie Zidge meldet, unter den sechzigsten Grad der Länge, und sechs und dreyßigsten der Breite: nach den Jbnisaid hingegen, unter den acht und sechzigsten Grad, zwanzig Minuten der Länge, und acht und dreyßigsten der Breite. Lavi, König von Armenien, wird für den ersten Stifter derselben gehalten: sie ist aber seitdem zerstöret, und wieder aufgebauet worden.

5) Tarsus liegt nach den Kanon unter den drey und funfzigsten Grad der Länge, und sechs und dreyßigsten Grad, funfzig Minuten, der Breite. Nach den Klas unter den drey und funfzigsten Grad, vierzig Minuten der Länge, und sechs und dreyßigsten Grad, funfzig Minuten der Breite. Zu folge den Jbni-Said unter den drey und funfzigsten Grad der Länge, und sechs und dreyßigsten Grad sechs und funfzig Minuten der Breite: und wie Resme berichtet, unter den drey und funfzigsten Grad der Länge, und sechs und dreyßigsten Grad, fünf und funfzig Minuten der Breite. Man zeiget zu Tarsus einen Platz, der unter dem Schutz der Geister stehen soll: bey welcher Gelegenheit folgendes Mährchen erzählet wird. Als der Khalif Meemoun einst in dieser Gegend spazieren gieng, und sich an das Ufer des daselbst befindlichen Wassers setzte, wurde er eines spannen langen Fisches gewahr, den er fangen ließ, und über dessen Schönheit erstaunte. Indem er nun diesen Fisch so betrachtete, sprang selbiger wieder ins Wasser, und besprützte die Kleider des Khalifen, der hierüber zornig wurde, und ihn auf das

nem

Die Stadt Adana ist zwölf Meilen von Tarsus, gegen Nordwest gerechnet, entfernet, und lieget an den westlichen Ufer des Seihan (oder den Sarus der Alten), worüber daselbst eine schöne steinerne Brücke gehet. Dieser große Strom entspringet bey Kaiserie, (oder Cäsarea), im Gebirg Kormez, daraus er von Norden gegen Südwest, eben so wie der Misis, durch die Provinz Roum, lauft, hernach fließet er durch den Sis, und alsdann Adana vorbey, unter den neun und funfzigsten Grad der Länge, und sechs und dreyßigsten Grad, funfzig Minuten, der Breite: oder wie andere wollen, den drey und funfzigsten Grad fünf und funfzig Minuten der Länge, und fünf und dreyßigsten Grad, fünf und funfzig Minuten der Breite. Nachdem er sich endlich mit den Dgeihan, bey Eyas und Berendi, vereiniget hat, fällt er nebst ihm, zwischen Eyas und Tarsus, in das Meer. Im Sommer ist die Luft zu Adana sehr ungesund, und die Einwohner verbringen diese Jahreszeit zwo Tagreisen von hier, auf dem Gebirge Ramadan Duglou, woselbst sie Häuser haben, welche von der Landstraße entfernt sind.

Ich hatte mir zwar die Hoffnung gemacht, nach meiner Ankunft in dieser Stadt ein wenig Ruhe zu genießen:

auszer

___

neue zu fangen befahl. Wie man ihm aus solchen wieder gebracht hatte, sagte er, du sollst mir nicht mehr entwischen, denn ich will dich auf der Stelle braten lassen. Man briet ihn, der Khalife konnte aber nichts davon genießen, sondern fieng augenblicklich an zu zittern, und krank zu werden, woran er auch sterben mußte.

auſſer den ſehr ſchlechten Quartieren aber, ſo man uns anwies, muſte ich noch die verdrüßliche Nachricht hören, daß mein neu angeſchaftes Geräth zum andernmal in den Koth wäre ſtecken geblieben. Meine erſte Sorge war alſo, daß ich Leute aus der Stadt dahin ſchickte, um es heraus zu ziehen, indem die Leute des Abgeſandten ſämmtlich beſchäftiget waren, ihr eigenes los zu machen; gegen Mitternacht wurde mir ſolches endlich gebracht.

Die ſchlechte Aufführung, und ausgeübte Gewaltthätigkeit einiger von unſern Leuten, war Urſach daß man uns nirgend mehr aufnehmen wollte: da ſie uns aber bey ſo ſtrenger Jahreszeit nicht wohl den Zutritt in die Stadt abſchlagen konnten, beſtrebten ſie ſich uns die ſchlimmſten Quartiere anzuweiſen. Das meinige ſahe einem Stalle ähnlich; übrigens wäre mir bey der Unruhe worinnen ich dieſe ganze Nacht ſtack, ein beſſeres ſehr unnütz geweſen. Als ich des folgenden Tages vernahm, daß wir uns in dieſer Stadt einige Tage aufhalten müſten, beklagte ich mich darüber bey dem Geſandten, der mir ein anderes und bequemeres Quartier geben ließ.

Wir blieben ſieben Tage daſelbſt, indem wir nicht weiter gehen konnten, weil die Brücke am untern Ende zerbrochen war. Während dieſer Zeit langte ein Kourier aus Perſien an, der Nachrichten von einem Elephanten mitbrachte, welchen Nadir dem Großherrn zum Geſchenk überſchickte. Faſt zu gleicher Zeit kam ein anderer, der ſeinen Weg über Erzeroum (6) genommen hatte. Er meldete dem

Geſand-

_____

6) Erzeroum iſt die Hauptſtadt einer großen Statthalterſchaft, Natolien

Gesandten, daß der Elephant bereits über die Gränzen gegangen sey: der König in Persien wolle aber denselben durch
jemand von seinem Gefolge übergeben wissen. Kicrimbeg
wurde also daraus erwählet um solchen; nach Constantinopel
zu führen. Er war kaum abgereiset, als ein türkischer
Emir Gelegenheit fand eine Frau aus seinem Harem zu verführen und ihr zur Flucht behülflich zu seyn. Man bekam
sie aber an folgenden nach vielen Suchen wieder. Sie empfieng sowohl als der Emir, Schläge, dem es noch über
dieses eine Summe Geld kostete, wodurch in diesem Lande
schlimme Händel gemeiniglich beygeleget werden.

Neun-

Natolien gegen Morgen, welches ehemals einen Theil von Armenien ausmachte. Ein Pacha hat in dieser Stadt seinen
Sitz. Sie ist mit Mauern umgeben, und man zählet darinnen drey Thore, das von Tauris, von Georgien, und von
Erzendian. Erzeronm soll ehedin Kalika geheissen haben, nach
den Namen einer Frau, die es erbauet hatte, und auf einem
von ihren Thoren vorgestellet war. In diesem Lande giebt es
zwar reiche Aernden, aber keine Bäume, welche man erst zwo
Tagreisen von hier, antrifft. Zu Erzeronm sind auch viele
Quellen, und darunter nebst andern eine, die Paradiesquelle
genennt. Ebulfeda nennet diese Stadt Erzen-el-ronm, und
bestimmet ihre Lage nach dem Etvals unter den neun und sechzigsten Grad der Länge, und ein und vierzigsten der Breite: nach
Jbni-Said unter den vier und sechzigsten Grad der Länge, und
zwey und vierzigsten Grad dreyßig Minuten der Breite; nach Nesme
unter den sechs und sechzigsten Grad der Länge, und neun und
dreyßigsten Grad fünf und funfzig Minuten der Breite; endlich
nach Sidge unter den sechs und funfzigsten Grad der Länge,
und neun und dreyßigsten der Breite.

Neuntes Kapitel.

Reiſe von Adana, nach Haleb.

Nach des Kieimbeg Abreiſe, befahl der Geſandte, daß ich
inskünftige bey dem Geſandſchafts Secretär Mirʒa
Cheſi logiren ſollte. Da es ein verſtändiger und ſehr höfli-
cher Mann war, gefiel mir dieſe Anordnung, und verurſachte, daß mir die Reiſe nicht mehr ſo langweilig vorkam.
Als die Brücke wieder ausgebeſſert war, reiſeten wir den
dreyſigſten ab, und gelangten nach ſechs Stunden ʒu Miſis,
oder Maſiſa, ehmals Mopſueſtia (1) an, welches ʒwölf
Meilen von Merdjuldibadge entfernt iſt. Heut ʒu Tage
iſt es ein bloßer Flecken, der an den Dʒeihan, (oder
Piramus der Alten), liegt, von dem er in ʒwey Quartiere
getheilet wird, welche durch eine ſteinerne Brücke ʒuſammen
gehenket ſind. An den Nördlichen Ufer dieſes großen Stroms
ſiehet man ʒerbrochene Säulen, und andere alte Marmor-
ſtücke liegen, woraus abʒunehmen iſt, daß ehmals ſehr
ſchöne Gebäue, daſelbſt müſſen geweſen ſeyn.

Dem Ebul-Feda ʒufolge, entſpringt der Dʒeihan
bey dem Gebirge Elbiſtan, unter den ſechʒigſten Grad der
Länge,

---

1) Maſiſa liegt nach den Etvals unter den neun und funfʒigſten Grad,
fünf und funfʒig Minuten der Länge, und ſechs und dreyſigſten
Grad fünf und vierʒig Minuten der Breite: nach den Kanon
aber, unter den neun und funfʒigſten Grad, vierʒig Minuten
der Länge, und ſechs und dreyſigſten der Breite.

Länge, und sechs und vierzigsten Grad der Breite. Hernach durchströmet er die Landschaft Sis, indem er von Norden gegen Süden, zwischen Bergen an den Gränzen der Provinz Roum, fließet: zu Masisa nimmt er seinen Lauf von Osten gegen Westen, und stürzt sich endlich in das Meer von Roum. Der Boden um Masisa ist sehr fruchtbar. Ganz nahe dabey lieget ein Berg, Dgebel-ul-nour, oder Gebirg des Lichts genennt, welcher sich von diesem Flecken bis an das Meer erstrecket. Man findet daselbst sehr schöne Hyacinthen, wohlriechende Pflanzen, und Alaunwurzeln.

Als wir uns diesem Orte näherten, waren die Einwohner alle entflohen, und wir fanden die Brücke zerbrochen. Man hätte zwar die von Adana leicht wieder herstellen können, welches aber bey dieser nicht angieng, indem die drey mittleren Schwibbögen eingefallen waren. Wir musten also nothwendig auf Fähren, und Kieleks oder Flößen, übersetzen. Der Pacha von Adana hatte zwar Befehl erhalten, unsere Ueberfahrt zu erleichtern: er ließ sich aber einfallen, um desto schleuniger von uns entlediget zu werden, beyde Abgesandte zu hintergehen, indem er ihnen versicherte, sie würden die Fähren vollkommen bereit antreffen. Auf diese Zusage machten sie sich auf den Weg: und des Groß-herrn Abgesandter reiste einen Tag vor den Persischen ab. Sie verwunderten, und erzürnten sich aber zugleich nicht wenig über diesen Pacha, als sie bey ihrer Ankunft weder Fähren, ja, sogar nicht einmal Holz fanden, um Flöße daraus erbauen zu können.

Dieß war noch nicht genug. Als die Turkmanen, so diesen Ort bewohnten, sahen, daß wir uns einige Zeit

daselbst

daſelbſt aufhalten muſten: waren ſie auf die Gebirge entflohen,
und hatten alle Lebensmittel, theils verborgen, theils mit
ſich genommen.   Einige unter ihnen die wohl bewafnet und
beritten waren, ſchweiften herum, gleich als ob ſie, wie
wir, auf der Reiſe begriffen wären, um zu beobachten,
was die Perſer bey ihrer Ankunft machen würden.   So bald
ſie wahrnahmen, daß dieſelben anfiengen ſich ihrer Häuſer
zu bemächtigen, um dainnen zu logiren, entfernten ſie ſich
ſchleunig, und meldeten es denen ſo auf den Bergen waren.
Dieſe kamen alsdann haufenweis, alle zu Pferd, und wohl
bewafnet, herunter, um uns aus ihren Häuſern zu verja-
gen.   Außerhalb des Fleckens trafen ſie einige perſiſche Knechte an, welche ſie niedermachten.

Sobald die Geſandten von ihrer Annäherung Nachricht
empfangen hatten, ſtiegen ſie unverzüglich zu Pferd, und
wurden von allen ihren Leuten welche mit Waffen verſehen
waren, begleitet.   Dem ungeachtet kam es zu keinen Gefecht.   Die Turkmanen zogen ſich, wie man vermuthete,
in der Abſicht zurück, des Nachts wieder zu kommen, um
uns deſto ſicherer erwürgen zu können.   Man hielt auf allen Fall gute Wache, und entſchloß ſich endlich jemand an
ſie abzuſchicken, und ihren Oberhäuptern ſagen zu laſſen,
daß ſie kommen und ihre Beſchwerden vortragen ſollten.   Hierauf antworteten ſie, wir ſollten ihre Häuſer räumen ſonſt
würden ſie uns Tag und Nacht beunruhigen.   Wir verließen
ſolche auf der Stelle, um Ruhe zu haben, und ſchlugen
unſere Zelten an Ufer des Stroms auf, woſelbſt wir uns
ungeachtet der ſtrengen Jahreszeit lagerten.

Als

Alsdann ließen uns zwar diese Barbaren zufrieden, wir befanden uns aber dennoch in einer großen Verlegenheit, maßen wir mit dem Hunger zu kämpfen hatten, und über den Strom fahren mußten. Jedoch Abdul-Bakikhan sorgte dafür, zur Beschämung der beyden Pachen, nämlich des von Adana, der es befohlen hatte, und des Gesandten vom Großherrn. Er gab zwölf hundert Piaster her, Lebensmittel von Adana kommen, und Flöße bauen zu lassen, welches uns sechs Tage aufhielt. Die Fahrt über den Strom war sehr beschwerlich, indem der schnelle Lauf des Wassers, einige von unsern schönsten Pferden mit sich, und in den Grund riß.

Den sechsten Februarius marschirten wir in sechs Stunden nach Kourd-koulagui, (oder Wolfsohr), einen mitten in der Ebene erbauten Kiervanserai. Mustafa Pacha war schon vor uns daselbst angekommen, und hatte sich vermög des ersten Besitzungsrechts, ohne einige Achtung für den Abdul-Bakikhan, hinein logiret. Wir bedieneten uns daher unserer Zelten, die wir mehr zum Schein, als darinnen zu liegen, aufschlagen ließen, indem uns die Kara-Turkmanen, welche die ganze Nacht um uns herum streiften, Furcht einjagten.

Wir brachen den siebenten mit Anbruch des Tages auf, und ließen den Mustafa Pacha schlafen, mittlerweile wir in einem Lande wo viele Gefahr zu besorgen war, reiseten. Dessen ungeachtet gieng der Tag, einige blinde Lärmen ausgenommen, ziemlich gut vorbey. Nach einen neuntägigen Marsch langten wir zu Payas, bey den Alten Baje genannt, an. Diese Stadt liegt am Ende eines großen Meerbusens,

der

der von dem mittelländiſchen Meere gemacht wird. Ihre Lage an derjenigen Seite des Landes wo ſich die Ebene endi= get, iſt ziemlich ſchön. Früchte, inſonderheit Limonen, und Pomeranzen, giebt es daſelbſt in Ueberfluß, die Luft aber iſt ungeſund, deshalben die Einwohner den Sommer auf dem benachbarten Gebirge, welches bey den Alten Ama= nus heiſt, zubringen, woſelbſt ſie ungemein ſchöne Woh= nungen für dieſe Jahreszeit haben. Die große Landſtraſſe gehet unten an dieſem Gebirg hin, und hernach das auf den Gipfel erbaute Schloß Merkiez, vorbey, woraus Payas, und Eskienderoun, kann beſchoſſen werden. Die Einwohner von Payas ſtehen in Ruf daß ſie nicht allzuviel vertragen können. Sie hatten ſich, wie es ſchien, dem Abgeſandten zu Ehren, in das Gewehr geſtellet: ihre ei= gentliche Abſicht war aber, die Perſer, wenn ſie irgend eini= ge Unordnung begehen ſollten, anzugreifen. Als wir in die Stadt zogen, feuerten ſie aus ihren Flinten, wovon eini= ge mit Kugeln geladen waren. Ich hörte das Ziſchen von einer ſolchen Kugel, die meine nach Thamas - khans Art verfertigte Mütze, ſo nahe ſtreifte, daß ſie eine von ih= ren Spitzen mit wegnahm. Sie liefen die ganze Nacht be= waſnet auf den Straßen herum. Da ich in einen Garten unter meinem Zelt logirte, getrauete ich mir nicht, aus Furcht beſtohlen zu werden, einzuſchlafen.

Den achten trennete ich mich von der Geſellſchaft, um nach Eskienderoun (2) welches wir Alexandrette nennen, zu

gehen,

---

2) Eskienderoun liegt nach den Zllgt unter den ſechzigſten Grad des

F

gehen, wohin ich in vier Stunden kam, indem ich längst dem
Meerufer mich hielt. Ebul - Feda sagt, daß einer Namens
Ebadouni solche zur Zeit des Khalifen Vasik erbauet habe:
mußen damals weder eine Stadt noch ein Dorf an diesem
Ort gewesen sey. Man kann sagen, daß Alexandrette heut
zu Tag keines von beyden ist : indem man, die Häuser der
Vicecensuls ausgenommen, welche sich hier aufhalten, nichts
als einige schlechte Hütten, daselbst antrifft. Die Luft ist
hier außerordentlich schlimm, und man trägt, so kurz auch
immer der Aufenthalt dauern mag, leicht ein Fieber davon,
dessen Genesung sehr schwer hält. Von da nach Begras (3),
welche Azizi für eine Stadt ausgiebet, rechnet man zwölf
Meilen. Ebul - Feda legt ihr auch noch eine vortrefliche
Festung bey, und setzt hinzu, sie habe einen Ueberfluß an
Quellen, Gärten, und ein Thal. Sie liegt auf einem Gebirg, Dgebelulheini - Mousa genennt, welches,
die Ebene von Harim, einen zwo kleine Meilen westwärts
von Begras gelegenen Flecken, bestreichet. Auf diesem Gebirg, welches sowohl von Antioche als den See Ifrin, gegen Norden liegt, befindet sich ein Ort, Begras Beli genannt, wo Sultan Soliman, im Jahre der Hegira neun
hundert

---

der Länge, und den sechs und dreyßigsten Grad, zehn Minu-
ten der Breite : nach dem Kias dagegen, unter der nämlichen
Länge, und den sechs und dreyßigsten Grad der Breite, ohne
Minuten.

3) Ebul - Feda setzt Begras dem Kias zufolge, unter den sechzigsten Grad, fünf und funfzig Minuten der Länge, und fünf
und dreyßigsten Grad, acht und dreyßig Minuten, der Breite.

hundert neun und funfzig, (funfzehn hundert ein und funfzig),
ein Dorf, eine Moschee, und ein Kiervanserai hat bauen laffen.
Die Einwohner hatte er von allen Steuern befreyet, woraus denn in kurzer Zeit ein anfehnlicher Flecken entftanden ift.
Seflan, Derbefak, und das Kaftell Avafim, liegen Nordwärts von Begras, auf den nämlichen Gebirg. Die Hyacinthen von diefen Gegenden, wo man auch Gelbe antrifft,
find berühmt.

Der franzöfifche Viceconful ließ die Flagge wehen, und
befahl den Schiffen feiner Nation, welche auf der
Rheede lagen, daß fie den Gefandten bey der Ueberfahrt
begrüßen follten. Die Englifchen und Holländifchen Schiffe
hielten fich verbunden diefem Beyfpiele zu folgen. Ich begab mich in drey Stunden von Alexandrette nach Beilan,
einen großen auf den Gipfel des Berges liegenden Flecken.
Der Abhang ift mit guten Weinbergen, fchönen Oli-
venftämmen, und andern Fruchtbäumen befetzt. Diejenigen
Europäer, welche fich zu Haleb niedergelaffen haben, mie-
then dafelbft Häufer, um einen Theil des Sommers hier
zuzubringen. Man berichtete mir, daß ohngefähr neun Stunden von Alexandrette ein Berg fich befände, der feit einigen
Jahren Feuer auswirft.

Den neunten legten wir nur drey Stunden zurück, und
blieben hierauf die Nacht in einem Kiervanferai, Yegni-Khan,
(oder der neue Khan), genennt, wo fich einige Häufer und
ein Marktplatz befinden. Den zehnten waren wir bey den
Strom welchen die Türken Afi-Cou, oder den widerfpän-
ftigen, nennen, und kamen nach einen fechsftündigen Marfch

auf

auf Antakie, oder Antioche (4). Ebul-Feda macht folgende Beschreibung davon. „Es ist, sagt er, eine große
Stadt, welche Quellen und Gärten hat.   Ihre sehr hohe Mauern begreifen fünf kleine Berge, und ein Kastell.
Der Asi, und der Esued, fließen, nachdem sie bey diesem
Orte sich vereiniget haben, vorbey, und Habib-
ul-Nedjar (5) liegt daselbst begraben.   Ibin-Haukal sagt,
die Gegend um Antioche, sey nach Damas die schönste von
Syrien.   Die Stadt wäre mit einer steinernen Mauer von
zwölf Meilen in Umkreis, eingefangen, und läg unter einen Gebirg.   Alle Häuser hätten Wasser, und auf den Anhöhen des Gebirges, befänden sich Ackerfeld, Viehweiden und
Gärten, in der umliegenden Gegend aber viele Mayereyen
und Dörfer mit sehr fruchtbaren Boden.

An-

4) Antioche liegt nach dem Etwal unter den ein und sechzigsten
Grad, sechs und zwanzig Minuten der Länge, und vier und
dreyßigsten Grad, dreyßig Minuten der Breite.   Nach dem
Kanou unter den ein und sechzigsten Grad, dreyßig Minuten
der Länge, und vier und dreyßigsten Grad, zehn Minuten
der Breite.   Nach Ibni-Said unter den ein und sechzigsten
Grad, fünf und dreyßig Minuten der Länge, und vier und
dreyßigsten Grad, zehn Minuten der Breite, und dem Kias
zufolge, unter den sechzigsten Grad, fünf und funfzig Minuten
der Länge, und vier und dreyßigsten Grad, funfzig Minuten der
Breite.

5) Habib-ul-Nedjar sind zwey arabische Worte, welche so viel
heißen, als der vielgeliebte Zimmermann.

Antioche ist noch heut zu Tag eine ziemlich große und schöne Stadt. Sie liegt am Fuß eines hohen Berges, auf dessen Gipfel man ein Kastell wahrnimmt. Der Strom dessen ich gedacht habe, den die Araber gleichfalls Oronte nennen, fließet seitwärts an ihren Mauern vorbey, welche man für die nämlichen hält, die Seleucus daselbst hat bauen lassen. Dieß ist eben der Seleucus, dem man die Erbauung des Kastells zu Haleb, und der Festungswerker von Ladikie, (6) von Seleskie (7), von Masisa, Ursa, und

F 3   Ha-

---

6) Dieses Ladikie ist von den oben angeführten unterschieden. Ebul-Feda bestimmet seine Lage nach den Etvals unter den sechzigsten Grad, vierzig Minuten der Länge, und fünf und dreyßigsten Grad, fünf und funfzig Minuten der Breite. Nach dem Kanon unter den acht und funfzigsten Grad, dreyßig Minuten der Länge, und acht und dreyßigsten Grad, funfzig Minuten der Breite. Nach Ibul-Said, unter den ein und sechzigsten Grad, ein und dreyßig Minuten der Länge, und vier und dreyßigsten Grad, ein und dreyßig Minuten der Breite, und nach den Kias, unter den ein und sechzigsten Grad, zehn Minuten der Länge, und fünf und dreyßigsten Grad, fünf und zwanzig Minuten der Breite. Man trinket hier, wie er hinzusetzet, Cisternenwasser, weil diese Stadt am Meerufer lieget. Sie hat auch einen guten Haven, und einen Plaz Farous genannt, woselbst schöne Gebäue zu sehen sind. Azizi berichtet, es sey eine große, wohlgebaute, und bevestigte Stadt, zwölf Meilen von Ogebele, und acht und vierzig von Antioche, stehe unter Hims, und habe einen großen Haven.

7) Seleskie ist heut zu Tag eine Statthalterschaft unter einen Pa-

cha,

Hama (8), zuschreibet. Es scheinet aber als ob Antioche seinen Platz verändert habe. Sie lag ehemals höher gegen das Thor Haleb, wo man noch Ueberbleibsel von alten Gebäuen, und viele Ruinen siehet: wenn man nicht voraus setzen will, daß solche Ruinen einen Theil der alten Stadt mit ausgemacht haben.

Nach dem Bericht des türkischen Erdbeschreibers, befand sich gegen Morgen einer von den Brücken dieser Stadt, die

---

cha, und ein nicht allzuweit von der See entfernter Flecken. Der Beg von Itchill hat daselbst seinen Sitz. Dieser Bezirk Itchill gränzet gegen Westen an Anatolien, Nordwärts an das Land der Karamanen, und an Adana, Ostwärts an die Landschaft Alnieb, und gegen Süden an das mittelländische Meer. Da es Cypern gegen über liegt, hat man selbiges dieser Statthalterschaft einverleibet.

8) Die alte Stadt Hama, deren schon in der heiligen Schrift Erwähnung geschiehet, lieget in einer ungemein schönen Landschaft, und zwar größtentheils an den Ufer des Afsou. Dieser Strom treibet hier viele Wasserräder, um die Gärten zu wässern. Hama hat ein schönes Schloß, welches auf einer Anhöhe lieget. Ebul-Feda nennet diese Stadt Hamah, und setzt sie nach der Berichtigung, unter den ein und sechzigsten Grad, fünf und funfzig Minuten der Länge, und vier und dreyßigsten Grad, fünf und vierzig Minuten der Breite. Nach dem Kanon, unter den zwey und sechzigsten Grad, zwanzig Minuten der Länge, und sechs und dreyßigsten Grad der Breite, und nach dem Resme, unter den zwey und sechzigsten Grad, fünf und funfzig Minuten der Länge, und sechs und dreyßigsten der Breite.

die Fischbrücke (Kantaratulsemek) genennt, ein dem Saturno geweyheter Tempel, und ein anderer dem Mars gewiedmeter, mitten in der Stadt, der seitdem die Kirche der heiligen Jungfrau ist genennet worden. Dieser letztere hatte vierzig eherne Thüren, seine Mauern waren mit Gold und Silber übermahlt, und das Pflaster von vielfärbigen Marmor gemacht. Auf seiner Kuppel, welche sehr hoch war, stund eine Figur so den Mars vorstellete, der eine Schlange und einen Scorpion unter den Füßen hatte. Dicht an dieser Kirche war eine Quelle von heißen Wasser. Man zählet derselben noch sechs andere, in verschiedenen Quartieren der Stadt, denen wunderbare Kräfte in Heilung verschiedener Krankheiten zugeeignet werden. Die Häuser und Bäder erhalten ihr Wasser durch einen unterirdischen Kanal, die Wasserleitung des Pauls genennt, an dessen Spitze man zwo Figuren angebracht hat, wovon die erste einen König, und die andere eine Königinn vorstellet.

Der Orantes, welchen man auch den verkehrten Strom heißet, weil er von Süden gegen Norden laust, entspringt nahe bey einen Ort Rees-Kievik genennt, eine Tagreise von Balebek (9) oder den alten Heliopolis von Cöelesyrien.

F 4   Von

───────────────────────

9) Balebek hänget von Damas ab. Es liegt nach dem Strais unter dem sechzigsten Grad, fünf und vierzig Minuten der Länge, und acht und dreyßigsten Grad, funfzig Minuten der Breite. Nach dem Kanon, unter den zwey und sechzigsten Grad, dreyßig Minuten der Länge, und vier und dreyßigsten Grad, dreyßig Minuten der Breite, und nach dem Klub, unter dem sechzigsten Grad

Von da gehet er nach Kaim‐ul‐Hermel, zwischen Djousia und Reus, und fließet in ein Thal hinab, wo er die Wasser so aus einer Grotte, die Mönchsgrotte genennt, kommen, einschluckt: dann nimmt er seinen Lauf nordwärts und stürzt sich in den See von Kades, (10) woraus er nach Hims

---

Grad der Länge, und acht und dreyßigsten Grad, funfzig Minuten der Breite. Ihr Kastell ist deswegen merkwürdig, weil die in den dicken Felsen gebauene Mauern, worauf es gebauet ist, alle ganz aus einem einzigen Stücke zu seyn scheinen. Die Einwohner geben es für eine Arbeit der Götter, oder Geoer aus. Man findet in der Gegend herum viele Quellen, und Bäche, und das Land ist mit allen Arten Bäumen wohl bepflanzet. Es ist daselbst ein Tempel zu sehen der von den Sabiern verehret wird, darinnen wie sie vorgeben, Seth soll begraben liegen. Balebek liegt nach dem Bericht des Ibni‐Haukal auf dem Gebirge Ame. Seine Gebäue, welche durch hohe Säulen unterstützet werden, sind alle von Stein, und es ist was die Gebäue betrifft, nichts größeres, oder selteneres in ganz Syrien anzutreffen. Sie liegt achtzehn Meilen von der Stadt Zebdani, die gegen das Thal Beroi keine Mauern hat; von diesem Thale bis zu der Damascenischen Gegend Gouta genennt, stoßet ein Garten an den andern.

) Dieß ist der See Hims, dessen Länge von Norden gegen Süden drey Tagreisen beträgt. Er liegt bey dem Orontes, und hat gegen Norden einen steinernen Damm, den, wie man glaubt, Alexander der große soll haben machen lassen. In der Mitten dieses Damms, der sich von Osten gegen Westen erstrecket, und zwölf hundert sieben und achtzig Ehlen lang, nebst achtzehn und eine halbe Ehlen breit ist, sind zween Thürme von schwarzen Steinen zu sehen. Wenn er zerreißen sollte, würde

Hims (11) ehemals Himesa, nach Restel, Hama, und Chizer, lauft, endlich aber den See Esamia formiret. (12). Wenn er aus diesen See kommt, fließet er Derkiouche vorbey,

F 5 und

---

de sich alles Wasser verlaufen, und kein See mehr vorhanden seyn, welches beweiset, daß er nicht von der Natur ist hervorgebracht worden Er liegt von Hims eine Tagreise gegen Westen, und man fänget viele Fische darinnen.

11) Hims, und Kinnesrin sind heutzutag zween Bezirke in Syrien, davon der erste unter Tarabulus, oder Tripoli stehet. Die Stadt Hims, welche vor Alters die Hauptstadt dieses Landes war, hat viele Gärten, und man trinket daselbst das Wasser aus dem Orontes. Das Land ist eben, hat treflichen Boden, gesunde Luft, und sehr schönes Frauenzimmer. Es giebt daselbst keine Scorpionen, ja man versichert sogar, daß diejenigen welche Kleider tragen, so im Wasser von Hims sind gewaschen worden, anderwärts von ihnen weder gestochen, noch von Schlangen gebissen werden. Kias setzt Hims unter den fünf und sechzigsten Grad, zwanzig Minuten der Länge, und vier und drepsigsten Grad, zwanzig Minuten der Breite. Der Kanon giebt die nämliche Länge an, und den acht und drepsigsten Grad, vierzig Minuten der Breite. Nubge setzet sie unter den ein und sechzigsten Grad der Länge, und acht und drepsigsten Grad, vierzig Minuten der Breite. Ibni-Said unter den ein und sechzigsten Grad, ein und drepsig Minuten der Länge, und vier und drepsigsten Grad, vier Minuten der Breite. Resme aber, legt ihr den ein und sechzigsten Grad der Länge, und vier und drepsigsten Grad, vierzig Minuten der Breite bey. Kinnesrin ist Ibin-Haukal zufolge, eine kleine Stadt. Ebou-Rechan sagt, daß sie unter der Proving Kebia stehe, eine grose Tagreise von Maarra-

Ha-

und lauft westwärts dem Berge Lifiam (13) bis nach Dgis-
rul-havid, oder die eiserne Brücke, wo sich dieses Gebirg
theilet.

Haleb hat ihr einen großen Stoß gegeben, und die Europäer
haben solche, nachdem sie sich dieses Bezirkes bemächtiget, zerstöret, so daß es heutzutag nur ein kleines Dorf ist. Der
Fluß Kavil stürzet sich unter Kinnesrin in den ungemein großen
See von Sulbe. Die Etvals setzen Kinnesrin unter den zwey
und sechzigsten Grad, zehn Minuten der Länge, und fünf
und dreyßigsten Grad, dreyßig Minuten der Breite. Der
Kauen unter den acht und sechzigsten Grad, vierzig Minuten
der Länge, und vier und dreyßigsten Grad, zwanzig Minuten
der Breite. Der Hoge unter den ein und sechzigsten Grad,
drey Minuten der Länge, und fünf und dreyßigsten Grad, fünf
und dreyßig Minuten der Breite. Kias aber, unter den zwey
und sechzigsten Grad, zehn Minuten der Länge, und fünf
und dreyßigsten Grad, fünf und vierzig Minuten der Breite.

12) Der See Efamia bestehet aus unterschiedlichen mit Schilf angefüllten Morästen, wovon zween größer sind als die übrigen:
nämlich einer gegen Süden, der andere Nordwärts welche
mittelst eines durch das Schilf geführten Kanals zusammenhän-
gen. Der gegen Süden ist eigentlich der See Efamia. Seine
Breite beträgt eine halbe Meile, und die Tiefe fünf bis sechs
Fuß. Diese Moräste sind manchermal völlig mit wilden Gän-
sen, Aenten, und andern Wasservögeln bedecket. Der nord-
liche, so in den Bezirk Hisni-Berzle liegt, wird der Chri-
stensee genennet, weil sie an dessen mitternächtlichen Ufer wohnen, und ihn fischen. Es werden viele Aale darinnen gefangen, welche sie Jugltz-Baligut, das ist den englischen Fisch,
ohne Zweifel deswegen nennen, dieweil sie solche mit Appetit davon
haben essen sehen. Die Mahometaner haben überhaupt einen
Abscheu

theilet. Nachdem er es umfloſſen hat, nimmt er ſeinen
Lauf gegen ſüdweſt, ſtrömet an der Mauer von Antioche vor-
bey, und ſtürzt ſich bey Suveidie (14) in das Meer von
Roum.

Während ſeines Laufs, nimmet er verſchiedene andere
Ströme auf: dergleichen ſind Nehre Kiebir, der nordwärts
von Eſamia herkommt, und ſich in den See dieſes Namens
ſtürzt. Nehr-Eſued, ſo unter Derbeſak gegen Norden ſeinen Lauf richtet. Nehre-Bagra, welcher bey Bagra entſpringt, ſich mit den Nehr-Eſued vereiniget, und hernach in den See von Antioche ſich ergießet. Endlich der Strom
Iſrin, der aus dem Lande Roum kommt, und ſich mit
dem Nehr-Eſued vermiſcht, nachdem er Ravendan, Tchou-
ma,

Abſcheu an dieſen Fiſch, entweder wegen ſeiner Aehnlichkeit
mit den Schlangen, oder weil er ſich von den Leichnamen näh-
ret, welche ins Waſſer fallen.

13) Dieſes Gebirg gränzet an Ogebel-Liban, oder den Berg
Liban' und erſtrecket ſich gegen Merache. Man ſiehet es
von Merache, von Ain-zarbe, von Haronnie, und von
Ladikie. Von dieſen Ort bis nach Hims, wird es Ogebel-
Ulnehre, oder das Gebirg des Stromes genennet. Es iſt
ſehr gut bewohnet, und reichlich mit Früchten verſehen.

14) Suveidie liegt nach den Etvals unter den ſechs und ſechzigſten
Grad, zehn Minuten der Länge, und fünf und dreyßigſten
Grad, fünf und vierzig Minuten der Breite. Nach den Kanon hingegen, unter den ſechzigſten Grad, zwanzig Minuten
der Länge, und vier und dreyßigſten der Breite.

ma, und Jmk vorbey geſtrömet iſt. Ich habe vergeſſen
zu melden, daß über den Orontes verſchiedene von weißen
Steinen erbaute Brücken geſchlagen ſind, und daß er deswegen Aſi, oder der widerſpänſtige iſt genennt worden, weil
er das Land nicht freywillig wäſſert. Man hat ſich der
Waſſerräder bedienen müſſen, welche er treibet, und womit das Waſſer aus ſeinem tiefen Bette in die Höhe gebracht wird.

Der See von Antioche deſſen Umfang genau eine Tagreiſe beträgt, liegt einige Minuten weiter gegen Norden,
und faſt unter der nämlichen Länge als Antioche, zwiſchen
dieſer Stadt, Beyras und Harim, in den Bezirk Jmk,
zwo Tagreiſen weſtwärts von Haleb. Von den vier Strö-
nien, deren oben iſt Erwähnung gethan worden, ergießen
ſich drey, welche von Norden kommen, in ſelbigen. Der
Jfrin iſt gegen Oſten, der Eſued gegen Weſten, und der
von Bagra zwiſchen beyden. Dieſer letztere wird von den
an ſeinem Ufer liegenden Dorf alſo genennt, deſſen Einwohner Chriſten ſind. Dieſe drey welche nur einen ausmachen,
fließen nordwärts in den See, und kommen vereiniget gegen
Süden wieder heraus. Hierauf fallen ſie unterhalb der ei-
ſernen Brücke, ohngefähr eine Meile über Antioche, in den
Orontes.

Wir giengen den zwölften ab, und reiſten in acht
Stunden nach den Flecken Harim (15), der ein Kaſtell hat,
woſelbſt

---

15) Harim iſt nach Zibge unter den ein und ſechzigſten Grad, dreyſig

woselbst es auch ein Bächlein und Quellen giebt. An diesen
Ort sind die Granaten vortreflich, und ohne Kern. Die
von den benachbarten Gegenden Halfader-guiouche, und
von Zavie-der-guiouche, sind gleichfalls sehr berühmt.
Den folgenden sahe ich auf beyden Seiten des Weges, eine
Menge Ruinen, und kam nach einen Marsch von acht
Stunden an das Dorf Etarib, westwärts von Haleb, wel-
ches in einem mit Olivenbäumen besetzten Thal liegt. Der
Bezirk Djoume ist sehr fruchtbar, hat aber kein anderes
Wasser, als das aus den Cisternen. Die Weintrauben
von Etaris werden ungemein hochgeschätzet.

Ich hatte einen Armenischen Knecht, der die Aufsicht
über meine Geräthschaften führte, und mir bis daher ziemlich treu gewesen war: als ihn aber jemand in den Kopf
setzte, er sollte ein Mahometaner werden, entwendete er
mir alles, was man leicht verbergen konnte. Um Mitternacht kam er mit brennenden Kopf zu mir gelaufen, und
sagte, daß ihn die Kiurden angegriffen, und sich meines
Geräths bemächtiget hätten, wobey er selbst mit genauer
Noth davon gekommen wäre. In der unter Haleb stehenden
Landschaft, gibt es zweyerley Arten von Kiurden, nämlich
Sumuis, und Yezidis, und Araber aus zween unterschiedlichen Stämmen, wovon die einen Benikilab, die andern

---

ßig Minuten der Länge, und fünf und dreyßigsten Grad, fünf
und vierzig Minuten der Breite. Wie Kias hingegen meldet, unter dem ein und sechzigsten Grad, vier und dreißig Minuten der Länge, und fünf und dreyßigsten Grad, fünfzig Minuten der Breite.

dern Alyeſar genennt werden. Die erſtern von dieſen Arabern welche ſich in der Nachbarſchaft von Imk aufhalten, ſind ſogar ihren Begs nicht gehorſam. Die letzteren bewohnen die Gegenden um Zourde, und das Schloß Nichla, bald ſind ſie ihren Begs unterthan, bald aber empören ſie ſich gegen dieſelben.

Nun wuſte ich wohl daß dieſe Leute die Reiſenden öfters berauben und umbringen: ich befürchtete alſo anfangs, es möchte dasjenige, was mir mein Knecht eben geſagt hatte, nur allzu wahr ſeyn. Als ich ihn befragte, an welchen Ort er wäre angegriffen worden, gieng ich in Begleitung einiger bewafneter Perſer dahin, und fand meine Mauleſel nicht ſehr weit von der Landſtraſſe, an Bäume angebunden. Da er nicht Zeit gehabt hatte meine Kiſten aufzubrechen, bekümmerte ich mich nicht viel um das übrige. Als ich von ſeiner Schelmerey überzeugt war, gab ich ihm ſogleich nach meiner Zurückkunft den Abſchied, und nahm einen Perſer in meine Dienſte. Dieſer konnte es ihm nicht verzeihen, daß er den türkiſchen Glauben der Perſer ihrem vorgezojen hatte, und machte ſich ein Vergnügen daraus, mir alles was geſchehen war, zu erzählen. Abdul-bakilhan muſte ſich zu Khan-Toman, einige Stunden jenſeits Etarib, aufhalten, ich gieng alſo den vierzehnten voraus, und kam in ſechs Stunden nach Haleb. (16).

Zehntes

---

16 Haleb liegt nach der Etvalk unter den zwey und ſechzigſten Grad, zehn Minuten der Länge, und fünf und dreyſigſten Grad

Zehntes Kapitel.

Reise von Haleb, nach Kizil-Hisar.

Die Statthalterschaft Haleb, begriff ehehin sieben Distrikte: nämlich Adana, Balik, Biraidgik, Haleb, Azir, Kilis, und Maarra. Einige von diesen Bezirken sind aber seitdem in Statthalterschaften verwandelt worden,

---

Grad, funfzig Minuten der Breite. Nach dem Kanon, unter den acht und sechzigsten Grad, funfzig Minuten der Länge, und vier und drepßigsten Grad, funfzig Minuten der Breite. Nach Zirge, unter den ein und sechzigsten Grad, acht Minuten der Länge, und fünf und drepßigsten Grad, funfzig Minuten der Breite. Endlich nach Ibni-Bald, unter den acht und sechzilsten Grad, drepßig Minuten der Länge, und vier und drepßigsten Grad, drepßig Minuten der Breite: funfzehn Meilen von Baik, und sechs und drepßig von Maaret-ul-Roman, wovon ersteres eine kleine Stadt ist, an dem westlichen Ufer des Eufrats, gegen die Gränzen von Syrien und Irak. Ibni Bald berichtet, daß es ehemals ein großer Handelsplatz gewesen wäre, und viele reiche Kaufleute daselbst gewohnet hätten. Sie wird von Haleb durch eine Wüste getrennet, und stößet gegen Osten und Süden an Ranca. Klas, setzet Balis unter den zwey und sechzigsten Grad, vierzig Minuten der Länge, und sechs und drepßigsten Grad, sechs Minuten der Breite. Der Kanon, unter den sechs und sechzigsten Grad der Länge, und vier und drepßigten der Breite. Nedime aber, unter den fünf und sechzigsten Grad fünf und funfzig Minuten der Länge, und sechs und drepßigten der Breite. Die Stadt Maaret-ul-Numan, war vorzeiten groß, und wohl

bis

den, wie Adana, welches seinen Pacha hat. Andere sind
abhängig geblieben, als zum Beyspiele Maarra und Biraidgik. Noch andere hingegen, hat man zu den herrschaft-
lichen Gütern geschlagen, wie Azir, dem ungeachtet ist
Haleb jederzeit, für die Hauptstadt angesehen worden.

Sie ist groß, wohl gebauet und sehr volkreich, hat
Mauern, und auf einer Anhöhe ein Kastell, welches die
Stadt bestreichet. Man zählet daselbst vier und siebenzig
Quartiere, vierzehn tausend Häuser, nebst vielen Moscheen,
und öffentlichen Bädern. Es werden auch zween Plätze da
gezeiget, die von Abraham vor Erbauung der Stadt sollen
bewohnet worden seyn, wovon einer in dem Schloße, der
andere hingegen außerhalb sich befindet, beyde aber von den
Landeseinwohnern mit großer Andacht besuchet werden. Es
giebt hier auch noch eine Grotte, worein dieser Patriarch
wie man sagt, seine Heerden getrieben hat, und zween
Oerter von denen vorgegeben wird, der Prophet Elias habe
darinnen gewohnet, eines im Schloße, das andere
bey dem Thor Nasre.

Außen

bevölkert. Ihre Gegend hat an Getrayd und Früchten einen
Ueberfluß. Sie liegt nach den Etvals unter den ein und sechzigsten Grad, fünf und vierzig Minuten der Länge, und fünf
und drepßigsten der Breite. Nach Resme, unter den zwey und sechzigsten Grad, drepßig Minuten der Länge, und fünf und
drepßigsten Grad, funfzig Minuten der Breite. Endlich nach
den Kias, unter den ein und sechzigsten Grad, vierzig Minuten
der Länge, und fünf und drepßigsten Grad, fünf und funfzig Minuten der Breite.

Außen vor dem Thor Feredje iſt nahe bey der Land,
ſtraſſe ein Stein zu ſehen, den die Mahometaner und Ju,
den ſehr hoch ſchätzen, indem ſie ihn für das Grabmaal ei,
nes Propheten halten. In dem Collegio Halavi bemerket
man auf den Rand eines Waſſerbeckens, einen andern, in
der Mitte etwas ausgehöhlten Stein. Wie ſich die Türken
rühmen, haben ihnen die Europäer vieles Geld da,
für gebotten, ſie ihn aber nicht wollen wegnehmen laſſen.
Die Europäer treiben hier große Handlung, und haben
daſelbſt Kaufhäuſer und Conſuls.   .

Der Boden um Haleb trägt Baumwolle, Waſſerme,
lonen, vortrefliche Piſtacien, gute Apricoſen, Aepfel, und
Weintrauben. Die Gebirge von Buzaga, und Babegue
reichen faſt bis an die Stadt : erſteres gegen Oſten, und
letzteres gegen Weſten. Der Strom, Kavik genennt, kommt
von Sinab, einem ſieben Meilen davon entlegenen Dorf.
Er vermenget ſich mit dem von Merache, und einigen an,
dern : Hierauf fließet er nach Haleb, alsdann nach Kin,
nesrin, und verlieret ſich endlich bey Merdgi - Ahmer.

Abdul-Bakikhan verließ am funfzehnten Etarib, und
wurde von dem Pacha dieſer Stadt, zu Khan - Toman
bewirthet. Des folgenden Tages hielt er ſeinen Einzug,
wobey viele Agas, und eine große Anzahl von Leuten, zu
Fuß, und zu Pferd, vorausgiengen. Des Großherrn
Abgeſandter langte etliche Tage ſpäter an, und wurde auf
eben dieſe Art empfangen, jedoch mit einigen Vorzug,
indem man die Kanonen für ihn abfeuerte. Der Khan hat,
te die nämliche Ehre erwartet, und es gleich anfangs übel
empfunden, daß man ſolches unterlaſſen : noch weit mehr

G   wurde

wurde er aber aufgebracht, da er wahrnahm, daß dem Pacha größere Ehre wiederfuhr, als ihm. Diese Beschimpfung empfand er so hoch, daß er seinem Herrn, durch einen Kourier den er einige Tage darauf abschickte, solches
berichtete. Seine Leute beklagten sich öffentlich darüber, und
einer der vornehmsten sagte zu mir, daß der eben geschlossene
Frieden unmöglich von langer Dauer seyn könnte : Ja, er
hoffe, daß Nadir Chah die ihnen während der Reise zu wiederholten malen angethane Beleidigung, ingleichen die wenige Achtung so man gegen seinen Abgesandten bezeige, auf
das schleunigste rächen werde.

Der Französische, Englische, und Holländische Gesandte, schickten jeder seinen Dollmetscher, und ließen dem
Abdul-Batikhan, wegen seiner Ankunft Glück wünschen,
und ihm die gewöhnlichen Geschenke von trockenen Confect
und Cherbet reichen. Da mir dieser Gesandte öfters zu
verstehen gegeben hatte, daß er gern ein Bildniß des Königs
in Frankreich haben möchte, um es seinem Herrn zu überbringen, wendete ich mich deshalben an den Consul, der
mir eines gab, welches erst kürzlich von einem geschickten
Mann war gemahlet worden. Ich überreichte solches dem
Abgesandten, der es, nachdem er dasselbe lang betrachtet,
und bewundert hatte, in sein Audienzzimmer über den Platz
da er saß, stellen ließ, wo es bis auf den Tag vor seiner
Abreise stehen blieb, alsdann er selbiges mit großer Sorgfalt in
einen Kasten zu packen befahl. Die sechzehn Tage über, welche er sich zu Haleb aufhielt, hatte er verschiedene Zusam-
menkünfte mit dem Abgesandten des Großherrn, gleichwie
auch mit dem Pacha von dieser Stadt. Er besuchte auch
ein Grab, welches man für Zacharias, des Vaters vom

hei-

heiligen Johannes den Täufer, feines, hält, und Ebou‐be‐
fir, ein schönes außerhalb der Stadt gelegenes Haus der
Derwische.

Wir reiseten den dritten März ab, und gelangten in
drey Stunden nach Bache‐Kievi, (das vornehmste Dorf),
welches Dorf die Einwohner schon Tags vorher verlassen hat‐
ten; indem sie bey unsern Durchmarsch eine üble Begegnung
zu erhalten befürchteten. Den folgenden blieben wir nach
vierstündiger Reise zu Tellerfat liegen, wo sich ein Kiervan‐
serai befindet. Den Tag darauf reiseten wir in drey Stun‐
den nach Ajaz, einen Nordwärts von Haleb liegenden Fle‐
cken. Das Erdreich ist in diesem Striche sehr fruchtbar,
und man findet daselbst weder Scorpionen noch andere giftige
Thiere.

Den sechsten kamen wir nach dreystündiger Reise zu Ki‐
lis an; einer kleinen und ziemlich gut bevölkerten Stadt,
welche von Haleb besser gegen Norden, als Ajaz lieget. Die
Pforte hatte dahin seit kurzen einen Pacha gesetzt, um die
Kiurden von diesem Lande, welche beständig Unordnungen
anstiften, in Zaum zu halten, An diesem Ort empfieng
ich die Einfassung zu des Königs Gemähld, welche der Con‐
sul zu Haleb dem Abgesandten versprochen hatte. Ich über‐
lieferte ihm solche, und er bat mich an den Consul ein
Danksagungsschreiben zu senden, und ihm zu bezeu‐
gen, wie sehr die eben erhaltene Probe von der Pünktlichkeit
der Franken, ihr Versprechen zu erfüllen, ihm gefallen habe.

Wir reiseten den achten, und lagerten uns nach Ver‐
lauf von vier Stunden im freyen Feld. Da in diesen Ge‐

genden

genden der Boden sehr fett ist, trafen wir den folgenden
so schlimme Wege an, daß unsere Bagage größtentheils in
Schlamm stecken blieb, und diejenigen unter der Gesellschaft
welche die besten Pferde hatten, konnten sich kaum wieder
herausziehen. Ich brachte länger als acht Stunden zu, bis
ich nach Kizil-Hisar (das rothe Schloß) kam, wo wir
über Nacht bleiben sollten, ungeachtet dieses Dorf nur fünf
Stunden von dem Ort davon wir abgereiset sind, entlegen war. Abdul-Bakikhan begab sich um Mitternacht in
ein anderes, von der Straße abgelegenes Dorf, und kam
erst den folgenden Tag wieder zu uns. Er konnte auch diesen Tag nicht anlangen, da er alle Minuten still halten muste, um das Geräth, und die Mihaffas aus dem Koth ziehen zu lassen: welches eine Art Kefige ist, die von Latten
in Gestalt der Tragsessel gemacht, und mit Tuch, oder
Leinwand bedecket sind. In diesen Mihaffas trägt man die
Frauen, damit solche nicht können gesehen werden, und
lädt sie hernach Paarweise auf Kameele, oder Maulesel.

Die Perser gehen weder in Krieg noch auf Reisen, ohne
ihre Frauen mit sich zu führen: bey den Türken hingegen, ist
dieses nicht gebräuchlich. Der Abgesandte und sein Gefolg
hatten nicht allein aus Persien dergleichen mit gebracht, sondern auch noch in der Türkey, besonders aber zu Constantinopel einige gekauft. Sie hatten alle, wie man sagte, ohne die Schönheit zu rechnen, noch eine besondere Geschicklichkeit, oder gute Eigenschaft. Einige konnten auf Instrumenten spielen, andere hatten schöne Stimmen, und wieder
andere stickten in der größten Vollkommenheit. Abdul-Ba-
jikhan seines Theils, hatte zwölf, Kierimbeg zehen, und
die übrigen nach Beschaffenheit ihres Vermögens. Ein Ver-
schnit-

schnittener führete derselben vier und zwanzig in den Harem des Nadir-Chah: über ein Dutzend andere, welche für Ibrahim-Khan den Statthalter von Tauris waren gekauft worden, hatte ein Armenier die Aufsicht. Von diesen Aufsehern verdiente der erste das Zutrauen seines Herrn vollkommen: indem er sogar nicht einmal gestatten wollte, daß man die Mihassas ansahe. Der andere beobachtete seine Schuldigkeit ebenfalls gut, jedoch nicht so streng: sie sahen sich aber beyde genöthiget mich dasjenige was sie mit so großer Sorgfalt verbargen, zum Theil betrachten zu lassen.

Die Morgenländer bilden sich ein, daß alle Europäer die Arzneykunst verstehen: daher es öfters geschiehet, daß man auf Reisen bey ihnen, in Gefahr stehet wider seinen Willen einen Arzt abzugeben. Ich hatte zu Constantinopel eine Küste mit Arzneyen gekauft, welche ich zu meinen Gebrauch bey mir führete, Sie zweifelten daher nicht, daß ich in dieser Wissenschaft sehr erfahren seyn müste. Ja, sie hätten alle, bis auf den Gesandten, und einigen andern Personen seines Gefolgs, welche mich genauer kannten, eine Ungerechtigkeit gegen mich zu begehen, oder doch wenigstens die mir schuldige Achtung aus den Augen zu setzen geglaubet, wenn sie im Reden mir nicht den Titel Haikimbachi, das ist Herr Medicus, ein Stand, der bey den Morgenländern sehr hoch angesehen wird, beylegten.

Die beständige Veränderung des Klima, sowohl als des Wassers, und der Speisen, hatten nebst den Beschwerlichkeiten der Reise, die Gesundheit von einigen dieser Frauen in Unordnung gebracht, worunter sich insbesondere eine von des Nadir-Chah seinen, und eine andere dem

G 3   Ibra-

Ibrahim - Khan zuständige, befand. Der Armenier kam
zu erst, und verlangte meinen Beystand, indem er zu mir
sagte, die schönste und theuerste von den Sclavinnen,
worüber er die Aufsicht habe, genöße schon seit einigen Tagen
weder Speise noch Schlaf, und er würde der unglücklichste
Mann von der Welt seyn, wenn er ohne Sie bey
seinem Herrn anlangte. Ich versicherte ihn umsonst, daß
ich kein Medicus wäre, er wollte es nicht glauben, sondern beharrete darauf Arzneymittel von mir zu verlangen.
Um mich seiner zu entledigen, antwortete ich, daß man ohne
die Kranke zu sehen, keine geben könnte, wozu er sich
auch in der Meynung er dörfte mir trauen, bewilligte. Nach
dem er mich also in sein Quartier geführet hatte, ließ er
die übrigen Frauen aus den Harem gehen, und erlaubte
mir die Kranke, jedoch in seiner Gegenwart, zu
besehen, worauf ich ihm Arzeneyen zu geben versprach, und
wieder fortgieng.

　　　Kaum hatte ich ihn verlassen, als ich den Verschnittenen kommen sah: er verfügte sich zu mir, und bat, ich
möchte ihn nach Haus begleiten, indem er hinzu setzte, daß
er mir eine wichtige Sache eröfnen müste. Nachdem wir
den Caffe getrunken hatten, entdeckte er mir seine Verlegenheit, und daß es ihm an den Kopf gieng, wenn eine von
seinen Frauen, welche krank wäre, sterben sollte. Ich
ertheilte ihm beynahe eben die Antwort, als dem Armenier:
er weigerte sich aber anfänglich mir solche sehen zu lassen, indem er versicherte, daß er dabey eben so viel wagen müste,
wenn es sein Herr erfahren sollte. In diesen Fall kann ich
euch gar keinen Nutzen schaffen, sagte ich, und wollte fort-
gehen: jedoch er hielt mich zurück, und bat, daß ich zufrie-

　　　　　　　　　　　　　　　　　　　　　　den

den seyn sollte mit ihr zu sprechen, ohne sie zu sehen, welches ich auch zugestand.

Er gieng in den Harem, und führete mich gleich darauf in ein dunkles Gemach, worinnen die Fenster auf das
genaueste verschlossen waren. Die Kranke stand hinter einen
Vorhang, und eine einzige Lampe, welche sich im Winkel
des Zimmers befand, warf ein schwaches Licht von sich. Der
Verschnittene hatte die Augen immer auf mich gerichtet, und
ich sprach mit der Kranken, indem ich ihn starr dabey ansah. Als sie mir geantwortet hatte, sagte ich dem Verschnittenen, daß ich nicht hinlänglich unterrichtet wäre, und
ohne ihr den Puls zu fühlen, und sie im Gesicht zu sehen,
kein Arzneymittel verordnen könnte, hierauf sahe ich daß der
Mann unwillig wurde. Als ich endlich darauf beharrete,
zog er in vollen Grimm den Vorhang weg, hob den einen
Zipfel des Schleyers etwas in die Höhe, und fragte, ob ich
damit zufrieden wäre. Ich verneinte es, und sagte ihm
daß ich die Augen, und das Gesicht betrachten müste, um
besser von der Krankheit urtheilen zu können. Er ward ganz
rasend, und indem er den Schleyer über das Haupt zurück
warf, sagte er zu mir, „nun siehe dich satt, weil du ja sehen willst! zu seiner Beruhigung versicherte ich ihm, daß
mir die Krankheit bekannt wäre, und ich ihr eine Arzney
geben wollte. Ohne Zweifel hatte die Krankheit diese zwey
Frauenpersonen ziemlich verstellet, indem ich an keiner von
beyden, etwas schönes in der Gesichtsbildung entdecken konnte. Dem sey wie ihm wolle, ich gab ihnen einige Doses
Quinquina, nebst andern Mitteln gegen das Fieber, und
sie wurden wieder gesund.

G 4 In

In diesem schlimmen Nachtlager brachten wir zween Tage zu, sowohl um unser Geräth frey zu machen, als auch die verlornen Pferde und Maulesel wieder zu ersetzen. Wir hätten eigentlich diesen Weg nicht nehmen sollen, indem unsere rechte Strasse, über Aintab (*) gieng: es wollten uns aber die Einwohner daselbst nicht aufnehmen, weil sich viele persische Sclaven da befanden, welche der Gesandte dem letzten Friedensschluß gemäß, wieder zurück würde verlanget haben. Man gab ihm also zu verstehen, daß er eine Empörung da verursachen könnte, wovon die Folgen zu befürchten wären. Ja, er soll, wie man behauptet, auf keine Weise dabey zu kurz gekommen seyn, daß er nicht durch diese Stadt gereiset ist, und eine beträchtliche Summe Geld empfangen haben, damit er einen andern Weg genommen hat.

---

*) Aintab ist eine sehr artige Stadt, nach des Sidge Bericht unter den zwey und sechzigsten Grad, acht Minuten der Länge, und sechs und dreyßigsten der Breite. Drey Tagreisen Nordwärts von Haleb. Das heut zu Tag zerstörte Kastell Delouk liegt nicht weit davon entfernt. Sie ist die Hauptstadt dieses Bezirks, und hat ein in den Felsen gehauenes Schloß: auch giebt es daselbst Wasser in Ueberfluß, und eine große Anzahl Gärten. Es wachsen hier Aepfel, welche zwey und ein halb Pfund schwer sind, und vortrefliche Apricosen. Man verfertiget da auch eine weiße Lattwerge, die so dick ist, daß sie mit dem Messer geschnitten wird. Die hier gemachten Bögen und Sättel werden für die besten gehalten.

Eilf-

Eilftes Kapitel.

Reise von Kizil - Hisar, nach Urfa.

Als wir den zwölften von Kizil - Hisar abgereiset waren,
kamen wir in drey Stunden an ein Ort, Mezar (*)
genennt, und den folgenden nach einen sechsstündigen Marsch
an das Ufer des Eufrats, worüber wir auf großen Schiffen
fuhren. Damals war dieser Strom nur zweyhundert gemeine Schritte breit, erstreckt sich aber wenn er anwächset,
in der rechter Hand liegenden Ebene, auf fünf bis sechshundert Schritte. Ich achte mich verbunden den Lauf desselben nach den Morgenländischen Erdbeschreibern hier anzuzeigen. Dem türkischen Geographen zufolge, entstehet er anfangs aus zween Strömen: nämlich den Murad, und den
eigentlichen Eufrat. Der Murad hat zwo Quellen, davon sich die eine auf dem Gebirg Ala befindet, wo er an
mehreren Orten aus der Erde quillt, und ein großer Strom
wird, den man zu Tcharmour durchwaten kann, woselbst
er sich in vier Arme zertheilet, und eine große steinerne Brücke, Namens Djudamin-Chah, hat. Die andere Quelle
des Murad, ist zu Bigne - gueul-hailaki, (Sommerquartier der tausend Seen), und machet den Arm, welchen man das
Wasser von Melaz - guerd nennet, der gegen Süden läuft,
und sich mit dem erstern oberhalb der Brücke Djadamin-Chah,
vereiniget. Der Murad nimmt hierauf im Thal von

G 5

Mouche,

---

*) Dieses Wort heißet so viel, als ein Ort den man besuchet,
oder ein Grab.

Mouche, den Kara - sou, oder das schwarze Wasser zu
sich, und wird nachdem er Guendje, Tschaftchour, und Pa-
lou vorbeygeſtrömet iſt, mit dem Eufrat vermenget.

Der eigentlich ſogenannte Eufrat nimmt ſeinen Urſprung im Thal Chougni, zwiſchen den Gebirgen von
Kalikala. Er flieſſet ſo fort Terdian, Erzendian, Riemakhe, (1) Kourou - Tchai, Ekin, und Richoan, vorbey, wo er den Murad, wie ſchon iſt geſagt worden, ein-
nimmt: von da er ſich nach Haikim - Khani ausbreitet, und
bey der Furt Rouchar das Waſſer Kirkguetchid, oder die
vierzig Durchgänge, genennt, welches von Malatia herkommt, zu ſich nimmt, und weiter nach Chemiſat, Kalat-
Roum, Biraidgik, und Raca ſtrömet. Nachdem er
weiter unten durch das Waſſer von Rouha, und hierauf
durch das von Khabour, bey Dair, und Rahabe, die
weſtwärts gegen den Zuſammenfluß liegen, vergrößert wird,
lauft er Mekam, Ali, Dgemaſe, Dgebelhamra, Ane,
Hit, Hadice, hernach dem Kanal welchen Sultan Soliman zu Kierbela hat graben laſſen, und den von Akerkouf;
ſo-

---

1) Riemakhe iſt ein großer Flecken, eine Tagreiſe von Erzendian.
Die größte Merkwürdigkeit dieſes Ortes beſtehet in den kleinen
Vögeln, von der Größe der Sperlinge, welche im Frühjahr
dahin kommen, die Luft wie Wolken verdunkeln, und ſich
in der Gegend herum niederlaſſen. Die Einwohner im Land
nehmen die Jungen ehe ſie fliegen können, eſſen ſolche, und
finden einen köſtlichen Geſchmack daran. Es giebt hier Perſonen, welche behaupten daß ſie denen ähnlich wären, ſo die Iſrae-
liten in der Wüſte geſpeiſet hätten, und im Koran ſelbe
genennet werden.

ſodann Hilla, den Kanal Nehri-Chahi genennt, und die
von Roumahie, und Semavat, vorbey. Hierauf verei,
nigt er ſich nahe bey dem Lande Dgevaſir mit den Tiger,
und dieſe zween Ströme ſtellen alsdann gleichſam eine Art
von Meer vor, welches mit verſchiedenen Inſeln beſetzet iſt.
Wenn endlich alle ihre Arme zu Korna vereiniget ſind, flie,
ſen ſie Basra vorbey, und ſtürzen ſich in den Perſiſchen
Meerbuſen.

Nach den Ebul-Feda entſpringt der Eufrat gegen
Nordweſt von Erzeroum, welches er unter den vier und ſech,
zigſten Grad der Länge, und zwey und vierzigſten einen hal:
ben der Breite, ſetzet: wobey er behauptet daß ſich dieje,
nigen irren, welche es unter den neun und ſechzigſten Grad
der Länge ſetzen. Alsdann fließet er nach Malatia (2)
hierauf nach Cherniſat (3), ſofort nach Kalai-Roum, einem
gegen Sudweſt von dieſem Strom gelegenen Schloß, von
da er ſich nach Bire wendet. Endlich ſtrömet er Balis, das
Kaſtell Djaber, und Raca (4) vorbey, auf Rahabe, wel,
ches

---

2) Malatia eine groſe Stadt im Land Roum, liegt nach den Ta,
vals unter den ein und ſechzigſten Grad der Länge, und ſieben
und dreyſigſten Grad der Breite : nach den Kanon und Reſme
hingegen, unter der nämlichen Länge, und neun und dreyſig,
ſten Grad der Breite.

3) Cherniſat liegt nach Ebul-Feda unter den zwey und ſechzigſten
Grad der Länge, und ſieben und dreyſigſten Grad der Breite.

4) Raca, iſt nach den nämlichen unter den ſechs und ſechzigſten
Grad der Länge, und ſechs und dreyſigſten Grad der Breite.

ches südwärts liegen bleibet, Ane (5), Hit (6), und
Kioufa (7), hier laufet er gegen Morgen, und ergießet
sich zuletzt unter den drey und siebenzigsten Grad der Länge,
in Moräste.

Er schluckt verschiedene Ströme in sich:

Wie zum Beyspiel, den Chemisat, welcher diese
Stadt und das Schloß Zied, sonst Khurt-Burt, vorbeyströmet, und sich hernach oberhalb Malatia in den Eufrat ergießet.

Den Belikhe, so von Harran aus einer Quelle, Du-
hebanja genannt, kommt. Er lauft Raca gegen Norden
vorbey, indem er Ostwärts fließet, und stürzet sich unterhalb dieser Stadt in den Eufrat.

Den Khabour, der aus einer Quelle Namens Zahi-
rie, entspringt, und sich bey Karkisia (8) in den Eufrat
ergießet.

Den

---

5) Ane liegt nach eben diesen, unter den acht und sechzigsten, einen
halben Grad der Länge, und drey und drepßigsten Grad, zehen
Minuten der Breite.

6) Hit, ist nach eben denselben, unter den neun und sechzigsten Grad
der Länge, und zwey und drepßigsten Grad der Breite.

7) Kioufa liegt nach den nämlichen unter den neun und sechzigsten
einen halben Grad der Länge, und ein und drepßigsten Grad, fünf-
zig Minuten der Breite.

8) Karkisia, ist nach eben diesen unter den vier und sechzigsten,
zwey drittel Grad der Länge, und vier und drepßigsten, einen
halben Grad der Breite.

Den Hermas, ſo durch das Land Niſibin lauft, und ſich in den Strom Khabour ergießet, ehe der letztere nach Karkiſia kommt. Dieſe beyde, welche alsdann nur einen ausmachen, vereinigen ſich bey Karkiſia, mit den Euſrat.

Der Tſertſar, ſo ein Arm des Hermas iſt, fließet Hadre (9) vorbey, durch die Wüſte Sindjar, und fällt hierauf bey Tikrit in den Tiger.

Bey ſeinen weitern Lauf formirt der Euſrat unterſchied-liche Kanäle.

Nämlich den von Yſa, der ſich an einen Ort, Na-mens Dehma, (10) Kioufa gegen über, von ihm abſondert; oder wie andere ſagen, bey Enbar unterhalb der Brücke Dehma. Hierauf wendet er ſich nach Bagdat, und fället, nachdem er zu Muchawel unterſchiedliche kleinere Kanäle ge-macht hat, Bagdad gegen Abend in den Tiger. Er wird von Yſa, dem Urenkel des Abbas, und Oheim des Man-ſour, alſo genennt.

Den

---

9) Wie der Verfaſſer des Mucheterik berichtet, iſt Hadre, der Na-men einer ſehr alten und zerſtörten Stadt, welche in der Wü-ſte Dgezire, oder Meſopotamien, Tikrit gegen über, lag, unter den ſechs und ſechzigſten Grad, fünf und vierzig Minu-ten der Länge, und fünf und dreyßigſten Grad, vierzig Minu-ten der Breite.

10) Dehma, liegt nach Ebul-Feda unter den acht und ſechzigſten Grad der Länge, und zwey und dreyßigſten der Breite.

Den von Sarsar, der weiter unten als der von Ysa, aus den Eufrat fließet, und seinen Lauf in der Gegend von Irak, zwischen Bagdad und Kioufa nimmt, bis er nach Sarsar kommt: nachdem er dieses Land bewässert hat, ergießet er sich zwischen Bagdad und Medain in den Tiger.

Den Nehrul-Melik, oder den Königskanal, der unterhalb des von Sarsar, aus den Eufrat kommt, und weit unter Medain, in den Tiger fällt.

Der Kanal von Kieosi, der unter Melik aus dem Eufrat kommt, und sich noch weiter unten mit den Tiger vermengt.

Sechs Meilen unterhalb dieses letztern, zertheilet sich der Eufrat in zween Aeste, wovon der eine Sudwärts nach Kioufa gehet, und sich in den Morästen verlieret. Der andere weit stärkere aber, fließet dem Kastell Jbni-Hubeire (11) gegen über, vorbey, und nimmt die Benennung des Stroms von Soura an: hierauf wendet er sich gegen Süden nach den alten Babul, oder Babel (12), und machet verschiedene kleine Bäche, nachdem er die Stadt Nil, unter den Namen Soura, den er von einen Dorf welches an seinem

---

11) Das Kastell Jbni-Hubeire, liegt nach Ebul-Frda unter den siebenzigsten einen halben Grad der Länge, und zwey und dreyßigsten Grad, fünf und vierzig Minuten der Breite.

12) Babul, ist nach den nämlichen unter den siebenzigsten Grad der Länge, und zwey und dreyßigsten Grad, funfzehn Minuten der Breite.

nem Ufer lieget, angenommen hat, vorbeygeſtrömet iſt. Endlich lauft er in den Tiger.

Jedoch ich wende mich wieder zur Fortſetzung meiner
Reiſe.

Wir lagen den dreyzehnten zu Bire oder Biraidgik (13)
einer kleinen am Öſtlichen Ufer des Eufrats gelegenen Stadt.
Sie hat Mauern und ein Kaſtell, welches dem Vorgeben
nach, von Alexander den Großen zu der Zeit ſeines Durch-
marſches ſoll erbauet worden ſeyn. Es befinden ſich in dieſen Gegenden in einiger Entfernung von einander, drey andere Kaſtelle: das von Redjem gegen Oſten, das von
Suroudge gegen Nordoſt, und Kalai-Roum eine Tagreiſe
davon, gegen Weſten. Das Thal der Olivenbäume in
der Nachbarſchaft von Bire, hat einen Ueberfluß an Quellen und Fruchtbäumen. Ehemals iſt dieſer Diſtrict unter
Haleb geſtanden, heutzutag hat er aber ſeinen eigenen
Statthalter.

Nachdem wir uns daſelbſt etwas aufgehalten hatten, giengen wir den funfzehnten in zehen Stunden nach Tcharmeli,
                                                    wo

---

13) Bire, iſt unter den zwey und ſechzigſten Grad, dreyßig Minuten der Länge, und ſechs und dreyßigſten Grad, funfzig
Minuten der Breite, wie Zidge meldet. Nach Ibul-Saïd
hingegen, unter den fünf und ſechzigſten Grad, fünf Minuten
der Länge, und ſechs und dreyßigſten Grad, vierzig Minuten
der Breite, und wie Kias berichtet, unter den zwey und ſechzigſten Grad, fünf und dreyßig Minuten der Länge, und ſechs
und dreyßigſten der Breite.

wo wir uns auf der Ebene lagerten. Den folgenden Tag begab ich mich nach Urfa, den Sitz des Pacha von diesem Bezirk, so vorzeiten der District von Raca genennt wurde. Gegen Osten gränzet er an den von Mosul, Süd-wärts an die Wüsten Sindjar, gegen Westen an den Eufrat, und Nordwärts an den von Diarbekir. Er begreift die Landschaften Beni - Rebia, Dgemase, Deir, Rahabe (14), Raca (15), Rouha (16), oder Urfa, Se-roudge,

---

14) Rahabe liegt nach den Kanon, unter den sechs und sechzigsten Grad, fünf und funfzig Minuten der Länge, und acht und dreyßigsten Grad der Breite. Nach den Etvals, unter den vier und sechzigsten Grad, fünf und dreyßig Minuten der Län-ge, und vier und dreyßigsten Grad, zehn Minuten der Breite. Nach den Ziege, unter den zwey und sechzigsten Grad, funf-zig Minuten der Länge, und vier und dreyßigsten der Breite. Man sagt es sey vorzeiten eine Stadt gewesen, die ein Feld-herr des Rechid, Ramens Malik, Sohn des Tauk, an den Ufer des Eufrats, zwischen Raca und Ane gebauet habe: heut-zutag ist solches nur ein Dorf, wo man Spuren von der alten Stadt siehet. Ein Besitzer von Hims, Chir-Kloub genennt, bauete das Kastell in den neuen Rahabe, welches er eine Mei-le vom Eufrat, dem alten gegen Süden, anlegte. Es ist klein, und man trinket daselbst das Wasser von einem Kanal des Stromes Said, der aus den Eufrat kommet. Die Kara-vans welche von Irak, und Syrien anlangen, bleiben hier liegen. Azizi sagt, daß Rahabi eine große, wohlbevölker-te, und drey Meilen von Karkisia entlegene Stadt war.

15) Raca, liegt nach den Etvals unter den acht und sechzigsten Grad, fünf und funfzig Minuten der Länge, und sechs und
drey-

rondge (17), Khabour (18), Harran (19), Djelab,
Nebredge, Dera, und Beni-kais.

Die

---

dreyßigsten Grad der Breite. Nach den Kanon, unter den
acht und sechzigsten Grad, funfzig Minuten der Länge, und
sechs und dreyßigsten Grad, funfzig Minuten der Breite. Nach
Ibul Said, unter den sechs und sechzigten Grad, ein und dreyßig Minuten der Länge, und sechs und dreyßigsten Grad der
Breite. Endlich nach dem Resme, unter dem sechs und sechzigsten Grad der Länge, und sechs und dreyßigsten der Breite,
dem Eufrat gegen Nordost. Sie war ehemals die Hauptstadt
des Landes Mudar in Dgezire, oder der Insel welche vom Tiger und Eufrat gemacht wird; hatte den Beynamen Beida,
das ist die Weiße, und wurde auch Rahba genennt. Heut
zutag sind von dieser großen Stadt nichts als Trümmer übrig.

16) Rouha war vorzeiten eine ansehnliche Stadt, worinnen sich eine große Kirche, mehr als dreyhundert Klöster der Christen,
und viele alte Denkmäler befanden. Sie liegt Nordostwärts
vom Eufrat, nicht sehr weit von Kalai-Roum, und nach
den Etwals unter den zwey und sechzigsten Grad, funfzig Minuten der Länge, und sechs und dreyßigsten der Breite. Nach
den Kanon, unter den sechzigsten Grad, zwanzig Minuten
der Länge, und sechs und dreyßigsten der Breite. Hingegen nach
Ibul Said, unter den zwey und sechzigsten Grad der Länge,
und sechs und dreyßigsten Grad, vierzig Minuten der Breite.

17) Serodge, war eine große Stadt, eine Tagreise von Harran. Sie lag dem Etwals zufolge, unter den zwey und sechzigsten Grad, vierzig Minuten der Länge, und sechs und dreyßigsten

Die Stadt Urfa ist groß, hat gute Mauern, Gräben, und ein Schloß, welches auf einer Anhöhe lieget,
woraus an zween Orten viel ergiebige Quellen fließen, davon
sich

---

sigsten Grad, funfzig Minuten der Breite.   Nach dem Kanon, unter dem zwey und sechzigsten Grad, fünf und funfzig
Minuten der Länge, und sechs und dreyßigsten Grad, vierzig
Minuten der Breite.   Es gab daselbst viel Wasser, und Gärten, worinnen köstliche Früchte wuchsen, wie zum Beyspiel
Granaten, Birnen, Pflaumen, Quitten, und Rosinen, die
alle Rosinen in der Welt übertrafen.

18) Khabour, heissen zwo Kastelle die auf einem Gebirg liegen,
zwischen dem Eufrat und Rees ul Ain, welches sich von
Rierk, wo die Quelle des Stromes Khabour ist, bis an den
Eufrat erstreckt.   Der Fluß Khabour umfließet das Gebirg,
und stürzet sich an dessen Fuß in den Eufrat.   Die Araber
Beni-Riche, Mevali genennt, bringen den Sommer in dieser
Landschaft, und den Winter in der von Selmie, zu.

19) Harran liegt nach dem Etvals unter dem acht und sechzigsten
Grad der Länge, und sechs und dreyßigsten Grad, vierzig
Minuten der Breite.   Nach dem Kanon, unter dem funfzig-
sten Grad, zwanzig Minuten der Länge, und acht und dreyßigsten Grad, funfzig Minuten der Breite.   Nach Ibn-
Said, unter dem fünf und sechzigsten Grad der Länge, und sechs
und dreyßigsten Grad, vierzig Minuten der Breite.   Endlich
nach dem Klas, unter dem acht und sechzigsten Grad der Länge,
und sechs und dreyßigsten Grad, funfzig Minuten der Breite.
Diese Stadt, welche ehemals sehr groß war, wird zu der
Landschaft Mudar gezählet, und zwey Meilen weiter gegen
Süden erhebt sich ein Gebirg.   Ibni Haukal meldet, Harran

ſich das Waſſer vereiniget und eine Art von See machet.
An dieſen Ort ſind auch noch andere Bäche, von denen einer am Fuß der Mauren entſpringet, eine Strecke ſo hundert Ehlen beträgt, von Weſten nach Oſten fließet, und einen langen Teich formiret, an deſſen Uſern man nordwärts
verſchiedene Gärten, gegen Süden eine Moſchee, mit einen Derwichen Kloſter, und zu Ende deſſelben den Pallaſt
des Cheik Ali ſiehet, wo in Vorbeygehen, die Pachen und
andere große Herrn logieren, wenn ſie reiſen.

In der Moſchee deren ich eben gedacht habe, entſpringt eine ſchöne Quelle an deren Rande Abraham ſoll gewohnet haben: man hat ihm zu Ehren hier eine Kapelle
gebauet, welche von den Mahometanern mit großer Andacht beſuchet wird. In den nahe an der Stadt liegenden
Hügeln und Bergen, giebt es eine Menge Höhlen. Das
Land iſt ſehr fruchtbar. Es wachſen daſelbſt vortreffliche Granaten, und die Einwohner ſind wegen ihrer Tapferkeit berühmt. Sie ſagen daß Nimrod in ihrer Stadt den Abraham
in einen glühenden Ofen habe werfen laſſen: andere hinge-

H 2 gen

___

ran wäre von den Sabiern beſeſſen worden, welche daſelbſt einen Tempel gehabt hätten, der auf einen Hügel gebauet war,
und von ihnen als ein vermeyntes Werk des Abrahams, ſehr
hochgeſchätzt wurde. Der Boden um Haleb iſt roth, und
man trinket hier Waſſer, das von den außer der Stadt befindlichen Quellen, durch Kanäle hineingeleitet wird: auch giebt
es daſelbſt Brunnen. Wie man behauptet ſollen die Kienaus,
oder Canauäer, Darran im Jahr der Welt drey tauſend, drey
hundert und drey und zwanzig, erbauet haben. Heutiutag iſt
ſie zerſtöret, man ſiehet aber noch viele Trümmer davon.

gen behaupten, dieses sey in einem Dorf des Landes Babul, Namens Kievsi, geschehen.

Abdul Bakikhan kam zu Urfa erst den folgenden Tag an, nachdem er von dem Pacha, ausser der Stadt unter einen Zelt war bewirthet worden. Er nahm sein Quartier in den Pallast des Cheik Ali, und war über die ihm geschehene Aufnahm vergnügt. Es verursachte ihm aber eine Nachricht, welche sich einige Tage darauf verbreitete, vielen Kummer. Ein aus Persien zurück gekommener Türk, wo er in der Gefangenschaft gewesen war, erzählte nämlich, daß die Armee des Nadir - Schah von den Afganen wäre geschlagen worden. Der Pacha befragte ihn darüber, und gab ihm den Kaftan: welches Geschenk zu gleicher Zeit eine Ehrenbezeugung ist, die man nur denjenigen angedeihen lässet, so irgend eine angenehme Nachricht überbringen. Die Einwohner hatten ihr Vergnügen daran diese Nachricht den Persern zu erzählen, und noch schlimmere Umstände beyzusetzen, um sie desto mehr zu kränken.

Als dem Abdul Bakikhan dieses Verhalten des Pacha gemeldet wurde, nahm er es sehr übel, indem ihm zwar die bößen Gesinnungen der Türken bekannt waren, er aber nicht leiden konnte, daß sie es so offenbar an den Tag legten.

Zwölf-

Zwölftes Kapitel.

Reise von Urfa, bis an den Tiger.

Unser Aufenthalt zu Urfa daurete acht Tage. Als wir den fünf und zwanzigsten abgereiset waren, begegnete uns unterwegs ein Kourier, der dem Abgesandten ganz entgegen gesetzte Nachrichten mitbrachte. Wir vernahmen daß die Afganen dreymal wären geschlagen worden, welches auch durch einen Tatar bekräftiget wurde, den der Statthalter von Bagdad, Ahmed Pacha, dem Persischen Kourier zur Begleitung mitgegeben hatte. Sein Zeugniß schien den Türken um so weniger verdächtig zu seyn, da er allen drey Schlachten beygewohnet zu haben versicherte. Diese Zeitung kam eben zu rechter Zeit: indem man uns in den Wüsteneyen welche wir durchreisen musten, unfehlbar hätte umkommen lassen, wenn sich die Niederlage des Nadir Chah würde bestättiget haben. Nach einen fünfstündigen Marsch blieben wir zu Medgeri-Chan liegen, von da wir den folgenden Tag in acht Stunden auf ein Ort Namens Enzeli, kamen.

Von Urfa bis nach Kotche-Hisar (*) trifft man auf der Reise weder Städte, noch Dörfer an: es ist eine Wüsteney, welche von den räuberischen Kiurden bewohnet wird, die weder nach den Pachen, auch sogar nicht einmal

H 3

*) Kotche bedeutet einen Widder, figürlich aber einen tapfern Soldaten, und Hisar eine Festung.

mal nach den Großherrn etwas fragen. Ihr ganzer Reichthum bestehet in den Heerden, und sie haben keine beständ-
dige Wohnung, sondern ziehen von einer Provinz zu der
andern, um frische Weyden zu finden. Sie kamen des
Nachts in unser Lager, und nachdem sie bis an des Abgesandten Zelt gedrungen waren, stahlen sie ihm mehr als
zweytausend Thaler an Jubelen, Kleidern und Geräthschaften. Der Streich war verwegen, und was noch das son-
derbarste dabey: Abdul Bakifhan sah sich bestehlen, und
hatte nicht das Herz solches zu verhindern.

Da man uns für den Kiurden, als listigen Räubern
gewarnet hatte, und daß sie unfehlbar suchen würden uns
zu überrumpeln, war jedermann auf guter Hut, und wachte bey dem Geräthe und Pferden. Des Abgesandten Zelt
war auf das beste verwahrt, und seine Wache, die von
Zeit zu Zeit abgelöset wurde, war aus Furcht der Züchtigung
sehr munter. Es befand sich auch noch Licht im Zelt,
und ausser denselben war Feuer aufgeschüret: indem aber
der Gesandte eine Frauensperson aus seinem Harem, um
die Nacht mit ihr zuzubringen, hatte kommen lassen, waren seine Kammerdiener abgetretten.

Gegen Mitternacht schlichen sich die Kiurden auf allen
vieren mitten ins Lager, öfneten auf einer Seiten das
Zelt, und kamen hinein. Mittlerweile die übrigen plünderten, stellte sich einer von ihnen mit bloßen Säbel vor des
Abgesandten Bett. Abdul Bakifhan erschrack darüber,
und stellete sich aus Furcht umgebracht zu werden, als ob
er schlief.

Nach-

Nachdem nun die Räuber ihr Vorhaben ausgeführet hatten, entfernten sie sich auf die nämliche Art, ohne das mindeste Geräusch zu machen. Hierauf fieng der Gesandte an, um Hülfe gegen die Diebe zu rufen. Als nun seine Wache hineinkam, und niemand sahe, vermutheten sie es müste ihm geträumet haben, und giengen wieder fort: er rief ihnen aber zum andernmal, mit erschrockener Stimme, erzählte was ihm eben begegnet war, und befahl den Räubern nachzusetzen. Im Lager entstund ein allgemeiner Lärmen, und man lief allenthalben mit angezündeten Fackeln herum: es war aber vergeblich, indem uns die flüchtigen Kiurden denen alle Schliche bekannt waren, leicht entwischten. Aus Furcht es möchten sich andere Räuber die in unsern Lager herrschende Verwirrung zu Nutz machen, begab sich jeder gar bald wiederum in sein Zelt, und es wurde die Nacht vollends damit zugebracht, daß man von dieser Begebenheit sprach.

Den folgenden Tag legten wir vier Stunden zurück, und lagerten uns zu Guiaour-Horisi, wo man in der Nacht einen Räuber von dem Stamm der Millis Kiurden erwischte. Der Gesandte ließ ihm einen Strick um den Hals legen, mit der Bedrohung ihn erdroßeln zu lassen, wenn er nicht die Räuber von der vorigen Nacht entdecken würde. Diese Drohungen waren aber vergeblich. Er mochte sie nun entweder nicht kennen, oder lieber sein Leben wagen, als sie verrathen wollen, kurz, man konnte nichts aus ihn bringen. Hierauf wurde er dem Capidgi-bachi der uns aus Befehl des Großherrn begleitete, zur Bestrafung übergeben.

Wir

Wir marschirten den sieben und zwanzigsten sieben Stunden. Als wir an den Ort wo wir uns lagern sollten, angelanget waren, fanden wir weder Lebensmittel für uns, noch Gerste für unsere Pferde: da man entweder in den nahe gelegenen bewohnten Orten die nöthigen Befehle dazu nicht ertheilet, oder die Einwohner solche nicht hatten befolgen wollen. Einige Persische Knechte stiegen zu Pferd, und suchten zum wenigsten Gerste in der Nähe herum anzutreffen. Nicht allzuweit von unsern Lager, entdeckten sie drey Kurden welche auf den Bauch lagen, vermuthlich in der Absicht die Nacht zu erwarten, um auf das plündern auszugehen. Die Knechte zogen sie mit den Haaren ins Lager, und sie wurden so fort auf die Lenden, und Hinterbacken geschlagen, daß sie um ihr Leben zu retten, ihre Magazine anzeigten. Da diese Leute keine Häuser haben, machen sie große Löcher in den Erdboden, worein sie ihr Getrayd so gut verbergen, daß man es schwerlich finden kann.

Noch einen andern Räuber fieng man bey der Nacht. Der Gesandte ließ täglich durch einen Ausrufer bekannt machen, daß er allen Knechten deren Herrn bestohlen würden, Nasen und Ohren wollte abschneiden lassen. Dieses machte sie wachsam, und wir verloren hernach nur einige Pferde und Maulesel, welche man leicht wieder ersetzen konnte. Nachdem wir den folgenden acht Stunden zurück geleget hatten, blieben wir die Nacht zu Meskiouk, von da wir den neun und zwanzigsten in vier Stunden zu den Flecken Kotsche-hisar kamen, so in der Ebene liegt, und ziemlich groß ist. Er hat ein Kastell auf einer Anhöhe, aus der ein Bach entspringt, welcher sich mit den Strom Nisibin vermenget. Man siehet noch in diesem Flecken, der voller Chri-

Chriſten iſt, die Mauern von einer alten Kirche. Wir
erwarteten den folgenden, des Großherrn Geſandten, der
aber erſt Tags darauf, an erſten April ankam. Während unſers Aufenthalts daſelbſt, langte ein Kourier vom
Ibrahim Khan, an, der aus Ungedult die Frauen welche
er in der Türkey hatte kaufen laſſen, zu bekommen, dem
gedachten Armenier befahl, ſich an den nächſten Perſiſchen
Ort von dem Gefolg des Abdul Bakikhan zu trennen, um
deſto eher anzulangen.

Der Pater Hyacint von Tours, ein Miſſionarius
aus Diarbekir, beſuchte mich zu Kotche - hiſar. Es war ihm
von Herrn vom Villeneuve geſchrieben worden, daß ich in
dieſe Gegenden kommen würde, er hatte ſich alſo die Mühe
gegeben eine dreytägige Reiſe zu machen, um mir ſeine Dienſte in einem Land wo er etwas vermochte, anzubieten. Er
ſagte mir daß er dem Abdul Bakikhan, da er ihn ſchon zu
Diarbekir gekannt hatte, im Durchreiſen gern aufwarten
möchte : wir beſuchten ihn alſo mit einander. Dem
Khan war es ſehr angenehm dieſen Geiſtlichen, den
er ſogleich erkannte, wieder zu ſehen, und bot ihm
ein Zelt an, befahl auch daß man ihn aus ſeiner Kuchen und
Konditorey bewirthen ſollte. Der Pater bedankte ſich
dafür, und nahm die Faſten zum Vorwand, indem eine
abſchlägige Antwort, den Geſandten würde beleidiget haben, da er es nach Morgenländiſcher Denkungsart für Ver-
achtung aufgenommen hätte. Wir verfügten uns den folgenden Tag wieder zu ihm, und er empfieng eben als er
den Pater um Nachrichten fragte, Bericht von einem
Sieg den Nadir Chah über die Afganen erhalten hatte.
Er theilte uns ſolchen mit, und erſuchte den Pater es dem

H 5   Herrn

Herrn von Villeneuve zu melden : mit den Zusatz, daß er sich schmeichle es würde ihm angenehm seyn.

Wir reiseten an dritten mit dem Gesandten des Groß-herrn, ab, und schlugen nach einen sechs-stündigen Marsch unser Lager zu Karadeira, oder in dem schwarzen Thal, auf, von da wir den folgenden nach Nisibin (1) kamen, welches eine kleine Stadt ist, im Bezirk der Araber Ketie, nord-wärts Sindjar. Der Hermas kommt dieser Stadt gegen Norden, von einem hohen Berg herab, und fließet an ihr vor-bey. Man sagte mir daß an den Ufern dieses Stromes mehr als vierzig tausend Gärten lägen, worinnen eine Men-ge weiße Rosen, aber keine einzige rothe anzutreffen wäre.

Nach der Abreise von Nisibin, trifft man auf der Straßen weder Städte noch Dörfer mehr an, und es wird diese Wüsteney von Kiurden, Arabern, und Yeziden bewohnet, welche öfters die Durchreisenden berauben, und ihnen übel begegnen. Sie gehorchen niemand als ihren Cheifs oder Oberhäuptern. Den fünften legten wir sechs Stunden zu-rück, den sechsten eben so viel, und an siebenden noch zwey Stunden mehr. Die Straßen waren so schlimm, daß die
Last-

---

1) Nisibin liegt nach den Etvals, unter den fünf und sechzigsten Grad, zwanzig Minuten der Länge, und sechs und dreyßigsten Grad der Breite. Nach den Kanon, unter den sechzigsten Grad, vierzig Minuten der Länge, und sechs und dreyßigsten Grad der Breite. Nach Resme hingegen, unter den sechzig-sten Grad, funfzig Minuten der Länge, und sechs und dreyßig-ften Grad der Breite.

Lastthiere öfters umfielen, und die unter den Pferden in Koth gesunkene Mihaffas, setzten die Frauen der Gefahr aus, entweder zerquetscht, oder erstickt zu werden.

Man wollte es nicht mehr wagen, sie in diese Gefängnisse einzusperren, sondern ließ sie reiten. Hierüber waren sie froh, indem sie außer der Freyheit ihre Augen herumgehen zu lassen, und frische Luft zu schöpfen, doch wenigstens das Vergnügen hatten andere Personen als ihre eifersüchtige Männer und strenge Hüter zu sehen, wenn sie gleich nicht von andern gesehen wurden. Dieß verursachte dem Verschnittenen, und dem Armenier, neue Sorge, und Bekümmerniß. Sie waren in einer beständigen Unruhe, liefen hin und her, schrien, fluchten, und tobten, insbesondere wenn man sich nach ihnen umsahe, oder jemand von den hinten nach ziehenden, ihrem Truppe, der nach den Mannspersonen marschirte, zu nahe kam.

Wir legten an achten nur drey, den folgenden sechs, und den nächstfolgenden wieder drey Stunden zurück. Ein jeder war besorget gewesen, sich auf so lang als wir brauchten durch diese Wüste zu reisen, mit Lebensmitteln zu versehen. Diese Lebensmittel bestunden hauptsächlich in Zwieback, Reis, Butter, Käs, trockenen Früchten, und Caffe, nebst Gersten für die Pferde. Die Schwierigkeit Wasser anzutreffen, machte unsere Tagreisen ungleich.

Wo ein trinkbares Wasser anzutreffen war, hielten wir still. Dieß war zuweilen aus kleinen Bächen, manchesmal aber aus Gräben, welche von den Kiurden, und Arabern gezogen werden, sowohl um ihre Felder zu wässern,

als

als die Heerden zu tränken. An andern Plätzen trinkt man Brunnenwasser, welches zwar ziemlich schlecht, dennoch aber besser ist, als das von der großen Wüste, die von den Arabern Bahrulyabis, oder das trockene Meer, genennet wird, und wodurch man reiset, um den geraden Weg von Basra nach Haleb zu gehen. Man schöpfet es aus sehr tiefen Brunnen, so die meiste Zeit über, verschlossen sind: oder nimmt solches wohl gar von Morästen, welche der Sonnenhitze bloß gestellet, und an Orten liegen, wo der Boden Salz oder Salpeter bey sich führet. Daher ist es so abscheulich, daß man die Nase zuhalten muß, wenn man davon trinken will.

Dreyzehntes Kapitel.

Nachricht von dem Tigerstrom. Ankunft zu Mosul, und Beschreibung dieser Stadt.

Wir lagerten uns diesen Tag, den zehnten April, am Ufer des Tigers, nicht allzuweit von Eski Mosul, oder dem alten Mosul, welches die Landeseinwohner Ninevi nennen. Bey Erblickung dieses Stroms, der ein vortrefliches Wasser hat, vergaßen wir alle Unannehmlichkeiten der von uns eben zurückgelegten Wüsteney, und empfanden nur das Vergnügen unsern Durst löschen zu können.

Die Morgenländer nennen den Tiger, Didgele. Er entspringt Nordwärts von Diarbekir, bey einem alten zerstörten

ten Schloß, wo er aus einer Höhle mit großen Geräuſch quillt, und während ſeines Laufs bis nach Diarbekir, durch unterſchiedliche Ströme vergrößert wird.

Nachdem er Oſtwärts bey dieſer Stadt durch eine ſchö=ne ſteinerne Brücke gefloſſen, verſtärken ihn die Ströme Heini, Seid Haſen, Terdgil, Atak, und Bicheri, wel=che insgeſammt von Oſten kommen, desgleichen, auch der Erzen, ſo von Hazou kommt, und der von Bidlis (1).

Her=

---

1) Bidlis, ein Flecken und Kaſtell in der Statthalterſchaft Van, die gegen Oſten an Aderbaidjan, ſüdwärts an Kiurdiſtan, und den Bezirk Sulteane, gegen Norden an die Bezirke Ogeldir, und Kars, Weſtwärts aber, an den von Diarbekir gränzet. Dieſer Flecken liegt in einen Thal, eine Tagreiſe gegen We=ſten von Tatuan, unter den ein und achtzigſten einen halben Grad der Länge, und ſieben und dreyßigſten einen halben der Breite, wie der türkiſche Erdbeſchreiber meldet: nach dem Et=vals, und den Kanon aber, unter den fünf und ſechzigſten Grad, dreyßig Minuten der Breite. Die Häuſer ſind daſelbſt längſt den beyden Ufern eines Stromes gebauet, der durch das Thal lauft, und worüber mitten im Flecken eine Brücken gehet. Alexander der Große ſoll in ſeinen Feldzügen, wie man ſagt, die Neugier ſo weit getrieben haben, daß er über die Luft und das Waſſer derjenigen Oerter wo er durchmarſchiret iſt, Ver=ſuche angeſtellet hat. Als er nun das Waſſer von Bidlis bey ſeiner Vereinigung mit den Tiger ſehr leicht fand, ſegelte er längſt den Ufer hinauf, bis er dahin kam, wo die beyden Waſſer Kisver und Kubat zuſammenflieſſen. Er probierte jedes insbeſondere, und da ihm des Kisver ſeines am leichteſten zu ſeyn ſchien, begab er ſich zu der Quelle deſſelben. Dieſer

Plat

Hernach strömet er unter der Brücken von Dgezire durch, und empfängt die Flüsse Heizel, und Khabour, welche gleichfalls von Osten kommen, hierauf jenseits der Brücken von Mosul, und des Babes Ali, den Zab, der von den Gebirgen Amadia herab kommet, und weiter unten vor Topraf-kala, (oder Kastell von Erde), das Gewässer Altoun Kieupri, wovon ein Theil von Kara-tag und Erbil, der andere von Hakiari und Zibari, auf der Seiten gegen Van herkommt.

Er

Platz den man heutzutag Khaimeguiahi Eskiender, oder das Feld des Alexanders nennet, gefiel ihm dermaßen, daß er sich verschiedene Tage daselbst aufhielt. Bey seiner Abreise befahl er zwo Meilen davon, zwischen den Flüßen Kisper und Rubat ein unüberwindliches Kastell zu bauen, und es Biblis zu nennen, nach dem Namen eines seiner Günstlinge, den er hier ließ, um Befehlshaber darinnen zu seyn. Dieses Biblis schlug dem Alexander bey seiner Zurückkunft aus Persien den Durchzug ab. Alexander suchte zwar das Kastell zu erobern, konnte es aber nicht bewerkstelligen, sondern mußte einen andern Weg nehmen. Hierauf trug ihm Biblis die Schlüssel entgegen, entschuldigte sich, und sagte, daß man ihm dadurch nur habe zeigen wollen, wie gut seine Befehle wären vollzogen worden, indem man dieses Kastell un-überwindlich gemacht hätte. Es wird erzählet, Sultan Chasen habe einen seiner Feldherrn abgeschicket, sich dieser Festung zu bemächtigen, der es drey Jahre hinter einander belagert, und dennoch mit Gewalt nicht hätte einnehmen können. Er bekam es nur mit Vergleich, nachdem von der Besatzung nicht mehr als sieben Personen noch übrig geblieben, und alle andere für Hunger umgekommen waren.

Er fliesset alsdann Tikrit, nebst den alten und neuen
Bagdad vorbey, und bekommt unterhalb dieses letzteren eine
beträchtliche Vermehrung durch den Diala. Jenseits Taki-
tisra bey Dgevasir, stößet er zu den Eufrat, und noch
ehe er von da nach Dgemase lauft, theilet er sich bey Vasit in verschiedene Aeste, welche sich wieder vereinigen, wenn
sie vorher unterschiedliche Inseln gemachet haben, die Inseln des Flußes der Araber genennt. Nachdem sich endlich der Strom Kurrem - abad von dem Gebirg Elvend,
und der Fluß Tuster, welcher von Khouzistan kommt, ersterer Dgemase gegen über, und der letztere bey Ehvaz, mit
ihm vereiniget haben, wird er bey Corna gänzlich mit den
Eufrat vermenget, und fällt unterhalb Basra, vierhun-
dert Meilen von seiner Quelle, in den Persischen Meerbusen.

Der Verfasser des Werkes Refin - ul - mamour, oder
Beschreibung der Welt betitelt, setzt den Anfang des Tigers
unter den vier und sechzigsten Grad, vierzig Minuten der
Länge, und neun und dreyßigsten der Breite. Azizi hingegen
sagt, seine Quelle wäre Miasarikin gegen Norden, unter
der Festung Zul - Karnein. Er läuft anfänglich von Nordwest gegen Sudost, bis auf den sieben und dreyßigsten Grad
der Breite, unter Beybehaltung des nämlichen Grades der
Länge. Hernach gegen Osten, indem er sich Nordwärts
hinauf wendet, bis an den acht und sechzigsten Grad der
Länge, und acht und dreyßigsten der Breite. Alsdann
gegen Westen, worbey er Sudwärts herab fließet bis er
nach Amid kommt, unter den fünf und sechzigsten zwey drittel Grad der Länge, und sieben und dreyßigsten Grad, fünf-
zig Minuten der Breite. Sodann gegen Süden bis nach

Dge-

Dgezirai-Ibni Ulmer, unter den sieben und dreyßigsten einen halben Grad der Breite, und der nämlichen Länge. Ferner gegen Osten, und Süden, bis nach Beled, unter den sechs und sechzigsten Grad, vierzig Minuten der Länge, und sechs und dreyßigsten Grad, funfzig Minuten der Breite. Hierauf bis nach Mosul gegen Osten, unter den sieben und sechzigsten Grad der Länge, und sechs und dreyßigsten einen halben Grad der Breite. Weiters Ost und Südwärts bis Tikrit unter den acht und sechzigsten Grad, fünf und zwanzig Minuten der Länge, und vier und dreyßigsten der Breite. Hernach bis Surmen-Rei gegen Osten, unter den neun und sechzigsten Grad der Länge, und vier und dreyßigsten der Breite. Alsdann Südwärts bis Akbera, unter den neun und sechzigsten Grad der Länge, und neun und dreyßigsten der Breite. Hernach gegen Osten, bis nach Berdan, unter den neun und sechzigsten Grad, funfzig Minuten der Länge, und drey und dreyßigsten einen halben der Breite. Von da Südwärts, indem er sich gegen Osten bis nach Bagdad wendet, unter den siebenzigsten Grad der Länge, und drey und dreyßigsten Grad, fünf und zwanzig Minuten der Breite. Hierauf gegen Süden, bis nach Kielvada, unter den siebzigsten Grad der Länge, und drey und dreyßigsten Grad, funfzehn Minuten der Breite. Weiter Südwärts bis nach Medain, unter den siebzigsten Grad, zwanzig Minuten der Länge, und drey und dreyßigsten Grad, zehn Minuten der Breite. Ferner gegen Süden, indem er Saib vorbey, bis nach Deir-Akoul strömet, unter den siebzigsten Grad, zehn Minuten der Länge, und drey und dreyßigsten Grad der Breite. Von da gegen Osten bis Numanie, unter den siebzigsten Grad, zwanzig Minuten der Länge, und der nämlichen Breite. Hierauf gegen Südost bis nach Fum-ul-

Silbe-

Silhe, unter den zwey und siebzigsten ein drittel Grad der Länge, und zwey und dreyßigsten Grad der Breite. Alsdann gegen Westen bis nach Vasit, unter den ein und siebzigsten einen halben Grad der Länge, und zwey und dreyßigsten Grad, einige Minuten der Breite. Von hier gegen Osten, bis an die Moräste zu Vasit, unter den drey und siebzigsten Grad, der Länge, und zwey und dreyßigsten der Breite. Nachdem er aus diesen Morästen kommt, nimmt er seinen Lauf zwischen Osten und Süden. Mittlerweile er, Basra, hernach Fuhat-ul-Ubile, unter den vier und siebzigsten Grad der Länge, und ein und dreyßigsten der Breite, alsdann Abadan vorbey strömet, stürzt er sich unter den fünf und siebzigsten Grad der Länge, und ein und dreyßigsten der Breite, in den Persischen Meerbusen.

Während seines Laufs nimmt er unterschiedliche Ströme zu sich: davon Ebul-Feda nur folgender gedenket.

Der Strom Basanisa, bey den Alten Nimpheus genennet, kommt aus der Landschaft Miafarikin, oder Martiropolis, und ergießet sich Ostwärts, fünf Meilen oberhalb Dgezirai Ibni Umer, in den Tiger.

Der Tsertsar, der sich gedachtermaßen von dem Hermes absondert, und unter, oder wie andere sagen, zwo Meilen ober Tikrit, in den Tiger fällt.

Der größere Zab, welcher sich, nachdem er aus den Gränzen von Aderbaidian kommt, und zwischen Mosul, und Erbil durchströmet, bey Sin, unter den acht und sechzigsten Grad der Länge, sechs und dreyßigsten Grad, funfzehn

J

Mis

Minuten der Breite , mit den Tiger vermenget. Man
nennet ihn, wegen seines schnellen und ungestümmen Laufs,
den wüthenden.

Der kleinere Zab, der aus den Gebirgen von Chehre-
sour entspringt, und sich in den Tiger stürzet, nachdem er
zwischen Erbil, und Dakouk durchgeflossen ist. Ohne verschiedene Kanäle zu rechnen, welche sich aus den Eufrat absondern, und deren schon unter den Artikel dieses Stromes
ist gedacht worden.

Es kommen auch vom Tiger unterschiedliche Kanäle.

Dergleichen sind der große Katul, welcher bey dem Kastell Mutevekkil, das unter den Namen Kasrul-Diaseri
bekannt ist, seinen Anfang nimmt. Er bewässert die Felder von unterschiedlichen Dörfern, und ändert seinen Namen, nachdem er vor den Dorf Souli vorbey geflossen ist,
indem er sich alsdann Nehrevan nennet. Nicht weniger
benetzet er jenseits noch eine große Strecke Land, und fällt
zuletzt Ostwärts unterhalb Dgerdgeraya, unter den siebzigsten einen halben Grad der Länge, und drey und dreyßigsten
einen halben der Breite, in den Tiger. Es führen noch
drey andere Kanäle eben diesen Namen Katoul, welche miteinander zwo Meilen unterhalb Surmen-Rei, das unter
den neun und sechzigsten Grad der Länge, und vier und dreyßigsten der Breite lieget, aus den Tiger kommen.

Der Dudgell, so über Bagdad, und unter Surmen-
Rei, aus den Tiger fließet. Er bewässert einen großen
Be-

Bezirk, worinnen Städte und Dörfer liegen. Unterschiedliche andere, sondern sich sowohl Ost- als Westwärts, aus
diesen Fluß ab, unterhalb der Moräste, Bataih genennt,
worunter diejenigen welche gegen Osten ausgehen, nicht
viel besonders an sich haben. Die von der westlichen Seite
sind berühmt, und man behauptet es habe derselben ehemals mehr als hundert tausend gegeben, welches aber vermuthlich nur Einschnitte waren, so man in die neun vornehmsten Kanäle die ich beschreibe, gemacht hatte.

Der von Merre liegt an meisten gegen Mitternacht.
Nachdem er die gegen Norden von Basre befindliche Landschaften gewässert hat, fällt sein übriges Wasser in den zweyten, welches der von Deir ist. Dieser kommt bey Mecheheb, welches von Muhammed, des Hannesie Sohn, also genennet wird, drey Meilen unter den erstern, aus den
Tieger.

Der dritte ist der von Tsibki-Chirin, sechs Meilen
unter den vorhergehenden, heutigestags ist er trocken.

Der vierte ist der von Makil, einer von den großen
Kanälen zu Basra. Er kommt aus den Tiger, zwo Meilen unter den letztern, und nimmt anfänglich seinen Lauf gegen Westen, hernach krümmet er sich wie ein Bogen süd,
wärts, bis er in die Nachbarschaft von Basra gelanget,
wo er zu den von Ubile stößet. Man nennet den Ort wo
sie zusammenfließen, Mina oder den Haven. Der zu Ma,
kil, ist von Makil den Sohn des Pesar Murri so genen,
net worden, der diesen Kanal auf Befehl Umer des Sohns
Khattab, hat graben lassen.

Der

Der fünfte ist der von Ubile, und kommt aus den Tiger vier Meilen unter Makil bey den Dorf Ubile, oberhalb Basra. Von diesem Dorf läuft er gegen die Stadt zu, und man erblicket an seinem Ufer eine lange Reihe von Gärten, die er wässert, welche sehr angenehme Spaziergänge abgeben Er lauft anfänglich gegen Westen, und krümmet sich hernach Nordwärts, bis er bey Basra zu den Makil stößt, dessen Wasser er während der Fluth zurücktreibet. Die Schiffe segelten ehehin auf diesen Kanal nach Basra, und gelangten hernach wieder durch den Makil in den Tiger, wovon das Wasser, das von Ubile, zur Zeit der Ebbe von sich stößet, welche Abwechslung beständig fortdauret. Diese beyden Kanäle machen einen halben Zirkel, oder Bogen, wovon der Tiger gleichsam die Senne ist: das Land aber welches sie einschließen, wird die große Insul genennet. Dieses ist eine sehr gute Landschaft, und hat allenthalben Gärten und Ackerfelder.

Der sechste Kanal ist der Yehoudi, und nimmt vier Meilen niedriger als der Ubile, seinen Anfang. Er ist theils mit Sand verschüttet.

Der siebende ist der von Ebul-Khasib, eine Meile weiter unten, als der letztere, und gleichfalls zum Theil ausgefüllet.

Der achte ist derjenige von Emir, welcher noch eine Meile tiefer unten, als der vorige liegt, und sich in den nämlichen Zustand befindet.

Der

Der neunte endlich, ist der von Kundul. Er war schon vorhanden, als das alte Basra noch stund, ist aber heut zutag völlig ausgefüllet. Die Araber legen allen diesen Kanälen den Namen eines Stroms bey.

Ich fahre nun wieder fort meine Reise zu beschreiben.

Man siehet zu Eski Mosul nichts als Steinhaufen, und auf der Ebene in einiger Entfernung von den Ruinen, einen Bogen, welcher das Vordertheil eines Tempels, oder großen Pallastes gewesen zu seyn scheinet. Die Landeseinwohner sagen, Ninive habe sechzig tausend Meilen in Umfang gehabt, und sey im Jahre zehn hundert, drey und siebzig, nach der Sündfluth, von Ninus dem Sohn des Balos, (oder Belus), erbauet worden. Sie zeigen in ihrer Nachbarschaft den Ort welchen der Prophet Jonas bewohnet hat: dem zu Ehren sie eine Kapelle errichtet haben, die von ihnen sehr andächtig besuchet wird. Wenn zwischen der heiligen Schrift und ihren mündlichen Ueberlieferungen, diesen Propheten betreffend, einiger Unterschied ist, so geschiehet es in folgenden Umständen.

Als die Einwohner von Ninive, erzählen sie, seine Drohungen verachtet hatten, und nachdem er sich wegbegeben, ihre Stadt mit schwarzen Wolken bedecket sahen, erschracken sie, und thaten Buße. Jonas setzte sich in ein Schiff welches er an der Küste des Meeres von Roum fand. Wie man ihn ins Wasser geworfen hatte, wurde er von einem großen Fisch verschlungen, der das Schiff bis an den Haven begleitete, wo er den Propheten, jedoch in sehr veränderter Gestalt, wieder ausspie, maßen seine Haare und

J 3　　　　　　　Haut

Haut durch die Hitze in den Magen dieses Fisches verbrannt
wurden. In diesem Zustand entfernte sich Gott nicht von
ihm, sondern ließ unverzüglich eine Kürbispflanze wachsen,
welche ihn für den Mücken schützte bis er seine Haut, Gesicht,
und Haare wieder bekommen hatte. Jonas gieng alsdann
nach Jerusalem, und starb in einem Dorf Dgeldjoukie genennt, achthundert und funfzehn Jahre nach Mosis Tod.

Ebul - Feda meldet, Ninive liege auf der östlichen
Seite des Tigers, Mosul gegen über, und verstehet unter
Mosul, die noch heut zu Tag vorhandene Stadt. Er
muß sich aber betrogen haben, oder die Landeseinwohner
müssen in einen großen Irrthum schweben, indem diese letztern Ninive an das westliche Ufer des Tigers setzen, an einen Platz den sie Eski - Mosul nennen. Gesetzt nun auch,
man wollte diese zwo Meinungen vereinigen, und annehmen,
Ninive wäre an beyde Ufer des Tigers gebauet worden, so
würde man doch wenig dadurch gewinnen, indem Eski -
Mosul dem Tiger hinaufwärts sieben bis acht Meilen höher
liegt. Eines scheinet die Meynung des Ebul - Feda zu be-
günstigen; daß nämlich Mosul gegen Westen ein Ort liegt,
Telli - teube, oder der Bußhügel genannt, wo dem Vorgeben nach, die Niniviten sollen Buße gethan haben, um
den Zorn Gottes abzuwenden.

Cheik - Ali, einer von den Mollas, welche den Persischen Abgesandten begleiteten, starb zu Eski - Mosul an
der Lungensucht. Da er sehr gelehrt war, hatte er den
Unterredungen mit beygewohnet, welche die Persischen Mollas mit den Türkischen zu Constantinopel über die Religion
gehabt haben, die er öfters in Verlegenheit gesetzet hat.

Ueber

Ueber seinen Tod betrübte sich sowohl der Gesandte, als sein Gefolg , indem man ihn für einen großen Mann, ja sogar für einen Heiligen ansah. Man hätte jederzeit geglaubet, daß er arm, und den Gütern dieser Welt nicht sonderlich ergeben wäre : wie sehr verwunderte man sich aber nicht, als beym ausfleiden um seinen Körper zu waschen, zwey hundert venetianische Zechinen gefunden wurden, welche er im Rock unter die Achseln vernehet hatte.

Den eilften feyerte man den Kurban - Beiram, oder das Fest der Ostern. Als dieses vorbey war, legten wir fünf Stunden zurück, den folgenden aber drey , und lagerten uns in einer Ebene, eine Meile von Mosul. Der türkische Gesandte war bey seiner Abreise von Constantinopel zum Pacha über diese Stadt ernennt worden, und bewirthete an diesen Tag den Persischen unter einen Zelt : worauf er seinen Einzug in diese Stadt hielt. Wir reiseten den dreyzehnten ab, in Gesellschaft einiger Agas des Pacha, und Vortrettung seiner Musik, worbey wir unter den Donner des Geschützes, mitten durch eine große Menge Zuschauer gehen musten. Alle diese Ehrenbezeugungen zielten aber nur dahin ab, uns den Eintritt in die Stadt zu verwehren : wir lagerten uns also vor den Thor, am Ufer des Tigers.

Dieses schimpfliche Verfahren zu entschuldigen, wollte man uns zu verstehen geben, die Einwohner hätten sich empöret, und der nur eben in seiner Statthalterschaft angelangte Pacha, würde von ihnen weder geliebet, noch gefürchtet. Abdul Balikhan merkte aber, daß man ihn dadurch nur zwingen wollte, desto eher abzureisen, und beschwerte sich ohne Scheu darüber. Seine Klagen fanden aber kein Ge

hör:

hör: ja, der Khatti-Cherif selbst, den er bey sich hatte, und vermög dessen der Großherr ihm erlaubte sich an
welchen Ort er wollte, und so lange er es für gut befand, aufzuhalten, wurde nicht geachtet. Man wollte uns weder
in die Stadt kommen lassen, noch den Tayin reichen. Der
Pacha schickte uns nur einige Lebensmittel zu einem Geschenk,
übrigens musten wir alles, bis auf das Heu für die Pferde, kaufen.

Mosul (2), die Hauptstadt der Landschaft Dzezire,
liegt am westlichen Ufer des Tigers, in einer ebenen Gegend, sechs Tagreisen von Miafarikin, wenn man den
Weg vor dem Kastell Kifa vorbeynimmt, und acht, wenn
er über Marin gehet. Ebul-Feda sagt, sie habe doppelte
Mauern, welche größer wären als die von Damascus,
davon aber zu seiner Zeit, ein Theil, so wie auch das Kastell wäre zerstöret gewesen. Heutigestags hat sie Mauern,
Gräben, und auf der Flußseite einen Wall. Die Kier-
panserais, Palläste, und andere aus harten Steinen errich-
tete Gebäue, sind ganz schön.

Im

---

2) Die Elvals setzen Mosul unter den sechs und sechzigsten Grad,
acht Minuten der Länge, und sechs und dreyßigsten Grad,
dreyßig Minuten der Breite. Der Kanon unter den neun und
sechzigsten Grad, acht Minuten der Länge, und sechs und
dreyßigsten Grad, vierzig Minuten der Breite. Ibul-Said,
und Resme, unter den neun und sechzigsten Grad, acht Minuten der Länge, und fünf und dreyßigsten Grad, dreyßig Minuten der Breite.

Im Frühling als der beſten Jahreszeit für dieſes Land, hat man daſelbſt eine ziemlich gute Luft. Den Sommer iſt die Hitze hier groß, die Kälte aber im Winter ſtreng, und zur Herbſtzeit regieren Fieber. Die Stadt iſt reich und hat tapfere Einwohner. Man treibet daſelbſt eine beträchtliche Handlung, insbeſondere mit weißen und ſchwarzen Kattunen, welche dort verfertiget werden. Auch indianiſche Waaren verkaufet man hier, welche von Baſra dahin gebracht werden, und über Haleb bekommt man Tücher, und andere europäiſche Kaufmannsgüter.

Zu Moſul zeigt man die Stelle, wo einer Namens Dgergis, den Martyrertod gelitten hat, welcher als ein Prophet geehret wird. Wie man ſagt war er von der Stadt Remle (3) gebürtig, und wurde zu einen König von

J 5

Ninive,

---

3) Remle liegt in dem Land der Philiſter, deſſen Hauptſtadt Jeruſalem iſt. Die übrigen Städte dieſes Landes ſind, Beit Habroun, Gaze, Yafa, Aſkalan, Urfouf, Kaiſarie, und Eriha.

Remle liegt nach den Etwals, unter dem ſechs und funfzigſten Grad, funfzig Minuten der Länge, und zwey und dreyßigſten Grad, zehn Minuten der Breite. Nach Klas, unter den ſechs und funfzigſten Grad, zwanzig Minuten der Länge, und zwey und dreyßigſten Grad, fünf und dreyßig Minuten der Breite. Der Verfaſſer des Mucheterik meldet, das alte unter den Namen Lad bekannte Remle, ſey von Suleiman, den Sohn des Aboul-Melik Emevi, erobert und zerſtöret worden Das jetzige liegt drey Stunden von dem erſtern, und eins Tagereiſe

Ninive, Namens Efloun, geschickt, der ein Götzenbild,
anbetete, und das Volk nöthigte seinem Beyspiele zu folgen. Dgerdgis that eine Menge Wunderwerke, um ihn
von

---

reise von Jerusalem, in einem flachen Land, und man trinket
daselbst Brunnen und Cisternenwasser.

Jerusalem, welches die Morgenländer Beitul - Makdis,
oder das heilige Haus, und Kudus Cherif, das ist, die heilige, und edle nennen, liegt nach den Etrals, unter den sechs
und funfzigsten Grad, drepsig Minuten der Länge, und ein
und dreysigsten Grad, acht und funfzig Minuten der Breite.
Nach den Kanon, unter den sechs und funfzigsten Grad der Länge, und drey und dreysigsten der Breite. Nach Ibni - Said,
unter den sechs und funfzigsten Grad, ein und dreysig Minuten
der Länge, und zwey und dreysigsten der Breite. Endlich
nach Nesme, unter den sechs und funfzigsten Grad der Länge,
und zwey und dreysigsten der Breite. Velid, des Abdul-
Melik Sohn, ließ den heutigen Tempel bauen.

Beit - Habroun ist nach Zidge, unter den sechs und fünfzig-
sten Grad, dreysig Minuten der Länge, und ein und dreysigsten Grad, fünf und dreysig Minuten der Breite. Die Grä-
ber von Abraham, Isaac, und Jacob, und ihrer Frauen,
sind hier befindlich, wovon jede neben ihrem Mann begraben ist.
Man hat daselbst eine Moschee erbauet, und es liegt dieser
Ort zwischen Gebirgen, die gleich allen im Land der Philister, mit
Bäumen besetzet sind. Oliven, Feigen, und andere Früchte, wachsen auf der Eben:.

Gazze liegt nach den Etrals, unter den sechs und funfzigsten
Grad, zehn Minuten der Länge, und zwey und dreysigsten
Grad

von der Abgötterey abwendig zu machen: es ließ aber dieser Tyrann, anstatt ihm Gehör zu geben, denselben auf
alle nur mögliche Art peinigen. Die Einwohner im Land
be-

Grad der Breite. Nach Ibul-Said aber, unter den sechs
und funfzigsten Grad der Länge, und zwey und dreysigsten der
Breite. Diese Stadt war von mittlerer Größe, und nicht
allzuweit vom Meer entfernt, wovon sie durch Sandhügel getrennet wurde. Sie hatte ein Kastell, Gärten, Dattelbäume, und einige Weinberge.

Yafa ist nach den Etvals, unter den sechs und funfzigsten
Grad, vierzig Minuten der Länge, und zwey und dreysigsten
Grad, zwanzig Minuten der Breite. Nach den Kanon, unter den sechs und funfzigsten Grad, zwanzig Minuten der Länge, und drey und dreysigsten Grad der Breite. Nach Kias
endlich, unter den sechs und funfzigsten Grad, fünf und funfzig Minuten der Länge, und zwey und dreysigsten Grad, vierzig Minuten der Breite, sechs Meilen von Remle. Sie
war ehemals eine große, und volkreiche Stadt, welche ansehnliche
Handlung trieb, und einen Haven hatte, worinnen eine Menge Kauffahrteyschiffe anländeten, die im Land der Philli-
ster Handlung trieben: heutzutage ist sie aber von geringer
Erheblichkeit.

Ascalan, liegt nach den Etvals, unter den sechs und funf-
zigsten Grad, dreysig Minuten der Länge, und zwey und drey-
ßigsten Grad, fünf und funfzig Minuten der Breite. Nach
Kias hingegen, unter den sechs und funfzigsten Grad, zehn
Minuten der Länge, und zwey und dreysigsten Grad, zehn
Minuten der Breite, ohngefähr drey Meilen von Gazze, am
Seeufer. Man siehet daselbst viele alte Denkmäler. Aszi
be-

behaupten, er habe ihm siebenzigmal das Leben nehmen laſſen, und Gott denſelben eben ſo oft wieder auferweckt:
endlich ſey dieſes unglaubige Volk von einer ſchwarzen Wolke,

---

berichtet, ſie wäre eine von den großen Seeſtädten in dieſem
Land, hätte aber keinen Haven, und man tränke daſelbſt
ziemlich gutes Brunnenwaſſer Dieſe Stadt ſey eilf Meilen
von Gazze, und achtzehen von Remle entlegen, zu ſeiner Zeit
aber dergeſtalt verwüſtet geweſen, daß ſie keine Einwohner gehabt habe.

Urſouf iſt nach dem Kanon unter dem ſechs und funfzigſten
Grad, funfzig Minuten der Länge, und zwey und dreyßigſten
Grad, fünf und vierzig Minuten der Breite. Nach Kias,
unter dem ſechs und funfzigſten Grad, fünf und funfzig Minuten der Länge, und zwey und dreyßigſten Grad, fünf und vierzig Minuten der Breite, am Seeufer, zwölf Meilen von
Remle, ſechs von Yafa, und achtzehen von Kaiſerie. Sie
hatte auch ein Kaſtell,

Kaiſerie in Syrien, liegt dem Kanon zufolge, unter dem
fünf und funfzigſten Grad, zwanzig Minuten der Länge, und
zwey und dreyßigſten Grad, funfzig Minuten der Breite. Nach
den Etvals, unter dem ſechs und funfzigſten Grad, dreyßig Minuten der Länge, und zwey und dreyßigſten Grad, dreyßig Minuten der Breite. Nach dem Reſme, unter dem ſechs und funfzigſten Grad, dreyßig Minuten der Länge, und drey und dreyßigſten Grad, fünf und funfzig Minuten der Breite. Endlich nach Kias, unter dem ſechs und funfzigſten Grad, fünf
und funfzig Minuten der Länge, und zwey und dreyßigſten
Grad, ſechs Minuten der Breite, am Meerufer, zwey
und dreyßig Meilen von Ramle, und ſechs und dreyßig von Kf-
ſia,

le, welche sich über die Stadt gezogen hatte, zerstöret, Dgerdgis aber eines natürlichen Todes gestorben, und bey Remle begraben worden, wo man noch heutigestages sein Grab siehet.

Mosul gegen über, auf der andern Seiten des Stromes, befindet sich eine Nasta Quelle, und noch weiter ostwärts eine andere Quelle Rees-ul-Naoura genennt, woraus ein Schlamm gezogen wird, dessen man sich wie den Indig zum Blau färben bedienet. Südwärts gegen Bagdad zu, quillt eine Menge Harz aus den Erdboden, woraus man Pech machet, die Fahrzeuge und Bäder zu verpichen. Eine Tagreise von Mosul auf der nämlichen Seite, wird in der Wüsten nahe beym Tiger, von Natur heißes Wasser angetroffen. Man hat daselbst ein Wasserbecken zum Baden angebracht. Es quillet eine Gattung Masix heraus, welches einen sehr guten Geschmack, und angenehmen Geruch hat.

Zwey

kla, oder Acre. Sie war eine mit von den großen Städten in dem Gebiet der Philister, ist aber anjetzo gänzlich zerstöret. Idreß meldet, daß in seinem Haven nur ein einziges Schiff Platz habe.

Eriha, oder Jerico, liegt an den Urdun, oder Jordan, eine Tagreise von Jerusalem. Diese Stadt wurde nach dem Bericht der Araber, von Riesen bewohnet. In der Nähe herum sind Schwefelminen, in der Gegend aber, Dattelbäume, und Zuckerrohr. Man säet daselbst ein Kraut Namens Vesme woraus der Indigo bereitet wird. Die Felder werden aus dem Jordan gewässert.

Zwey französische Kaufleute zu Haleb, gaben mir ihre
Vollmachten mit, um acht tausend Piaster zu erheben, welche sie bey verschiedenen Kaufleuten von Mosul einzunehmen
hatten. Ich nahm einen Mann aus der Stadt, um mich
zu einen Juden, dem ich dieses Geld einhändigen sollte, zu
führen. Als ich denselben endlich gefunden hatte, eröfnete
ich ihm meinen Auftrag, und zeigte ihm die Wechselbriefe
der Schuldner. Er ließ mich niedersitzen, und sagte mir,
indem er dringende Geschäfte vorwendete, ich sollte einstwei-
len bis zu seiner Wiederkunft, welche schleunig geschehen
würde, ausruhen. Zu gleicher Zeit rief er seiner Tochter,
befahl ihr Kaffe und Taback zu bringen, und verließ mich.
Die Tochter reichte mir kurz darauf Caffe, und wollte auch
Taback holen, wofür ich aber dankte, mit der Versicherung, daß ich keinen rauchte, und sie bat wieder zurückzu-
kehren. Sie entschuldigte sich, und blieb stehen, um mir
aufzuwarten. Ich verlangte daß sie doch wenigstens sich nie-
derlassen möchte, worauf sie in türkischer Sprache, welche
ihr sehr geläufig war, antwortete, dieß wäre hier zu Land
nicht gebräuchlich, indem es für das Frauenzimmer, welches nur geschaffen wäre den Männern aufzuwarten, sich
nicht schicke, in ihrer Gegenwart zu sitzen. Als ich nun
neuerdings darum bat, setzte sie sich endlich auf das äußerste
Eck des Sofa, so weit von mir als sie nur konnte.
Ich hatte öfters Gelegenheit gehabt, zu Constantinopel und
anderwärts, schöne jüdische Frauenzimmer zu sehen : diese
aber, welche kaum vierzehen bis funfzehen Jahre alt war,
schien mir außerordentlich schön zu seyn. Sie war groß,
wohlgewachsen, und hatte eine sehr gute Gesichtsbildung,
und Farbe. Ihre hinten geflochtene Haare hiengen bis auf den
Gürtel herab. Ueber den seidenen Kaftan mit goldenen Blumen,

men, trug ſie einen Hermelinpelz, und die übrige Kleidung
ſtimmte damit überein.   Kurz, es war alles nicht allein
ſehr nett, ſondern auch prächtig.

Ihr Vater kam nach einer halben Stunde wieder, und
hatte zween Kerl bey ſich, welche mit Khandgers, oder
türkiſchen Dolchen bewafnet waren.   Er ſtieg mit ihnen ohne mich zu fragen auf den Sofa, und ließ ſie neben mir ſetzen, ſagte auch zu ſeiner Tochter, daß ſie hinausgehen ſollte.   So bald ſie mich alſo in der Mitte hatten, befahl
mir einer von ihnen, ziemlich ungeſtümm, daß ich ihm die
bey mir habende Wechſelbriefe zuſtellen ſollte.   Als ich ihn
nun fragte, ob er etwann einer von den Schuldnern wäre,
und er ſolches verneinte: ſagte ich ihm, in dieſen Fall
habt ihr nichts damit zu thun.   Du wirſt nicht aus dieſem
Hauß kommen, verſetzte er darauf, ohne mir ſolche überliefert zu haben.   Ich hatte ſie gleich beym Eintritt für
Banditen gehalten: jetzo aber ſahe ich augenſcheinlich in
welcher Gefahr ich ſchwebte.

Die Morgenländer haben in ihrem Dollmann, welches ihr Kamiſol iſt, Taſchen (poches à l'anterie) oben
beym Buſen, darinnen ſie Brieſſchaften, Geld, und
was ſie ſonſt bey ſich tragen, ſtecken.   Ich ſtellete mich als
ob ich die Wechſelbriefe in dieſer Taſche ſuchen wollte, und
zog, indem ich plötzlich aufſtund, zwo Piſtolen hervor,
welche ich Tag und Nacht bey mir trug.   Dieſe ſetzte ich
beyden zu gleicher Zeit auf die Bruſt, und drohete ihnen,
ſie bey der mindeſten Bewegung vor den Kopf zu ſchießen.
Bey Erblickung dieſes Gewehrs, deſſen ſie ſich nicht verſa-
hen, weil die Sackpiſtolen den Morgenländern nicht ſehr be-

kannt

fannt sind, wurden sie bestürzt, und sahen einander an. Diese ihre Verwirrung machte ich mir zu Nutz, verließ das
Hauß, und war dadurch außer Gefahr.

Als ich in unser Lager wieder zurück gekommen war,
machte ich bey dem Abgesandten meine Aufwartung. Da
nun der Tchaouchelar-Kihayasi des Pacha von Mosul eben
dazumal bey ihm war, erzählte ich ihnen meine Begebenheit
nach allen Umständen. Der Gesandte gab mir deshalben
einen höflichen Verweis, weil er jemand von seinen Leuten
wenn er es gewußt hätte, würde mitgeschickt haben. Des
Pacha Officier hingegen sagte mir rund heraus, daß ich einer großen Gefahr entgangen wäre, und gieng, als er nach
des Juden Namen gefragt hatte, nach Hans. Den folgenden Tag vernahm ich von andern Juden, welche bey
mir um Gnade für denselben baten, daß ihn der Pacha
habe in Ketten legen, und eine große Summe
Geld von ihm fodern lassen. Die nämlichen wollten mich
überreden, daß er keinen Theil an dieser Sache habe, und
ihm Unrecht geschähe, wenn ich seine Loslassung nicht verlangte. Ich wies sie an den Pacha, und sagte ihnen, daß
mich dieser Handel nichts mehr angieng. Der Jud blieb
einige Tage im Gefängniß, und kam nicht eher wieder
heraus, als bis er eine Geldstrafe von zwey hundert Piaster
bezahlt hatte, welche Bestrafung jedermann für zu gering
hielt.

Vier-

Vierzehntes Kapitel.

Reise von Mosul nach Bagdad.

Es giebt zweyerley Straßen zu Land von Mosul nach Bagdad. Die eine zur rechten des Tigers durch die Wüste über Tikrit (1) der letztern Stadt von Dgezire, und der erstern von Irak Arabe, sechs Tagreisen von Mosul. Chapour, Sohn des Ardechir-babek, hat zu Tikrit ein Kastell bauen lassen, welches jetzo zerstöret ist. Südwärts gehet ein Kanal aus dem Tiger, Ishaki genennt, nach den Namen eines Officiers des Khalifen Mutewekkil, der ihn hatte graben lassen, um die benachbarten Felder zu wässern. Nahe bey Tikrit findet sich eine Nafta Quelle, und der Stadt gegen über, auf der andern Seiten des Tigers, erblicket man viele Ruinen, wo, nach der Landeseinwohner Vorgeben, Eski-Bagdad, oder das alte Bagdad, soll gestanden haben.

Der andere Weg von Mosul nach Bagdad, ist zur linken des Tigers über Kierkiouk. Nachdem wir uns zween Tage lang, berathschlaget hatten welche Straße wir nehmen

---

1) Die Etvals setzen Tikrit unter den drey und sechzigsten Grad, fünf und dreßig Minuten der Länge, und vier und dreßigsten Grad, dreßig Minuten der Breite. Der Kanon aber, unter den neun und sechzigsten Grad, dreßig Minuten der Länge, und fünf und dreßigsten Grad, funfzig Minuten der Breite.

K

men sollten, entschloß man sich endlich zu der letzteren, die, obgleich länger und beschwerlicher, dennoch in Ansehung der Lebensmittel leichter war. Da die Schiffbrücke, welche bey Mosul über den Tiger geschlagen ist, zerbrochen war, giengen zween Tage darauf, bis wir in Barken über den Tiger kamer. Noch einen Tag brachten wir damit zu, die nöthigen Anstalten zu Fortsetzung unserer Reise zu machen.

Den folgenden, als am neunzehnten April, geschah unser Aufbruch, und wir lagerten uns nach Verlauf von vier Stunden zu Kiermelis, einem großen, von Assyriern bewohnten Dorf. An folgenden, wateten wir nach einen dreystündigen Marsch, durch den Strom Hasir-sou, über den bey großen Wasser keine Furth gehet, und befanden uns zwo Stunden von da, an den großen Zab, wo wir still liegen blieben.

Dieser Strom, welcher zum Unterschied des andern und niedrigern, eben dieses Namens, der große Zab genennet wird, kommt von dem Gebirg Amadia, dem Tiger gegen Osten. Amadia ist eine große Statthalterschaft, Ostwärts Bagdad, so wie auch Chehrezour. Ihr Gebiet bestehet fast meistens aus gebirgigten Gegenden, und fast alle ihre Kastelle, liegen gegen die Landschaft Chehrezour. Ihre Hauptstadt welche sich gleichfalls Amadia nennet, hat ein steinernes auf den Gipfel eines Felsens erbautes Kastell. Sie liegt drey Tagreisen von Mosul gegen Nordwest, und stehet heutzutag unter den Statthalter zu Bagdad.

Der

Der Zab ſtürzet ſich in den Tiger, zwo Tagreiſen unter Moſul unterhalb Hadice (2), der ehmaligen Hauptſtadt dieſes Landes. Ebul Feda ſagt, dieſer Zab ſey wegen ſeiner Schnelligkeit Medgenoun, oder der wüthende genennet worden. Nach den Bericht des türkiſchen Erdbeſchreibers, hat man dieſen Namen einem Strom, Ziber genennt, beygeleget, der durch die Landſchaft Amadia fließet. Die Zibaris haben davon ihren Namen erhalten, weil ſie an ſeinen Ufern wohnen. Vielleicht iſt dieſes einerley Strom unter verſchiedenen Benennungen. Es gehet darüber, ſo wenig als über den Haſir-ſou, eine Brücke, man findet aber

Leute

---

o) Hadice liegt vierzehn Meilen von Moſul, an den öſtlichen Ufer des Tigers, unter den ſieben und ſechzigſten Grad, dreyſig Minuten der Länge, und ſechs und dreyſigſten Grad der Breite, wie die Etvals melden. Es giebt noch ein anderes Hadice, welches zum Unterſchied des erſtern, Hadicet ul Feue genennet wird, und am Ufer des Eufrats liegt, der es auf allen Seiten einſchließet: nach den Kanon unter den neun und funfzigſten Grad, dreyſig Minuten der Länge, und fünf und dreyſigſten Grad, dreyſig Minuten der Breite, nach Jbni-Said, unter den ſechs und ſechzigſten Grad, zwanzig Minuten der Länge, und vier und dreyſigſten Grad, zehn Minuten der Breite, endlich nach Reſme, unter den ſechs und ſechzigſten Grad der Länge, und vier und dreyſigſten Grad, zwanzig Minuten der Breite. Eubar iſt eine Meile davon, an dem Ufer des Eufrats, und Seſſeb, der erſte Abtaſiſche Khalif, hatte an dieſen letztern Ort ſeinen Aufenthalt, und ſtarb daſelbſt. Die arabiſchen Schriftſteller melden, daß es eine ſehr alte Stadt, und die vornehmſte in Jrak wäre, zehn Meilen von Bagdad.

Leute welche die Personen und Geräthschaften auf Kieleks
hinüber führen, und die Pferde, ja selbst Kameele von einem Ufer zum andern schwimmen laffen, indem sie darauf ohne Sattel reiten.

Ungeachtet der Geschicklichkeit und Fertigkeit dieser Leute, gehen bey der Ueberfahrt doch immer einige Personen und
Pferde verloren. Die Kieleks werden durch aufgeblasene
Schläuche über den Wasser erhalten. Derjenige auf welchen
ich mich befand, war diesen Tag schon öfters über den
Strom gefahren, da nun die Schläuche etwas eingesessen
waren, stund er in Begriff unterzugehen. Ich warf um
ihn zu erleichtern das schwerste Geräth zum Theil ins Wasser,
und rettete mich dadurch aus der Gefahr.

Wir verfolgten den drey und zwanzigsten unsere Reise,
und lagerten uns nach einen sechsstündigen Marsch zu Tchemen (*). Es sind daselbst so wenig als zu Indge - sou (**),
wohin wir den folgenden in acht Stunden kamen, einige
Wohnnugen anzutreffen. Bey unserer Ankunft an diesen
Ort, schnitt ein Perser am Ufer des Flußes Gras ab, und
ward von einer Schlange in die Hand gebissen. Auf das
Geschrey welches er ausstieß, lief man mit Säbeln und Aer-
ten hinzu, indem man glaubte, er möchte etwann in einen Hinterhalt der Kiurden gerathen seyn. Man fand ihn
auf den Gras ausgestreckt liegen, wo er sich herumwälzte,
                                                            und

---

*) Tchemen heisset eine Wiese.

**) Kleines Waffer.

und ſchäumte, als ob er die fallende Sucht hätte. Sein aufgeſchwollener und ſchwarzer Arm, legte die Urſach der Krankheit gar bald an den Tag. Einige Schritte von ihm erblickte man eine ungeheure Schlange, welche in Stücke gehauen wurde. Es waren aber die Theriacke, und Gegengifte, welche man dem Mann eingab, von keiner Würkung, maßen er eine Stunde darauf ſtarb.

Wir fuhren den fünf und zwanzigſten über Altoun-Souï (das goldene Waſſer) welchen Ebul-Feda, Zabul-Aſgar, oder den kleinen Zab, ob er ſchon ſehr groß iſt, nennet. Der türkiſche Erdbeſchreiber ſagt, daß er aus dem Land Diarbekir komme, und ſich an einen Ort Tendge-bogazi genennt, mit den Tiger vereinigen, wo es Hügel, Bäume, und Schilf giebt, welche den Löwen zum Aufenthalt dienen. Der nämliche behauptet, die Stadt Azour liege an den Zuſammenfluß des kleinen Zab und des Tigers: davon aber heutzutag keine Spuren mehr anzutreffen ſind. Die ſteinerne Brücke, auf der wir über dieſen Strom gegangen ſind, iſt neu, und nennet ſich Altoun-Kieupri. Jenſeit der Brücke befindet ſich ein kleines Dorf, wo wir uns aber nicht aufhielten. Nach einer vierſtündigen Reiſe lagerten wir uns zu Guenk-Teppe (Himmelshügel) einem großen Hügel auf einer weiten Ebene, von da wir in eben ſo viel Zeit zu Kierkiouk (3) anlangten, welches in einer Ebene lieget,

K 3 ·

wor-

***

3) Nach dem Bericht des türkiſchen Erdbeſchreibers, iſt dieſe Stadt zwo Tagreiſen von Moſul gegen Morgen entfernt. In Anſehung der Weite irret er ſich aber gewiß, indem wir nach unſerer

worauf sich hier und da, unterschiedliche Anhöhen befinden.
Sie hat eine Mauer, und ein festes Kastell auf einer steilen
Anhöhe, an deren Fuß ein Bach fließet, Khasse- Sou,
(oder Wasser von einer besondern Güte), genennt. Kierkiouk wird anjetzo für die Hauptstadt des Bezirks Chehrezour
gehalten, und die Pachen haben daselbst ihren Sitz.

Man vermenget aus Irrthum diese beyden Städte mit
einander: sie sind unterschieden, und eine von der andern
entfernt. Chehrezour (4) ist von Kubad dem Sohn Firouz
des Sasaniden, erbauet worden, und lieget Südwärts
von Kirkiouk, zwischen Erbil, und Sina, der Gränzstadt
von Persien, auf den halben Weg von Medain nach Ate-
che-

---

ferer Art zu reisen, vier und dreyßig Stunden brauchten diesen
Weg zu machen, ohne den Aufenthalt zu rechnen, der sich
bey der Fahrt über den grossen Zab, nicht vermeiden lässet. Dieses würde nimmermehr erlauben, solchen in so kurzer Zeit zu
vollenden, selbst nicht wenn es möglich wäre, mit Pferden
welche einen langen Marsch dauern können, und mit Lastthieren,
siebzehn Stunden des Tages zurück zu legen, man hat wenigstens vier Tagreisen hierzu nöthig.

4) Ich weis nicht wo Herbelot mag gefunden haben, daß Chehrezour, unter den zwey und achtzigsten Grad, zwanzig Minuten
der Länge, und vier und dreyßigsten Grad, dreyßig Minuten
der Breite, lieget. Die Etvals setzen es unter den siebzigsten
Grad, zwanzig Minuten der Länge, und fünf und dreyßigsten
Grad, dreyßig Minuten der Breite. Nach Nedme hingegen,
ist es unter der nämlichen Länge, und den sechs und dreyßigsten
Grad, fünf und vierzig Minuten der Breite.

che-thane, (oder den Tempel), wo der Feuertempel von Aber-
baidjan ist, acht Tagreisen von Bagdad, fünf von Mosul,
zwölf Stunden nach den türkischen Erdbeschreiber, und dem
Ebul-Feda zufolge, vier und zwanzig Stunden von Halvan (5), dem Albana der Alten). Ganz nahe bey Chehrezour ist ein Ort, das Grab Alexanders des Großen genennt.
Das Kastell Gul-amber liegt weiter unten in einer großen
Ebene.

Der Pacha von Kierkiouk gab dem Abdul Bakikhan
ein Mittagessen unter einem im Feld aufgeschlagenen Zelt.
Ja, er ließ sogar als er bey der Stadt ankam, die Kanonen abfeuern: bat ihn aber nicht hinein zu gehen, aus
Furcht es möchten seine Leute, und die Janitscharen welche
in der Stadt und dem Kastell zur Besatzung lagen, Händel
mit einander anfangen. Wir lagerten uns also der Stadt
gegen über auf Anhöhen, woselbst wir die ganze Zeit unsers Aufenthalts, Regenwetter und Gewitter auszustehen
K 4   hatten.

---

5) Halvan ist die letzte Stadt in Irak Arabe, gegen Persien,
fünf Tagreisen von Bagdad, unter dem vier und siebzigsten
Grad, fünf und vierzig Minuten der Länge, und acht und
dreyßigsten Grad, acht Minuten der Breite, wie Resme meldet Nach den Ebvals, und Kanon aber, unter den zwey
und siebzigsten Grad, fünf und funfzig Minuten der Länge,
und vier und dreyßigsten Grad der Breite. Nach andern hingegen, unter den ein und siebzigsten Grad, vierzig Minuten
der Länge, und fünf und dreyßigsten Grad der Breite. Hier
fängt man an die Gebirge zu besteigen, welche die Staaten des
Großherrn von Persien scheiden. Der Gipfel von diesen Gebirgen, ist felsicht mit Schnee bedecket.

hatten. Der Tapin war daselbst einer der schlechtesten : welches uns nöthigte fast alles was wir für uns und die Pferde brauchten, zu kaufen. Die Sclaven, und ein Theil des Frauenvolks, wurden daselbst von dem Gefolg des Abgesandten getrennet, um gerad nach Persien geschickt zu werden. Diese Leute nahmen den Weg nach Hemedan, einer Persischen Stadt, welche einige Tagreisen von hier, liegt.

Ohngefähr zwo Stunden von Kierkiouk ist ein Hügel, Kiourkiour-Baba genennt, wo, nach den Bericht der Landeseinwohner, wenn man auf den Gipfel nur ein wenig tief gräbt, eine Materie gefunden wird, die sich in der Luft dermaßen entzündet, daß sogar Wasser dabey kann gekochet werden : die Flamme verlöschet aber gleich wieder, sobald man solche nur mit Erde bedecket. Nicht allzuweit von hier gegen Abend, findet man drey Nafta Quellen, welche einen Bach formiren, wenn in diese Quellen brennende Baumwolle, oder Stücke von angezündeter Leinwand hineingeworfen werden, höret man ein schröckliches Geräusch. Anfangs fähret eine Flamme heraus, welche sehr hoch steiget, hernach bleibet die Quelle mit Rauch bedecket, bis die Materie gänzlich verzehret ist, worauf das Feuer auslöscht. Man trifft auch ganz nahe dabey eine Quelle an, woraus ein Harz fließet, welches sich in der Ebene verbreitet. Wenn jemand aus Unachtsamkeit darüber gehet, bleibet er mit den Füßen dergestalt hängen, daß er sie nicht mehr zurück ziehen kann.

Nachdem wir uns drey Tage daselbst aufgehalten hatten, reisten wir in der Nacht vom dreysigsten ab, und kamen in acht Stunden nach den Flecken Dakouk, welcher

an

an den Ufer eines Flußes liegt, der eben den Namen führet. Die Luft an diesem Ort ist sehr gut, auch giebt es Nasta Quellen. Wir hatten hier keinen Tayin, und man konnte auch nichts für Geld bekommen. Ein Kourier aus Persien brachte daselbst dem Gesandten gute Nachrichten von der Belagerung von Kandehar.

Wir reiseten den ersten May ab, und lagerten uns nach einen sechsstündigen Marsch, bey den großen Flecken Touz-Khurma (*), an den ein kleiner Strom vorbeyfließet, das Wasser von Tache-Kieupri, oder der steinernen Brücke genennt. Eine Menge von Dattel und andern Fruchtbäumen, machet diesen Ort lustig und angenehm. Man verfertiget daselbst Salz aus einem bittern Wasser, welches unter einem Gewölb hervorquillet. Es fließet in Gräben, wo man es zween bis drey Tage stehen lässet, damit sich das Salz ansetze. Auch enthält es viel Nafta, welches man von der Oberfläche wenn es einige Zeit in Gefäßen gestanden hat, abnimmt. Auch an diesen Ort schlug man uns den Tayin ab, wir konnten aber alles was wir brauchten um Geld haben.

Den folgenden begegnete uns unterweges ein Aja des Ahmed Pacha, Statthalters von Bagdad. Der Gesandte welcher von dem Fieber das ihn einige Tage zuvor überfallen hatte, wieder etwas hergestellet war, verließ die Sänfte und stieg zu Pferd, und wir blieben nach einer neun

K 5 Stun-

---

*) Touz, bedeutet Salz, und Khurma, Datteln.

Stunden lang gedauerten Reife, zu Kiufri. Es sind daselbst zwar keine Wohnpläße anzutreffen: da aber diese Landschaft unter den Pacha von Bagdad siehet, hatte er den Aga voraus geschickt, und ihm befohlen, daß er alle nöthige Lebensmittel auf die Straße schaffen sollte, welcher Befehl auf das pünktlichste war vollzogen worden.

Den dritten kamen wir in sieben Stunden nach Kara-Teppe, oder den schwarzen Hügel, woselbst ein Dorf ist, welches eben diesen Namen führet. Den folgenden langten wir in vieren bey Narin-soui, einen ziemlich großen Strom an, und den Tag darauf, in fünfen zu Abbas-Kieupriſi, einer Brücke über einen kleinen Fluß, wo wir einige Hütten antrafen. Den sechſten lagerten wir uns nach sechsſtündiger Reife zu Devre-Khankiervanferai, an den Ufer des Diala.

Dieser Strom entstehet in den Gegenden von Chehrezour, und wird bey Kizil-Rubat durch die Flüsse Derne und Dertenk, desgleichen den von Tache-Kieupri, der von Touz-Khurma kommet, vergrößert. Hernach fließet er auf Chehreban, und vereinigt sich mit den Tiger, drey Stunden unter Bagdad, zwischen dieser Stadt, und Takiſiſra.

Wir kamen den folgenden, in sieben Stunden nach den großen Dorf Yegnidge, und lagerten uns den Tag darauf nach vierstündigen Marsch bey den Ufer des Tigers, Imam-Mouſa, einem andern Dorf an den westlichen Ufer dieses Flusses, gegen über. Er wird nach den Namen des Mouſa, eines Sohnes von Djaſer Sadik, einem der zwölf Imams

welche

welche die Mahometaner verehren , also genennt, der sein
Grab dafelbst in der vornehmsten Moschee hat.

Ahmed Pacha hatte bey diesen Dorf Zelten aufschlagen laffen , und sich in Person dahin begeben , den
Persischen Gesandten zu empfangen, dem er alle nur ersinn-
liche Ehre erzeigen wollte. Der Tiger war dieses Jahr
dergestalt angewachsen, daß er alles um Bagdad überschwemmet hatte. Da man also auf der gewöhnlichen Straßen
unmöglich dahin kommen konnte , giengen wir auf die andere Seite des Stromes, wo das Waffer noch nicht in den
Weg getretten war, der an dieser Seite höher ist, als die
Ufer des Stromes. Man hatte Sorg getragen, fünf Teknes oder Gallioten, und flache Schiffe zu unserer Ueberfahrt
in Bereitschaft zu halten.

Die Teknes sind bedeckte Fahrzeuge, welche zu Basra
gebauet werden , deren man sich bedienet die indianischen
Kaufmannsgüter auf den Tiger nach Bagdad zu führen.
Man brauchet dieselben gleichfalls auf den Eufrat, sowohl
um die Straffe sicher zu machen , als auch die Araber an
dieser Küste in Zaum zu halten. Die Guraben, eine andere Gattung von Fahrzeugen ohne Verdeck, dienen zu Fort-
bringung der Datteln, des Getraids und anderer dergleichen
Kaufmannswaaren, die mit Matten bedeckt werden. Die
Danels sind ohngefähr auf die nämliche Art, als die Guraben gemacht, aber kleiner.

Alle diese Fahrzeuge führen Segel, und werden bey Wind-
stillen, oder widrigen Wind, mit Seilen gezogen. An
Orten wo man sich weder der Segel noch des Ziehens bedienen

nen kann, werden sie mit langen Stangen regieret, indem
man längst den Ufer, und auf solche Stellen fähret, wo
Grund zu finden ist. Es giebt auch Kufas, oder runde
Körbe von verschiedener Größe, welche von Schilf gefloch-
ten, und mit Pech überzogen sind. Man ziehet sie an Stri-
cken, wo sie mit Stangen fortgeschoben werden. Diese
verschiedene Arten von Wasserfuhrwerken, fahren in den Eufrat bis nach Hilla, und im Tiger bis nach Bagdad, ohne
weiter hinauf zu gehen.

Man bedienet sich auf den Tiger von Diarbekir bis nach
Bagdad, und auf den Eufrat von Bire bis nach Hilla,
großer Kieleks zum hinabfahren, welches Flöße sind, von
großen Stämmen Holz, kreuzweise über einander geleget,
und zusammengenagelt, unter denen man aufgeblasene Schläuche angebunden hat, um sie über den Wasser zu erhalten.
Auf diesen ersten Stockwerk, stehet Ehlen hoch, ein anderes, welches gleichfalls von großen Stücken Holz und Die-
len gemacht ist, worauf man die Kaufmannsgüter packet.
Diese Kieleks sind großer Gefahr unterworfen, und gehen
zuweilen an denjenigen Orten des Tigers zu Grund, wo die
Pfeiler von verfallenen Brücken, welche unter den Wasser verborgen sind, Abfälle machen. Eine von den Zeitverkürzungen, welche man sich während dieser Schiffahrt machet,
bestehet darinnen, daß man das Nafta anzündet, welches sich
nachdem es bey Mosul, und weiter unten, aus den Quellen geflossen ist, auf der Oberfläche des Tigers verbreitet, wo es
alsdann das Ansehen hat, als ob der ganze Strom in
Feuer stünd.

Der

Der Abgesandte und die vornehmsten seines Gefolges, besuchten des Imaums Grab, und wurden hernach von dem Pacha mit aller Pracht und Ueberfluß, darinnen er bey diesen Gelegenheiten, wenn er jemand Ehre erzeigen will, einen Ruhm suchet, bewirthet. Nach geendigter Mahlzeit beschenkte er den Abdul Bakikhan, den Newabe, und den Molla Bachi, mit drey prächtigen und kostbar aufgezäumten Pferden. Ich gieng hier voraus, und begab mich nach Bagdad, um daselbst die Gesellschaft zu erwarten, indem mir die Hitze in dieser Landschaft schon unter den Zelt unerträglich vorkam. Bey meiner Ankunft in die Stadt vernahm ich, daß eben ein aus Persien an den Khan abgefertigter Kourier durchgegangen, und zu gleicher Zeit einer an den Ahmed Pacha gekommen wäre, von dem man erfahren, daß Nadir Chah von den Afgauen eine Niederlag erlitten habe.

Funfzehntes Kapitel.

Ankunft zu Bagdad, und Beschreibung dieser Stadt.

Der Gesandte des Großherrn kam den zehnten May an, und hielt den folgenden Tag unter Abfeuerung der Kanonen seinen Einzug. Der von Persien zog erst den zwölften hinein: man lösete jedoch für ihn kein Geschütz. Es wurde mir aber gesagt, er hätte ohne Gepräng wollen empfangen seyn. Einige Tage hernach gieng er mit den vornehmsten seines Gefolges, nach den großen Flecken Imam-Ali,

der also genennt wird, weil der Imam dieses Namens, daselbst seine Grabstätte hat. Chah-Tahmasib ließ ihm ein
prächtiges viereckigtes Grabmaal errichten, welches mit
kleinen Zellen von gemahlten und vergoldeten Backsteinen umgeben war.

Dieser mit Mauern eingefaßte Flecken, liegt in einer
ebenen Gegend des Bezirks Nedgef, ohngefähr eine Meile
von Kioufa (1), einer heutiges Tages zerstörten Stadt. Sie
lag an den westlichen Ufer eines Arms von Eufrat, und
wurde unter der Regierung Umer, des zweyten Khalifen,
gebauet, und von Saad wieder erneuert. Die Gegend
herum ist sehr fruchtbar, und bringet Datteln, Getraid,
Baumwolle, und mit einen Wort zu sagen, alle Arten
von Korn, und Früchten hervor. In der Moschee zu Kioufa wurde Ali umgebracht. Anjetzo ist daselbst nichts mehr
übrig als ein alter Tempel, und das Haus dieses Khalifen.
Azizi meldet, diese Stadt sey halb so groß als Bagdad gewesen, und wegen ihrer runden Figur Kioufa genennet
worden.

In dieser Gegend stund ehehin der Pallast Khavernat,
der eine vortreffliche Bauart gehabt hatte, und von dem
große

----

1) Kioufa liegt nach den Etvals, unter den neun un) sechzigsten
Grad, dreßig Minuten der Länge, und ein und dreßigsten
Grad, dreßig Minuten der Breite. Nach Ibni-Said n
gegen, unter den neun und sechzigsten Grad, dreßig Minuten
der Länge, und vier und dreßigsten Grad, funfzig Minuten
der Breite.

großen Numan war gebauet worden, deſſen Familie vor
Einführung der Mahometaniſchen Religion, in dieſem Land
regieret hat. Dieſe Prinzen reſidirten zu Hire (2), und
einer unter ihnen Namens Mundir, ein Sohn des Emrul-
kais, und der chriſtlichen Religion zugethan, ließ daſelbſt
eine große Kirch bauen. Hire war eine beträchtliche Stadt,
welche von unterſchiedlichen Kanälen durchſchnitten wurde,
und etwann eine Meile von Kioufa lag. Einige Morgen-
ländiſche Schriftſteller berichten, es habe ſich ehemals das
Perſiſche Meer bis an dieſe Stadt erſtrecket: heutzutag
iſt es ſehr weit davon entfernt.

Der Geſandte wollte bey ſeiner Abreiſe haben, ich ſollte
ihn nach Imam Ali begleiten: hier liegen, ſagte er zu
mir, Adam und Noah begraben, folglich müſſen Sie auch
dahin eine Wallfahrt anſtellen. Ich antwortete ihm, daß
ich zwar für beyde ſehr viel Hochachtung hätte, mich aber,
da ich kein Muſelmann wäre, an dieſen Ort nicht dürfte blicken laſſen: daher wollte ich zu Bagdad bleiben, und bis
zu ſeiner Wiederkunft die Merkwürdigkeiten dieſer Stadt
beſehen.

Die Gefahr der ſich ein Chriſt an ſolchen Orten aus-
ſetzt, welche von den Mahometanern einer beſondern Andacht
ge-

___

2) Hire, war nach den Etoals, unter den neun und ſechzigſten
Grad, ſechs und zwanzig Minuten der Länge, und ein und
dreyßigſten Grad, dreyßig Minuten der Breite. Nach den
Kanon aber, unter den neun und ſechzigſten Grad, fünf und
dreyßig Minuten der Länge, und zwey und dreyßigſten Grad,
funfzig Minuten der Breite.

geheiligt ſind, verhinderte mich den Vorſchlag des Geſandten anzunehmen: ſo eine große Begierde ich auch hatte, das drey Stunden von Kiouſa entlegene Dorf Zil-kiefel zu ſehen, wo nach den Vorgeben der Mahometaner, und ſelbſt der Juden, welche mit großer Andacht ihr Gebet daſelbſt verrichten, Ezechiels Grab ſoll vorhanden ſeyn.

In der Nachbarſchaft iſt auch noch ein Ort, Sermelaha genennt, woſelbſt man Gebäue ſiehet, welche von den Königen aus den Geſchlecht der Cheik Safi mit vielen Unkoſten ſind errichtet worden. Man verwahret daſelbſt die Opfer der Pilgrimme, welche ſich auf beträchtliche Summen erſtrecken. Adoud Eddevlet Dilemi, ließ dort gleichfalls ein großes Gebäu aufrichten, und Gazan-Khan ein großes Haus für Mahometaniſche Mönche bauen. Der Sultan Eldjatire erbauete hier eine Moſchee, und ein Menare. Manſour Devaniki vollendete einen Flecken, den Ali in dieſer Gegend angefangen hatte, und vereinigte ihn mit Kiouſa durch eine Mauer von achtzehn tauſend Klaftern.

Bagdad, (3) der ehemalige Sitz der Abbaſiſchen Khaliſen, iſt heutiges Tags die Hauptſtadt von Irak-Arabe, welches gegen Weſten an das Land Dgezire, und die Wüſte, Südwärts an die Wüſte, den Perſiſchen Meerbuſen, und Khouziſtan, gegen Oſten an die Landſchaft Dgebel bis nach
Halvan,

---

3) Der Canou, und die Etvals, ſetzen Bagdad unter den ſiebzigſten Grad der Länge, und drey und dreyßigſten Grad, fünf und dreyßig Minuten der Breite.

Halvan; und Nordwärts endlich nochmals an das Land
Dgezire, gränzet. Die Länge von Irak-arabe, so von
Tikrit bis Abadan (4), gerechnet wird, beträgt hundert
und fünf und zwanzig Meilen, und seine Breite von der
Anhöhe Halvan, bis nach Kadisie (5), achtzig, welches
eine Fläche von zehn tausend Meilen ausmachet.

Die

---

4) Abadan liegt anderthalb Tagreisen Südostwärts von Basra,
und der Mündung des grosen Stromes gegen Westen. Da
diese Landschaft unfruchtbar ist, müssen die Einwohner ihre Lebensmittel aus den benachbarten Ländern erhalten. Die Elvais, und Keeme, setzen Abadan unter den fünf und siebzigsten Grad, dreysig Minuten der Länge, und neun und zwanzigsten Grad, zwanzig Minuten der Breite. Ibni-Said,
unter den fünf und siebzigsten Grad, fünf und dreysig Minuten
der Länge, und ein und dreysigsten der Breite. Endlich der Kanon, unter den fünf und siebzigsten Grad, dreysig Minuten der
Länge, und der nämlichen Breite.

5) Kadisie, ist eine kleine Stadt in der Wüste, fünfzehn Meilen
von Kioufa, an der Strasse nach Mekka, nach den Elvais,
unter den fünf und sechzigsten Grad, fünf und dreysig Minuten der Länge, und ein und dreysigsten Grad, zehn Minuten
der Breite. Nach dem Kanon, unter der nämlichen Länge,
und ein und dreysigsten Grad, fünf und vierzig Minuten der
Breite. Sie hat gegen Osten Gebirge, und Ströme, auch
wachsen daselbst Datteln. An diesem Ort hat Caad, des
Belas Sohn, den Persern eine Schlacht geliefert. Diese
Stadt wurde deswegen Kadisie genennet, weil die Einwohner
von Kadis, einem Dorf in Mervelrouth, sich hier niedergelassen haben. In der Nachbarschaft von Samir giebt es noch
ein anderes Kadisie, wo Glas gemacht wird.

Die Statthalterschaft Bagdad wird von der Wüste Ned, gef, den Bezirken Basra, Khouzisstan, Kiurdistan, den Landschaften Mosul und Urfa, und der Wüste Cham oder Syrien, begränzet. Diese Statthalterschaft enthält verschiedene Districte, davon jeder seine Gerichtsbarkeiten hat.

Ebou-Diafer Mansour, zweyter Khalif der Abbasiden, legte im Jahr der Hegire, hundert und vierzig, (sieben hundert und zwey und sechzig), den ersten Grund von Bagdad. Man erzählet, es habe ihm nach gefaßten Entschluß sie zu bauen, ein Sternseher, den er deshalben um Rath gefraget hatte, versichert, sie werde nicht allein sehr groß und volkreich seyn, und viele Jahrhunderte bestehen, sondern auch noch den Vortheil haben, daß kein Khalif in ihren Mauern sterben sollte. Diese Stadt liegt an den Östlichen Ufer des Tigers, längst welchem sie sich ohngefähr zwo Meilen weit erstrecket. Sie ist länger als breit, und mit einer guten Mauer von theils getrockneten, theils gebrannten Backsteinen umgeben. Auch ist sie mit Außenwerken, und einen sehr breiten Graben befestiget, den man ablassen, und nach Belieben mit den Wasser des Tigers wieder anfüllen kann. Es sind vier große Thore daselbst: nämlich das von Jmam-Azem, Aklapi, Karaulik-kapi, und das Brückenthor.

Diese Brücke ist auf Schiffe gebauet, weil der Strom in seinen gewöhnlichen Lauf, breit, tief, und reißend ist, ingleichen zu der Zeit seines Wachsthums außerordentlich anschwillet. Sie hänket die Stadt mit der Vorstadt Kouchelar-kalasi zusammen. Die Mauern haben einen Umfang von zwölf tausend, dreyhundert, gemeinen Ehlen, und sind mit hundert und drey und sechzig Thürnen, oder Bastionen besetzt.

beſetzt. Das Schloß iſt in der Stadt, hat einen guten
Graben, und erſtreckt ſich vom Tiger bis an das Thor
Imam-Ajem. Die in Kaſernen einquartierte Janitſcharen,
liegen darinnen zur Beſatzung.

Das Serai des Pacha ſtehet zum Theil auf der Mauer
die am Strom liegt. Dieſer Pallaſt hat ſchöne Gärten,
welche mit Pomeranzen, Citronen, und Cypreſſenbäumen
angefüllet ſind, und artige Spazziergänge abgeben. Eine
von den Merkwürdigkeiten dieſer Stadt, war, Dar-ul-
Chedgere, (oder das Baumhaus), welches der Khalif Muktes
dir-Billah hatte bauen laſſen. Dieß war ein weitläuftiges
Gebäu, welches große Gärten und einen Saal hatte, wor
innen man in der Mitte eines großen Waſſerbeckens, einen
goldenen und ſilbernen Baum mit achtzehn großen Aeſten ſahe, woraus viele kleinere Aeſte ſproſſeten, die mit allen Arten von Edelſteinen, anſtatt der Früchte behenket waren.
Auf dieſe Aeſte hatte er funfzehn Figuren von Edelleuten ſetzen laſſen, und eine gleiche Anzahl zur linken Hand des
Waſſerbeckens, auf den Boden. Alle dieſe Figuren,
welche in Seide und Goldbrokat gekleidet, auch mit Säbeln
und Wurfſpießen bewaffnet waren, konnten ſich bewegen,
und bey jeder Bewegung der auf den Baum ſtehenden Figuren, geſchahe von den untern ein gleiches.

Gemeiniglich beſtehet die Miliz des Pacha, aus zwölf
tauſend Mann. Die Stadt iſt ſehr volkreich, und treibt wegen der Nachbarſchaft von Basra große Handlung : auch
ſind zu Bagdad die Lebensmittel ſehr wohlfeil. Ihr Boden
bringt ungemein gute Datteln, Citronen, Pomeranzen,
Reis, Getraid, und andere Lebensmittel, aber nicht in

allzu

allzu großer Menge hervor. Man beziehet auch noch Datteln von Basra, Getraid von dem Land Haskie, Aepfel,
Weinbeere und Citronen von Wasit, vortreffliche Granaten
von Chehreban, Zuckerrohr und Reis von Bataih.

Das Wort Bataih zeiget einen Morast an, und es
giebt zwo Landschaften so diesen Namen führen. Die erstere
heißet Bataih von Wasit, und Basra, woselbst einige Arme
des Tigers das Land überschwemmen, und große Moräste
formiren. Wie man behauptet sollen sich diese Ueberschwem-
mungen das erstemal bey Anfang der Mahometanischen Religion, zu der Zeit als die Perser von den Arabern sind angegriffen worden, zugetragen haben. Man findet mitten
in diesen Morästen, an verschiedenen Orten Flecken und
Dörfer. Die Hauptstadt von dieser Landschaft nennet sich
Djamide, und ihre Einwohner welche aus Chaldäern und
Sabiern bestehen, haben eine Religion, welche sie für des
Seths Religion ausgeben. Der zweyte Bezirk ist Bataih von
Kioufa. Diese Moräste entstehen durch das Gewässer des
Eufrats, und werden von Arabern bewohnet, die große
Räuber sind, und öfters die Reisenden umbringen.

Ich gedenke hier weder der Moscheen, noch der Colle-
gienbäder, und anderer öffentlichen Gebäue, welche zu
Bagdad in Menge befindlich sind: sondern bemerke nur, daß
sich viele Menares auf verschiedenen Seiten herab senken, und
das Ansehen haben, als wollten sie einfallen. Das gemeine
Volk hält dieses für etwas wunderbares, und behauptet,
es hätten sich solche geneiget, um Mecca, und die übrigen
bey den Mahometanern heilig gehaltene Oerter zu grüßen.
Die Häuser sind von gebrannten und getrockneten Backsteinen

ge-

gebauet, und haben flache Dächer, auf denen man im Sommer wegen der außerordentlichen Hitze zu schlafen pfleget: indem die Sonne zu Bagdad dermaßen brennet, daß sogar der Marmor Risse davon bekommen soll.

Sechzehntes Kapitel.

Reise von Bagdad, bis nach Kermanchah.

Nachdem Abdul Bakikhan von seiner Wallfahrt wieder zurück gekommen war, reiseten wir den sechsten Junius von Bagdad ab. Der Tiger, und der Diala, hatten die Gegend um diese Stadt dergestalt überschwemmet, daß man sowohl die Leute als das Geräth, in Kufas überführen, und die Pferde theils muste durchwaten, theils durchschwimmen lassen, eine halbe Meile von den Ort, wo wir still hielten, bis alle beysammen waren, und die Pferde verschnaubet hatten.

Als wir gegen Abend aufgebrochen waren, kamen wir nach Verlauf zweyer Stunden über eine breite Schiffbrücke, welche Ahmed Pacha ausdrücklich für uns über den Diala hatte schlagen lassen. Wir lagerten uns an den Ufer dieses Stromes, und blieben den folgenden Tag bis gegen Abend daselbst, um die große Hitze des Tages, abzuwarten. Die folgende Nacht legten wir neun Stunden zurück, und kamen den Tag darauf in das große Dorf Buhris, welches an den nämlichen Strom liegt. Unser Aufenthalt dauerte hier zween Tage, um den türkischen Gesandten zu erwarten.

L 3   Dieser

Dieser Staatsminister eilte nicht sehr, Bagdad zu verlassen. Er mochte nun entweder befürchten in Persien übel empfangen zu werden, nachdem man dem Abdul Bakikhan in der Türkey auf alle Art schlecht begegnet hatte: oder hoffen, daß die Nachricht so von der durch die Afganen erlittenen Niederlage der Perser nach Bagdad gekommen war, und von ihm, weil er es wünschte, für wahr angenommen wurde, wo nicht neue Unruhen in Persien erregen, doch wenigstens den Nadir Chah nöthigen könnte, sein auf Ispahan gerichtetes Absehen fahren zu lassen, welches die ihm noch bevorstehende lange, und beschwerliche Reise zu ihm nach Kandehar, um ein merkliches abgekürzet hätte.

Ich glaube daß er in dieser Verlegenheit gern die Stelle eines Abgesandten würde niedergeleget haben, wenn er sich getrauet hätte solches zu thun, da bey den Morgenländern die Vornehmen sowohl, als die Geringen, Sclaven der Fürsten sind. Er entschloß sich also an die Pforte zu schreiben, und seine schlechten Gesundheitsumstände, nebst der großen Entfernung des Nadir Chah vorzustellen, und daß es schien, als würden bald neue Unruhen in Persien entstehen. Auf solche Art schmeichelte er sich den Befehl zu erhalten, daß er zu Bagdad bleiben, und daselbst den Ausgang erwarten sollte. In dieser Hoffnung weigerte er sich auch mit uns abzureisen, versprach aber demungeachtet, uns zu folgen, sobald neue Verhaltungsbefehle würden angekommen seyn.

Dieses machte den Abdul Bakikhan sehr bestürzt: indem er sich für des Nadir Chah Unwillen fürchtete, wenn er keinen Gesandten vom Großherrn empfangen sollte. Um dieser Ursache willen schickte er an Mustapha Pacha einen
Kou-

Kourier, und ließ ihn bitten, daß er ſich auf das ſchleunigſte zu ihm verfügen möchte, damit er ſeine Reiſe fortſe-
tzen könnte. Sein Bitten war aber vergeblich: der Kourier kam mit einen Brief zurück, darinnen der Pacha meldete, daß er noch nicht in Stand ſey von Bagdad abzureiſen, und man alſo nicht auf ihn warten dürfte.

Wir giengen alſo den zehenten des Morgens, ab, und
kamen nach einer neunſtündigen Reiſe bey brennender Sonnenhitze, um ein Uhr Nachmittags zu Chehreban, an. Dieſer große Flecken liegt Nordoſtwärts von Bagdad, an den
öſtlichen Uſer des Diala, der ihn auch vermittelſt eines
Kanals mit Waſſer verſiehet. Die Gärten dieſes Fleckens, bringen eine Menge Datteln, Citronen, Pomeranzen,
und ſehr hochgehaltene Granaten, Feigen, und Roſinen
von unterſchiedlichen Gattungen, hervor. Dieſe Tagreiſe
war eine der beſchwerlichſten unter allen die ich bisher gemacht
hatte. Vielleicht war niemand vor uns auf den Einfall gerathen in der Jahreszeit da wir uns befanden, dieſe Reiſe
bey hellen Tag ohne die äußerſte Noth zu machen. Als wir
zu Chehreban angelanget waren, ließ ich mein Zelt, um ein
wenig mehr Schatten zu haben, unter die Bäume in einen
Garten aufſchlagen. Mein Knecht brachte mir Waſſer, deſſen ich höchſt benöthigt war, und davon eine große Menge
trank, ohne gewahr zu werden, daß es Salz bey ſich führete. Dieſes verbarb mir den Magen dergeſtalt, daß ich
auf meiner ganzen übrigen Reiſe damit behaftet war, und
ſolches länger als drey Monathe nach meiner Ankunft zu
Iſpahan, noch empfand. Ich war aber nicht der einzige
der an dieſen Tag etwas ausſtehen muſte: unterſchiedliche
Perſer welche doch der Beſchwerlichkeiten mehr als ich gewohnt

£ 4

Wa-

waren, hatten das nämliche Schicksal, und vierzehen Sclaven starben davon. Unter dieser Anzahl befanden sich zwo
Frauenpersonen, wovon die eine ein kleines Kind hatte,
welches noch vorher in ihren Armen verschied.

Wir machten uns den siebzehnten in der Nacht wieder
auf den Weg, und lagerten uns nach fünfstündiger Reise zu
Kizil-Rubat (*), welches gleichfalls an den Ufer des Diala
liegt. Dieß ist ein Flecken und Bezirk, worunter Bedrai,
Kiechab, und einige andere Flecken stehen. Das Wasser
im Ort ist säuerlich, man trinket hier aber gutes Wasser,
welches durch einen unterirdischen Kanal der eine Meile lang
ist, dahin geführet wird.

Mein Gefährte Mirza Chefi, dem unser langsamer
Marsch schon längst verdrüßlich gefallen war, wendete Geschäfte vor, um sich von uns zu trennen, und desto schleuniger nach Ispahan zu kommen. Er versuchte alles mögliche, mich mit zu nehmen. Abdul Bakikhan wollte
aber solches durchaus nicht zugeben, und schlug es mir selbst
ab, indem er sagte, der Französische Gesandte habe mich
nicht dem Mirza Chefi, sondern ihm anvertrauet. Ich hätte mich zwar mit Recht auf meine Unabhängigkeit berufen
können: als ich aber überlegte, daß ich Ursach hätte ihn
der Zukunft wegen zum Freund zu behalten, leistete ich ihm
noch ferner Gesellschaft.

Nachdem

(*) Kizil heisset roth, und Rubat ein Tiervanserai.

Nachdem wir den folgenden durch den Strom gesetzt hatten, legten wir fünf Stunden zurück, und lagerten uns bey den großen Flecken Khanikin, der am Ufer des Flußes Halvan liegt. Von da giengen wir den Tag darauf in fünf Stunden nach Kasri-Chirin (1), welches Idrisi sieben Meilen von Khanikin, fünf von Halvan, und zwanzig von Chehrezour setzet. Kasri-Chirin ist ein festes Schloß, welches Khosrev Pervis ehemals hatte bauen laßen, seine Beyschläferinn Chirin, zu logieren. Es hat tausend Schritte in Umfang, und der Strom Halvan fließet ganz nahe vorbey. Die Luft ist daselbst ungesund, und der Semoum, welchen die Türken Sam-yeli nennen, wehet hier zuweilen.

Dieß ist ein brennender, mit Schwefeldünsten vermengter Wind, der die Personen welche ihn einathmen, auf der Stelle tödtet. Vornemlich bläset er in der Wüsten, während der Monathe Julius und August. Die Araber wissen sich für diesen Wind, der wie ein Wirbelwind kommt, aber nicht lang anhält, zu bewahren. So bald sie ihn nur von weiten spüren, fallen sie mit den Bauch zur Erden nieder, bedecken sich wohl, und drücken das Gesicht fest in den Sand. Die haarigten Thiere tödtet er nicht, sondern ängstiget sie

L 5   nur,

---

1) Kasri Chirin, liegt unter den ein und siebzigsten Grad, zehn Minuten der Länge, und drey und dreyßigsten Grad, vierzig Minuten der Breite, wie der Kanon meldet. Nach den Klas hingegen, unter den ein und siebzigsten Grad, vier Minuten der Länge, und drey und dreyßigsten Grad, fünf und funfzig Minuten der Breite.

nur, und verursachet ihnen ein Zittern, mit einen starken
Schweis.

Den vierzehenten legten wir fünf Stunden zurück, und
blieben zu Abgem-Khanikin, an den Ufer des nämlichen
Stromes. Dieser Ort stehet unter Kiurdistan, und etwas
weiter hinaus endigen sich die Staaten des Großherrn.

Wir stunden hier in Gefahr zu verbrennen. Als nämlich ein Perser in unserm Lager Feuer anschürte, breitete es
sich auf den Gras aus, welches trocken, und dabey sehr
hoch war, von da es in einen Augenblick unsere Zelten erreichte. Ich würde auch in den Meinigen, worinnen ich
ruhig schlief, ohne das Wiehern der Pferde, und den Ler-
men derjenigen, welche herbey gelaufen kamen, um zu verhindern daß die Brunst nicht weiter um sich greifen möchte, damit umgeben worden seyn. Ich erwachete davon, und
nahm, als ich die Gefahr so nahe bey mir sahe, zu den schleu-
nigsten Gegenmittel meine Zuflucht, welches darinnen bestund, daß ich rund um mein Zelt, die Decken von den
Pferden, meine Teppiche, und mein Bett hinbreitete, um
die Flamme zu dämpfen. Jedermann that das nämliche,
und was nicht gleich Anfangs verbrannt war, wurde noch
gerettet.

Den folgenden blieben wir nach einen Marsch von drey
Stunden, zu Tag-apagui, das ist an den Fuß eines sehr
hohen Gebirges, welches Persien von der Türkey scheidet,
und von den Griechen Zagros (2) genennt wird. In diesen

Ge-

---

2) Allem Anschen nach haben die Griechen diese Benennung von den
Crabl-

Gegenden haben die Perser zur Sicherheit ihrer Gränzen unterschiedliche Festungen angelegt. Die von Dertenk liegt auf einen sehr hohen Berg, nahe an einen engen Paß, wodurch man nach Persien kommt. Sie ist nicht sehr weit von Kasri-Chirin entfernt, und der Diala fließet in einen tiefen Thal, neben vorbey. Unter den dasigen Einwohnern ist das weibliche Geschlecht so schön, daß die Morgenländer, wenn sie eine schöne Person beschreiben wollen, sagen, es ist eine Schönheit von Dertenk. Die Festung Derne befindet sich hinter Dertenk, zwischen den Bergen auf der Strasse nach Hemedan, und die von Gueilan ist gleichfalls über Dertenk hinaus.

Den sechzehnten setzten wir unsere Reise fort, und brauchten zwo Stunden bis wir über das Gebirg, welches sehr holpericht ist, kamen. Hierauf legten wir vier Stunden zurück, und lagerten uns zu Guirind, den ersten Persischen Konak, welchen man auf dieser Strasse antrifft. Guirind und Khouchan sind zwey Dörfer oben auf den Gebirg Halvan: wovon das erstere zerstöret ist, das andere hingegen bewohnet wird. Es fließet ein großer Strom vorbey, und die Luft ist dort sehr gesund. Die Festung Guirind ist am Fuß eines nicht allzuweit von Dertenk entfernten Felsen gebauet, zwischen derselben, und der Festung Gueilan, befindet sich ein Thal, worinnen dieser Strom lauft, der vom

Gebirg

Arabischen Wort Tsagron hergenommen, welches einen Paß, oder Oefnung anzeiget, der zwischen Bergen, gegen die Gränzen eines feindlichen Landes, immer enger wird.

Gebirg Eivan, wo der Bezirk Deh - Bala ist, herab kommt,
und von da nach Mendeli fließet.

Ich glaube daß es mir erlaubt seyn wird, eine kleine Begebenheit welche sich zu Guirind zugetragen hat, zu erzählen. Man stahl mir daselbst meine Taschenuhr, und der
Dieb welcher ein Perser war, bekam zwar Stockschläge, wollte aber den Diebstal niemals eingestehen. Die Perser sind
überhaupt ungemein begierig nach Uhren, Tobackdosen, deren sie sich bedienen, Aloe, oder Opium hinein zu thun,
Ferngläsern, Taschenmessern, Scheeren, Spiegeln, und
andern solchen Dingen.

Sowohl zu Constantinopel als zu Haleb, hatte ich dergleichen Kleinigkeiten den vornehmsten von des Gesandten Leuten, entweder geschenket oder verschaffet. Die Schwedischen
Herrn Gesandten selbst, hatten einigen unter ihnen schöne
Borten verehret, wovon die Perser sehr große Liebhaber
sind, weil sie solche auf ihren Kleidern tragen, welcher Gebrauch den Türken ungemein misfället. Ich hatte nichts
als meine Taschenuhr mehr übrig, welche zwar öfters von
mir war verlangt, aber jederzeit abgeschlagen worden. Daher muste ich nachdem sie verloren war, meiner Reisegefährten ihre zu Rath ziehen, um die Ausrechnung meiner Reise
fortzusetzen.

Abdul Bakikhm reiste den achtzehenten ab, ich aber
blieb, weil mein Pferd nicht gehen konnte, mit den Persischen
Aga zurück, der den Abgesandten des Großherrn begleiten
sollte. Die Vorstellungen welche derselbe bey der Pforte gemacht hatte, fanden kein Gehör, er empfieng Befehl
seine

feine Reise fortzuseßen : wenige Tage nach uns, gieng er von Bagdad ab, und kam den neunzehenten zu Guirind, an.

Wir brachen den folgenden wieder auf, und lagerten uns nach sechs stündigen Marsch bey den großen Flecken Ha-roun - abad, (Wohnung des Aaron), und kamen, als wir den folgenden abgereiset waren, in drey Stunden nach Ze-vri, und Tages darauf in dreyen nach Mahidechet (*). Dieser Bezirk hat ein sehr flaches Land, und enthält ohn-gefähr funfzig Dörfer. Die Luft ist daselbst gut, und die benachbarten Berge versehen ihn mit Wasser, wodurch er fruchtbarer, bevölkerter, und reicher als viele andere Plätze in diesem Königreiche wird, welche dergleichen nicht haben.

Dieser Schwierigkeit abzuhelfen, haben die Könige von Persien in verschiedenen von Natur unfruchtbaren Ebenen Wasserleitungen anlegen lassen. Sie haben bey den Bergen Wasserbehältnisse zu machen befohlen, woraus das Wasser in unterirdische Kanäle, Kiariz genennt, lauft, welche es in solche Gegenden führen, und vertheilen, die angebauet zu werden verdienen. Hier und da hat man so lang die Ka-näle sind, Luftlöcher oder Schachten angebracht, welche anfangs dazu dienten das Erdreich, so, wie man mit der Ar-beit weiter kam, auszuräumen : in der Folge aber, die Kanäle zu reinigen. Schah Abbas, der unter allen Königen aus den Safeviennischen Geschlecht, an eifrigsten auf die Anbauung und Verbesserung von Persien bedacht war, ließ

in

---

*) Mehl heisset in Persischen der Mond, und Dechet eine Ebene.

in verschiedenen Provinzen eine große Anzahl solcher Kiariz graben. Dieser nämliche Fürst gerieth auch auf den Einfall, zwischen den Gebirgen Kourou, ohngefähr funfzehn Meilen Nordwärts von Ispahan, ein Wasserbehältniß anzulegen, indem er mittelst eines Dammes die von diesen Bergen in das Thal herablaufende Bäche sammlete, um hernach dieses Wasser durch Schleusen in die benachbarten Landschaften, welche daran Mangel litten, zu vertheilen.

Den drey und zwanzigsten kamen wir in sechs Stunden bey der alten Stadt Kirmanchah (3) an, welche nach den türkischen Erdbeschreiber dreyßig Meilen gegen Südwest von Hemedan lieget. Der nämliche setzet sie in die Nachbarschaft von Dinever (4), worinnen er sich aber zu irren scheinet, da er ferners einräumet, diese letztere Stadt liege Nord Ostwärts von Hemedan, vierzig Meilen von Mosul, eben so weit von Merague, und zehen von den Quellen des Zab,

---

3) Kirmanchah ist nach den Etwals, unter den drey und siebzigsten Grad der Länge, und vier und dreyßigsten Grad, dreyßig Minuten der Breite. Nach dem Canon hingegen, unter den vier und siebzigsten Grad der Länge, und vier und dreyßigsten Grad, zehn Minuten der Breite.

4) Dinever liegt dem türkischen Erdbeschreiber zu folge, unter dem zwey und achtzigsten, einen halben Grad der Länge, und sechs und dreyßigsten Grad der Breite. Nach den Etwals, unter den drey und siebzigsten Grad der Länge, und fünf und dreyßigsten Grad der Breite. Nach den Canon hingegen, unter den sechs und siebzigsten Grad der Länge, und fünf und dreyßigsten Grad der Breite.

Zab , auf ebenen Land , welches Ueberfluß an Waſſer und Lebensmitteln habe , und von Kiurden bewohnet werde.

Ebul-Feda nennet Kirmanchah Kirmiſin, und beſtim-met ihre Lage neun Meilen von Halvan. Man behauptet, daß ſie von Behram , Chapours Sohn , ſoll erbauet wor-den ſeyn. Nach ihrer Zerſtörung habe ſie Kubad, des Fi-rouz Sohn , wieder aufgebauet, der daſelbſt ein ſchönes Schloß hat errichten, ſein Sohn Anouchirvan aber, eine Tekkie, oder Kloſter für Mönche hier bauen laſſen, welches hundert Ehlen lang, und eben ſo viel breit war. Die Macht der Könige in Perſien damaliger Zeit zu beweiſen, ſetzt man hinzu, es wären Geſandte aus China , Turkiſtan, und Griechenland dort beyſammen geweſen. Chebdiz, welches Kosrew Pervis erbauet hat, liegt nicht weit davon. An dieſen Ort war in der Ebene ein Garten, zwo Meilen lang, und breit, der Früchte in Menge lieferte : aber die Gegend herum taugte bloß zur Jagd.

Kirmanchah ſelbſt, war bis auf die letzten Unruhen in Perſien, eine große Stadt : aber die Derquezinis, ein Volk das mit den Türken einerley Religion hatte, und daher von den Perſern verabſcheuet, und verfolget wurde, haben ſol-che als ſie vorbeygezogen ſind, um ſich in die Staaten des Grosherrn zu flüchten, geplündert und verwüſtet. Dieſe Völker ſtammen aus Derquezin (5) her, welches anfänglich

ein

---

5) Der türkiſche Erdbeſchreiber ſetzt Derquezin unter den fünf und achtzigſten einen halben Grad der Länge, und ſechs und drey-ßigſten, einen halben Grad der Breite.

ein schlechtes Dorf gewesen, seitdem aber ein großer Flecken
worden ist, der in diesen letzteren Jahren zerstöret wurde.
Da es hier einen Ueberfluß an Wasser hat, und der Boden
sehr gut ist, findet man Gärten und Weinberge in
Menge. Es wächset auch dort viel Getraid und Baumwolle. Die Provinz Kirmanchah ist überhaupt genommen sehr
fruchtbar, und reich an Vieh. Man führet von hier die Lebensmittel bis nach Ispahan, und sammlet auch Saffran daselbst.

Es wird mir erlaubt seyn hier im Vorbeygehen etwas
weniges von Hemedan (6) zu gedenken. Diese Stadt liegt
dem Gebirg Elvend gegen Morgen, welches diese ganze,
mit Gärten, Weinbergen, Ackerfeld und Viehweiden angefüllte Gegend, häufig mit Wasser versiehet. Hemedan, welches
das alte Ecbatana zu seyn scheint, ist wie man vorgiebt, durch
Nabucodonosor, den die Morgenländer Buktetunnusre nennen, zerstöret worden. Hernach soll sie Dara, des Dara Sohn, wieder gebauet, und Bedil im drey und zwanzigsten
Jahr

---

6) Hemedan liegt nach den türkischen Erdbeschreiber, unter den
drey und achtzigsten einen halben Grad der Länge, und sechs
und dreyßigsten Grad der Breite. Nach den Etvals unter den
vier und siebzigsten Grad der Länge, und sechs und dreyßigsten
Grad der Breite. Nach Jbni-Said, unter der nämlichen
Länge, und sechs und dreyßigsten Grad, ein und dreyßig Minuten der Breite. Nach Resme unter den drey und siebzigsten
Grad der Länge, und sechs und dreyßigsten Grad der Breite.
Endlich nach den Kanon, unter den fünf und siebzigsten Grad,
zwanzig Minuten der Länge, und vier und dreyßigsten Grad,
vierzig Minuten der Breite.

Jahr der Hegire erobert haben. Als ſie aber einer von des
Dzengnis Khan Nachfolgern verwüſtet, und ſeine Einwohner insgeſamt im ſechs hundert und achtzehnten Jahr
(zwölf hundert ſechs und funfzig), der Hegire, niedergemachet
habe, ſey dieſelbe nochmals aufgebauet, und ſeitdem immerfort bewohnet worden. Der Aufenthalt daſelbſt iſt Win-
terszeit der großen Kälte wegen, traurig, im Sommer hingegen, ſehr angenehm, und man verſichert, daß es hier
unmöglich ſey, ſchwermüthig zu werden. Man zeigt daſelbſt das Grabmaal der Eſter, wohin die Juden Wallfahrten gehen.

Elvend, welches man auch Ervend nennet, liegt eine
Meile von da gegen Abend. Dieſes Gebirg iſt ſehr hoch,
und folglich immer mit Schnee bedecket. Es hat dreyßig
Meilen in Umfang, und wird auf zwanzig Meilen
weit geſehen. Auf allen Seiten entſpringen Flüſſe daraus,
welche die Gegend fruchtbar machen. Einer Seits gränzet
es an Aderbajdian, auf der andern hingegen, an Irak:
der mittlere Theil aber, erſtreckt und zertheilet ſich auf verſchiedene Seiten. Das äußerſte an Hemedan gränzende Theil
wird eigentlich Elvend genennet.

Abdul-Bakilhan, der Statthalter von Kirmanchah
war, rächete ſich auf eine edle Art an des Großherrn Geſandten, wegen der ihm in der Türkey, beſonders zu Moſul wiederfahrenen ſchlechten Begegnung. Er hatte Anſtalten gemacht, denſelben auf das prächtigſte zu empfangen,
und eine halbe Stunde von der Stadt unterſchiedliche Zelten
an der großen Landſtraſſe aufſchlagen laſſen, wo er ihn mit
den vornehmſten ſeines Gefolgs, und der Stadt, erwartet

M   te

te. Der Pacha fand die Einwohner unter den Waffen, in
Reihen gestellet , und wurde von ihnen im Durchgehen mit
verschiedenen Salven aus dem kleinen Gewehr, begrüßet, bis
er in den für ihn zubereiteten Zelt abgestiegen war. Gleich
hernach gieng man zur Tafel. Nun hatte er zwar schon
öfters auf der Reise über die gute Bewirthung der Perser
sein Vergnügen bezeiget : demungeachtet aber noch .nichts
gesehen , daß mit diesem Gastmahl, wo Verschwendung
und Niedlichkeit in gleichen Grad herrscheten , konnte verglichen werden. Nach geendigter Mahlzeit zog der türkische
Gesandte zuerst in die Stadt , und nahm sein Quartier in
des Statthalters Haus. Der Khan befahl seinem Sohn,
der während seiner Abwesenheit regierte, ihn wohl zu bewirthen, und bat den Gesandten, um sich vollkommen zu rächen, er möchte seine Abreise nicht beschleunigen, und ihm
die Ehre erzeigen , nach eigenen Gefallen bey ihm zu
bleiben. Er verweilte auch in der That sieben Tage hier,
da ihm entweder der Ort gefiel , oder er seine Reise sonst
gern verzögerte.

Siebzehntes Kapitel.

Abreise von Kirmanchah, und Ankunft zu Ispa-han.

Als die Abreise auf den ersten Julius festgesetzet war, brachen die beyden Gesandten mit einander auf, und lagerten sich zwo Stunden von der Stadt, in der Ebene. Ich
trennte mich währender Reise von der Gesellschaft, um zu

Taki-

Taki-Bostan (*) ein altes Denkmaal zu sehen, wovon mir die Perser viel Rühmens gemacht hatten. Nach ihren Bericht glaubte ich daß es von einem Reisenden betrachtet zu werden verdiente, und fand an den Fuß eines hohen Gebirges, welches am westlichen Ende von Bi-sutoun lag, zwo Nischen neben einander, ziemlich tief in den Felsen gehauen, davon die eine zwanzig Fuß, die andere hingegen ohngefähr zehen Fuß breit war. Auf den Mittelpunkt der grösten, stehen zween Engel, davon jeder einen Zirkel in Händen hat, und mitten zwischen beyden, ein halber Mond. Man siehet drey große Figuren stehen, welche in den innersten Theil der Nische halb erhoben ausgehauen sind. Die mittlere scheinet ein König zu seyn, die zur rechten eine Weibsperson, und die linker Hand trägt einen großen Bart. Man sagte mir, daß sie den Khosrew, Chirin, und Chapour welchen wir Sapor nennen, vorstelleten. Auf diesen Figuren stehet ein Rieß zu Pferd, der am Arm einen Schild stecken hat, und auf der Achsel eine ungeheure Lanze träget. Die Perser geben vor, es sey Rustem, einer von den tapfern Männern des Alterthums. Diese Figur befindet sich zwischen zwo nach Korinthischer Ordnung ausgekehlten Säulen: von dem Pferde ist aber der eine Fuß zerbrochen. Auf den beyden Gesimsen werden allerley kleine Figuren von Mannspersonen vorgestellet, welche mit verschiedenen wilden Thieren, als Hirschen, wilden Schweinen, Elephanten, und andern untermenget sind. Einige davon sitzen in Barken, an-

M 2 dere

*) Taki will so viel sagen, als ein Gewölb oder auf Art eines Bogens gemachtes Werk, und Bostan einen Garten.

dere spielen auf unterschiedlichen Instrumenten, und etliche jagen.

In der kleinen Nische sind nur zwo Figuren, gleich- falls von halb erhobener Arbeit und natürlicher Größe, mit einer Inschrift darüber, in Buchstaben, welche der alten Perser, oder Guebren ihre seyn sollen. Am Fuß des Gebirges entspringet ein Bach, der zwar ein helles und frisches, jedoch rauhes, und hartes Wasser hat.

Es war mir unmöglich die Inschrift abzuschreiben, in- dem mich die Wache welche man mir zur Begleitung mitgege- ben hatte, bey einbrechender Nacht, wieder in das Lager zurück zu kehren erinnerte: maßen sie sagten, daß wir Gefahr liefen, in der Dunkelheit von den Kiurden nieder- gemacht zu werden.

Den folgenden lagerten wir uns nach vierstündigen Marsch unter der mittägigen Spitze des Gebirges Bisutoun, welches disseits Essed-Abad (1) liegt, wenn man von die- sem Flecken nach Bagdad gehet. Sahib-Nutzhat berich- tet, daß er auf erhaltenen Befehl die Höhe von Bisutoun aufzunehmen, solches an sechshundert und zehen unterschiedenen Orten

---

1) Essed-Abad ist ein Flecken, an der Straße nach Irak, sieben Meilen von Kasrul-Lussous, neun von Hemedan, und sieben und zwanzig von Dinever, unter den acht und sechzigsten Grad, vierzig Minuten der Länge, und vier und dreysigsten Grad, funfzig Minuten der Breite, wie der Kanon meldet. In der Proving Khorasan liegt ein Dorf dieses Namens, welches von Nichabour abhänget.

Orten gemessen, und es vier tausend und acht Ehlen hoch, befunden habe. Sein Umfang beträgt zwanzig Meilen, und es ist anf zwanzig Meilen zu sehen, auch dessen Gipfel fast beständig mit Wolken bedecket. An diesen Ort ist seine Vorderseite gegen eine Ebene gerichtet, auf die er alle Augenblicke zu fallen scheinet: weshalben man solches auch Bis - soutun, das ist ohne Säulen, oder Lehne genannt hat. Er ist mitten durchgehauen, und man erzählet bey dieser Gelegenheit, Khosrew habe sich ehehin gegen den Serhad einen Helden dieser Zeit, beklaget, daß ihm von diesem Berg der Weg versperret werde, worauf er von demselben sey entzwey gehauen, und eine Strasse dadurch gebahnet worden. Dieses mag nun für ein Mährchen gehalten werden oder nicht, so ist es demungeachtet wahr, daß man daselbst noch die Spuren von der Scheere, und am Fuß des Gebirges große Felsenstücke wahrnimmt, welche davon sind los gerissen worden. Man hat auch einen schmahlen Weg über dessen Vorderseite ausgehauen, wo man hinanf steiget. In einer großen Höhe siehet man zwölf männliche Figuren, halb erhoben in den Felsen gehauen, und mit Waffenröcken angethan. Unten am Berg erblicket man auf der nämlichen Seite, Ueberbleibsel von halb erhobener Arbeit, und von Inschriften, welche sind ausgelöschet worden. Aus des Etesias Auszügen im Diodor von Sicilien, vernehmen wir daß man sie damals der Semiramis zuschrieb, und auf die Strasse von Babilon nach Ecbatane, oder Hemedan, vom Etesias Agabadan, oder Agbatana genennt, setzte. Ptolomeus meldet das nämliche. Unsere Reisende, wie Peter Dellavalle, Thevenot, Chardin, und andere, welche dieser Figuren gedenken, beschreiben sie nicht, vielleicht haben sie aber solche

nicht

nicht genau unterſuchet. Zu Biſutoun iſt ein Dorf, und eine große Kiervanſerai.

Den folgenden legten wir ſechs Stunden zurück, und lagerten uns bey den großen Flecken Sahne. Nachdem wir den vierten über ein Gebirg, Namens Bidi-Surkhe, (die ro- the Weide), gekommen waren, giengen wir in ſechs Stun- den nach Tarim-Ara. Der türkiſche Erdbeſchreiber ſpricht von zwey Tarim (2), die er ein Tagreiſe jenſeits Sultanie (3), gegen Norden ſetzet: nämlich das untere, welches vor ihrer Verwüſtung die Hauptſtadt war, und das obere, wo ſich noch jetzo ein Flecken befindet. Dieſe Landſchaft iſt ſehr heiß, und hat einen großen Ueberfluß an Getraid, und Früchten, beſonders aber an Oliven, ſo für die beſten ge- halten werden. Dieſe Früchte verkauft man zu Sultanie, welche Stadt anfänglich unter Kazvin ſtunde, in der Folge aber die Hauptſtadt von Iran wurde, und ihrem Bezirk noch zehen andere Städte beygefüget bekam. Ergoun, ein Sohn des Ibka legte daſelbſt die erſten Feſtungswerke an, welche ſein Sohn Eldjative Sultan, im Jahr der Hegire ſieben hundert (dreyzehn hundert fünf und dreyßig) vollende- te: alsdann wurde dieſe Stadt unter ſeinen Namen bekannt, und er daſelbſt begraben. Sie liegt eine Tagreiſe von den

Ge-

---

2) Der nämliche ſetzt ſie unter den vier und achtzigſten Grad der Länge, und ſechs und dreyßigſten einen halben, der Breite.

3) Sultanie liegt nach den nämlichen Erdbeſchreiber, unter den ſechs und auerzigſten Grad der Länge, und neun und dreyßig Minuten der Breite.

Gebirgen Dilem in einem ebenen Land, wo sie durch Kanäle, Wasser genug erhält, und hat gute Luft. Das Kastell daselbst ist viereckigt, und aus Quaterstücken gebauet, jede Seite hat fünf hundert Ehlen, und die Mauern sind breit genug, daß vier Reuter neben einander reiten können. Des Eldjative Grabmaal befindet sich in einer Pyramide, die hundert Ehlen in Durchschnitt hat, und hundert und zwanzig hoch ist. Sie soll wie man behauptet in vierzig Tagen erbauet worden seyn. Ebul-Feda nennet diese Stadt auch Kungurlan (4), und setzet sie acht Tagreisen von Tibriz, Ostwärts, wobey sich solche etwas gegen Süden ziehet. Er setzet hinzu, daß Kharbendi, des Ergoun Sohn, solche erbauet, und zu seiner Hauptstadt gemacht habe.

Ich wende mich wieder zu meiner Reise. Den fünften giengen wir von Tarimara ab, und blieben nach einen fünfstündigen Marsch, zu Firouz-Abad. Der türkische Erdbeschreiber sagt abermals, daß ehehin in den Bezirk der beyden Tarim, eine Stadt Namens Firouz-Abad gewesen wäre. Man findet aber vier und zwanzig Meilen von Chiraz, eine, welche sich also nennet. Ursprünglich heiset sie Djour, und ist sehr alt, der vorbey fließende Strom entspringet in den Gebirgen von Hasenat, und stürzt sich in den Persischen Meerbusen, nachdem er vorher einen andern Fluß Sitaraiguian genennt, verschluckt hat. Man erzählet daß Alexander der Große, wie er kein anderes Mittel gefunden, sich

M 4   dieser

---

4) Kungurlan, ist nach dem Kanon, und dem Kias, unter den sechs und siebzigsten Grad der Länge, und neun und dreyßigsten Grad der Breite.

dieser Stadt nach einer langen Belagerung zu bemächtigen, einen Damm, der niedriger lag als die Stadt, habe aufwerfen lassen, und sie dadurch überschwemmet. Ardechia leitete diesen Strom wieder in sein altes Beet, und bauete die Stadt in runder Gestalt. Sie ist mit einen Wall befestiget, und man gehet durch vier Thore hinein, nämlich das von Mihre gegen Osten, das von Behram gegen Westen, das von Hurmuz gegen Süden, und das von Ardechir gegen Norden. Diese Thore stoßen an Weinberge und Gärten, welche sich eine Meile in die Länge erstrecken. Man verfertigt daselbst viel Rosenwasser, auch ist die Luft sehr heiß und ungesund.

Den sechsten marschirten wir in fünf Stunden nach Rehavend (5), welche Stadt heutzutag größtentheils zerstöret ist. Wie man behauptet, soll sie von Noah erbauet worden, und ihr eigentlicher Name Nohavend gewesen seyn. Die Morgenländer nennen den Noah, Nohi, Vend, bedeutet in der Pehlevienischen Sprache so viel als Handarbeit, oder Werk, und durch das a werden die beyden Worte zusammen gehenket. Sie liegt auf einen Berg der sie hinlänglich mit Wasser versiehet, und es giebt an diesen Ort viele Gärten, woraus man vortreffliche Früchte sammlet.

Wir

---

5) Rehavend liegt nach den Ebals, unter den acht und siebzigsten Grad, fünf und vierzig Minuten der Länge, und vier und dreyßigsten Grad, zwanzig Minuten der Breite. Nach Jbni-Sair, unter den acht und siebzigsten Grad, ein und dreyßig Minuten der Länge, und sechs und dreyßigsten Grad der Breite. Nach den Kanon, unter den sechs und siebzigsten Grad, zwanzig Minuten der Länge, und fünf und dreyßigsten Grad der Breite, vierzig Meilen von Hemedan.

Wir kamen den ſiebenten nach einen ſiebenſtündigen
Marſch bey dem elenden Dorf Tcharbura, und den folgenden in
acht Stunden zu Roudguird (*) an, welches der türkiſche
Erdbeſchreiber eine halbe Meile von Guerdge ſetzet. Roudguird iſt eine kleine Stadt, und hat ihre Erbauung einem
der Boudelſs Wezire zu danken. Sie ſcheinet ehehin ſehr
artig geweſen zu ſeyn, hat aber während der letztern Kriege vieles gelitten. Heutzutag bedeutet ſie wenig mehr,
und es iſt nichts ſchönes darinnen als die Gärten, in denen
wir logirten.

Der Abgeſandte des Großherrn, dem man ein ſehr
angenehmes Quartier angewieſen hatte, war dermaßen gern
daſelbſt, daß er ſich kaum entſchließen konnte, von hier
abzureiſen. Er verurſachte daß wir uns vier Tage daſelbſt
aufhielten.

Den dreyzehnten blieben wir nach einen achtſtündigen
Marſch zu Talkhiſtan (**), von da wir den folgenden in eben
ſo vieler Zeit nach Hinna-dere (***), giengen, und den
Tag darauf nach Immam-Zade-Kaſim (***). Man ſiehet in dieſer Gegend nichts als zerſtörte Dörfer, und unfruchtbare Felder. Aus den Gebirgen, die ſich hin

M 5 und

---

*) Roud bedeutet einen Strom, und Guird, die Gegend.

**) Talkhiſtan kann erkläret werden, ein Ort der Bitterkeit.

***) Thal von Hinna.

****) Kaſim, Sohn eines Imam.

und wieder in der Ebene erheben, und davon nur einige mit
Schnee bedecket sind, kommen bloß Bäche, welche zu klein sind,
die von der Sonnenhitze verbrannten Felder zu wässern. Man
muß noch hinzusetzen, daß Persien, dem es allemal an einer hinlänglichen Anzahl von Einwohnern gefehlet hat, heutzutag, wegen der zu unsern Zeiten erlittenen Veränderungen,
schlechter als jemals bevölkert ist. Noch außerdem
verderben es die beständigen Abgaben, welche man dem Volk
aufleget, vollends gar, und machen daß die Städte sowohl als das Land, von Einwohnern entblöset werden.

Wir suchten uns nur an solchen Orten zu lagern, wo
das Wasser etwas gut war, indem wir uns schon Rechnung machen konnten, Lebensmittel anzutreffen, womit die
Einwohner, welche von unserer Reise Nachricht erhalten
hatten, ungeachtet ihres Elendes, uns zu versehen besorgt
waren. Zuweilen brachten sie uns solche ziemlich weit her.
Wenn wir nicht in den Häusern logirten, geschah es nicht
deswegen, daß man den Türken, oder Persern den Eintritt
versagte: Nadir Chah wurde viel zu stark gefürchtet, und
seine Befehle zu sehr in Ehren gehalten, als daß man sich
hätte unterstehen sollen uns in Persien, wie es in der Türkey
geschehen war, zu beunruhigen. Ein einziger Muhassil,
oder Einnehmer, der in seinen Namen kommt, setzet eine
ganze Stadt, ja sogar eine ganze Provinz in Schrecken:
um wie viel mehr ein solcher Mann wie Abdul-Bakikhan war, der Befehl hatte, dem Gesandten des Großherrn
nicht allein nichts abgehen zu lassen, sondern ihn auch gut
zu bewirthen. Wir zogen aber der Jahreszeit wegen, die
Wiesen den Häusern vor, welche so lang die Hitze dauert,

da

da ſie nur von Erde aufgebauet, und daher mit Ungeziefer angefüllet ſind, nicht können bewohnet werden.

Wir lagerten uns alſo jederzeit, entweder in der Tiefe
irgend eines Thals, oder mitten auf der Ebene, und
auf Hügeln. Die Hitze am Tag nebſt den Nachtfröſten,
welche vom Thau, und Schnee herrührten, wovon
an einigen Orten die Gebirge bedecket wurden, und das Waſſer in dieſen Gegenden, das faſt alles hart, ſchwer, und
zuweilen ſalzigt war, hatten die Unpäslichkeit welche ich
ſeit meiner Ankunft zu Chehrebau, empfand, dergeſtalt ver-
gröſſert, daß ich zweifelte nach Iſpahan gehen zu können.
Demungeachtet muſte ich den ſechzehnten aufbrechen. Wir
langten nach fünfſtündigen Marſch zu Mouche an, von da
wir den folgenden in ſechs Stunden nach Dehnad, und Tags
darauf in eben ſo vieler Zeit nach Bis kamen.

An dieſen Ort zankten die Türken mit den Perſern, und
wollten ſich ihrer ſeits gleichfalls böß anſtellen, griefen es
aber unrecht an, indem ſie unbillige Sachen verlangten.
Sie begehrten Gewürz ihre Speiſen zu würzen, und Seife
von Haleb, die Hände und den Bart nach der Mahlzeit damit
zu waſchen. Mit den gewöhnlichen Lebensmitteln, deren ſich
die armen Einwohner beraubten, um ihnen mitten in einem
verwüſteten, und faſt unbewohnten Land Ueberfluß zu verſchaffen, waren ſie nicht zu frieden. Man ſtellete ihnen vergeblich vor, daß es unmöglich wäre, ſie in dem Land, worinnen ſich dieſelben jetzo befänden, mit dergleichen überflüßigen
Dingen zu verſehen, es ſollte ihnen aber ein Genüge geſchehen, ſo bald ſie nur künnten aufgetrieben werden. Darüber wurden ſie unwillig, und alle Vorſtellungen waren
ni cht

nicht in Stand, ihnen begreiflich zu machen, daß die andern Straßen nicht besser wären: sie bildeten sich dennoch
ein, diese würden sie ausdrücklich geführt, um sie zu kränken.

Hierauf gaben sie den Einkäufern Schuld, indem sie
das Herz nicht hatten, den Abdul Bakikhan öffentlich anzugreifen. Endlich kam es von beyden Theilen zum Schim-
pfen. Die Perser sind von Natur sanftmüthig, und sehr
gelassen gegen diejenigen welche das Recht haben ihnen zu
befehlen, oder mächtiger sind. Da sie aber in ihrem eigenen Land waren, die Türken hasseten, und sich einbildeten
daß sie für den einzigen Namen des siegreichen Nadir Chah
zittern müßten, achteten sie sich beleidiget zu seyn, wurden
zornig, und fielen über die Türken mit Fäusten her. Die
Gesandten waren zu vernünftig, als daß sie diesen Muthwillen hätten sollen angehen lassen. Sie hielten Divan, der
Bassa gab seinen Leuten Unrecht, und ließ ihnen Stockschläge geben, worauf die Ruhe wieder hergestellet wurde.

Als mich Abdul Bakikhan von meiner Krankheit so
verändert sahe, und ohne Zweifel befürchtete, daß ich die
Beschwerlichkeiten eines so langsamen Marsches nicht mehr
länger möchte dauern können, erlaubte er mir endlich voraus zu gehen, ich machte mir also eine Gelegenheit, welche sich eben zu rechter Zeit eräugete, zu Nutzen.

Mirza Chefi hatte aus Ispahan drey oder vier von seinen Leuten abgeschickt, dem Khan und seinen guten Freunden, Geschenke von Melonen und andern Früchten zu überbringen, welche in dem Land wo wir uns damals befanden,
selten

selten sind. Sie hatten in der Türkey große Sorgfalt für mich getragen, und ich zweifelte nicht, daß sie in Persien eben so viele haben würden. Ich entschloß mich also mit ihnen abzureisen, und nahm den Weg über Khounsar (Blut-ort), einer kleinen und artigen Stadt, wegen ihrer Lage in einer großen Ebene, welche mit Gärten umgeben ist, die sich drey Meilen weit erstrecken. Es hat gute Luft, und Was-ser in Ueberfluß. Man sammlet in ihrer Gegend eine Art Manna, wornach die Perser sehr begierig sind. Dieses Manna (6) entstehet im Frühjahr, des Nachts, und wird vor Aufgang der Sonnen aufgelesen. Man ist darauf bedacht, Stücke Leinwand unter die Bäume zu breiten, an deren Aesten es sich anhänget, wovon man solches herunter schüttelt. Von diesem Manna werden kleine Kuchen mit Pistacien und Cardamomen verfertiget, worunter man das feinste Mehl menget, und sie hernach nebst andern Confect auf die Tafel setzet. Die Art sie zu zerbrechen bestehet da-rinnen, daß man solche in die eine Hand leget, und mit der andern darauf schläget, ohne zu drücken, alsdann bre-chen diese kleine Kuchen in Stücke, will man selbige aber mit den Fingern zerbrechen, so hängen sie sich an, und werden zähe wie Vogelleim.

Meine

---

6) Das Manna ist kein Thau, sondern eine Ergießung des Nah-rungssaftes, den die Luft auf den Blättern verdicket. Durch die Sonnenhitze würde er schmelzen, und zum Theil verrauchen, das übrige hingegen sich mit der Erde, worauf er herabtroffen müßte, vermischen.

Meine Führer sagten mir, daß sich in diesen Bezirk ein Ort, Namens Gulpaguian, befände, der wenigstens eben so schön wäre, als Khounsar. Der türkische Erdbeschreiber setzt ihn zwischen den fünf und achtzigsten einen halben Grad der Länge, und vier und dreyßigsten einen halben der Breite: wobey er hinzufüget, daß er zwischen.Guerdge, und Hemedan läge, sich aber hierinnen augenscheinlich betrüget. Ebul Feda der ihn Dgerbadekian nennet, bestimmet seine Lage nach den Etvals unter den vier und siebzigsten Grad, fünf und dreyßig Minuten der Länge, und vier und dreyßigsten der Breite, zwischen Guerdle, und Ispahan, welches sich auch in der That also befindet. Gulpaguian ist von Humai, der Tochter Behmen, erbauet worden. Es hat eine gemäßigte Luft, und bekommt sein Wasser aus einem Strom gleiches Namens. Dieser Bezirk enthält ohngefähr funfzig Dörfer, darunter Delindjan ehemals eine Stadt war.

Es giebt noch ein anderes Dgerbadekian zwischen Djurdian, und Esterabad. Djurdjan (7), welches die Perser
Kiure-

---

7) Der türkische Erdbeschreiber setzt Djurdjan unter den neunzigsten Grad der Länge, und neun und dreyßigsten der Breite. Ebul-Feda hingegen nach den Etvals, unter den achtzigsten Grad der Länge, und sechs und dreyßigsten Grad, funfzig Minuten der Breite. Nach den Canon unter den achtzigsten Grad, zehn Minuten der Länge, und drey und dreyßigsten Grad, zehn Minuten der Breite, endlich nach Kesme, unter den achtzigsten Grad, fünf und vierzig Minuten der Länge, und drey und dreyßigsten Grad, funfzig Minuten der Breite.

Kiurekian nennen, ist eine berühmte Stadt in Mazenderan, und liegt in einer ebenen Landschaft, nahe bey einem Gebirg, wo es beständig regnet. Die Luft welche daselbst heiß und feucht ist, machet dieses Land so ungesund, daß man es nur den Kirchhof von Khorasan nennt. Hier wachsen die Bäume in einem Jahre so geschwind, als anderwärts in zehen, und die Früchte welche es hervorbringt, sind Datteln, Rosinen, Getraid, Baumwolle, und Seide. Ihre Mauern hatten ehehin sieben tausend Klastern in Umfang. Yezid, Sohn des Muhelleb, eroberte es unter Suleiman, des Abdul-Melik Sohn. Vorzeiten ist sie bis auf das Reich der Bouies sehr stark bevölkert gewesen: nachdem aber alle ihre Einwohner durch die Mogols waren niedergemacht, worden, wurde sie damals gänzlich verwüstet, hat sich aber seitdem doch wieder erholet. Firouz, der Sasanide, hatte eine Mauer fünf Meilen lang aufrichten lassen, dieses Land für den Streifereyen der Touruninen zu beschützen. Man zeiget in dieser Stadt zween Mühlsteine, wovon jeder zwanzig Ehlen in Durchschnitt hat, und zween dick ist, denen ein großes Alterthum zugeschrieben wird. Der hier vorbeyfliesende Strom, führet mit der Stadt einerley Namen. Er kommt aus den Gebirgen von Mazenderan, gehet durch das Thal Yegni-Ehehre, auf Meidani-Sultan, alsdann nach Djurdjan, dessen Felder er bewässert, und sich hernach in das Meer von Kharez, oder Caspien, stürzet. Sein Lauf beträget ohngefähr funfzig Meilen, und ist fast allenthalben tief. Esterabad (8), oder das alte Siberis, ist eine

---

8) Esterabad liegt dem türkischen Erdbeschreiber zufolge, unter den
neun

ne mittelmäßige Stadt in Majenderan, nahe an der See, und liegt zwo Tagreisen von Djurdjan, vier von Sarie, und neun und dreyßig Meilen von Amul. Das Wasser und die Luft taugen hier nichts. Diese Landschaft liefert Getraid, Früchte, und Seide.

Nachdem ich Khounsar vorbey gekommen war, gieng ich hierauf nach Guive-Chara, einen jehen Meilen von Bis entlegenen Dorf, alsdann in sechs Stunden auf ein anderes, Madei Chah genennt, und von da in achten nach Tahran. Es giebt aber in den Bezirk Rey noch ein anderes Tahran. Das heutzutag fast gänzlich zerstörte Rey (9),

oder

---

neun und achtzigsten einen halben Grad der Länge, und acht und dreyßigsten der Breite. Nach dem Ebul-Feda, unter dem neun und siebzigsten Grad, fünf und dreyßig Minuten der Länge, und sechs und dreyßigsten Grad, funfzig Minuten der Breite. Nach den Etvals, und Kanou aber, unter den neun und siebzigsten Grad, zwanzig Minuten der Länge, und sechs und dreyßigsten Grad der Breite.

9) Der türkische Erdbeschreiber setzet Rey unter den sieben und achtzigsten Grad der Länge, und fünf und dreyßigsten einen halben der Breite. Sie liegt nach den Etvals, unter den sechs und siebzigsten Grad, zwanzig Minuten der Länge, und fünf und dreyßigsten Grad, fünf und dreyßig Minuten der Breite. Nach Rêsme unter den fünf und siebzigsten Grad der Länge, und fünf und dreyßigsten Grad, fünf und vierzig Minuten der Breite. Endlich nach dem Kanou, unter den drey und siebzigsten Grad, der Länge, und fünf und dreyßigsten Grad, fünf und vierzig Minuten der Breite.

oder Rages, war ehehin eine beträchtliche Stadt in Persien. Sie hatte ihre Erbauung den ersten Königen dieses Landes zu danken, und wurde nach ihrer Zerstörung, endlich durch Fereidoun wieder hergestellet. Zu den Zeiten des Khalifen Mehdi, war nach Bagdad keine Stadt so bevölkert, als diese, und der berühmte Haroun Rechid, wurde daselbst gebohren. Es sind an diesem Ort zween Flüsse, welche aus den Gebirgen von Dielem kommen, und ein hartes Wasser haben. Die Luft in diesem Bezirk ist bös, und die Hitze unerträglich: hingegen sind Lebensmittel, Früchte, und Baumwolle überflüßig daselbst anzutreffen.

Nach den Ebul-Feda liegt Rey, dritthalb Tagreisen von Sabe, und eine von Komiche, gegen Osten, und Süden, des Gebirges Demavend, dem höchsten unter allen in Persien. Sein Gipfel erhebet sich wie eine Kuppel, und wird auf funfzig Meilen weit gesehen, Es ist immer mit Schnee bedecket, und so steil, daß man nur mit vieler Mühe hinaufsteiget. Wie man vorgiebt, beträgt seine Höhe drey Meilen. Man findet auf seinem Gipfel eine unfruchtbare und sandigte Ebene, von ohngefähr hundert Morgen lang, darinnen siebenzig Oefnungen gezählet werden, woraus beständig schweflichte Ausdünstungen steigen, welche denen die nahe hinzutretten, den Kopf schwindlicht machen. Die fabelhafte Ueberlieferung sagt, es liege Dahhak einer der ersten tyrannischen Könige nach der Sündfluth, mitten in diesem Berg gefangen. Seine Benennung hat es dem Land worinnen es liegt zu danken.

Von Tahran reisete ich nach den kleinen Dorf Nedgefabad, welches sowohl durch die Lusthäuser so die Könige

N von

von Persien daselbst haben bauen lassen, verschönert ist, als durch die von ihnen gepflanzten Lustgänge von Bäumen, welche drey Stunden lang sind. Es befinden sich auch hier viele Gärten und Weinberge, wovon man die Trauben nach Ispahan bringet, und ziemlich guten Wein daraus machet. Nachdem ich an diesen Tag zehn Stunden zurück geleget hatte, kam ich endlich nach Ispahan, woselbst die beyden Abgesandten erst zehen Tage später ihren Einzug hielten.

Achtzehntes Kapitel.

Beschreibung von Ispahan. *)

Ispahan (1), ist sehr alt, und groß, und liegt in einer weiten Ebene, welche auf allen Seiten mit Bergen umgränzet wird. Ich werde hier anführen, was uns die Perser

---

*) Eine umständliche Beschreibung von Ispahan, findet man im XX. Theil der allg. Welth. S. 163 — 176, wo auch eine Abbildung der berühmten Alleen daselbst, anzutreffen ist, und Theil der XXII, Seite 595. Anm. des Uebers.

1) Der türkische Erdbeschreiber setzt Ispahan, unter den fünf und achtzigsten Grad der Länge, und drey und dreysigsten einen halben der Breite. Die Elvais unter den sechs und siebzigsten Grad, vierzig Minuten der Länge, und zwey und dreysigsten Grad, vierzig Minuten der Breite. Resme, unter den vier und siebzigsten Grad, vierzig Minuten der Länge, und

vier

Perser von dieser Stadt berichten. Ihr eigentlicher Namen ist Sipahan, welches so viel heisset, als Völker. Diese Benennung hat sie deswegen erhalten, weil sich gemeiniglich die Armeen der alten Könige von Persien, an diesen Ort versammleten, wo von Anfang nur vier Dörfer stunden, Kierran, Kiousek, Djoubate, und Dechet, genennt, welche die Könige Tahmouris und Dgemchid hatten bauen lassen. Nachdem aber Kiei Kubad den Entschluß gefasset hatte, seine Hauptstadt daraus zu machen, zog er von allen Seiten Leute dahin: auch ließ sich eine große Anzahl Juden, unter der Regierung des Buthetunnusre, oder Nabuchodonosor, in denjenigen Viertel nieder, welches man noch heutzutag Jehoudie, oder die Judenstadt nennet. Hasen, Sohn des Bouie, befahl eine Mauer von ein und zwanzig tausend Ehlen in Umkreis, mit zwölf Thoren herumzuführen. Man zählet darinnen zwölf Viertel, deren jedes eine Stadt vorstellen könnte.

Die Häuser sind daselbst von ungebrannten Backsteinen gebauet, indem hier die Steine und das Holz außerordentlich seiten sind. Sie haben Schwibbögen und flache Dächer. Ihr äußerliches Ansehen ist schlecht, das innere aber ganz nett und schön. Die Wände in den Gemächern sind weiß getünchet, und mit kleinen eingefaßten Spiegeln besetzet. Die Decken aber vergoldet, und blau gemahlet. Fast in allen untern

N 2

tern

---

vier und dreysigsten Grad, dreysig Minuten der Breite. Der Kanou aber, unter den sechs und siebzigsten Grad, funfzig Minuten der Länge, und vier und dreysigsten Grad, dreysig Minuten der Breite.

tern Sälen sind Springbrunnen, sowohl zur Nothdurft, als
zum Vergnügen : deswegen auch jedes Hauß, seinen Brunnen und Wasserbehältniß hat.

Obschon Ispahan in einer sehr trockenen Gegend liegt,
findet man doch allenthalben nicht sonderlich tief, Wasser,
welches zwar ein klein wenig salzigt, hart und schwer, dessen
ungeachtet aber für die Gesundheit zuträglicher ist, als das
aus den Zenderoud. Dieser Strom entspringt nahe bey
Djoui Serd, (der kalte Fluß), auf dem Gebirg Zerde,
im größern Louristan, und sein Lauf beträget ohngefähr
sechzig Meilen. Nachdem er zu Roud-bar vorbey geflossen ist,
kommt er nach Firouzan, lauft endlich zwischen Ispahan,
und Djulfa, durch eine schöne steinerne Brücke, und verlieret sich in den Bezirk Roui-Dechetin, an einen Ort,
Gav-Khani (oder die Kuh des Khans), genennt. Man nennet ihn auch Zaien-de-Roud, welches so viel sagen will,
als der wachsende Fluß, weil er alle Jahre zu wachsen scheinet. Durch die vielen Gräben, welche man aus ihn ab-
leitet, um die Felder wodurch er lauft, zu wässern, wird
er in Sommer dermaßen geschwächet, daß ich öfters unter
der Brücken durchgieng, ohne die Füße naß zu machen,
wegen der Fruchtbarkeit so durch ihn entstehet, wird ihm
auch der Namen Zerin-Roud, oder des goldenen Flußes,
beygeleget.

Sowohl zu Ispahan, als in der kleinen Stadt Djulfa,
welche durch Armenier bewohnet wird, und von der erstern,
deren Vorstadt sie zu seyn scheinet, nicht allzuweit entfernt
ist, giebt es viele Gärten, worinnen alle Zugemüße, und
Früchte, da man in Europa findet, häufig gebauet werden.

Fer-

Ferners wächset hier eine Art Pflaumen, Oulou genennt, welche viel größer, und angenehmer im Geschmack sind, als die übrigen : ingleichen mancherley Gattungen Melonen, die zu verschiedener Zeit reif werden , und dergestalt auf einander folgen , daß wenn eine Art vorbey ist, die andere anfängt gut zu werden, daher sie fast das ganze Jahr zu haben sind. Die letztere Gattung wird nicht eher gut, als bis sie einige Zeit ist aufgehoben worden. Sie erhält sich den ganzen Winter durch, wenn man nur Sorge trägt, sie an solche Orte aufzuhängen, wohin weder Kälte noch Feuchtigkeit kommen kann. Reis, Getraid, Gersten und Hirsch, ist in diesem Land häufig anzutreffen , und wolfeil, hingegen sind Rocken und Haber, daselbst desto seltener.

Das Hammelfleisch ist hier ziemlich gut , aber etwas zu fett. Diese Thiere haben ungeheure Schwänze , welche auf den Boden nachschleifen , und beynahe so lang als breit sind. Es ist nichts als ein Klumpen Fett , den man zerschmelzt, und sich dessen fast zu nichts, als in die Lampen zum brennen bedienet. Die Ochsen sind daselbst von den Europäischen in diesem Stück unterschieden , daß sie zwischen den Schultern einen großen Höcker haben. Von ihrem Fleisch essen die reichen Leute nichts : weil sich entweder die Mahometaner überhaupt nicht viel daraus machen , oder es in diesen heißen und trockenen Himmelsstrichen , wo man der Galle sehr unterworfen ist , für eine ungesunde Speise gehalten wird. Demungeachtet essen die Armen in Winter davon, Sommerszeit aber selten.

Das Geflügel ist zu Ispahan sehr gut. Ich habe daselbst Hüner gesehen, welche größer sind als sonsten, und ein

N 3　　　　schwär-

schwärzeres Fleisch haben. Wildpret giebt es in Persien gleichfalls sehr häufig, die Landeseinwohner achten es aber nicht,
und wenn auch manchesmal Hasen nach Ispahan gebracht
werden, geschiehet es nur, um sie an die Europäer zu verkaufen, selbst die Armenier, essen gemeiniglich nach den Beyspiel der Mahometaner nichts davon. Ich habe keine Fasa-
nen in den Gegenden wodurch ich gekommen bin, wahrge-
nommen, aber viele Rebhüner, worunter eine Gattung
grösser ist, und schönere Federn hat, als die unsrigen.
Die Gebirge und Wälder sind voller Hirschen, Damhirschen,
und Rehböcke. Es giebt daselbst keine Löwen, aber viele
Tiger. Die wilden Schweine sind zwar groß, aber nicht
gefährlich. Da dieses Thier in den Feldern viel Schaden
anrichtet, wird solches zwar gejaget, um es auszurotten,
aber nicht genossen. Die Kaufleute und Künstler haben zu Ispahan ihre Kramläden in den Bazars. Dieß sind
bedeckte Strassen, wovon die Decken hin und wieder, damit
Licht hineinfällt, durchbrochen sind. Man verkauft hier
alle Bedürfnisse des Lebens, und sogar überflüßige Dinge. Dergleichen sind schöne seidene Teppiche, Stoffen,
Gold und Silber Brokate, Edelsteine: nämlich Diaman-
ten von Golconda, Rubinen, Topase, und Saphire von
Pegu, Schmaragden von Said, welches der obere Theil
Aegyptus ist, oder aus Thebäis, blasse fleischfarbene Rubinen von Bedahchan (2), und alle andere Gattungen von
Edel-

---

2) Das Land Bedachhan liegt zwischen dem Ogelboun, und einem
andern Strom, Murgab genannt. Seine Hauptstadt, die
einerley Namen mit ihm führet, liegt nach den türkischen Erdbe-
schreit-

Edelsteinen, wie zum Beyspiel Granaten, Türkise, Ony-
che, Achatonyche, Steine von Yemen, Carniole, Opa-
len, Katzenaugen, Dendriten, oder Steine mit Bäumen,
und Lasursteine. Die Engländer und Holländer haben daselbst Kaufhäuser, und versehen Persien mit Tüchern, In-
dianischer Leinwand, Porcellan, Specereyen, und andern
Kaufmannswaaren, woran sie vorzeiten ein beträchtliches
gewannen. Heutzutag aber geschiehet es nicht mehr: indem
sich dieses Land in einen sehr elenden Zustand befindet, und
die Perser oft kaum das nothwendige haben.

Es sind in den verschiedenen Quartieren von Ispahan,
Plätze, worauf man Pferde, Getraid, und Früchte verkauft. Der, den man Meidan-Chah nennt, ist schön,

regel-

---

schreiber, unter den hundert und eilften Grad der Länge, und
sieben und dreyßigsten der Breite. Nach den Kanon, unter den
vier und neunzigsten Grad, zwanzig Minuten der Länge, und
vier und dreyßigsten Grad der Breite. Endlich nach den Etvals,
unter den vier und neunzigsten Grad, fünf und dreyßig Minuten
der Länge, und sechs und dreyßigsten Grad, zehn Minuten der
Breite. Zubeide, des Djafer Devaniki Tochter, soll sie
wie man behauptet, haben befestigen lassen. Der Strom
Kharat fließet neben vorbey, und stürzet sich in den Murgab.
Die Gegend um diese Stadt ist voller Gärten, und Weinberge.
Aus seinen Bergen gräbt man blasse Rubinen, Lasursteine, Amiante-
Steine, und Bergcrystalle. Die große Anzahl von Strömen,
welche Gebabchan wässern, machen es zu einem Land, das reich
an Holzungen, und Viehweiden ist. Die Einwohner liegen
unter Zelten, und ziehen von einem Orte zum andern; auch
sind die Pferde von diesem Land berühmt.

regelmäßig, und größer als je einer den ich gesehen habe
Alikapou, des Königs Pallast, stehet mit dem Vordertheil
auf der einen Seite. Er ist aus gebrannten Backsteinen
erbauet, sehr hoch und weitläuftig: da er schon seit langer
Zeit nicht ist bewohnet worden, befindet er sich, in einen
schlechten Zustand. Ich habe nichts darinnen gesehen, das
nur einigermassen schön war, als den Saal, in welchem
die Könige von Persien Audienz zu ertheilen pflegten. Er
ist in den untern Stockwerk, und sehr groß. Man hatte
einige schöne Teppiche und Sophas darinnen gelassen, nebst
vier Gemählden, welche schön, und nach unsern Geschmack
gemahlet sind. So viel ich daraus habe abnehmen können,
stellen sie Audienzen der Gesandten vor, und sind ohne Zweifel die Arbeit, irgend eines europäischen Mahlers. Um in
diesen Saal zu kommen, muß man durch einen Eivan, oder
Vorsaal gehen, der nur aus einem Dache bestehet, das durch
vier hölzerne Pfeiler getragen wird, die gemahlet, und mit
Spiegelstücken überzogen sind, welches nach den Geschmack
der Perser für etwas schönes gehalten wird.

Weiter von da, zu Ende des Platzes, stehet Mesdgi-
si-Chah, oder des Königs Moschee. Sie ist groß, und
ziemlich wohl gebauet, hat einen Vor- und innern Hof, und
Thüren, welche mit Silberblech überzogen sind. Es giebt noch
viele andere Moscheen in dieser Stadt, nebst einer Menge
Kiervanserais, und öffentlicher Bäder. In dem Arsenal
wird vortreffliches Gewehr verfertiget. Die Säbel der alten
Könige, werden nebst den übrigen Geräth, und der Schloß
Bibliothek, in der Schatzkammer aufgehoben. Es ist auch
eine Münze hier, welche beständig gehet. Ingleichen wird
Golddrath hier verfertiget, für die Stoffen, dazu Guilan

die

Seide liefert, welche man fårbet, und zu Iſpahan verar-
beitet. Der ſchône grûne Saſian iſt dieſer Stadt beſonders
eigen. Er wird aus Eſelshåuten verfertiget, und vornehm-
lich zu Schuhen gebrauchet.

Die Perſer haben einen ſehr durchbringenden Verſtand,
und bringen es in Kûnſten, Wiſſenſchaften, und ûberhaupt
in allem was ſie unternehmen, ſehr weit. Sie ſind
angenehm in Umgang, leicht zu ſprechen, und gegen die
Fremden hôflich und artig. Von Wohlleben, und Wein,
ingleichen von Pracht und Hoffart, ſind ſie große Liebhaber,
welches ſie vormals ſo hoch als irgend eine Nation getrieben
haben. In allen Dingen ſind ſie gute Kenner, und ſchwer
zu betrûgen. Daher auch die Juden, welche in der Tûr-
key gewaltige Reichthûmer beſitzen, in Perſien ſehr arm
ſind.

Neunzehntes Kapitel.

Der Verfaſſer macht zu Iſpahan verſchiedene Be-
kanntſchaften; und weigert ſich den Abdul
Balikhan nach Kandehar zu begleiten.

Als ich zu Iſpahan ankam, ſtieg ich bey Mirza Cheſi ab.
Sein Hauß war ſo ziemlich groß, und ſeine Glûcks-
umſtânde hatten ſich durch die Statthalterſchaft verbeſſert,
welche ihm zur Belohnung ſeiner Dienſte von Nadir Chah,
war ertheilet worden. Er trieb die Hôflichkeit ſo weit, daß

er verlangte, ich sollte die ganze Zeit meines Aufenthalts in
dieser Stadt bey ihm logiren. Ich dankte ihm aber dafür,
und blieb nur vier Tage bey ihm, um mich einzurichten. Der
Vorsteher der Capuciner, welche zu Ispahan ein Hauß ha,
ben, bot mir Quartier an, welches ich auch nicht ab-
schlug.

Die beyden Gesandten langten einige Tage später an.
Man logierte sie in der Gegend von Tchar-bag, einer großen Allee, welche sich bey einem der Stadtthore anfanget,
und bey der Brücke deren ich oben gedacht habe, endiget.
Die Tchinar, oder Ahornbäume, woraus sie bestehet, die
Blumenbeete, womit sie geschmücket ist, und das Wasser,
welches mitten durchlauft, und sich in verschiedene Wasserbecken ergießet, machen diesen Ort sehr lustig, und zu einen der angenehmsten Spaziergänge, die man nur sehen
kann.

Ich machte dem Abdul Bakikhan zween Tage nach seiner Ankunst, meine Aufwartung, woselbst ich den Statthalter von Ispahan, Hatem Beg, und Mir Muhamet
Husein, Cheik-Islam, oder Grosmufti von Persien, antraf. Nachdem mich der Khan wegen Beschaffenheit meiner Gesundheit gefraget hatte, erkundigte er sich nach meinem Quartier, und setzte hinzu, daß er mich in der Nähe
haben wollte. Ich antwortete ihm, daß ich französische
Geistliche angetroffen, und mein Quartier bey ihnen genommen hätte, auch daher mir ein Bedenken machete seine Güte zu
misbrauchen. Hierauf wendete er sich zu den Mufti, und sagte; „ich habe mir zwar geschmeichelt einen guten Muselmann
aus ihm zu machen, und ihm in diesem Land viel Vergnügen

gen zu verſchaffen : da er ſich aber nunmehr in den Händen
dieſer Väter befindet, fürchte ich daß es mir nicht gelingen
möchte, indem ſie ihn gegen uns einnehmen werden.„ Ohne Zweifel ſuchte er ſich dadurch bey ihm beliebt zu machen,
daß er ſo eifrig für ſeinen Glauben zu ſeyn ſchien. Er fügte
noch bey, daß ich von dem König in Frankreich nach Perſien wäre geſchicket, und von deſſen Geſandten zu Conſtantinopel, ſeiner Sorgfalt anvertrauet worden : auch
ein Liebhaber von Wiſſenſchaften und Sprachen wäre,
und theils, mir Kenntniſſe zu erwerben, eine ſo lange und
mühſame Reiſe unternommen hätte. Der Mufti und Hatem Beg, lobten mein Vorhaben ungemein, und baten
mich ſie öfters zu beſuchen.

Man hatte bey dem Eingang des Hauſes, worinnen der
Abgeſandte des Grosherrn logirte, Wache geſtellet, unter
den Vorwand, zu verhindern daß keine Uneinigkeit zwiſchen
ſeinen Leuten und den Perſern entſtünde : eigentlich geſchah
es aber, damit niemand ohne Erlaubniß zu ihn gehen möchte. Dieſe Vorſicht hätte ihn jedoch weder fremd vorkommen, noch
beleidigen ſollen, da man in Anſehung des Abdul Bakikhan,
während ſeines Aufenthalts zu Conſtantinopel, das nämliche
gethan hatte. Demungeachtet war es ihm ſehr beſchwerlich, maßen er diejenigen, welche er gern haben wollte,
nicht konnte zu ſich kommen laſſen, weshalben ich ihn auch
auf einige Zeit nicht beſuchte. Der Pacha bildete ſich ein,
daß ich ihn hintan ſetzte, und ließ mir ſolches verweiſen.

Ich antwortete ſeinem Abgeſchickten, daß ich nichts
mehr wünſchte, als die Ehre zu haben, ihm aufzuwarten:
daher ich mir auch die Freyheit nähme ihm den Rath zu geben

ben, sich bey Abdul Bakikhan über meine Nachläßigkeit zu beschweren.

Dieses Mittel gelang: indem mir der Khan, als ich nach einigen Tagen zu ihn gieng, während der Unterredung sagte, daß sich der Pacha sehr über mich beklagt hätte, und mich antrieb denselben zu besuchen, ja, er ließ mich sogar durch einen seiner Leute dahin führen. Ich fand bey dem Pacha die zween Kadileskier, welche in seinem Gefolg waren. Er machte mir anfangs Vorwürfe, und sagte, wie er gewahr würde, das ich die Kizllbaches mehr liebte als die Osmanlus. Die Türken nennen sich also nach den ersten Stifter ihrer Monarchie. Unter den Namen Türk, wird heutzutag ein plumper Mensch verstanden, und wer ihnen diesen beylegte, würde sie beleidigen.

Alsdann fragte er mich ob ich keine frische Nachrichten von Constantinopel hätte, und was ich von dem Gerücht dächte, welches man in Ansehung der Türken verbreitete. Dieß geschah aber vom Rußischen Secretair, Herrn Caluski, der, um seine Nation empor zu bringen, und zugleich dem Pacha Verdruß zu erwecken, öffentlich ausstreuete, daß die türkische Armee von den Moscowitern gänzlich wäre geschlagen worden, und sie in kurzen Meister von Constantinopel seyn würden. Diese Erzählungen kränkten den Pacha um so mehr, da er schon seit langer Zeit keine Nachrichten von der Pforte erhalten hatte, und sich unter einen Volk befand, welches ihnen desto mehr Glauben beymaß, da es den Türken nicht geneigt war. Ich begnügte mich ihm zu sagen, daß mir die Nachrichten des Moscowiters falsch zu seyn schienen, indem er wahrscheinlicher weise, in kurzen

zen beſſere empfangen würde.   Er hatte aber noch einen andern Kummer, nämlich die Reiſe nach Kandehar (1), welches Nabir Chah damals belagerte.   Man hatte ihm auf
Befehl

---

1) Kandehar, die Hauptſtadt des Landes dieſes Namens, liegt
dem türkiſchen Erdbeſchreiber zufolge, unter den hundertſten Grad
der Länge, und drey und dreyſigſten der Breite.   Nach den
Kanon, unter den neun und neunzigſten Grad, fünf und dreyſig Minuten der Länge, und ein und dreyſigſten Grad, funfzig
Minuten der Breite.   Endlich nach den Etvais, unter den
ſechs und neunzigſten Grad, funfzig Minuten der Länge, und
drey und dreyſigſten Grad, zwanzig Minuten der Breite.   Ibni-
Said berichtet, daß es eine von den Städten ſey, die Alexander
an einen Strom, der ſeinen Namen führet, gebauet habe.   In
dem Mucheterik, werden ſechzehn Alexandrien erwähnet, unter
denen ſich auch dieſes beſindet, welches der Verfaſſer nach Indien ſetzet.   Idriſi ſagt, ſie ſey groß, vollreich, und fünf
Tagreiſen von dem Strom Lavare entfernt iſt.   Sie hat eine
dreyfache Ringmauer, und ein Kaſtell, welches auf einem faſt
unzugänglichen Gebirg liegt, und ſeine Feſtungswerke ſind nach
neuer Art.   Aus ihrer Regelmäßigkeit kann man ſchließen,
daß die Mogoliſchen Kaiſer, Europäer bey dieſer Arbeit gebraucht haben.   Ihr Strom entſpringt aus einem Gebirg
gegen Weſten, und das Kaſtell hat einen in den Felſen gegra-
benen Brunnen, der es hinlänglich mit Waſſer verſiehet.   Se-
rendge, die Hauptſtadt der Provinz Sidgiſtin, iſt zehen Tagreiſen gegen Abend, davon entfernt   Der türkiſche Erdbeſchreiber ſetzet es unter den ſieben und neunzigſten Grad der Länge, und
zwey und dreyſigſten einen halben der Breite.   Der Kanon, unter den neun und achtzigſten Grad, dreyſig Minuten der Länge,
und den dreyſigſten Grad, ein und dreyſig Minuten der Breite.
Die Etvais aber, unter den ſechs und achtzigſten Grad der Länge,

Befehl dieses Fürsten angezeiget, daß er sich dahin begeben
sollte, um zur Audienz gelassen zu werden, welches ihm
aber sehr hart ankam, dennoch aber konnte er es nicht über-
hoben

---

ge, und zwey und dreyßigsten Grad, dreyßig Minuten der
Breite. Wie Ibni-Haukal berichtet, ist es eine große
Stadt, die man auch nach den Namen der Provinz nennet,
Mauern und Gräben hat, welche mit Quellwasser angefüllet
werden, das von da in die Häuser und Strassen lauft. Die
Provinz Sidgisan, hat viele Wüstenayen und Flugsand, worinnen zuweilen die Einwohner, und die Reisenden versinken.
Die heftigen Winde, so daselbst häufig wehen, führen diesen
Sand von einem Ort zum andern. Ihr vornehmster Strom
ist der Hindmend, der Ostwärts von Gour kommt, und sich
gegen Kaliche, und Beste erstrecket. Diese letztere Stadt
fließet er Südwärts vorbey, und nimmt seinen Lauf von Osten
gegen Westen. Man hat vermeynet, er stürze sich gleich in
den See von Zere, wenn er Zerendge gegen Süden vorbey-
geströmet sey : es ist aber nicht an dem. Sobald er nach Beste kommt, vertheilet er sich in unterschiedliche Arme, zerstreuet
und leitet sein Wasser auf eine Menge Dörfer. Er hat einen
sehr schnellen Lauf, auch liegen an seinen Ufern viele Städte,
und Flecken, und eine große Menge Indianer bringen daselbst
ihr Leben, mit beständigen Bußübungen zu. Ob ihm schon
viele Ströme ihr Wasser zuführen, und viele Kanäle davon
ausgehen, wird er dennoch weder größer noch kleiner. Sein
Wasser ist süß, mit Schilf bedeckt, und sehr fischreich. Mitten in diesem See liegt eine bewohnte, und angebäute Insel.
Das Land herum, die Gegend von Sidgisan ausgenommen,
wo es wüste Plätze giebt, ist es gleichfalls. Der Strom
Ferah lauft hinein, desgleichen der Hindmend, aber alsdann
erst, wenn er vorher viel Land, wie schon ist erwähnet worden, bewässert hat.

hoben seyn hinzugehen. Der an Haten Beg deshalben geschickte Befehl, wurde bey dem Abgesandten ohngefähr vier
Monathe nach ihrer Ankunft zu Ispahan, eröfnet, und sie
reiseten ab, sich zu den König zu verfügen.

Ich hätte mich beynahe mit dem Abdul Bakikhan einige Tage vor seiner Abreise gänzlich entzweyet. Er wollte mich
durchaus mit sich nehmen, weil er von mir wie er versicherte, gleich bey seiner Abreise von Constantinopel, gegen seinen Herrn Erwähnung gethan habe, und es mir nützlich
seyn könnte, wenn ich ihm vorgestellet würde. Ich sagte
ihm vergeblich, daß ich keinen Befehl dazu hätte, noch weniger aber die zu einer solchen Reise erforderlichen Geldsummen,
indem ein offener Wechselbrief, den man mir zu Constantinopel an den Vorsteher der zu Ispahan befindlichen Enlän-
der mit gegeben hatte, nicht war angenommen worden. Ich
konnte ihn aber hierinnen unmöglich bedeuten, bis ich ihm
endlich sagen muste, daß ich nach den Beschwerlichkeiten einer so mühsamen Reise, als diejenige war, welche ich gemacht hatte, mich noch nicht in Stand befände, diese mir
vorgeschlagene lange Reise anzutretten. Diesen vernünftigen
Vorstellungen gab er endlich Gehör, und redete nicht mehr davon.

Nach seiner Abreise suchte ich die mir von ihm zuwegen
gebrachte Bekanntschaften zu unterhalten. Ich machte auch
noch andere, welche mir sehr nützlich waren, eine gute Er-
kenntniß des Landes und dessen Sprache zu erwerben. Die
Perser haben sich ehehin stark auf die Studien gelegt, und
in den unter Mahometanern in Ansehen stehenden Wissenschaften, eine große Anzahl gelehrter Leute gehabt. Ich fand
Gelegenheit mit den Mufti, mit Mir Masoum, den Imam

der

der Königlichen Moschee, und mit einigen andern ihrer berühmtesten Gelehrten, Freundschaft zu machen. Mir-Ma-
zoum, der mich einst bey den Mufti antraf, verließ mich
fast nicht mehr. Er kam sehr oft zu mir, und lud mich
ein, ihn zu besuchen, damit wir uns von der Gelehrsamkeit
unterreden könnten. So lang das Gespräch nur von den
schönen Wissenschaften handelte, war ich ziemlich vergnügt
darüber, als ich aber zuletzt wahrnahm, daß er es allgemach
auf die Religion lenkte, und mir vorstellete, die Perser wären in diesem Punkt eben so streng und unbiegsam als die
übrigen Mahometaner, sagte ich ihm unverhohlen, daß unsere Unterredungen, wenn er von dieser Materie anfieng,
ein Ende haben würden.

Er antwortete, daß er sich mit mir nur von der Christlichen Religion unterhalten wollte, und ich die Freyheit hätte, alles vorzubringen, ohne daß ich befürchten dürfte, ihn
zu beleidigen. Als er mir hierauf eine Arabische Biebel zeigte, und ein Heft, welches die Widersprüche enthielt, die
er darinnen gefunden zu haben vorgab, folgerte, und schloß
er daraus, die heilige Schrift wäre nicht mehr so, wie sie
von ihren Verfassern geschrieben worden, die von ihnen,
den heiligen Paulus ausgenommen, alle in Ehren gehalten
werden. Er behauptete unsere Priester, und Mönche hätten dieselbe an vielen Stellen abgeändert und verfälscht: worauf ich antwortete, daß sich diese angebliche Widersprüche
viel leichter vereinigen ließen, als die im Koran. Der
Streit wurde alsdann hitzig. Er schimpfte gewaltig über den
heiligen Paulum, und ich bedrohete ihn die gegebene
Freyheit zu benutzen, und dagegen meine Gedanken
von Mahomet unverholen zu sagen. Was ich voraus ge-

sehen

schen hatte, geschah endlich: wir entzweyten uns, und
ich besuchte ihn nicht weiter.

Zwanzigstes Kapitel.

Nachricht von dem Zustande der Handlung zu
Jspahan, und in Persien überhaupt: ingleich-
chen von den Anstalten des Nadir Chah zu seinen
Zug nach Indien, und den Einfällen der
Lesgis in die Persischen Gränzen, nebst
andern Merkwürdigkeiten.

Da ich nicht gleich Anfangs so logiret war, daß ich
diejenigen Personen, welche mir die Ehre ihres Zu-
spruches gönneten, auf eine wohlanständige Art empfangen
konnte: nahm ich mein Quartier im Englischen Hauß,
welches groß, schön, und wohl gelegen ist, und mitten in
einem geraumigen Garten stehet. Es wurde damals aus
Ursachen, welche ich anzeigen werde, nicht bewohnt.

Die Engländer hatten kaum angefangen nach Indien
zu handeln, als sie schon darauf bedacht waren, die Handlung anderer Europäischen Nationen dahin, über den Haufen zu werfen. Damals waren die Portugiesen an besten
daselbst eingerichtet, und hatten sich bis an die Küsten des
Persischen Meerbusens ausgebreitet. Die Engländer, welche über ihre Macht eifersüchtig waren, schlossen mit Chah

O   Abas

Abas einen Tractat (*), wodurch sie sich verbindlich machten, ihm zu ihrer Verjagung aus Ormus (1), behülflich zu seyn, unter der Bedingung, daß ihnen die verlangten Handlungs-Freyheiten zugestanden würden.

Dieser

---

*) Diese Begebenheit eräugete sich im Jahr sechszehn hundert zwey und zwanzig. Eine genauere Nachricht von dem Zustand dieser Insel unter ihren eigenen Königen, und nachher unter den Portugiesen, Engländern, und Persern, wird in der Allg. Welthistorie, Theil XXII. Seite 514 — 516. und Seite 631 — 654. Theil XXV. S. 497 — 502. Theil XXVI. S. 82. angetroffen. Der Englische Gesandte der diesen Tractat mit dem Chah Abas schloß, hieß Thomas Rhöe. Anm. des Ueberf.

1) Ormus, welches die Perser Hurmus nennen, war vorhin eine Handelsstadt in Kirman, an den Persischen Meerbusen. Als die Tatarn solche verwüstet hatten, ließen sich die Einwohner, auf der Insel Ogeronn nieder, welche zwölf Meilen von dem festen Land, dem alten Ormus gegen Abend liegt, woren es den Namen angenommen hat. Nachdem sich die Portugiesen, zu des Sultan Chikab-Eddin Zeiten, dessen bemächtiget, und daselbst ein Kastell erbauet hatten, bemächtigten sie sich hierauf des ganzen Meerbusens, und eines großen Theils von dem angränzenden Land Nimrouz. Der Boden um Ormus ist selzigt, und man muß alle Lebensnothdurften hinführen. Di. türkische Erdbeschreiber setzt das alte Ormus, unter den zwey und neunzigsten Grad der Länge, und sechs und zwanzigsten einen halben der Breite. Der Kanon, unter den fünf und achtzigsten Grad der Länge, und zwey und dreyßigsten Grad, dreyßig Minuten der Breite. Ibul-Said, unter den vier und achtzigsten

Dieser Tractat richtete die Niederlassungen der Portugiesen in Persien zu Grund, und verschaffte den Engländern große Vortheile. Sie brachten dahin, aus Indien Leinewand, Spezereyen, und Zucker, aus China Porcellan, und Stoffen, von dem rothen Meer, Kaffe, und aus Europa Tücher, nebst andern Kaufmannswaaren. Dafür zogen sie aus Persien, Gold, Silber, und Kupfer, rohe Seiden, Ziegenhaare, und Teppiche, verschiedene Gattungen von Materialwaaren, Rosenwasser und Rosenessenz, Wein und trockene Früchte: ohne die Freyheiten zu rechnen, welche ihnen Chah Abas durch den Vertrag über den Zoll zu Bender Abbasi, abgetretten hatte.

Diese Handlung hatte nebst den Engländern auch sogar die Holländer bereichert. Nachdem aber Persien seit den Einfällen der Afganca, beständig durch innerliche Kriege und Empörungen beunruhiget wurde: war die Englische Handlungs-Gesellschaft wegen der hierauf gefolgten Abnahm der Handlung genöthiget, das Kaufhaus zu Ispahan, welches ihr zur Last fiel, zu verlassen. Der Vorsteher desselben hatte sich nebst etlichen Bedienten nach Bender Abbasi begeben, wo er so lang eigene Handlung trieb, bis günstigere Zeiten für die Gesellschaft einfielen. Der Holländische Factor war mit einigen Bedienten zu Ispahan geblieben, ungeachtet

D 2

geachtet

---

geachtet er kaum so viel gewann, als die Unkosten des Kauf
hauses betrugen.

Die Rebellen waren zwar vertrieben, und die Sicherheit in Persien wieder hergestellet worden, mit der Handlung
gieng es aber nicht besser. Nadir-Chah besaß zu viel Verstand, als daß er nicht hätte einsehen sollen, wie er sich des
nämlichen Mittels bedienen müste, den Thron zu erhalten,
wodurch er auf denselben gestiegen war: daß ist, um sich zu
behaupten, jederzeit an der Spitze einer Armee seyn, welches aber ohne den Krieg fortzusetzen, nicht geschehen konnte. Persiens Feinde hatten dieses Königreich allenthalben
ausgeplündert, und verwüstet, und Millionen Menschen
waren durch Schwerdt, und Hunger umgekommen. Diesem ungeachtet muste man immerfort Rekruten und Geld schaffen, um die Armeen zu erhalten, welche sich Nadir Chah
auf alle Art verbindlich zu machen suchte.

Die Muhaßils, oder Einnehmer, waren in die Provinzen und Städte vertheilet, um Rekruten, Gelder,
Pferde, Mondirungen, Lebensmittel, und überhaupt alles
was für die Armeen nöthig war, herbey zu bringen. Alle
diese willführliche, häufige, und unmäßige Auflagen, wurden mit der äußersten Strenge eingetrieben, und man konnte das Elend des armen Volkes unmöglich ohne Mitleiden
zu empfinden, ansehen. Die Stadt Ispahan, welche während der
Belagerung, und noch seitdem viel gelitten hatte, war fast gänzlich unbewohnet, ganze Viertel stunden leer, und die Häuser fielen zusammen. Eben so war es mit den Städten in
den Provinzen beschaffen.

Die

Die Eroberung von Kandehar, wovon die Nachricht im folgenden Jahr anlangte, schien Ruhe, oder doch wenigstens einigen Nachlaß zu versprechen. Jedoch die Absichten des Nadir Chah erstreckten sich weiter, maßen er nicht vergnügt war, der Befreyer seines Vaterlandes zu seyn, sondern den Alexander nachahmen, ja sogar ihn übertreffen wollte. Er fassete daher den Entschluß, nach Hindistan zu gehen, indem er ganz richtig vermuthete, daß ihn diese Unternehmung, wann sie geläng, nicht allein mit den grösten Ruhm überhäufen, sondern auch bereichern würde. Demnach ertheilte er dem Abgesandten des Großherrn die Abschieds Audienz, und trug ihm auf, seinem Herrn den Sultan Mahmud, von allem was er gesehen habe, getreuen Bericht abzustatten, und zu versichern, daß er von ihm sogleich nach seiner Zurückkunft aus Indien, Nachricht bekommen sollte, wohin er unverzüglich aufzubrechen gedächte, um mit seinem Freund Muhammed - Chah einige Staatsgeschäfte auszumachen. Gleich hierauf ergänzte er seine Armee, welche durch die Belagerung von Kandehar sehr war geschwächet worden, ernennte seinen ältesten Sohn, Namens Riza - Kouli - Mirza, während seiner Abwesenheit zum Regenten des Königreichs, und fieng an sein Vorhaben auszuführen.

Dieser junge Prinz hatte die Gewalt kaum in Händen, als er gar bald an den Tag legte, daß er seinen Vater an Geiz und Grausamkeit übertraf. Er vermehrte die Auflagen, und vervielfältigte die Strafen, wie denn meinem Reisegefährten Mirza - Chefi die Zunge ausgeschnitten wurde, weil er sich unterstanden hatte, seine Aufführung zu tadeln.

Die

Die Lezgis ſtreiften von neuen in Chirvan. Dieſes Volk bewohnet die Landſchaft Daguiſtan, welche Perſien gegen Norden liegt, und Weſtwärts an das Land der Tcherkies, oder Circaſſier, Südwärts an Georgien, Oſtwärts an das Meer von Chirvan, und Nordwärts an das Land Kharez gränzet. Sie iſt ohngefähr zehen Tagreiſen lang, und eben ſo viele breit. Daguiſtan wird ſie um deswillen genennt, weil das Land voller Gebirge iſt, zwiſchen denen jedoch hin und wieder angebaute, und mit Dörfern beſetzte Thäler ſind. Die Hauptſtadt nennet ſich Kôimuk, und iſt eigentlich nur ein Flecken, mit einen Schloß.

Die Gebirge von Daguiſtan, machen einen Theil des Gebirges Kaitak aus, welches mit Waldungen bedeckt iſt, und woraus viele Flüſſe entſpringen. Das Gebirg Kaitak iſt dem türkiſchen Erdbeſchreiber zufolge, zwanzig Tagreiſen lang und breit, und erſtreckt ſich längſt dem Geſtade des Meeres Kharez, Demirkapi, oder Derbent, gegen Weſten und Süden. Man nennet es an dieſen Ort Elberz, oder Albus, und das Gebirg der Sprachen, weil es von Nationen, welche verſchiedene Sprachen reden, bewohnet wird. Die Kaitaks leben in dem mitternächtlichen Theile deſſelben. Der mittägige Theil, ſo wegen der ſteilen Klippen die ihn umgeben, faſt unzugängig iſt, wird durch die Lezgis bewohnet. Dieſe ſind in unterſchiedliche Stämme eingetheilet, wovon jeder durch ſein Oberhaupt regieret wird, und ſtehen unter keinem der benachbarten Fürſten.

Da dieſe Völker öfters die Gränzen von Perſien durch ihre Streiſereyen beunruhigten, hatten die Könige ſie durch kein anderes Mittel in Zaum halten können, als

daß

daß sie ihnen jährlich eine Summe Geld bezahlet haben, unter den Namen der Hülfsgelder, und der Bedingung,
die Gränzen zubewachen. Während der letztern Unruhen war die Bezahlung derselben unterbrochen worden.
Nadir Chah, anstatt sich zu diesen Hülfsgeldern zu bequemen,
verlangte vielmehr, daß sich die Lezgis ihm unterwerfen,
und einen Tribut bezahlen sollten, damit er ihnen ihre vorigen Räubereyen zu gut hielte: aber diese tapfere Nation,
welche sich rühmen konnte, daß sie niemals, und selbst von
Teimonr, oder Tamerlan, nicht unter das Joch war gebracht worden, verstand sich ganz ohne Scheu, zu keinem von
beyden. Hierbey blieb es wie der König nach Indien zog, indem er vermeynte, daß hier mehr für ihn zu gewinnen wäre,
als wenn er die Zeit verlör, und sich mit diesen Bergeinwoh-
nern herum schlüge.

Vor der Abreise hatte er seinen Bruder Ibrahim Khan,
in der Statthalterschaft Aderbajdjan (2) bestättiget, und
ihn

D 4

---

2) Aderbaidjan ist eine der besten Provinzen von Persien. Sie
stöset gegen Westen an Armenien, und das Land Diarbekir.
Südwärts an Iraladgem, und den District Ehebrezour. Gegen Osten an Dilem, Taberistan, und Mazenderan. Nordwärts an Chirvan, und das Meer Charez. Ihre Länge beträgt von Maklou bis nach Khalchal, sieben und neunzig Meilen,
und die Breite von Magdervan, bis an das Gebirg Elban,
fünf und funfzig Meilen. Aguc war vorzeiten die Haupstadt
darinnen: heutzutag ist es Tauris, welches die Perser Te-
brizz nennen. Sie liegt zu Ende einer großen Ebene, Abend-
wärts an den Fuß des Gebirges Sehend, in einer flachen und
mit

von dem Regenten seinem Sohn, unabhängig gemacht. Die
Statthalter von dieser Provinz haben ihren Sitz zu Tauris,
und Ibrahim Khan befand sich damals in dieser Stadt. Wie
er nun von den Einfällen der Lesgis und dem Muthwillen,
wel-

---

mit Gärten umgränzten Landschaft, welche es zu einem reitzen-
den Aufenthalt machen.		Diese Stadt war schon zu Zeiten des
Ptolomäus vorhanden, der sie Tauris heißet.		Hamdullah
berichtet, daß Zubeide, des Haroun Rechid Frau, Tauris
habe bauen lassen, und diese Stadt sey von dem Khalifen Mutevekkil, nachdem sie im Jahr der Hegire zweyhundert vier und
vierzig (acht hundert acht und funfzig), durch ein Erdbeben stark
Schaden gelitten hatte, wieder hergestellet worden. Ein zweytes Erdbeben, welches schrecklich war, zerstörte dieselbe im
Jahr vierzehn hundert vier und dreßig, vollkommen: sie wurde
aber das folgende Jahr wieder gebauet.		Seitdem man aber
daselbst eine Menge unterirdischer Kanäle mit Luftlöchern, an-
geleget hat, sind die Erdbeben nicht mehr so gefährlich gewesen,
ob sie sich schon von Zeit zu Zeit haben spüren lassen.		Die
erste Mauer von Tauris, hatte nur sechs tausend Klaftern im
Umfang; als sie aber zu den Zeiten der Moguls die Hauptstadt
wurde, vergröserte man sie, und bauete außer der alten Mauer.
Gazan - Khan ließ aber eine neue Mauer von fünf und zwanzig tausend Klaftern herumführen, die sechs Thore hatte. Indessen ist sie heutzutag bey weitem nicht mehr so fest, und wohl
gebauet, als sie es damals war.		Der türkische Erdbeschrei-
ber setzet Tauris unter den acht und achtzigsten Grad der Länge,
und acht und dreyßigsten einen halben der Breite.		Der Kanon,
unter den acht und siebzigsten Grad der Länge, und neun und
dreyßigsten Grad, drey Minuten der Breite.		Ibul - Said
hingegen, unter den acht und siebzigsten Grad der Länge, und
sechs und dreyßigsten Grad, vierzig Minuten der Breite.

welchen sie begiengen, Nachricht bekam, machte er Anstalten sie zurück zu treiben. Er versammlete deswegen ein Heer, und zog selbst gegen sie, kam ihnen auf den Hals, und grief dieselben an, seine Armee wurde aber gänzlich geschlagen, und er blieb in der Schlacht.

Riza-Koull-Mirza war angewiesen, ihn bey allen wichtigen Geschäften welche vorfallen könnten, um Rath zu fragen, und seinen Aufschlägen zu folgen. Dieß hatte ihn bisher gewissermaßen abhängig gemacht, und verhindert, seiner Bosheit völlig den Lauf zu lassen: sobald er sich aber von seinem Oheim entlediget sah, war sie unbegränzet. Die Aufrichtigkeit des Hatembeg, Statthalters von Ispahan, war ihm mißfällig, er setzte ihn also ab, und nahm an seine Stelle Ebul-hasen-Khan, den Statthalter von Kirman (3). Der neue Statthalter war ein plumper Mann, und

D 5   kam

---

3) Kirman eine der größten Provinzen Persiens, ist nach des Ibul-Kelbi Bericht, von Kirman, des Fuloudge Sohn, einem Nachkömmling des Japhet, also genennet worden. Sie gränzet gegen Westen an die Landschaften Fars, und Lar, Südwärts an Zurmus, gegen Osten an Mekran, und Nordwärts an Sistan. Ihre Länge, die mit der Breite überein kommet, beträgt ohngefähr hundert und achtzig Meilen. Die Städte sind darinnen etwas von einander entfernet, und die Hitze ist ungemein groß. Von Sirsan bis nach Bum, ist beydes Luft und Wasser gut. In dieser Strecke findet man Flüße, Fruchtbäume von unterschiedlicher Gattung, vorzüglich aber Dattel und Feigenbäume, Felder, und Viehweiden. Kierdechir, sonst Berdechir, ist ihre Hauptstadt. Man hält dafür, sein Kastell sey durch Ardechir, des Babek Sohn,

ers

kam verschiedene Monathe nicht aus den Hauß, das er wegen einer eingewurzelten Krankheit hüten muste. Er machte
sich nur durch eine einzige Handlung bekannt, die ich anführ-
ren werde, um zu zeigen, welcher Gefahr die Aerzte in diesem Land unterworfen sind.

In Persien, und besonders zu Ispahan, befindet sich
eine große Anzahl Personen, welche die Arzneykunst treiben,
ohne etwas von den ersten Grundsätzen derselben zu wissen.
Man darf nur einige Bücher in dieser Wissenschaft gelesen
haben, die Kunstsprache etwas verstehen, und eine Büse
mit Arzneyen und Kräutern besitzen, um für einen Arzt gehalten zu werden. Es ist daher auch kein Wunder, wenn
sie bey so geringer Geschicklichkeit in schweren Kuren selten
glücklich sind. Der Aderläßen, und mineralischen Arzneyen
bedienen sich dieselben wenig, sondern begnügen sich nur
Kräuter zu brauchen, welche sie wirken lassen, und die Genesung Gott anheim stellen.

Sobald Ebul - Hasen - Khan zu Ispahan angelanget
war, ließ er die berühmtesten Aerzte in der Stadt zusammen
rufen,

---

erbauet worden, und Kiukaüb habe daselbst einen Feuertempel
errichten lassen. Der türkische Erdbeschreiber setzt diese Stadt,
unter den fünf und neunzigsten Grad der Länge, und neun und
zwanzigsten einen halben der Breite. Die Etuals, unter den
zwey und achtzigsten Grad, dreyßig Minuten der Länge, und
dreyßigsten Grad der Breite. Der Kanon, unter den acht und
achtzigsten Grad, zehn Minuten der Länge, und zwey und
dreyßigsten Grad, vierzig Minuten der Breite. Zidge aber,
unter den vier und achtzigsten Grad der Länge, und dreyßigsten
Grad, zwanzig Minuten der Breite.

rufen, welche nach geschehener Berathschlagung dafür
hielten, daß seine Krankheit nicht unheilbar wäre, und es
unternahmen, solche zu kuriren. Er übergab sich also ihren Händen, und setzte ein Zutrauen in ihre Verordnungen.
Sie ihrer seits wendeten alle nur mögliche Sorgfalt an, und
brauchten die besten Arzeneyen, die ihnen bekannt waren, welche sie mit angenehmen Gesprächen begleiteten. Langezeit nahm
er die Arzeneymittel, und hörete den Reden zu, in der Hoffnung endlich die Wirkung davon zu empfinden: da er sich aber
nach drey Monathen schlimmer befand, als bey seiner Ankunft, vergieng ihm die Gedult. Er entrüstete sich, ließ
die Aerzte kommen, und fragte, ob sie ihn erwählet hätten,
Versuche anzustellen, oder ihre Wissenschaft auf seine Kosten
zu erlernen gedächten. Diese Sprache, die mit einer zorni-
gen Mine begleitet war, welche sie nichts gutes vermuthen
ließ, machte dieselben bestürzt. Sie hatten ihre besten Arzeneyen erschöpft, so wie ihr Geschwätz, und nichts als
die Zeit konnte ihnen aus dieser Verlegenheit helfen, welches
Mittel ihnen aber vor diesesmal fehlschlug. Der Khan schloß
aus ihrer Verwirrung, daß sie ihn betrogen hätten, und
befahl einem jeden von ihnen etliche hundert Prügel auf den
Rücken zu geben, welchen Befehl ich auf der Stelle vollstrecken sah. Er verurtheilte sie auch noch zu einer großen
Geldstrafe, die er zu seinen Nutzen verwendete, und sie in
Begleitung der Muhaßils nach Haus schickte, welche ihnen
keine Ruhe ließen, bis die Geldstrafe, und ihr Khidmat oder
Lohn, bezahlet war.

Ein

Ein und zwanzigstes Kapitel.

Beschreibung der Eusbecken und ihres Landes: Nachricht von der gänzlichen Ausrottung der unglücklichen Familie des Chah Husein.

Die Eusbegs machten sich gleichfalls die Abwesenheit des Nadir Chah zu Nutzen, und streiften in die Provinz Khorasan, welche von ihnen verheeret wurde, indem sie im Land brenneten und plünderten, auch die Einwohner zu Sclaven machten.

Eusbeg, bedeutet nach den buchstäblichen Verstand, sein eigener Herr, oder frey und unabhängig seyn. Es bewohnte dieses Volk das alte Touran, welches man heutzutag Mavera-uluehre, oder das Land jenseits des Stromes nennet, unter diesen Fluß aber den Dgeihoun verstehet, der bey den Alten Orus hieß. Dieses Land gränzet Westwärts an Kharezme, gegen Osten an Indien, Südwärts an den Dgeihoun, und gegen Norden an Turkistan. Es liegt zwischen zween Strömen, nämlich den Dgeihoun, und den Seihoun: welches der Alten ihr Jarartes ist, und jetzo auch der Fluß Chache genennt wird.

Merguinan, war zu den Zeiten des Ulug-Khan, die Hauptstadt darinnen: Heutzutag ist es Semerkand (1), welche

---

1) Der türkische Erdbeschreiber setzt Semerkand, unter den neun und neunzigsten Grad, sechzehn Minuten der Länge, und neun
und

welche Stadt auf einer Anhöhe, Südwärts dem Thal Sugd
liegt, und vor Alters Sogdiane hieß. Semerkand ist eine
große befestigte Stadt, und hat Mauern, Gräben, und
vier Thore, davon das von China gegen Osten, das von
Neubehar Westwärts, das von Bukhara gegen Norden,
und das von Kieche gegen Mittag liegt. Man behauptet,
daß Semerkand seine Erbauung dem Kici-Kiavus, Sohn
des Kubad zu danken habe, und Alexander eine Mauer herum führen lassen: ihr erster Namen aber, Chemerkiend,
das ist, Dorf des Chemer, gewesen sey. Sie war zu den
Zeiten des Teimour, in einen sehr blühenden Zustand, und
wurde es noch mehr unter der Regierung von Ulug Beg, der
ein Collegium, eine Tekie, oder Kloster für die Derwiche,
und eine Sternwarte bauen ließ. Das Gebirg Kiouhek ist
ganz nahe dabey, und man bekommt die Steine daraus, womit die Stadt gepflastert wird. Ein Strom, der aus den
Südwärts von Semerkand befindlichen Gebirgen Djaganians
entspringt, lauft mitten durch die Stadt, und versiehet alle Häuser mit Wasser. An diesen Ort theilet er sich in zween
Aeste, davon einer gegen Osten, der andere aber gegen Westen fließet. Die sich in unterschiedliche kleine Flüsse zerthei-
len, welche die Thäler bewässern, und fruchtbar machen.
Man findet auch in einen Bezirk von sieben bis acht Tagreisen, Flecken, und Dörfer, welche sehr nahe beysammen
liegen, so, daß die an einander gränzende Weinberge und
Gärten,

---

und dreyßigsten einen halben der Breite. Die Etvals, unter den
neun und achtzigsten Grad der Länge, und vierzigsten der Breite. Der Kanon, unter den drey und achtzigsten Grad, zwanzig Minuten der Länge, und vierzigsten der Breite.

Gärten, ein ununterbrochenes Laubwerk, und die schönste
Landschaft, die man nur sehen kann, vorstellen.

Die Ströme in diesem Land, sind der Dgeihoun, und
Seihoun. Der Dgeihoun, welcher auch der Strom von
Balkhe, Amou, und Teber genennt wird, ist sehr groß,
und scheidet die Provinz Touran, von Iran. Anfänglich entstehet er von dem Wasser Kharnat, welches aus den Gebirgen Bedahchan kommet, und gerade gegen Westen und Norden lauft. Unterschiedliche Flüsse, wie zum Beyspiel, die
Makhiche, von Boxian, Targui, und Endidjar, welche
sich in der Nähe von Kubad-abad vereinigen, führen ihm
ihr Wasser zu. Der Bahchab, der aus Takaristan entspringt,
durch das Gebiet Vahihe fließet, hernach an den Fuß eines
Berges unter einer steinernen Brücke vorbeyströmet, und von
da nach Balche lauft, stürzt sich oberhalb Termed gleichfalls in den Dgeihoun. Alsdann erst wird dieser letztere
Dgeihoun genennt. Die Gewässer von Djaganian vergrös-
sern ihn zu Termed: von da er Kialif, den Flecken Zem,
und Amil-el-Chat, oder Amou, vorbey lauft. Er bewässert kein Land, als bis er nach Zem kommt, wo man
ihn ein klein wenig, so, wie zu Amou, nutzet. Die Einwohner von Kharezme haben den größten Vortheil davon.
In den Landschaften Balkhe und Termed, sondern sich einige Arme von ihm ab, welche zwischen zween Bergen, an
einen engen Platz, Dehani-Chir, oder Löwenrachen genennt, zusammen kommen. Dieses Thal ist kaum hundert
Ehlen breit. Alsdann fließet der Dgeihoun auf das Dorf
Toumine, welches unter Herat siehet. Die Stadt Guer-
landge aber, in Kharezme, ist von diesem Thal nicht weit
entfernt. Jenseits dieses engen Weges, findet man auf

zwe

zwo Meilen lang, eine sandigte Gegend, worinnen er sich
verlieret. Es ist unmöglich durch diese Landschaft zu reisen,
indem man darinnen umkommen würde. Wenn er aus diesem Sand kommt, nimmt er seinen Lauf durch Kharezme,
wo er sich in viele Aeste zertheilet, darunter man den von
Kiahvare, Hezar-asb, Kierdan, Kierbe, und Hare
zählet, welche dieses ganze Land mit Wasser versehen, und
schiffbar sind.

Einige von diesen Armen fließen in den See von Kharezme, mittlerweilen lauft der Dgeihoun durch das Thal Kier-
lave, mit einem Getöß welches man zwo Meilen weit höret, und stürzet sich endlich bey Khalkhal, sechs Tagreisen
von Kharezme, in das Kaspische Meer. Sein Lauf beträgt ohngefähr drey hundert Meilen, und er ist im Winter dergestalt gefroren, daß ganze Armeen über das Eis marschiren können. Um diese Zeit streifen die Euzbegs gemeiniglich in Khorazan.

Dem Ibni-Haukal zufolge, entspringt der Dgeihoun
aus den Gränzen von Bedahchan, unter den vier und neunzigsten Grad, fünf und zwanzig Minuten der Länge, und
sieben und dreysigsten Grad, zehn Minuten der Breite. Hernach wird er durch viele Ströme vergrößert, und lauft gegen Westen, und Norden, bis an die Gränzen von Balkhe,
unter den ein und neunzigsten Grad, und einige Minuten
der Länge, und den sechs und dreysigsten Grad, ein und
vierzig Minuten der Breite. Von da fließet er nach Termed,
unter den ein und neunzigsten Grad, fünf und funfzig Minuten der Länge, und den sechs und dreysigsten Grad, fünf
und dreysig Minuten der Breite. Von hier nimmt er seinen

Lauf

Lauf gegen Westen, und Süden, (wo es ohne Zweifel Norden heissen soll), bis nach Zem, welches nach den Kanon, unter den acht und achtzigsten Grad der Länge, und sieben und dreyßigsten Grad, fünf und funfzig Minuten der Breite liegt. Hernach strömet er West und Nordwärts unter den sieben und achtzigsten einen halben Grad der Länge, und acht und dreyßigsten Grad, vierzig Minuten der Breite, nach Amil-el-Chat: worauf er unter den vier und achtzigsten Grad, fünf Minuten der Länge, und zwey und vierzigsten Grad, fünf und vierzig Minuten der Breite, den nämlichen Lauf bis nach Kharezme fortsetzet. Alsdann krümmet er sich gegen Westen, indem er sich Nordwärts ziehet, bis er unter den acht und achtzigsten, oder wie andere sagen, den neunzigsten Grad der Länge, und drey und vierzigsten der Breite, in den See von Kharezme fället,

Der Seihoun, welchen man auch den Strom Chache, Djadje, Khadgend, und Gulzerioun nennet, kommt Ost und Nordwärts aus den Gebirgen von Mendgetin in Turkistan. Er fließet durch Euz-kiend, Chache, und durch das Land Fergane wo er seinen Lauf von Norden gegen Süden richtet. Unterschiedliche Ströme, wie zum Beyspiel, der Harsab und Roudawuz, vermengen sich mit ihm, worauf er zwey Drittel so groß wird, als der Dgeihoun. Nachdem er Alsikies, Khadgend, Farab, Bikiendi, und Jenakis, vorbeygeflossen ist, verlieret er sich, wie einige berichten, in den sandigten Gegenden von Turkistan. Andere sagen, daß er sich zwo Tagreisen über Benzui, in das Meer von Kharezme stürzet. Sein Lauf hat beynahe die nämliche Länge, als der Dgeihoun, und er ist auch im Winter zugefroren. Unterdessen muß hier angemerket werden,

den, daß die Morgenländiſchen Erdbeſchreiber, über die
Gränzen des Laufs dieſer beyden Ströme, ſehr unterſchiedli-
cher Meynung ſind.

Nach den Bericht des Ibul-Haukal, fließet der Seihoun, wenn er aus den Gränzen von Turkiſtan kommet,
nach Alſikies, unter den ein und neunzigſten ein drittel Grad
der Länge, und zwey und vierzigſten Grad, fünf und zwanzig Minuten der Breite. Alsdann lauft er gegen Weſten,
indem er ſich ſüdwärts ziehet, bis nach Khadgend, unter
den neunzigſten einen halben Grad der Länge, und ein und
vierzigſten Grad, fünf und zwanzig Minuten der Breite.
Von da gehet er nach Farrab, unter den acht und achtzigſten einen halben Grad der Länge, und vier und vierzigſten
Grad der Breite : hierauf weiter nach Bengui, unter
den ſechs und achtzigſten einen halben Grad der Länge, und
ſieben und vierzigſten der Breite, wo er ſich zwo Tagreiſen
von Bengui in den See von Kharezme ergießet.

Die Euzbegs ſind ſchön, wohlgebildet, und ſcharf-
ſinnig. Zwiſchen ihnen und den Perſern herrſchet ein un-
verſöhnlicher Haß, der ſich ſowohl auf die Gränzſtreitigkeiten,
als den Unterſchied der Religion gründet; da die erſten
Sunnis, die letztern hingegen, Chias ſind. Dieſer Haß
hat jederzeit zwiſchen beyden Nationen, Feindſeligkeiten,
und blutige Kriege verurſachet, worunter Khoraſan am meiſten gelitten.

Khoraſan, iſt eine Provinz von Perſien, die gegen Oſten
an Sidgiſtan, ſo wie auch an einen Theil von Indien, Nordwärts an Mavera-ul-Nehre, und an Turkiſtan, gegen
We-

Westen, an die Wüsteneyen, welche sich bey Irak-Abdgem, und Taberistan endigen, Südwärts aber an diejenigen gränzet, die sich auf der Seite von Fars und Kirman erstrecken. Seine Gestalt ist beynahe viereckigt, und die Länge wird von Damgan bis an das Wasser Amou, die Breite aber von Zerendge bis nach Djurdian gerechnet. Die vornehmsten Städte darinnen, sind Nichabour, Herat, und Balkhe; wovon erstere ehemals die Hauptstadt war, heutzutag ist es die zweyte. Khorasan hat gesunde Luft, und gutes Wasser. Die dasigen Einwohner sind von guter Leibesbeschaffenheit, stark von Gliedern, und haben Witz. Es ist aber dieses Land durch die häufigen Einfälle der Euzbegs, dermaßen von Leuten entblößet worden, daß Nadir Chah, um es wieder zu bevölkern, sich genöthiget sah, aus andern Provinzen, Männer und Weiber, insbesondere aber eine Menge Familien aus Louristan, dahin bringen zu lassen.

Zu Anfang des Jahres siebzehn hundert neun und dreysig, verbreitete sich zu Ispahan das Gerücht, als hätte der König seine ganze Armee verloren, und wäre selbst in Indien gestorben.

Riza Kouli Mirza, für den diese Nachricht vortheilhaft war, maß ihr Glauben bey, oder stellete sich wenigstens es zu thun. Damit er sich nun des Thrones besser versichern möchte, ließ er gleich Anfangs den Chah Tahmas, und alle seine Kinder, welche zu Sebjewar gefangen lagen, umbringen. Ja, man hat mich versichert, daß er sogar der schwangern Weiber aus seinem Harem nicht verschonet habe, damit nichts von der unglücklichen Familie des Chah Husein übrig bleiben möchte. Alsdann ließ er zu Ispahan, und in andern

Städten,

Städten, eine Menge Edelsteine und Jubelen zusammenbringen, um sich einen königlichen Schmuck daraus machen zu lassen. Man brachte sie in die Schatzkammer, und ich sah bey dieser Gelegenheit alles, was von dieser Art nur schönes in Persien konnte angetroffen werden. Unter andern Steinen bemerkte ich auch einen Topasen, von achtzig Karat schwer, der weiter keinen Flecken und Fehler hatte, als daß er an einer Ecke etwas trüb war, dem man aber durch wenige Verminderung am Gewicht des Steines, leicht hätte abhelfen können.

Es war allerdings sehr unvorsichtig, dergleichen kostbare Sachen öffentlich feil zu bieten, und eine Narrheit sich einzubilden, daß sie ein Tyrann gut bezahlen würde. Die heftige Begierde aber zum Gewinnst, verführte sowohl die Perser als Armenier, welche mit aller ihrer angebohrnen List und Mistrauen, diesesmal dennoch betrogen wurden: maßen der Regent nur die Hälfte des Betrags, von allem was die Commissionnairs für seine Rechnung gekauft hatten, bezahlte, und sich hernach einen guten Theil von dieser Hälfte wiedergeben ließ, unter den Vorwand, daß er wäre übernommen worden.

Er sammlete auch im ganzen Königreich sehr große Geldsummen. Diese Steuern schienen um so härter zu seyn, da man selbige auf das strengste, und sogar mit Stockschlägen einfoderte: wobey es nicht erlaubt war zu fragen, in wessen Namen, und zu was Ende diese Einsammlung geschahe. Es schlugen jedoch alle Maßregeln welche er nahm, hernach lediglich zu seinem Verderben aus.

Da

Damit sich aber ein richtigerer Begriff von dem Zustande, worinnen ich Persien gefunden habe, ingleichen von des Nadir Chah Zug nach Indien, könne gemacht werden, sey es mir erlaubet, bis auf den Ursprung der letzten Unruhen zurück zu gehen, und zu zeigen, auf was Art dieser König, nachdem er durch eine Reihe sonderbarer Begebenheiten auf den Thron gestiegen ist, ein Unternehmen ausgeführet hat, welches wunderbar zu seyn scheinet, wenn man die Triebfedern, die es befördert haben, nicht kennet.

Zwey und zwanzigstes Kapitel.

Geschichte der Unruhen in Persien, von ihrem Anfange bis zu des Mirweis Tod.

Die Stadt Kandehar, die Quelle von Persiens Unglück, ist bald unter Mogolischer Herrschaft, bald unter den Königen von Persien, gestanden: als Abbas der zweyte, und neunter Safevienischer (1) König, ein Sohn des

---

1) Die Könige von Persien, Sasevien, oder Nachkömmlinge des Cheil-Sasi, genennt, haben in folgender Ordnung, un) Zeit regieret.

Cheil-Sasi hatte einen Sohn, Namens Guines, des Cheil-Haider Vater, der für den vornehmsten Stifter der Secte der Chias, deren Grundsätze er zu Erdebil predigte, kann gehalten werden.

Ismael

des Schah Safi, sich derselben im Jahr sechzehn hundert und funfzig, der christlichen Zeitrechnung, bemächtiget hat. Er blieb in ihren Besitz, ungeachtet sich die Indianer alle

P 3

Mühe

Ismail, des Cheik-Haider Sohn, war der erste König in Persien aus diesem Geschlecht. Er bemächtigte sich der damaligen Hauptstadt Tibris, schlug, und tödtete den König Elvend, im Jahr vierzehn hundert neun und neunzig, der christlichen Zeitrechnung, welches für das erste seines Reichs angesehen wird: eroberte funfzehnhundert und eins, Bagdad und bekriegte die Albanier, Georgier, Tatarn, und Eujbegs, griff den türkischen Kaiser, Bayezid den Zweyten an, machte seinem Nachfolger Selim, viel zu schaffen, und starb funfzehn hundert fünf und zwanzig.

Tahmas, des Ismail Sohn, der zweyte König von dieser Familie, bestieg in einem Alter von achtzehn Jahren, den Thron. Die neun ersten Jahre seiner Regierung waren ruhig, nach Verfluß dieser Zeit, nahm ihm Sultan Solliman, Tauris, Bagdad, nebst den Provinzen Kurdistan, und Diarbekir, weg, Tahmas trug aber nachher den Sieg über diesen Kaiser davon, machte Frieden, und starb funfzehnhundert sechs und siebzig.

Ismail der II, des Tahmas Sohn, kam in seinem drey und vierzigsten Jahr zur Regierung. Er war ein sehr muthiger, und tapferer Herr, der den Türken viel Schaden würde zugefüget haben, wenn seine Regierung von langer Dauer gewesen wäre: allein man brachte ihm Gift bey, aus Furcht er möchte Grausamkeiten verüben.

Ruben.

Mühe gaben, solche wieder zu erobern, und hinterließ selbige seinem Sohn Suleiman, der sie gleichfalls behauptete.

Chah

Muhammed Khuda-Bende, ein Sohn Tahmas, und Ismails ältester Bruder, wurde funfzehn hundert sieben und siebzig zu Kazvin zum König ausgerufen. Seine drey andern Brüder ließ er umbringen, bekriegte die Türken, erfochte unterschiedliche Siege gegen dieselben, und starb funfzehn hundert fünf und achtzig. Er hinterließ drey Söhne, welche insgesammt nacheinander zur Regierung kamen.

Emir Hamze, des Khuda-Bende ältester Sohn, folgte seinem Vater in der Regierung, und wurde auf Befehl seines Bruders Ismail umgebracht.

Ismail der III. und zweyter Sohn des Khuda-Bende, bestieg hernach den Thron. Er hatte gleichfalls die Absicht, seinem jüngern Bruder das Leben nehmen zu lassen: um denselben daran zu verhindern, bestach man seinen Barbier, der ihm den Hals abschnitt.

Abbas der I. mit dem Zunamen der Große, dritter Sohn des Khuda-Bende, bestieg funfzehn hundert fünf und achtzig den Thron, im achtzehnten Jahr seines Alters. Er vereinigte die Provinzen, welche die Türken, und Usbegs mit Gewalt an sich gerissen hatten, wieder mit Persien: machte Eroberungen gegen die Türken, und jagte die Portugiesen aus Ormus. Bey seiner Grausamkeit, war er ein großer Kriegsheld, und ein kluger Staatsmann. Im Jahr sechzehn hundert neun und zwanzig, starb er zu Ferah-Abad, einer Stadt in Mazenderan, die er hatte bauen lassen.

Esf,

Schah Husein, der Sohn dieses letzteren, bestieg endlich den Thron. Er ließ sich durch die Verschnittenen einnehmen, welche zwar schon während der letztern Regierungsjahre des Schah Suleiman ein großes Ansehen erworben hatten, unter diesen jungen Fürsten aber, der an und für sich

P 4

zu

Saff, des Schah Abbas Enkel, folgte auf ihn, und war der erste welcher die Persischen Prinzen von Geblüt einsperren ließ. Er machte sich wegen seiner Grausamkeiten verhaßt, verlor durch sein Versehen, Kandehar, und Bagdad, und starb sechzehn hundert zwey und vierzig.

Abbas der II., des Schah Saff Sohn, regierte nach dem Vater, machte sich seinen Unterthanen beliebt, den Feinden hingegen furchtbar. Den Indianern nahm er zwar Kandehar wieder ab: hatte aber nicht Zeit seine übrigen großen Entwürfe auszuführen, und starb im Jahr sechzehn hundert sechs und sechzig.

Suleiman, ein Sohn Abbas des II., war der zehnte. Sein eigentlicher Namen hieß Saff, den er aber zwey Jahre nach seiner Thronbesteigung änderte, indem er sich von neuem krönen ließ. Er war grausam, dem Wein ergeben, und vernachläßigte die Staatsgeschäfte. Diese Nachläßigkeit war die erste Ursach von der Unordnung, welche in dem Regimente einriß, und von Persiens Verfall. Er starb sechzehn hundert vier und neunzig.

Husein, des Suleimanns Sohn, folgte ihm in der Regierung, und hatte das Unglück, die Empörung der Afganen zu erleben, welche ihm Krone und Leben kostete.

Tahmas,

zu regieren unfähig war, eine unumschränkte Gewalt besaßen.
Man sahe bey Besetzung der Statthalterschaften, und Aemter, nicht mehr auf Verdienste, sondern verkaufte sie an
die Meistbietenden, dieß war aber noch nicht genug, man
muste von Zeit zu Zeit Geschenke geben, um sie zu behalten,
und konnte dabey doch nicht versichert seyn, ob man zu bleiben hatte. Die Verschnittenen sowohl als die Minister, waren in zween Factionen getheilet, welche sich unaufhörlich
beschäftigten, einander zu schaden, und die von der Gegen-
parthey angenommene Personen wieder zu stürzen. Bey Hof
nicht allein, sondern auch in den Provinzen, hörete man
von nichts als heimlichen Ränken, Erpressungen, und Ungerechtigkeiten.

Gurdgi Khan, oder der Statthalter von Georgien,
welcher einsah, daß der Staat durch diese Uneinigkeiten geschwächet wurde, fassete den Entschluß sich unabhängig zu
machen. Er würde auch allen Ansehen nach seinen Endzweck
erreichet haben, wenn ihn nicht die Häupter seiner Nation
verlassen hätten. Da er sich auf diese Art verrathen sah,
muste er nothwendig wegen seiner Empörung Gnade zu erlangen suchen, und sich von neuem unterwerfen. Sein Bruder begleitete eine der vornehmsten Stellen bey Hof, und
hatte schon so viel Ansehen, daß er seine Begnadigung aus-
wärken

Tahmas, des Chab-Hussein Sohn, war der vierzehnte
König aus diesem Geschlecht. Nadir-Koul, damal Tahmas Kouli Khan genennt, setzte ihn auf den Thron, nachdem
er die Afganen aus der Hauptstadt vertrieben hatte, und ent-
setzte ihn hernach wieder.

wärten konnte. Man schickte ihn aber nach Kandehar als Statthalter von dieser Provinz, damit er aus seinem Land entfernet würde.

Durch getreue Verwaltung seines Amtes, und die Anschläge welche er gab, wie man die Afganen im Gehorsam erhalten könnte, wurde sein Ansehen bey Hof gar bald wieder hergestellet. Einer von diesen Vorschlägen brachte mit sich, diese unruhige und aufrührische Nation, des einzigen Mannes zu berauben, welcher damals ihr Oberhaupt hätte abgeben können. Dieß war Mirveis, Kiclanter, oder die erste obrigkeitliche Person in der Stadt: der vermög seiner Geburt sowohl, als seines Standes, und Freygebigkeit, in großen Ansehen stund.

Diese Rathschläge des Gurdgi Khan wurden gebilliget, und es fehlte nun weiter nichts als den Mirveis auf eine Art von Hals zu schaffen, wodurch man nicht verhaßet würde, und weder er noch die übrigen Afganen es gewahr werden könnten, daß man ihnen nicht trauete. Er ließ ihn also rufen, schmeichelte demselben, und sagte, daß er ihm eine wichtige Sache an den König auftragen wollte. Mirveis konnte diesen Auftrag nicht abschlagen, und muste auf der Stelle in Begleitung einiger Georgianer abreisen, denen der Statthalter in Geheim befohlen hatte, wohl acht auf ihn zu geben. Zugleich schrieb er an den Jtimad-ud-Dewlet, daß er durch Auslieferung dieses gefährlichen Mannes seine Schuldigkeit beobachtet habe, es sey aber äußerst viel daran gelegen, sich seiner Person zu versichern.

Mirveis hatte einen durchdringenden, und feinen Verstand. Er sah also nach seiner Ankunst zu Ispahan, gar

bald

bald ein, daß man ihn genau beobachtete, mithin wendete er alle List an, die schlimme Abschilderung welche Gurdgi Khan von ihm gemacht hatte, in Vergessenheit zu bringen: da er nun sein einnehmendes Wesen mit kostbaren Geschenken verband, und solches öfters wiederholete, wuste er sich in kurzer Zeit die Freundschaft der vornehmsten am Hof zu erwerben. Diese wurden durch seine Reden, noch mehr aber durch seine Geschenke, so verblendet, daß sie ihn bald für einen unrechtmäßig angeklagten Mann, ansahen, dessen Gurdgi Khan sich gern zu entledigen gesuchet hätte. Jeder war bemühet ihn wohl zu empfangen, und sein Zustand würde unvergleichlich gewesen seyn, wenn er sich hätte entschließen können, ein unthätiges und wollüstiges Leben zu führen. Jedoch zu eben der Zeit, da er an meisten den Ergötzlichkeiten eines Hofes wo die Weichlichkeit herrschete, ergeben zu seyn schien: war sein Geist auf Mittel bedacht sich zu rächen, und seinem Vaterland die Freyheit zu verschaffen.

Sobald er nur den Hof hatte recht kennen lernen, und die Regierungsform eingesehen, glaubte er daß es Zeit wäre an der Ausführung seines Entwurfs zu arbeiten. Damit man aber meynen sollte, daß er sich weder eiferig bemühe, ja nicht einmal verlange nach Kandehar zurück zukehren: gab er zu verstehen, wie es es ihm sündlich zu seyn dächte, wenn er nicht nach Mecka, dem er näher als jemals wäre, eine Wahlfahrt unternähme, im Fall es anderst der König gnädigst zugeben wollte. Er bekam hierzu um so leichter die Erlaubniß, da man je mehr und mehr überzeuget wurde, daß er niemals den mindesten Gedanken zu einer Empörung gehabt habe: indem er anstatt um seine Rückkehr anzuhalten, vielmehr nur darauf bedacht wäre, sich noch weiter von seinem Vaterland zu entfernen.

Mir-

Mirveis hatte bey der Reise nach Mecka, eine doppelte Absicht: erstens, die Perser zu hintergehen, und zweytens, ein geschriebenes Fetva, oder rechtsförmiges Urtheil, von den Mollas zu Mecka heraus zu locken, um sich dessen an Zeit und Ort zu bedienen. Es war ihm nämlich bekant, daß die Aussprüche derjenigen, welche berechtiget und gewohnet sind, die heiligen, oder wenigstens dafür angesehene Bücher zu erklären, gemeiniglich einen größern Eindruck machen, als alle menschliche Beweisgründe.

Als er zu Mecka eingetroffen war, ließ er sich zuerst angelegen seyn, alle Andachtsübungen eines Pilgrims zu erfüllen. Hernach brachten die Geschenke, welche er reichlich unter sie austheilte, die Mollas gar bald auf seine Seite. Als er sie nun nach seinen Wunsch gesinnet sah, entdeckte er sich ihnen genauer, und fragte sie folgendes: ob nämlich ein Muselmännisches Volk sich der Herrschaft eines Königs entziehen könnte, der nicht einerley Glauben mit ihm hätte, und es der Religion wegen unaufhörlich verfolgte. Er fand daß sie es alle bejaheten, und verlangte ein Fetva darüber, welches ihm auch ohne die mindeste Schwierigkeit ausgefertiget wurde.

Wie er mit diesen Aufsatz versehen war, brach er auf, um nach Ispahan zurück zu kehren. Er befleißigte sich daselbst von neuem seine Freunde zu besuchen, und suchte ihr Zutrauen immer mehr und mehr zu gewinnen, bis ihm die Zeit eine Gelegenheit an die Hand gäbe, sein Vaterland wieder zu sehen. Diese Gelegenheit eräugete sich da er an wenigsten daran dachte. Schon seit langer Zeit suchte er die Parthey, welche dem Gurdgi Khan ohnehin entgegen war, durch

durch seine Reden noch mehr gegen ihn zu erbittern. Er wiederhohlte ohne Unterlaß, daß man befürchten müsse es möchte dieser Statthalter, der bereits wegen der angefangenen Empörung strafbar wäre, sein Ansehen misbrauchen, um die Afganen aufzuwickeln, und wenn er durch die Macht des Kaisers von Indien unterstützt würde, die Provinz Kandehar Persien auf ewig entreisen.

Diese Reden, sie mochten nun gegründet seyn, oder nicht, hatten doch endlich die gehoffte Würkung. Des Statthalters Feinde ergriffen diesen Vorwand begierig, ihm Verdruß zu erregen. Sie brachten es so weit, daß sie ihn bey den König seiner Treue wegen, verdächtig machten, dem sie geschickt vorzustellen wusten, es wäre kein anderes Mittel vorhanden seinen schlimmen Absichten vorzukommen, als den Mirveis wieder nach Kandehar zurück zu schicken, welchen der Khan nur deswegen entfernt hätte, weil er ihn für den einzigen Menschen hielt, der in Stand sey sich ihm zu widersetzen.

Der König, der noch immer von seinen Verschnittenen und Ministern hintergangen wurde, bewilligte die Zurücksendung des Mirveis: welcher mit Bestättigung in seinem ersten Amt, abreisete, und gegen Ende des Jahres siebzehn hundert und neun, zu Kandehar anlangte. Da er bey seiner Nation so beliebt, als Gurdgi Khan verhasset war, konnte er sich bald einen Anhang machen. Die vornehmsten unter den Afganen billigten meistens seine Absichten, und es kam nur darauf an, wie man sich die Georgianer von Hals schaffen sollte, welches um so leichter geschehen konnte, da sie nichts dergleichen vermutheten.

Die

Die Stelle eines Kielauters verschaffete dem Mirveis einen freyen Zutritt zum Statthalter. Er gieng also einstens zu denselben, und verlangte in geheim mit ihm zu sprechen. Nachdem Gurdgi Khan jedermann hatte abtretten lassen, bediente er sich dieses Zeitpunkts, das Blutbad durch seine Person anzufangen, und stieß ihn mit dem Khandger nieder. Seine Begleiter erwürgten alsdann auf ein erhaltenes Zeichen augenblicklich die Wache. Hierauf wurde die Losung überhaupt gegeben, und alle Georgianer und Perser welche man in der Stadt antraf, mußten über die Klinge springen.

Nachdem dieser erste Schritt gethan war, rief Mirveis das Volk zusammen, und ermahnte es, das Joch der Knechtschaft abzuschütteln, indem er, mit in die Sinne fallenden Gründen, zeigte, daß von einem durch Partheyen getheilten Hof, nichts zu befürchten wäre. Er muste sich Anfangs von einigen der vornehmsten unter den Volk widersprechen lassen, welche der Meynung waren, daß sie gegen den König in Persien, der von ihnen für ihren rechtmäßigen Fürsten angesehen wurde, die Treue nicht aus den Augen setzen dörften. Um ihnen diesen Zweifel zu benehmen, machte er von dem Fetva, welches er deswegen bey sich führte, Gebrauch. Als er nun solches der Versammlung vorgelesen hatte, bestärkte dessen Ansehen alle Gemüther vollends in den Vorhaben sich zu empören, und man war auf weiter nichts bedacht, als wie die Regierungsform sollte eingerichtet, und ein Oberhaupt erwählet werden.

Die Wahl muste nothwendig auf den Mirveis fallen, maßen er nicht allein schon seit langer Zeit, von den Afganen

nen wegen seiner Freygebigkeit angebetet wurde, sondern sie auch von der Unterdrückung erlöset hatte. Er wurde also einmüthig zum Oberhaupt der Nation ausgerufen, und ihm die Sorge überlassen, alle in, und ausländische Geschäfte einzurichten. Dieser Entschluß war sehr klug, indem er die Freyheit eben so muthig und geschickt zu erhalten wuste, als sie verschaffen. Anfangs suchte er den Persischen Hof durch seine Briefe aufzuhalten, worinnen er vorgab, daß die Georgianer allein an diesen Unglück Schuld wären. Sie hätten nämlich in Kandehar wie in einem eroberten Land gewirthschaftet, und alle mögliche Ausschweifungen begangen, auch sogar die Frauen geschändet: demungeachtet schmeichle er sich seine Nation wieder zum Gehorsam zu bringen. Wenn man aber in Gegentheil sich vorsetzen wollte, sie mit Gewalt zu unterwerfen, wäre zu befürchten, daß sie ihre Zuflucht zu dem König von Indien nehmen möchten.

Anfänglich gelang ihm diese List, und er gewann dadurch so viel Zeit, daß er sich zu einem tapfern Widerstand wofern man ihn angreifen sollte, rüsten konnte. Endlich wurde der Hof seines Irrthums gewahr, und bekam von des Mirveis Verrätherey Nachricht: schickte auch den Khosrew Khan, einen Vetter des Gurdgi Khan, mit einer Armee von Georgianern und Persern, die Aufrührer zu züchtigen. Die Misgunst der Factionen verursachte, daß er in diesem Feldzug nichts ausrichtete, maßen ihn die Feinde des Gurdgi Khan nach Möglichkeit hinderten, er hatte weder Lebensmittel noch Geld, und sah sich ungeachtet seiner Geschicklichkeit, und Begierde der Truppen, genöthiget von Kandehar abzuziehen.

Mir-

Mirveis that alsdann einen Ausfall, und griff den Hinterzug an, welchen er in Stücken hieb, wobey Khosrew Khan, der ihn führete, sein Leben verlor. Als er diese Heldenthat verrichtet hatte, kam Mirveis mit Ruhm und Beute überhäuft, wieder nach Kandehar zurück. Die Armeen welche man nach einander dahin sendete, wurden entweder geschlagen, oder waren sonst unglücklich. Hierdurch wurden die Afganen so verwegen, daß sie sich unterstunden in das Persische Gebiet zu streifen, und damit bis auf das Jahr siebzehn hundert und siebzehn, fortzufahren, als ihnen der Tod ihr Oberhaupt raubte.

Die Nation welche sich versammlet hatte, war der Meynung, die noch unmündigen Kinder des Mirveis wären nicht zur Regierung fähig, und erwählte daher seinen Bruder an diese Stelle. Dieser war so furchtsam, als der andere kühn und verwegen. Da er über die Gefahr erschrack, und theils die Schwäche der Provinz Kandehar, mit der ganzen Macht von Persien verglich, theils aber die Unbeständigkeit eines aufrührischen Volkes erwägete, entschloß er sich zum Frieden: indem er hoffete, die im Krieg durch seine Nation erhaltenen Vortheile, würden ihm einen bessern Vergleich zuwegen bringen.

Die vernünftigsten unter der Nation, pflichteten ihm bey, und man berathschlagte sich darüber. Es wurde beschlossen, einen Entwurf zum Vergleich aufzusetzen, und ihn dem König durch Abgeordnete überreichen zu lassen, auch sich, falls man die vorgeschlagenen Bedingungen erhielte, zu unterwerfen. Alle diese Maßregeln wurden aber durch Mahmoud, den ältesten Sohn des Mirveis, unterbrochen.

Die-

Dieser junge Mensch hatte Nachricht von dem, was man thun wollte, um sich wieder von neuen in die Sclaverey zu begeben, wie diejenigen sagten, welche dieser Meynung nicht waren. Er schlich sich des Nachts in seines Oheims Zimmer, und hieb ihm während daß er schlief, den Kopf ab. Hierauf rief er das Volk zusammen, und berichtete was er gethan hatte, wobey er hinzusetzte, daß er alle natürliche Empfindung, der Liebe zum Vaterland und zur Freyheit, welche in Gefahr stünde, aufgeopfert habe. Die Soldaten, welche den Mahmoud wegen seiner Unerschrockenheit liebten, und die Fortsetzung des Kriegs wünschten, lobten seine Handlung. Der übrige Theil der Nation, unterstund sich nicht solche zu misbilligen, und erwählten ihn alle einmüthig zu ihrem Oberhaupt.

Drey und zwanzigstes Kapitel.

Fortsetzung dieser Geschichte, von Erwählung des Mahmoud zum Oberhaupt der Afganen, bis zur Empörung der Lezgis.

Als sich Mahmoud an der Spitze einer kriegerischen Nation befand, wagte er bald einen Einbruch in Persien, und verwüstete die angränzenden Provinzen. Nachdem er durch seine erste glückliche Unternehmung aufgemuntert wurde, entschloß er sich bis in das innerste des Königreichs einzudringen, und daselbst Eroberungen zu machen. In dieser Absicht verband er sich mit den Afganen von Hezare.

Es

Es giebt in Indien zwo Städte welche Hezare heiſſen, wovon die eine, ehemals Khararan genennet, fünf bis ſechs Tagreiſen von Lahour gegen Nordweſt, an der Straſſe nach Kiabul lieget. Der Strom Babahaſen, welcher von Nord Oſt kommet, flieſſet an ihr vorbey. Die andere iſt in der Landſchaft Ferhale, ſieben Tagreiſen von Lahour, Weihat gegen Abend, und liegt dem türkiſchen Erdbeſchreiber zufolge, unter den hundert und zwey und zwanzigſten Grad der Länge, und drey und dreyſigſten einen halben der Breite. Dieß letztere Hezare liegt Nordwärts an den Zuſammenfluß der Ströme Babahaſen und Sind, fünf Tagreiſen gegen Südweſt von Pekli : die Indianer legen auch den Strom Kiabul dieſen Namen bey, wie man nachher ſehen wird.

Die Afganen mit denen ſich Mahmoud verband, waren ſolche die in dem nahe an dieſen Strom gelegenen Land wohneten : welche für Unterthanen von Indien angeſehen wurden, wo man ſie auch Patanen nennt. Man behauptet, daß ſie mit denen zu Kandehar einerley Urſprung haben ſollen. wenigſtens ſtimmen ſie in Anſehung der Gebräuche, und der Sitten überein, und ſind gute Soldaten.

Die Vereinigung dieſer beyden Völker, ſetzte den Perſiſchen Hof von neuen in Schrecken. Er hatte ſich zwar geſchmeichelt, es möchte des Mirveis Abſterben, und die friedfertige Geſinnung ſeines Bruders, die Unruhen ſtillen, merkte aber alsdann, daß die Gefahr größer war, als jemals, und dachte mit Ernſt darauf, ihr vorzukommen. Es wurde beſchloſſen, gegen die Rebellen ein weit ſtärkeres Heer, als die vorigen geweſen waren, zu ſenden.

Q   Sufi

Saſi Konlikhan, ein Mann der ſehr geſchickt war das Commando zu führen, wurde zum General darüber ernennt. Er hatte ſich aus Verdruß, freywillig vom Hof entfernt, lebte in der Einſamkeit, und war entſchloſſen, ſolche niemals wieder zu verlaſſen. Außerdem waren ihm alle geheime Kunſtgriffe bekannt, welche man angewendet hatte, diejenigen Perſonen ins Unglück zu ſtürzen, denen die vorigen Unternehmungen waren anvertrauet geweſen : er wuſte auch daß der nämliche Partheygeiſt noch herrſchete, und er alſo gleichfalls in Gefahr lief, in ſeinen Abſichten gehindert zu werden.

Dieſe Urſachen veranlaſſeten ihn, das Commando abzuſchlagen. Vergeblich ſuchte man die dringendſten Beweggründe hervor, ihn zu deſſen Annehmung zu bereden, er verharrete aber auf ſeiner abſchlägichen Antwort. Deſſen ungeachtet wurden Mittel gefunden, ihn aus ſeiner Einſamkeit zu bringen, indem man dieſe Stelle ſeinem Sohn, einem jungen Menſchen ohne Erfahrung auftrug. Da nun der Vater befürchtete, es möchte ihm, wenn er ſeiner eigenen Aufführung überlaſſen wäre, etwann ein Unglück wiederfahren, begleitete er denſelben, um ihn mit ſeinen Rathſchlägen an die Hand zu gehen. Dieſe Vorſicht war aber umſonſt, indem ſie beyde umkamen. Der junge General, der voraus gieng, kam in das Gebiet der Afganen, und ſtieß auf einen Trupp dieſer Rebellen. Da er es nicht erwarten konnte, ſeine Tapferkeit ſehen zu laſſen, griff er ſie an, und verlor gleich bey den erſten Angriff, ſein Leben. Kurz darauf kam der Vater, und ſtürzte ſich, als er den Tod ſeines Sohnes vernahm, aus Verzweiflung in die Feinde, trennete ihre Schwadronen, und machte eine große Anzahl derſelben nieder, fiel auch endlich mit Wunden bedeckt, vom Pferd.

Pferd. Als die Armee ihren General verloren hatte, zerstreuete sie sich, und überließ den Afganen das Schlachtfeld.

Mahmoud war zu klug, als daß er sich diesen Sieg
nicht hätte zu Nutz machen sollen. Es brauchte ziemlich lang
bis man ein neues Heer zusammenbringen, noch länger aber,
bis solches nach Kandehar kommen konnte.

Er bediente sich also dieses Zeitpunkts, mit Ausführung seiner weit aussehenden Entwürfe den Anfang zu machen. Allerdings war ihm sehr viel daran gelegen, Festungen in der Provinz Kirman zu haben, von da er sich
ausbreiten konnte, und im Fall der Noth seine Zuflucht dahin
nehmen. Er gieng also gerade auf die Hauptstadt dieser
Provinz los, griff sie an, und bemächtigte sich derselben
ohne großen Widerstand. Luftali Khan, der damalige
General des Heeres, ein Bruder des Jtimad-ud-Dewlet
stund in der Provinz Fars. So bald er nun vernommen
hatte, daß Kirman von dem Mahmoud war erobert worden, marschirte er mit einem Theil seiner Armee dahin,
jagte denselben aus dieser Stadt, und zwang ihn sich nach
Kandehar zurück zu ziehen.

Dieser glückliche Anfang, und die Fähigkeit des Generals schien zwar zu dem Untergang der Afganen Hoffnung zu
machen: allein der Hof war immer die Quelle von Persiens
Unglück. Die dem Luftali Khan entgegen gesetzte Faction,
befürchtete, es möchte seine Parthey die Oberhand bekommen, wenn er das Glück haben sollte, die Rebellen zu bezwingen, und entschloß sich, ihn, was es auch koste, zu stürzen. Dieses Vorhaben konnte aber so lang Jtimad-ud-

dewlet

dewlet noch in Dienſten war, nicht ausgeführet werden, ſie machten ſich alſo an denſelben zu erſt.

Da ihnen die Leichtglaubigkeit, und Einfalt des Königs bekannt war, verläumdeten ſie den Staatsminiſter auf eine ſchreckliche Art, und erhielten einen voreiligen Befehl, ihm die Augen ausſtechen zu laſſen. Da ihnen dieſes erſte frevelhafte Beginnen gelungen war, koſtete es wenig Mühe, ſich den General von Hals zu ſchaffen, er ward beym Kopf genommen, und gefangen nach Iſpahan geführet. Dieſes geſchah im Jahr ſiebzehn hundert und zwanzig.

Die Uugnade des Staatsminiſters der ein Lesgi war, diente ſeiner Nation zum Vorwand, ſich gegen Chah Huſein zu empören. Dieſe Völker welche von Natur zum plündern geneigt ſind, nahmen daher Anlaß in die Provinz Chirvan zu ſtreifen, welche ſie verwüſteten.

Vier und zwanzigſtes Kapitel.

Mahmoud marſchiret nach Abſetzung des Luftali Khan auf Kirman, und von da gegen Iſpahan, welches er belagert.

Durch Abſetzung des Luftali Khan, wurde dem Mahmoud die Unruhe, welche ihm ſeine Geſchicklichkeit und Muth verurſachet hatte, benommen. Er ſah gar wohl ein, daß von einem Hof, der beſtändig an ſeinem eigenen

Unter:

Untergang arbeitete, nichts zu befürchten wäre, und er es zukünftige herzhaft wagen, und sich von seinen Unternehmungen alles versprechen dörfte. Das Verhalten gegen die Lesgis, welche man plündern ließ, ohne einige Anstalten zu machen dieser Unordnung abzuhelfen, bestärkte ihn in den gefaßten Entschluß, Persien anzugreifen, und Eroberungen darinnen zu machen.

Er zauderte nicht länger, sondern versammlete ein zahlreiches Heer, und machte zu einen großen Feldzug alle nöthige Zurüstungen, reisete auch von Kandehar ab, und marschirte nochmals nach Kirman, wo er mit Anfang des Jahres siebzehn hundert ein und zwanzig, anlangte. Die Belagerung davon wurde zwar gleich von ihm angefangen, als er aber dadurch seine Armee zu schwächen, und die Zeit zu verlieren, befürchtete, wieder aufgehoben, um gerade nach Ispahan zu gehen, ohne sich weiters vorzusehen: indem er wohl überzeugt war, daß ihm weder auf den Marsch, noch bey seinen Rückzug, etwas widriges aufstoßen könnte.

Schah Husein, der über die Annäherung des Mahmoud erschrack, zog in der Eile die wenigen regulirten Völker, welche in der Gegend um die Hauptstadt lagen, zusammen, ließ dazu einige neugeworbene stoßen, und sie unter Anführung des neuen Itimad-ud-Dewlet, und des Muhammed Vali, eines in Persischen Diensten stehenden Arabischen Prinzen, gegen den Feind marschiren. Als dieses kleine Heer, bey den einige Meilen von Ispahan entlegenen Flecken Gulnebat, auf die Armee der Afganen stieß, geschah ein ziemlich hitziges Treffen, worinnen die Perser Anfangs die Oberhand hatten. Wie aber Muhammed Vali angefangen

Q 3　　　　　　　hatte,

hatte, die Feinde in Unordnung zu bringen, zog sich der Itimad-ud-dewlet zurück, indem er lieber die Schlacht wollte verloren gehen laffen, als den an diefen Tag erworbenen Ruhm theilen. Mahmoud hatte alfo diefen glücklichen Erfolg abermals der Eiferfucht und Uneinigkeit der Perfer zu danken.

Da feine Truppen nach einen fo langen Marfch der Ruhe bedürftig waren, blieb er einige Zeit an diefen Ort liegen, und befchloß feinen erhaltenen Sieg zu benutzen. Alles machte ihm Luft dazu. Das nahe liegende Ispahan, die Verwirrung worinnen der Hof fteckte, und das eben mit Muhammed Vali gefchloffene Bündniß. Diefer General fah mit Verdruß, daß feine Aufrichtigkeit und Eifer dem König zu dienen, nur den Neid der Perfifchen Herren erregte, ja, er merkte aus der letztern Handlung des Itimad-ud-dewlet, daß man bloß Gelegenheit fuche ihn zu ftürzen. Aus diefen Grund nahm er feine Zuflucht zu den Afganen, ließ fich mit Mahmoud in ein heimliches Verftändniß ein, und gab ihm von allen was bey Hof vorgieng, Nachricht.

Ein Haufen den diefer letztere einige Tage darauf in die Gegend von Ispahan fchickte, um fich dafelbft feft zu fetzen, jagte dem Schah Huffein einen folchen Schrecken ein, daß er ihm die Oberherrfchaft von Kandehar, nebft einer großen Summe Geld für die Kriegskoften anbieten ließ, wofern er abziehen wollte. Wenn alfo Mahmoud nicht fo gut von der Schwäche des Hofs wäre benachrichtiget gewefen, und gewußt hätte, wie wenig Schwierigkeiten er bey Ausführung feiner Abfichten antreffen könnte: würde diefer Vorfchlag allein hinlänglich gewefen feyn, ihn zu der Belagerung von

Ispahan

Iſpahan anzutreiben. Er zauderte auch nicht länger mehr: ſtellete ſich aber um den Hof zu hintergehen, und ihn unthätig zu erhalten, als ob er den Vorſchlägen des Königs Gehör gäbe, und verlangte eine von ſeinen Töchtern zur Gemahlin, in der Abſicht die Schließung des Vergleichs dadurch aufzuziehen, und Zeit zu gewinnen.

Was er voraus geſehen hatte, geſchah. Der König konnte ſich nicht entſchließen, ſeine Tochter einem aufrühriſchen Unterthanen zur Ehe zu geben, und machte, in Hoffnung, daß er dieſes Begehren leicht ablehnen könnte, gar keine Anſtalten die Hauptſtadt für der bevorſtehenden Gefahr zu ſchützen. Indeſſen brach Mahmoud mit ſeiner ganzen Armee auf, und rückte bis Ferahabad (*), beſtürmte Djulfa, und eroberte es, ohne großen Widerſtand anzutreffen. An folgenden ließ er eine von den Stadtbrücken angreifen, konnte ſich aber derſelben nicht bemächtigen, wobey auf beyden Theilen einige hundert Mann ihr Leben verloren haben.

Außerdem daß die Afganen keine Belagerung zu führen verſtunden, hatte Mahmoud nur ſehr wenige Kanonen bey ſich, und niemand der damit umgehen konnte: mithin würde er Iſpahan, wenn es hinlänglich wäre mit Lebensmitteln verſehen geweſen, nicht ſo leicht haben erobern können. Deſſen ungeachtet wendete er alle Kräfte an, ſich einiger über den Zienderoud geſchlagenen Brücken zu be-

D 4   be-

---

*) Ferahabad iſt ein von Chah Huſein, nahe bey Djulfa erbautes Luſtſchloß.

bemeiſtern , damit er ſein Heer auf die andere Seite dieſes Stromes könnte marſchiren laſſen , und die Stadt enger einſchließen : er verlor aber hier viele Mannſchaft, ohne etwas auszurichten.

Da er nicht für den Unterhalt ſeiner Armee ſorgen durf- te , weil er das platte Land innen hatte , nahm er ſich vor, dasjenige von der Zeit zu gewärtigen , was er mit Gewalt, ohne ſein Heer zu Grund zu richten, nicht erlangen konnte. Er beſchloß alſo die benachbarten Gegenden zu verheeren, und den Hof beſtändig aufzuhalten. Damit man aber weder Le- bensmittel noch Entſatz in die Stadt bringen könnte, faßte er endlich den Vorſatz, ſie auf allen Seiten einzuſchließen : zu dem Ende griff er die Brücke von Abbaſubad zum zweyten- mal an , nahm ſie weg, und ließ einen Theil ſeines Hee- res auf die andere Seite marſchiren.

Dieß geſchahe zu Anfang des May, und von die- ſer Zeit an war Iſpahan belagert. Niemand dachte darauf die Stadt zu entſetzen, außer Ali Merdan-Khan, der mit ſechstauſend Lours, welches ſeine Vaſallen waren, in Be- reitſchaft ſtund Lebensmittel hinein zu bringen, als ſein Bruder, damit er ihm dieſen Ruhm entziehen möchte, alle ſeine Anſchläge vereitelte. Er griff nämlich unbeſonnener Weiſe die Afga- nen mit dieſen kleinen Haufen, an, und war Urſach, daß er in Stücke gehauen wurde.

Die Lours, ſind die Einwohner von Louriſtan, welche Provinz zwiſchen Tuſter und Iſpahan, unter den vier und ſiebzigſten Grad der Länge, und zwey und dreyßigſten der Breite, den Etvals zufolge, liegt. Eigentlich iſt es nur

ein

ein Gebirg von sechs Tagreisen, und wird von Kurden bewohnet, welche ehemals ihre eigene Fürsten hatten. Sie sind tapfer und herzhaft : da aber ihrem Land schwer beyzukommen ist, haben sie beständig eine Neigung zum Aufstand.

Fünf und zwanzigstes Kapitel.

Große Verwirrung und Hungersnoth, welche in Ispahan durch die Belagerung entstehet. Der König Chah Hussein tritt endlich die Stadt und sein Königreich an Mahmoud ab.

Auf die nach Ispahan gekommene Nachricht von der Niederlage der Lours, gerieth alles in Schrecken. Es war kein Entsatz zu hoffen, die Lebensmittel nahmen von Tag zu Tag ab, und da keine frische hineingebracht werden konnten, befürchtete man nicht ohne Grund, wenn sich die Belagerung nur ein wenig in die Länge ziehen sollte, daran Mangel zu leiden. Diesem Uebel abzuhelfen, hielt man es für höchst nöthig, jemand außerhalb zu haben, der in Stand wäre, durch sein Ansehen die Einwohner des Königreichs aufzumuntern, den König und die Hauptstadt zu vertheidigen. In dieser Absicht ließ man den dritten Sohn des Chah Hussein, Thamas Mirza hinaus. Er betrog die Wachsamkeit der Belagerer, und gab sich alle nur erfinnliche Mühe, ein Heer zusammen zubringen. Es fehlte ihm aber an Geld, und die Einwohner waren entweder nicht in Stand, oder

bezeig-

bezeigten keinen Lust, nach allen von den Verschnittenen,
und Statthaltern erduldeten Drangsalen, auf ihre Kosten
Krieg zu führen. Da also seine Bemühungen vergeblich waren, muste er von einer Provinz in die andere herumirren,
und konnte doch nichts zur Befreyung der Hauptstadt aus-
richten.

Die Einwohner von Jspahan, welche daran zweifelten
auswärts Entsatz zu bekommen, verlangten, daß man sie gegen den Feind führen sollte. Es ist besser sagten sie, daß
wir mit den Waffen in der Faust umkommen, als Hungers sterben: vielleicht ziehen sich die Afganen zurück, wenn sie
durch öftere Ausfälle ermüdet werden. Ihr Verlangen wurde Anfangs verworffen, und hernach mit List abgelehnt.
Hierauf war das Volk in Begriff sich zu empören. Es um-
ringte den Pallast, und foderte öffentlich, der König sollte sich
an ihre Spitze stellen, und sie vor den Feind führen.
Anstatt diesen Aufstand dadurch zu stillen, daß man dem Volk
einige Hoffnung gemachet hätte, wurde darauf geschossen. Alsdann merkte es daß seinem Unglück nicht abzuhelfen wäre. Ein
Verschnittener, der tapferer war, als sie gemeiniglich zu
seyn pflegen, that nach etlichen Tagen einen Ausfall, in der
Absicht Lebensmittel in die Stadt zu bringen: Muhammed
Vali der ihn unterstützen sollte, verließ ihn aber, und verursachte daß die Unternehmung fehlschlug. Dieß war der
letzte Versuch.

Hierauf nahm der Mangel an Lebensmitteln dergestalt
überhand, daß man alle Arten von Thieren fraß. Nachdem
diese Hülfsmittel erschöpfet waren, wurde die Hungersnoth
so groß, daß der König selbst kein Brod mehr hatte, und
sich

fich genöthiget fah, die Stadt dem Feind zu übergeben, und die Krone abzutretten. Sobald der Vertrag gefchloffen war, verfügte er fich den drey und zwanzigften October, fiebzehn hundert zwey und zwanzig, in das Lager der Afganen, und ritt auf einem Pferd, welches man ihm von daher gefchickt hatte, indem alle Pferde aus feinem Stall waren verzehret worden. Sobald Chah Huffein den Mahmond nur von weiten erblickt hatte, ftieg er vom Pferd, lief auf ihn zu, und fetzte die Krone auf fein Haupt. Hernach gab er feine Abtrettung fchriftlich von fich, und die Großen von beyden Nationen, huldigten fogleich dem neuen König. Den folgenden hielt er feinen Einzug zu Ifpahan, und beftieg unter den Namen des Sultan Mahmoud, den Thron.

Sechs und zwanzigftes Kapitel.

Mahmoud fuchet fich bey feinen neuen Unterthanen beliebt zu machen, und durch feine Generale die übrigen Provinzen unter fich zu bringen. Er läffet zu Ifpahan ein großes Blutbad anftellen.

Obgleich die Perfer ihrem rechtmäßigen Fürften ungemein ergeben find, machten fie fich doch, wenn fie das Bezeigen diefes neuen Königs, mit dem von Chah Hufein, verglichen, wenig aus der gefchehenen Veränderung, und bekamen von den Afganen beffere Begriffe, als fie bisher gehabt hatten. Sicherheit und Ueberfluß wurden durch die gute Ordnung wieder hergestellet, und die Stadt in kurzer Zeit von neuen mit Einwohnern angefüllet, hingegen ließ Mah, moud diejenigen, welche ihren Fürsten, und das Vater, land verrathen hatten, umbringen.

Da er sich außer Stand sah, seine Eroberungen mit Gewalt zu behaupten, war er darauf bedacht, sich durch die Liebe des Volks zu erhalten. In dieser Absicht änderte er nichts an der Regierungsform, und behielt alle Hofämter, wie auch diejenigen so damit bekleidet waren, ausgenommen die Verräther. Eben so verfuhr er mit denen, welche die öffentlichen Einkünfte verwalteten, gesellete jedoch allen, Leute von seiner Nation bey, theils ihr Verhalten zu beobachten, theils aber, sich in den Staatsgeschäften zu unterrichten. Die Auflagen veränderte er zwar nicht, sondern begnügte sich nur, solche ohne Beschwerniß einfodern zu lassen, auch wurde das Recht viel besser als vorher gehandhabet.

Als er sich auf diese Art der Hauptstadt versichert hatte, suchte er auch den übrigen Theil des Königreichs unter seine Gewalt zu bringen. Die erste Stadt worauf er sein Absehen richtete, war Kazvin (1). Tahmas Mirza war dahin geflohen,

---

1) Kazvin liegt in Irakabgem unter den fünf und achtzigsten Grad der Länge, und sieben und dreyßigsten der Breite, wie der türkische Erdbeschreiber meldet. Nach dem Etval, Kanon, und Resme hingegen, unter den fünf und siebzigsten Grad der Länge, und sechs und dreyßigsten der Breite: an den Gränzen
von

flohen, der seit der Abdankung seines Vaters den Titel eines
Schah angenommen, und sich viel Mühe gegeben hatte, seine
Rechte zu behaupten. An Bezwingung dieser Stadt lag um
so viel mehr, da sie groß, reich, und wohl bevölkert war.
Aman - Ullah, ein Oberhaupt des Stammes, und Mah-
moud

—————————————————————————

von Dilem, zwischen Rey, und Ebher. Harun Rechid ließ
daselbst eine Mauer anfangen, die einer Namens Mousa, im
Jahr der Hegire zwey hundert und vier (acht hundert und neunzehn),
vollendete. Diese Mauer hatte zehntausend drey hundert Ehlen in Umfang, zwey hundert und dreyßig Thürne, und sieben
Thore: sie wurde aber hernach von den Moguls zerstöret. Diese
Stadt hatte neun Quartiere, wovon zwey in der Mitte lagen,
die übrigen hingegen, auf die sieben Thore stießen. Die Luft
zu Kazvin, ist gemäßiget, und man führet das Wasser durch
Kanäle dahin. Es giebt hier viele Gärten und Weinberge,
die man nur einmal des Jahres zu wässern pfleget. Die Rosinen, Mandeln, und Pistacien von Kazvin, sind berühmt,
desgleichen die Melonen und Pasteten (Pasteques). An Lebensmitteln ist daselbst ein Ueberfluß, maßen die ganze herumliegen-
de Gegend, entweder aus Ackerfeldern, und Viehweiden bestehet, oder zur Jagd tauget. In dieser Landschaft sind auch
die Kameele besser und theurer, als anderwärts. Drey Meilen von der Stadt befindet sich ein Springbrunnen, dessen
Wasser mitten im Sommer gefrieret. Wenn in den Eisgru-
ben das Eis stehet, nimmt man es daraus. Der Umgang mit
den Einwohnern ist reizend: sie sind von Natur sehr munter,
und haben eine sonderbare Gabe, etwas zu erzählen. Dieß
hat einen Persischen Poeten bewogen, zu sagen, der König
sollte jederzeit Musikanten aus Khorasan, Leute zum erzählen
von Kazvin, Rentmeister aus Ispahan, und Soldaten von
Tibris haben.

mouds Gefährte, übernahm diese Verrichtung. Als Chah
Tahmas Nachricht von seinem Marsch bekam, glaubte er
in einem auf allen Seiten offenen Ort nicht in Sicherheit zu
seyn, und gieng nach Tauris. Die Afganen erschienen
kaum davor, als sie schon hinein kamen : wegen der Erpressungen aber, welche sie daselbst begiengen, empörten sich
die Einwohner, griffen zu den Waffen, und fielen über die
Afganen her, wovon sie eine große Anzahl tödteten, und
die übrigen aus der Stadt jagten.

Durch diesen Stoß wurde die Macht des Mahmoud,
welche der vorhin erlittene Verlust schon geschwächet hatte,
nicht wenig vermindert. Aus Furcht, es möchten die Einwohner von Ispahan, dem Beyspiel der zu Kazvin folgen,
faßete er den schrecklichen Vorsatz, das allgemeine Blutbad
anzustellen, welches zu Ispahan mit Anfang des Jahres
siebzehn hundert und drey und zwanzig geschah. Man erwürgte allenthalben in großer Anzahl Personen von allerley
Stand, vorzüglich aber Soldaten, und solche die
mit Gewehr umzugehen verstunden. Mahmoud, der
sich noch nicht für sicher hielt, ließ bekannt machen, daß
alle Perser die sich aus der Stadt begeben wollten, solches
ungehindert thun könnten. Eine Menge Personen, welche
durch den eben geschehenen blutigen Auftritt in Schrecken gerathen waren, ergriffen diese Gelegenheit, sich anders
wohin zu begeben.

Ispahan ward hierdurch dergestalt entvölkert, daß unterschiedliche Viertel keine Einwohner mehr hatten : daher
Mahmoud genöthiget war, die Stadt wieder mit Dergue-
simis zu bevölkern. Nasrullah, einer von seinen Feldherren,
streifte

streifte in die Gegend von Hemedan, und brachte eine zahlreiche Kolonie dieses Volks mit sich zurück. Sie wurden von dem neuen König um so besser aufgenommen, weil
sie gleich den Afganen, Sunis, mithin Feinde der Perser
waren. Ja, er ergänzte sogar seine Armee mit ein paar tausend Mann, welche unter ihnen ausgesucht wurden, bis
die Hülfstruppen ankommen konnten, die er von Kandehar
erwartete.

Durch diese angelangten Hülfsvölker wurde die Stadt
wieder bevölkert, und die Anzahl seiner Truppen verstärkt.
Alsdann sah er sich in Stand den Krieg fortzusetzen, um die
übrigen Städte und Provinzen zu bezwingen, welches so
viel leichter angieng, da ihm niemand zu widerstehen suchte.
Dem Zeberdest Khan, einem seiner Generale gab er den Auftrag, die Gegend um Ispahan unter das Joch zu bringen.
Dieser eroberte Guez, und Ben-Ispahan, einen Flecken,
der den Afganen viel zu schaffen gemacht hatte. Alle übrige
Flecken und Dörfer, musten hierauf den Mahmoud für ihren Herrn erkennen.

Zu gleicher Zeit schickte er den Nasrullah Khan, einen
andern General, mit einem Haufen nach Fars (2). Dieser

---

a) Die Provinz Fars, oder Pars, ist dem Vorgeben der Morgenländer zufolge, von Fars, des Nasour Sohn, und Sems
Enkel, also genennt worden. Sie gränzet gegen Westen an
Khouzistan, und einen Theil des Persischen Meerbusens, Südwärts an einen andern Theil des nämlichen Meerbusens, und
das

fer Khan unterwarf die Provinz bis nach Chiras, welches
er belagerte. Nachdem er dabey durch einen Flintenschuß
war getödtet worden, kam Zeberdest Khan an seine Stelle,
und

---

das Land Durmuz, gegen Norden an das Land Ogebel, oder
die Gebirge, und Wüstereyen, wodurch sie von Khorasan ab-
gesondert wird, und gegen Osten an Kirman, und Sebdgistan.
Ihre Figur ist beynahe viereckigt, und sie enthält eine Menge
Städte, Flecken, und Dörfer. Die Einwohner derselben, sind
witzig, sanft, und gesellig: daher auch Mahmoud
gesagt hat, „Gott habe unter den Arabern die Kureiches, und
unter den Adgems, oder den übrigen Nationen, die eigentlich
sogenannten Perser erwählet.„ Der nämliche sagte auch, daß
unter allen Völkern in der Welt, keines mehr Abneigung gegen die Religion habe, als das von Roum: hingegen würden
die Perser solche erreichen, wenn sie auch an die Plejaden befestiget wäre. Istakher war ehmals die Hauptstadt in Fars,
heutigtag ist es Chiras. Diese Stadt liegt in dem Bezirk Ardechir Khore, der nach Ardechir, des Babeck, Königs von
Perfien Sohn, diese Benennung erhalten hat. Der türkische
Erdbeschreiber setzt Chiras unter den acht und achtzigsten einen
halben Grad der Länge, und neun und zwanzigsten einen halben
der Breite. Die Etvals, unter den drey und siebzigsten Grad,
drey Minuten der Länge, und neun und zwanzigsten Grad, sechs
und dreyßig Minuten der Breite. Der Kanon, unter den drey
und siebzigsten Grad, fünf und dreyßig Minuten der Länge,
und neun und zwanzigsten Grad, sechs und dreyßig Minuten der
Breite. Muhammed, des Kasim Sohn, ein Enkel des Ha-
djadsc, erbauete sie im sechs und siebzigsten Jahr der Hegire,
(sechs hundert fünf und neunzig). Sammsamed-devlet ließ einen
Wall, von zwey tausend, fünf hundert Schritten in Umfang,
herumführen: den Mahmoud-Chah im Jahr sechs hundert und
zwanzig

und setzte die Belagerung fort. Der Befehlshaber in der Festung, muste wegen Mangel an Lebensmitteln capituliren. Dieses Zeitpunkts machten sich die Afganen zu Nütz, den Platz anzugreifen. Da sie keinen Widerstand fanden, drangen sie hinein, und machten die Einwohner zum Theil nieder. Die Streifereyen, welche sie von da gegen den Persischen Meerbusen unternahmen, brachten ihnen keinen sonderlichen Vortheil: maßen die Einwohner dieser Gegenden geflüchtet waren, und die von Bender-Abbasi sich nach Ormus begeben hatten. Ausgenommen die Europäer, welche sich in ihren Kaufhäusern verschanzet hatten, und wenn man sie darinnen angreifen sollte, zur Gegenwehr bereit waren.

zwanzig, verneuerte. Die Stadt hat siebzehn Quartiere, und neun Thore. Jedes Haus hat seinen Garten, und sein laufendes Wasser. Die Straßen sind eng, und unsauber: auch giebt es daselbst eine ungesunde Luft, und schlechtes Wasser, desgleichen sind die Lebensmittel mehr theuer, als wohlfeil. Die Gegend herum ist mit Weinbergen angebauet, wovon der Wein hochgeschätzet wird. Auch die Spaziergänge zu Chiras sind schön, und die Einwohner schwarzbraun, und mager.

R Sieben

Sieben und zwanzigstes Kapitel.

Chah Tahmas setzet sich den Afganen mit abwechs-
lenden Glück entgegen. Die Türken suchen die
Unruhen in Persien gleichfalls zu benutzen.
Mahmoud wird auf die letzt ganz im
Kopf verruckt.

Während dieser Zeit hinderte Chah Tahmas in keinem
Stück die Unternehmungen der Afganen: maßen er
nicht allein außer Stand war sie anzugreifen, sondern auch
nicht einmal in Feld bleiben konnte. Er hatte allenthalben
Misvergnügen, und Gleichgültigkeit gegen seine Angelegenheiten, ja sogar bey den Georgianern, und Armeniern,
eine Neigung zur Unabhängigkeit und Empörung angetroffen.
Diese Völker schlugen es frey ab, unter seinen Truppen zu
dienen. Er suchte sie hierzu zwar zu nöthigen, die Versuche welche er aber deshalben anstellete, liefen fruchtloß ab,
und er verlor dabey seine Zeit und viel Volk.

Als endlich dieser Fürst zur Genüge einsah, daß er
weder von den Georgianern noch Armeniern, einigen Beystand zu hoffen hätte: fassete er den Entschluß, sich dem
Wachsthum der Afganen, mit den wenigen zusammen ge-
zogenen Truppen zu widersetzen. Sie bestunden in acht tausend Mann, welches freylich gegen die Truppen des Mahmoud ein schwacher Hinterhalt war. Dem ungeachtet hätten sie, da es meistens freywillige und versuchte Leute waren,
dem Mahmoud viel zu schaffen machen können, wenn sie einen
besseren Anführer gehabt hätten.

Chah

Shah Tahmas hatte zum Unglück niemand bey sich, der im Stand wäre gewesen zu commandiren, oder ihm gute Anschläge zu geben. Ueberdieß besaß er nicht Erfahrung genug, sich in so kützlichen Umständen, als die seinigen waren, geschickt zu verhalten. Man durfte sich also nicht verwundern, wenn er viele Fehler begieng, wovon einer der größten nur war, daß er dem Fereidoun-Khan das Commando über seinen kleinen Trupp anvertraute. Es mochte nun aus Zaghaftigkeit oder Untreue geschehen, kurz, dieser General vollzog seinen Auftrag sehr schlecht. Mahmoud eroberte Gulpaguian, und hernach Kiachan (1), welchem Beyspiel unterschiedliche andere Städte folgten, und sich unterwarfen, ohne zu warten bis sie angegriffen wurden.

R 2   Aman

---

1) Die Stadt Kiachan in Irakabgem, welche kleiner ist, als Kum, worunter sie stehet, liegt dem türkischen Erdbeschreiber zufolge, unter den sieben und achtzigsten einen halben Grad der Länge, und vier und dreyßigsten einen halben der Breite. Nach den Etvals, unter den sechs und siebzigsten Grad der Länge, und vier und dreyßigsten der Breite. Nach den Kanon, unter der nämlichen Länge, nebst zwanzig Minuten, und eben der Breite. Zubeïde, des Haroun Rachid Gemahlin, hat sie gebauet. Sie hat außerhalb ein Kastell von Erde aufgeworfen, Rameus Kin. Die Luft ist daselbst heiß, und das Wasser kommt von einem Ort Firouz genennt, auch die Aernde ist in diesem Land nicht sehr ergiebig. Es wächset in dieser Landschaft viel Ungeziefer, und der Scorpionstich ist hier tödtlich. Die Einwohner sind arbeitsam und fleißig, und haben schöne Seidenfabriken.

Aman‑Ullah, der oben bereits erwähnte Stamm‑ Oberste, war dem Mahmoud gefolgt, in der Hoffnung die Früchte seiner Eroberungen, und selbst die Königliche Wür‑ de mit ihm zu theilen. Als er sich betrogen sah, wurde er mißvergnügt, pochte, und drohete sogar, welches ihm aber nichts half. Er beschloß daher, zu den Chah Tah‑ mas über zu gehen, marschirte an der Spitze seiner Trup‑ pen aus Ispahan, und nahm Anfangs den Weg auf Kan‑ dehar, den er aber nach einigen Stunden verließ, und sich gegen Tauris wendete.

Mahmoud, der von seinem Vorhaben Nachricht erhal‑ ten hatte, verfolgte ihn mit einem Haufen seiner Afganen, wie er denselben nun eingeholet hatte, beredete er ihn wieder nach Ispahan zurück zu kehren, und ihm seine Truppen zu einer gewissen Unternehmung zu überlassen. Zu gleicher Zeit befahl er dem Commandanten von dieser Stadt, ihn nicht aus den Augen zu lassen, und marschirte persönlich gegen Kiouhi‑Guilan, welches ein Bezirk von Louristan ist. Die‑ ses Unternehmen mislung ihm, er verlor dabey zum Theil seine Armee, und ward hierdurch außer Stand gesetzt, den Ueberrest des Sommers, von siebzehn hundert vier und zwanzig, etwas beträchtliches auszuführen.

Die Türken wollten sich gleichfalls die Unruhen von Persien zu Nutz machen, und drangen, nachdem sie vorher ein Stück von Gurdgistan, oder Georgien (2) erobert hatten,

In

---

a) Gurdgistan ist ein gebirgigtes Land, zwanzig Tagreisen lang, zwischen

in das Innere des Königreichs. Die Armenier, und die übrigen Einwohner, der an die Türkey gränzenden Provinzen, hatten sich wenig Mühe gegeben, dem Chah Tahmas beizu-

R 3   stehen,

---

zwischen dem schwarzen Meer, und dem von Chirvan. Es gränzet gegen Osten an den District Temirkapi und die Provinz Chirvan. Südwärts an die Landschaften Tcheldir, Kars, und Erzeroum. Gegen Westen an das schwarze Meer, und Nordwärts an Abaze, und Daguistan. Es wird in unterschiedliche Bezirke abgetheilet, wovon ein jeder sein besonderes Oberhaupt hat. Teflis wird für die Hauptstadt darinnen gehalten, wiewohl es unter Chirvan stehet. Der türkische Erdbeschreiber setzt diese Stadt, unter den drey und achtzigsten Grad der Länge, und drey und vierzigsten der Breite. Die Etvais, unter den acht und siebzigsten Grad der Länge, und drey und vierzigsten der Breite. Der Kanon, unter den zwey und sechzigsten Grad der Länge, und zwey und vierzigsten der Breite. Sie liegt an dem Strom Gur, Ostwärts der Gebirge von Georgien, hat zwey Kastelle, Mauern, und drey Thore. Das Getraid schlägt in dieser Landschaft gut fort, Früchte aber, sind selten Außer der Stadt gegen Osten, trifft man Bäder an, von einer gemäßigten Hitze, und man hat über einige von den Quellen, Gebäue errichtet. Der Gur, oder Cirus der Alten, fließet mitten durch die Stadt. Dieser große Strom entspringt aus den Gebirgen von Kalikan, laufet von Westen gegen Osten, und fließet Touri, so wie auch Alhefika vorbey. Wie einige vorgeben, entspringt er auf einem Gebirg, zwischen den Kastellen Gueule und Kars, nahe bey dem erstern. Man hat in den Felsen die Figur eines Ochsenkopfes ausgehauen, durch dessen Rachen, und Nasenlöcher das Wasser lauft. Er hat gleich bey der Quelle einen sehr schnellen Lauf, und ergießet sich in die Ebene von Gueule, wo-

er

stehen, so lang sie Hoffnung gehabt, bey Gelegenheit des
Einfalles der Afganen unabhänzig zu werden. Als sie aber
sahen, daß die Türken Tauris belagerten, ließen sie es sich
etwas

---

er eine enge Durchfahrt antrifft, indem er sonst diese ganze Fläche, welche mit Bergen umgränzt ist, überschwemmen, und
einen See daraus machen würde. Ja, man behauptet sogar,
daß ihm die Alten diesen Weg mitten durch die Felsen, ausdrücklich deswegen eröffnet haben, um diese schlimmen Folgen
zu vermeiden. Wenn er da heraus kommt, fließet er Kara-
Ejeteban, Erdjoufe, und das Kastell Kharions vorbey, wo
er den Abdrllilif zu sich nimmt. Hierauf strömet er neben den
Kastellen Ejbour, und Khadgeret vorbey, und verschluckt den
Albista, in der Wiesen Bilif. Nachdem er jenseits des
Kastells Ligour, aus den engen Weg Berre gekommen ist,
wird er eine Art von See, und gehet, sobald er nach Teflis
kommet, zwischen zween großen Felsen durch, worauf die Kastelle dieser Stadt gebauet sind. Weiter davon empfängt er
den Kanak, der aus den Gebirgen von Beliem entspringet,
und indem er Anfangs Südwärts, hernach gegen Osten und
Norden lauft, trennet er die Provinz Chirvan von Aderbaidjan.
Hamdullah berichtet, daß er alsdann zween Aeste formiret,
wovon sich der kleinste in den See Chemsioure stürzet: der andere hingegen sich bey Yourt Bajar mit dem Eres vereiniget,
der in das Meer von Chirvan lauft. Andere geben vor, daß
er sich in drey Aeste zertheilet, welche an drey unterschiedlichen
Orten in das Meer fallen. Der erste von diesen Aesten, ist
ihren Vorgeben zufolge, der Abeste-thal, der sich, nachdem er eine Meile von Eres, und Nordwärts von Chemafchi,
seinen Lauf genommen hat, in das Meer stürzet. Der zweyte heisset Kiele-thal, und lauft, wenn er sich hinter den ersten,
bey Aogan, von dem Gur getrennet hat, gegen Osten in
die

etwas beſſer angelegen ſeyn : mehr aus Furcht, unter eine
ſtrengere Herrſchaft zu kommen, als aus Neigung gegen ihren
alten Herrn. Sie vereinigten ſich in ſolcher Anzahl mit dem
Chah Tahmas, daß man eine Armee daraus formiren konnte, womit er die Türken angriff, und ſie nöthigte, die
Belagerung aufzuheben. Nach dieſen glücklichen Erfolg ſchickte er den Feredge — Ullah Khan, mit einem Theil dieſes Heeres gegen den Ahmed Pacha, der damals Hemedan belagerte, dieſer General wurde aber geſchlagen, und die Stadt
erobert.

Während dieſer Zeit erhielt die Armee des Mahmoud
neue Verſtärkungen aus Kandehar. Mit dieſen vereinigte er
noch die Derguizinis, und beſchloß, ſich durch die Eroberung
von Yezid (3), eine Gemeinſchaft mit Kandehar offen zu halten.

N 4

---

die See. Der dritte, oder Tchre-tſal, ſondert ſich von
dem zweyten ab, und fließet unter Neuchebre gegen Oſten in
das Meer, nachdem er Mahmoud - Abad Nordwärts vorbeygeſtrömet iſt. Man fänget in den Gur einen Fiſch, Namens
Zirfi, der in Orient ſehr hoch geſchätzet wird. Der Lauf dieſes Stromes beträget ohngefähr zwey hundert Meilen.

3) Yezid, liegt nach den türkiſchen Erdbeſchreiber, unter den neun
und achtzigſten Grad der Länge, und zwey und dreyſigſten der
Breite. Nach den Etvals hingegen, unter den neun und
ſiebzigſten Grad der Länge, und der nämlichen Breite, in den
Bezirk Iſtakher, am Ende einer Wüſte. Die Waaren, ſo
dieſe Landſchaft hervor bringt, beſtehen in Seide, Getraid,
Früchten, insbeſondere aus vortreflichen Granatäpfeln. Die
Luft

ten. Er brach auf, und bestürmte diese Stadt, ward aber
von den Einwohnern tapfer zurück getrieben, welche einen
Ausfall thaten, worinnen sie viel Mannschaft umbrachten.

Dieser wiederholte schlimme Erfolg, machte ihn
äußerst schwermüthig. Eine vierzigtägige Einsamkeit, um
wie er glaubte, durch närrische Kasteyung des Leibes, seine Sünden abzubüßen, verrückte ihm den Verstand, und er
verlor solchen vollends, als er die Entweichung von des Chah
Husein ältesten Sohn, Safi Mirza, erfuhr, der kurz zuvor aus dem Gefängniß, worinnen er ihn hatte einsperren
lassen, entflohen war. Er ließ sich die Prinzen von Geblüt
herbeybringen, und erwürgte solche. Von dieser Zeit,
an

Luft ist gemäßiget, und das Wasser wird durch unterirdische
Kanäle dahin geführet. Es giebt hier schöne Gärten, sehr
angenehme Häuser, und reizende Spaziergänge, als zum Beyspiel der zu Best, so unter allen der schönste ist. Vier Meilen von Yezd sind zwey große Gebirge, in deren Mitte, sich
Häuser, Gärten, und Weinberge befinden, welche den
Aufenthalt daselbst, sehr angenehm machen. Es würde auch
keinen angenehmern Ort geben, als diesen, wenn nicht der
durchlaufende Strom, zuweilen an Wasser Mangel litte.
Auf beyden Seiten sind zwey Quartiere, von denen
eines das Sommerquartier, das andere hingegen, das Winterquartier genennt wird. Luft und Wasser sind hier dermaßen
unterschieden, daß alles, was in dem letztern Quartier nächs-
set, zwanzig Tage eher reif wird, als dasjenige, so im
letztern hervorkommt. Es giebt zu Yezd viele Zeugfabriken,
ingleichen schönes, und liebenswürdiges Frauenzimmer.

an, nahm ſeine Wuth beſtändig zu, daß er ſogar ſeine Hände und Füße anfraß, und ſich ſelbſt zerriß.

Acht und zwanzigſtes Kapitel.

Echeref wird von den Afganen auf den Thron ge-
ſetzt. Dieſer läſſet den Mahmoud ſogleich umbringen, und ſuchet den Chah Tahmas durch ver-
ſtellte Freundſchaft in ſeine Hände zu bekommen, welches ihm aber mislingt.

Ein Sieg den Chah Tahmas unterdeſſen über den General der Afganen, Seidal, erhalten hatte, machte ſie
änßerſt beſtürtzt. Da ſie nun ihren König außer Stand ſa-
hen, die Regierungslaſt zu ertragen, nahmen ſie ſeinen
Vetter Echeref aus dem Gefängniß, worinnen er auf Befehl des Mahmoud, wegen eines geheimen Verſtändniſſes zwiſchen ihm und Chah Huſein, eingeſchloſſen war. Sie riefen ſelbigen zum König aus, und ſetzten ihn den zwey und
zwanzigſten April, ſiebzehn hundert fünf zwanzig, auf den
Thron.

Echeref war über ſeine Gefangennehmung aufgebracht,
und konnte noch außerdem niemals dem Mahmoud ſeines Vaters Tod verzeihen, der ihn nach des Mirveis Abſterben mit
eigener Hand erwürget hatte. So bald er alſo auf den
Thron ſaß, ließ er ſich des Mahmoud Kopf bringen, und

zuerſt

zuerst seine Leibwachen, hierauf aber alle diejenigen umbringen, welche ihm besonders waren ergeben gewesen.

Da er nichts desto weniger den Ruhm der Leutseligkeit und Gerechtigkeit erwerben wollte, stellete er sich als ob er geneigt wäre, dem Chah Husein die Krone wieder abzutreten, den Mahmoud bey Ermordung der Königlichen Familie verschonet hatte. Dieser Fürst sah aber, ungeachtet seines schwachen Verstandes gar wohl ein, daß diese anscheinende Großmuth nichts als eine Falle wäre, die man ihm legte, seine Gedanken in Ansehung des Throns zu erforschen. Er faßte also den Entschluß, sich zu verstellen, dankte dem Scheref für seinen Antrag, und betheuerte, daß er nichts weiter suche, denn die übrigen Tage seines unglücklichen Lebens in der Einsamkeit zu zubringen, auch keine andere Gnade verlange, als besser wie unter Mahmoud gehalten zu werden. Die ermordeten Prinzen, waren bisher noch nicht begraben worden, Scheref ließ sie, um sich bey den Persern weniger verhaßt zu machen, in Särge legen, und nach Kum (1) führen, um daselbst in das Begräbniß der Königlichen Familie gesetzt zu werden.

Aman-

---

1) Kum ist eine alte Stadt im Land Dgebel, oder der Gebirge, unter den sechs und achtzigsten einen halben Grad der Länge, und fünf und dreyßigsten der Breite, wie der türkische Erdbeschreiber meldet. Nach den Elvals, unter den fünf und siebzigsten Grad, vierzig Minuten der Länge, und vier und dreyßigsten Grad, fünf und vierzig Minuten der Breite. Nach Re-

Aman-Ullah, der nunmehr alle Hoffnung verlor, den Thron zu besteigen, trat, da er sah, daß sich die Oberhäupter der Afganen öffentlich für den Echeref erklärten, gleichfalls auf diese Seite, und war hauptsächlich an seiner Erhebung Ursach. Die Absetzung des Mahmoud, brachte aber dem Aman-Ullah nicht allein keinen Vortheil, sondern zog auch für ihn selbst, und die meisten derjenigen, so etwas dazu beygetragen hatten, die traurigsten Folgen nach sich. Echeref ließ ihm sobald er den Thron bestiegen hatte, nebst vielen Oberhäuptern der Afganen, das Leben nehmen. Die
übrigen

Resme, unter den vier und siebzigsten Grad, fünf und funfzig Minuten der Länge, und fünf und dreyßigsten Grad, vierzig Minuten der Breite. Endlich nach den Kanou, unter den sechs und siebzigsten Grad der Länge, und vier und dreyßigsten Grad, zehn Minuten der Breite. Ihr Bezirk enthält vier große Städte, davon Kum die Hauptstadt ist. Ihre Wälle hatten zehn tausend Klafter im Umfang: heutzutag sind sie nebst den größten Theil der Stadt zerstöret. Die Luft zu Kum ist gemäßiget. Der Strom so da vorbey fließet, kommt von Gulpaguian, und das Wasser in den Brunnen ist ein wenig säuerlicht. Diese Landschaft träget Baumwollen, Getraid, und Früchte: dergleichen sind Granatäpfel, Pistacien, Haselnüsse, Feigen, und Melonen. Cypressen giebt es daselbst in Ueberfluß. Südwärts von dieser Stadt, und von Cave, liegt ein sehr hohes Gebirg, auf dem nebst andern vortreflichen Arzneykräutern, auch das Tchavechir wächset, oder die Pflanze, woraus man den Angeliten Saft presset. Kum liegt zwischen Ispahan und Cave, zwölf Meilen von der letztern, ein und zwanzig von Rey, und sechzehn von Klachan, welches sechs und vierzig von Ispahan entfernt ist.

übrigen wurden in Verhaft genommen, von allen aber die Güter eingezogen. Scheref füllete hierdurch seine Schatzkammer mit den unermeßlichen Reichthümern, welche sie bey Plünderung der Hauptstadt, und der übrigen bezwungenen Städte, zusammengebracht hatten. Ueberdieß wurde er auf diese Art von Leuten befreyet, welche ihn bey den mindesten Misvergnügen hätten absetzen können. Um sich aber noch besser auf den Thron zu befestigen, suchte er den Schah Tahmas durch List in seine Hände zu bekommen, welches ihm auch beynahe gelungen wäre.

Aus Begierde seines Vaters Tod zu rächen, hatte er sich während der Belagerung von Ispahan, mit Schah Hussein in ein geheimes Bündniß eingelassen, welches er in seinem Gefängniß, von neuem mit dem Schah Tahmas anfieng. Da er nun König wurde, bewies er sich zu einen Vergleich mit diesem Prinzen geneigt, und schlug ihm eine Zusammenkunft vor, ihre Angelegenheiten in der Güte auszumachen. Damit er denselben desto besser hintergehen möchte, schickte er ihm kostbare Geschenke, und ließ zu gleicher Zeit allenthalben bekannt machen, daß er niemand zu beunruhigen gedächte, da er mit Schah Tahmas in Unterhandlung stünde, sondern iedermann könnte mit vollkommener Sicherheit handeln und wandeln, indem die Ruhe durch gänzliche Unterlassung der Feindseligkeiten bald wieder hergestellet seyn würde. Hiernächst brach er mit fünfzehn tausend Mann auf, und marschirte gerade an den angezeigten Ort der Zusammenkunft.

Schah Tahmas hatte eben einen zweyten Sieg über den Eridal erhalten, als er diese Vorschläge empfieng, und

reisete

reisete alsobald ab, indem er meynte Echeref handele aufrichtig.   Da er sich dem Ort der Zusammenkunft näherte,
und die Gefahr überlegte welcher er sich aussetzte, wenn man
ihn zu hintergehen gedächte, schickte er eine vertraute Person ab, die Bewegungen des Echeref, und sein Gefolg
zu erforschen. Diese Vorsicht rettete ihn : maßen die Person welche den Auftrag hatte, zurückkam, und ihm berichtete, daß Echeref den Ort der Zusammenkunft vorbey marschiret wäre, und ein Heer bey sich hätte. Hierauf erkannte der Prinz die ihm bevorgestandene Gefahr, änderte seinen
Weg, und kam nach Majenderan.

Nachdem Echeref seines Anschlags verfehlt hatte, beschloß er die Vortheile zu benutzen, welche ihm des Prinzen Flucht darbot. Er marschirte nach Kum, und von da
nach Save (2), und bemächtigte sich dieser beyden Städte.
Hier-

---

2) Der türkische Erdbeschreiber setzt Save unter den fünf und achtzigsten einen halben Grad der Länge, und fünf und dreysigsten
der Breite.   Die Elvals, unter den fünf und siebzigsten
Grad der Länge, und der nämlichen Breite.   Der Kanon
hingegen, unter dem fünf und siebzigsten Grad der Länge, und
der nämlichen Breite, dreysig Meilen Westwärts von Rey.
Hamdullah berichtet, daß sich an den Ort wo diese Stadt gebauet ist, ein See befand, dessen Wasser in der Nacht als Mahomet gebohren ward, vertrocknete.   Es ist aber das größere
Alterthum dieser Stadt bekannt, und sie soll, wenn man den Persern Glauben beymessen darf, von Tahmouris an den Ufer dieses Sees erbauet worden seyn, der auch wirklich ihrem Vorgeben zufolge, diese nämliche Nacht austrocknete.   Die Luft

Hierauf breitete er seine Eroberungen allgemachs weiter aus, desgleichen auch von den Moscowitern, und Türken, geschah. Diese wollten so glückliche Umstände, da ihnen nichts in Weg geleget wurde, zu ihrer Vergrößerung, nicht unbenutzet lassen, und ein jeder bemächtigte sich seines Orts, der ihm wohl gelegenen Provinzen. Die Türken griffen Persien auf verschiedenen Seiten an, und machten sich Meister von ganz Georgien, Erivan (3), Guentche (4), und Tauris.

Auf

---

ist zu Save zwar heiß, aber gesund, und das Wasser wird aus dem Strom Mezdekan, durch Kanäle dahin geführet. Baumwolle, Getraid, und Früchte, wachsen hier im Ueberfluß. Unter ihr stehen vier Bezirke, nebst hundert und fünf Dorfschaften. Sie liegt zwischen Rey, und Hemedan, gegen Süden von Talikan, und Nordostwärts von Ave.

3) Erivan, oder Revan, ist die Hauptstadt des Landes Erran, welches nach dem Bericht der Morgenländer, von einem der Söhne Japhet also ist genennet worden. Hamdullah meldet, Erran sey das zwischen den beyden Strömen Cur und Eris gelegene Land. Erran, Mogan, und Chirvan, sind drey Districte welche nahe an einander liegen. Sie gränzet gegen Osten an Aterbaidjan, Guillan, und Dilem. Südwärts an einen Theil von Armenien, heutzutag die Landschaft Van genennet, und an Kurdistan, gegen Westen an die Provinz Erzeroum, und die Gebirge von Gurgistan, Nordwärts aber an das Meer von Charez, oder Chirvan. Der türkische Erdbeschreiber setzt Revan unter den sieben und achtzigsten Grad der Länge, und neun und dreyßigsten der Breite, in dem Bezirk Tchulvurisaad. Der Strom Zengui fließet Ostwärts

an

Auf der andern Seite schmeichelte sich Ahmed Pacha, die Afganen aus Jspahan zu jagen. In dieser Absicht marschirte er von Hemedan mit einer schönen Armee ab, und rückte bis nach Khurmava, in dem Land der Bahtiaris: wurde aber von diesem Volk dermaßen übel empfangen, daß er sich außer Stand befand sein Vorhaben auszuführen, und daher den Entschluß fassete, wieder zurück zu kehren.

_____

an ihren Wällen vorbey. Ihr Kastell ist von Erde, auf einen ebenen Platz, an dem nämlichen Strom aufgeworfen. Sie hat zwey Thore, eines gegen Süden, das andere gegen Norden, und die umliegende Gegend bestehet aus Gärten, Weinbergen, und fruchtbaren Feldern.

4) Die, vier Tagreisen gegen Osten, von Raven entfernte Stadt Guentche, liegt in einem flachen, mit Weinbergen und Gärten angefüllten Land. Es wachsen zwar viele Feigen daselbst, man bekommt aber das Fieber davon. Nach des Hamdullah Bericht, soll Alexander der Große, diese Stadt erbauet, und Kubad, des Firouz Sohn, dieselbe wieder hergestellet haben. Sie war vorzeiten sehr groß, und man siehet noch ziemlich schöne Ueberbleibsel von alten Gebäuen. Das Wasser so man daselbst trinkt, kommt aus einem Strom, Namens Berder.

_____

Neu

Neun und zwanzigstes Kapitel.

Nachrichten von den Streifereyen der Abdalis Afganen, Lezguis, Moscowiter, und anderer, in
Persien, welche sich vieler Provinzen bemächtigen.
Echeref schicket einen Gesandten nach Konstantino-
pel, der aber nicht angenommen wird, und
lässet dem Chah Husein das Leben
nehmen.

Mittlerweile die Afganen von Kandehar, die mittägigen
Provinzen Persiens verwüsteten, verheerten die
Abdalis, ein anderer Stamm des nämlichen Volkes, Kho-
rasan, und eroberten Herat (1). Melik Mahmoud, der
S:att-

---

1) Herat ist eine grosse und alte Stadt in Khorasan. Der türkische Erdbeschreiber setzet sie unter den fünf und neunzigsten einem
halben Grad der Länge, und vier und dreyßigsten einen halben,
der Breite Die Etrals, unter den fünf und achtzigsten
Grad, dreyßig Minuten der Länge, und drey und dreyßigsten
Grad, zwanzig Minuten der Breite. Ibul Said, unter
den sechs und achtzigsten Grad, dreyßig Minuten der Länge,
und fünf und dreyßigsten Grad, dreyßig Minuten der Breite.
Sie liegt in einer Ebene, und ist mit Gärten und Weinbergen
umgeben, hat auch Ströme, welche zwey Stunden von hier,
aus einem kahlen Gebirg entspringen, worauf ein Feuertempel,
Giritchel genennt, stehet, und Steinbrüche von schwarzen
Schleifsteinen sich befinden. Herat hat Mauern, mit Wasser angefüllte Gräben, und fünf Thore, woron das nach
Balkht-

Statthalter von Mechehed (2), ſuchte gleichfalls dieſe Verwirrung zu benutzen, und ſich zu einem unumſchränkten Herrn
aufzuwerfen. Die Leſguis, welche bey Annäherung der
Türken,

Balkhe von Eiſen iſt, die übrigen hingegen von Holz ſind. Das
in ſeinem mitternächtigen Theil liegende Kaſtell, Ibtiar-ed-
din, wird für außerordentlich feſt gehalten: und hat zwey
Thore, eines gegen Norden, das andere gegen Süden. Das
Quartier, ehemals Rahendiz, jetzo Masrathe genennt, ſoll,
wie man vorgiebt, von Nabuchodonoſor erbauet worden ſeyn.
Andere behaupten der erſte Stifter dieſer Stadt, ſey ein Herr am
den Hof des Nerman, Namens Herat, geweſen, und Alexander der Große habe ſie nur wieder erneuert. Einige Schriftſteller berichten, daß Chemire, die Tochter Ogeman, des
Sohnes Fereidoun, das Kaſtell Chemirani genennt, erbauet
habe: als ſich nun die Einwohner zu des Menontchehre Zeiten
ſtark vermehret, hätten ſie Kabendiz gebauet, und nach ihres
Königs Namen, Rhouche genennt, hernach auf vier Seiten
eben ſo viele Palläſte angehenket, und alſo das Kaſtell Chemiran damit umgeben. Wie andere Verfaſſer melden, geſchah es unter Behmen, des Esfendiar Sohn, daß Kabrendiz
um zwölf tauſend, ein hundert und drey und ſechzig Schritte erweitert wurde. Es hätten nämlich zween von Kievachan gekommene Brüder, ſich in den Flecken Aube niedergelaſſen, deren
Nachkommen, zu Chemire, der Tochter Behmen, Königin
von Balkhe hingegangen wären, ſie um Erlaubniß zu bitten,
daß ſie dieſen Flecken befeſtigen dürften. Als ſie ſolche nun
erhalten, hätten ſie dieſe Feſtung nach der Königin Namen benennet. Hierauf ſey von Dara, dem Sohn Dara Kahendiz,
und wie von den Einwohnern, über die Türken zu Alexandrien,
Klagen eingelaufen wären, Herat gebauet worden, welches
Iſchir,

S

Türken, sich aus Georgien zurück ziehen musten, fielen über Chirvan (3) her, wo sie Chamak, und einige andere Städte, ein-

---

Idil, des Dara Sohn erweitert habe. Nach andern hat Herat, die Tochter Dabbats, erstlich Aube, nachher Herat gebauet. Man hat bey dieser Gelegenheit ein Sinngedicht, folgenden Inhalts gemacht: Behrasib gründete, Heri, Kia-kasib vergrösserte es, Behmen machte solches noch gröser, und Alexander Roumi vollendete es. Heutzutag ist das Viertel Chemiran, welches Kahrdi; gegen Norden liegt, allein be-wohnet. Von Herat nach Nichabour sind eilf Tagreisen, und eben so viel von Merve nach Eidgistan.

2) Mechebed war ehemals ein Dorf, im Bezirk Tous, welches der türkische Erdbeschreiber unter den ein und neunzigsten Grad der Länge, und sieben und dreysigsten der Breite: Die Etvalk, unter den zwey und achtzigsten Grad, dreysig Minuten der Län-ge, und Resme, unter den zwey und achtzigsten Grad, fünf-zig Minuten der Länge, und der nämlichen Breite, setzen. Seitdem einer der zwölf Imans, Namens Ali, des Mouja-Rida Sohn, im Jahr der Hegire, zweyhundert und drey (acht hundert und achtzehen), daselbst sein Begräbnis gefunden hat, ist dieses Dorf Senabad genennt, unter der Benennung Mechebed, berühmt worden, welche hernach diesem ganzen Bezirk beygeleget wurde. Haroun Rechid liegt hier gleichfalls begraben. Man findet an einem Ort, Roulan genennt, Türkis, und Jaspis Gruben. Dgemgid war der erste Stifter von Tous: welches Tous, ein Sohn des Noudir, als er sie nach ihrer Zerstörung wieder her-gestellet hatte, nach seinen Namen benennet hat. Es ist daselbst eine berühmte Landschaft, von zwölf Meilen in die Länge, und fünf in die Breite, mit Weinstöcken, und Feigenbäumen be-pflanzet.

3) Die

einnahmen. Andernſeits kamen die Moscowiter dazu, und
ſetzten ſich in Guilan (4) feſt, wo ſie Rechet eroberten. Auf

dieſe

---

3) Die Provinz Chirvan, erſtreckt ſich von dem Strom Kur, bis
nach Demir-kapi, oder Derbend. Ihre ehemalige Hauptſtadt
führte nach einiger Meynung, die nämliche Benennung. Der
türkiſche Erdbeſchreiber ſetzet ſie unter den ſieben und achtzigſten
Grad der Länge, und vierzigſten der Breite. Ebul Feda be-
ſtimmet nach Ibni-Said, ihre Lage unter den drey und ſechzigſten Grad, ſechs und funfzig Minuten der Länge, und ein und
vierzigſten Grad, acht und vierzig Minuten der Breite, nach
den Kanon hingegen, unter den ſechs und ſechzigſten Grad,
dreyſig Minuten der Länge, und vierzigſten Grad, funfzig Minuten der Breite, nahe bey Demir-kapi. Anouchivan ſoll ſie,
wie man vorgibt, erbauet haben, als nun hernach das Anos
davon genommen wurde, iſt ſie nur Chirvan genennet worden.
Heutzutag wird ſie Kharez genennet. In der neuern Zeit war
Chemati die Hauptſtadt in dieſer Provinz. Nadir Chan hat ſie
aber gänzlich zerſtöret.

4) Die Provinz Guilan, zu der man gewöhnlichermaßen Dilem
rechnet, indem beyde eigentlich nur eine ausmachen, gränzet
gegen Weſten an einen Theil von Aderbaidjan, Südwärts an
einen andern Theil der nämlichen Provinz, und an die Landſchaft Kazvin, gegen Oſten an die Provinz Rey, und Taberiſtan, und Nordwärts an das Meer von Kharez. Wie
Ibni-Haukal berichtet, wird ſie in das ebene Land Dgilan,
oder Guilan genennet, und in die gebirgigten Gegenden, Namens Dilem, eingetheilet. Die erſtere ſey eine ſchmale, und
lange Ebene, welche Nordwärts der Gebirge von Dilem bis
an das Meer reiche, und ſich längſt ſeinem Ufer erſtrecke, auch
ohngefähr eine Tagreiſe in der Breite betrage. An einigen Orten

dieſe Art blieb dem Chah Tahmas keine einzige ganze Provinz übrig, als Mazenderan (5), wohin die Feinde noch nicht gekommen waren.

Als

---

den flieſſet das Meer neben den Bergen, und läſſet nur ſo viel Platz, als die Landſtraſſe auf ebenem Land breit iſt. In an-dern Gegenden erweitert ſich dieſe Ebene, und ihre gröſte Brei-te beträget zwo Tagreiſen. Die Einwohner in dieſer Pro-vinz, ſind von ſchwacher Leibesbeſchaffenheit. Sie reden ei-ne verdorbene Sprache, welche eine Vermiſchung aus dem Ara-biſchen und Perſiſchen iſt. Hamdullah rechnet die Länge der Provinz Guilan, von Seſid-Roud bis Megan, längſt dem Meer Charez, und ihre Breite von den Gebirgen Dilem bis an die See. Er ſetzt hinzu, dieſe Provinz enthalte zwölf Städte. Ihre Hauptſtadt Chadſen, liegt dem türkiſchen Erd-beſchreiber zufolge, unter den vier und achtzigſten Grad der Länge, und ſieben und dreyſſigſten einen halben der Breite, nach den Etvals hingegen, unter den vier und ſiebzigſten Grad der Länge, und ſechs und dreyſigſten Grad, fünf und funfzig Mi nuten der Breite, in einer Ebene, an den Fuß der Gebirge Dilem. Es iſt eine groſſe Stadt, zwo Tagreiſen vom Meer hat Gärten, Weinberge, und flieſſendes Waſſer. Die beſte Perſianiſche Seide, kommt aus Chadſen, und übertrifft noch die von Salous, welche dennoch ſehr hochgeachtet wird. Die Stadt Salous in der Provinz Dilem, gegen die Gränzen von Taberiſtan, liegt nach den Etvals, unter den ſechs und ſiebzigſten Grad, zwanzig Minuten der Länge, und ſechs und dreyſigſten Grad der Breite. Nach Jbni-Said, unter den ſechs und ſiebzigſten Grad, ſechs und funfzig Minu-ten der Länge, und vierzigſten der Breite. Nach den Kanon, unter den ſechs und ſiebzigſten Grad, fünf und funfzig Minuten der

Als nun Escheref glaubte, daß er von diesem Prinzen nichts mehr zu befürchten habe, und die Türken für die einzigen hielt, welche das Reich strittig machen könnten, richtete er seine Gedanken völlig dahin. Er beschloß endlich einen Vertrag mit ihnen zu machen, und hoffte, wenn er die Provinzen deren sie sich bemächtiget hatten, fahren ließ, leicht einen Frieden zu erhalten. Daher schickte er einen Gesandten an sie ab, der im Jenner siebzehn hundert sechs und zwanzig, zu Constantinopel ankam. Als nun dieser Minister in der ersten Audienz die er bey dem Großvezir bekam, seinem Herrn den Titel Chah, oder König, beylegte, wollte man ihn nicht hören, weil die Pforte den Escheref noch nicht für einen König erkannt hatte.

Der

---

der Länge, und sechs und dreyßigsten Grad, fünf und funfzig Minuten der Breite. Nach Resme aber, unter den fünf und siebzigsten Grad, vierzig Minuten der Länge, und sechs und dreyßigsten Grad, vierzig Minuten der Breite. Von Far bis an die Gränze von Taberistan, sind vierzig Meilen.

5) Mazenderan, welches man auch Taberistan nennet, gränzet gegen Osten an Kharezme, Südwärts an Khorasan, gegen Westen an Gulan, und Nordwärts an das Kaspische Meer. Dem Ansehen nach wird das ebene und bewohnte Land eigentlich Mazenderan genennet, das bergigte aber Taberistan. Die Einwohner in dieser Provinz haben gemeiniglich zusammengewachsene Augenbrauen, und viel Haare. Sie reden sehr geschwind, und leben von Reis, Fischen, und Knoblauch, den sie sehr gern essen. Djurdjan ist die Hauptstadt darinnen, deren ich oben schon Erwähnung gethan habe.

Der Großvezir stattete dem Großherrn von dieser Neuerung Bericht ab, weshalben der Divan versammlet, und beschlossen wurde, den Escheref zu bekriegen. Sein Gesandter erhielt Befehl, sich zu entfernen, und man schickte ein Heer nach Persien, welches bis Kaswin ruckte, und diese Stadt in ersten Anlauf eroberte, von da aber gerade auf Jspahan marschirte. Der Mangel an Lebensmitteln, und die Krankheiten, welche unter der Armee einrißen, hinderte sie, bey dieser Hauptstadt anzulangen, sie musten zurück weichen, und wendeten sich nach Georgien. Nach diesem Abzug war Escheref für dieses Jahr von den Türken befreyet, im folgenden sendete aber der Großherr neue Truppen, dem Chah Tahmas wieder auf dem Thron zu verhelfen.

Dieser letztere Versuch kostete dem Chah Hußin das Leben. Escheref befürchtete nämlich, es möchte in dieser Stadt während seiner Abwesenheit von Jspahan, und wenn er mit den Türken zu schaffen hätte, diesem Fürsten zu Liebe, ein Aufruhr entstehen: um sich aller Sorge zu entledigen, ließ er ihn, ehe er zu Feld gieng, an den Ort wo er gefangen lag, heimlich umbringen. Als nun bey den Türken diese neue Unternehmung wieder unglücklich ablief, entschloß sich die Pforte zum Frieden. Nachdem die Bedingnisse auf benden Seiten waren fest gesetzet worden, wurde Escheref als König erkannt, und der Großherr behielt alle in Persien gemachte Eroberungen. Dieser Frieden wurde den achtzehnten November, siebzehn hundert sieben und zwanzig, zu Constantinopel öffentlich bekannt gemacht.

Drey-

Dreysigstes Kapitel.

Nadir Kouls Herkunft, und tapfere Verrichtungen
in Persien, bis im November des Jahres
siebzehn hundert und dreysig.

Um diese Zeit ohngefähr, fieng Nadir Koul (*) an, sich
in Persien bekannt zu machen. Als sein Vater, einer
der vornehmsten von dem Turkmannischen Stamm der Afganen, und Befehlshaber des Kastelles Kielat, mit Tod abgegangen war, übernahm sein Oheim die Vormundschaft
über ihn, und trat Namens seiner diese Statthalterschaft
an. Wie Nadir Koul mündig wurde, foderte er sein Ei-
genthum vergeblich zurück, der Oheim weigerte sich, ihm
diese Stelle, die in der Familie erblich war, abzutretten. Da
er sich also des einzigen Gutes, welches ihm sein Vater hinterlassen hatte, beraubt sah, fassete er den Entschluß seinen Geburtsort zu verlassen, gieng nach Mechehed, und
trat bey dem Beglerbeg, der damals die Provinz Khorasan
regierte, in Diensten.

Er machte sich aber gar bald als ein erfahrner und
herzhafter Mann bekannt, es mochten nun entweder Aufträ-
ge des Statthalters zu vollstrecken, oder ein gegen die Eusbegs abgeschickter Trupp zu commandiren seyn, wobey er das
Glück hatte, sie jedesmal zu schlagen. Durch sei-

S 4

ne

---

*) Nadir Koul heisset der Sclave Nadir : und Nadir ein Arabi-
sches Wort, so viel als selten.

ne gute Aufführung machte er sich bey dem Beglerbeg beliebt,
der ihm aus Betracht, daß er einen Mann von seiner Beschaffenheit nöthig hätte, zu der Stelle eines Min-bachi (*)
erhob.

Alsdann erst befand sich Nadir Koul in Stand, alle seine
Geschicklichkeit sehen zu lassen, so, daß ihn der Beglerbeg,
wie die Eußbegs im Jahr siebzehn hundert und zwanzig, von
neuen in Khorasan einfielen, vorzüglich erwählte, um gegen sie geschickt zu werden. Er machte ihn zum Befehlshaber über alle seine Truppen, mit dem Versprechen, daß er,
wenn diese Unternehmung glücklich ausschlagen würde, vom
Hof zu seinem Lieutenant sollte ernennt werden. Da
er begierig war, diese Stelle zu erlangen, und sich auf seine Truppen verlassen konnte, wurde sein Muth verdoppelt.
Er setzte sich also in Marsch den Feind aufzusuchen, dem er
einige Tagreisen von Mecheheb begegnete, ihn angriff, und
ungeachtet der überlegenen Macht der Eußbegs, einen vollkommenen Sieg davon trug.

Dem Beglerbeg gefiel diese Handlung ungemein wohl,
er schrieb daher auch an den König, und bewarb sich für den
Nadir Koul um die versprochene Stelle. Ohne Zweifel verdiente ein so wichtiger Dienst diese Belohnung, unter des
Chah Husein Regierung wurde aber niemand wegen seiner
Verdienste zu Ehrenstellen befördert, wenn es ihm bey Hof
entweder an mächtigen Freunden fehlte, oder man nicht
kostbare Geschenke austheilen konnte. Nadir Koul hatte keines

*) Min-bachi heißet so viel als Befehlshaber über tausend.

nes von diesen beyden Mitteln, folglich wurde ihm dieser
Platz abgeschlagen, welches ihn dergestalt verdroß, daß
er abda.:te, und sich zu seinem Stamm begab, in Hoffnung den Oheim zu bewegen, ihm Gerechtigkeit wiederfahren zu lassen. Er bat und drohete, es war aber alles vergeblich: indem man, anstatt ihm in seiner Familie und Stamm
beyzustehen, sich über ihn aufhielt, und seines Unglücks
spottete.

Da er über diese Begegnung höchst entrüstet war, sammelte er einen Haufen Banditen, womit er die Reisenden
angriff, und plünderte. Als er nun hierdurch mit Waffen
und Pferden versehen wurde, war er bald in Stand, das
platte Land zu durchstreifen. Wegen des Frevels, den er in
der Provinz verübte, wurden bey dem Chah Tahmas Klagen
geführet, der sich damals in diesen Gegenden befand, und
ihn gefangen nehmen ließ.

Als Nadir Koul vor ihm erschien, fragte ihn der Prinz
um seine Person und Herkunft, und warum er eine so schändliche Lebensart erwählet habe? worauf Nadir Koul antwortete, „da ich Persien durch Mahmoud unter das Joch gebracht, das Reich ohne König, und meine Güter gewalt-
thätiger Weise in den Händen meiner Freunde sah: war
ich genöthiget, dieses Mittel zu ergreifen, mir Unterhalt
zu verschaffen.„ Chah Tahmas wurde über diese Antwort
zornig, und verurtheilte ihn sogleich, daß er sollte zu Tod
geprügelt (1) werden. Wie er nun einige Minuten darüber

nach-

_____

(1) Nach andern Berichten, ließ der Beglerbeg dem Nadir-Koul diese

nachgedacht hatte, schien ihm die Antwort des Nadir Koul sehr beherzt zu seyn, und vermuthete, daß er ihm ungemein gute Dienste leisten könnte, daher wiederrief er sein Urtheil,

---

se Prügel ertheilen, weil er demselben einen Verweis gab, daß er in Ansehung der ihm versprochenen Stelle, sein Wort nicht gehalten habe. Hernach jagte er ihn, wie man sagt, aus den Dienst, und Nadir-Koul gieng nach Haus, sich seine Erbschaft geben zu lassen. Da er nun seinen Endzweck auf rechtmäßige Art nicht erreichen konnte, suchte er solches mit Gewalt zu erlangen. In dieser Absicht zog er Banditen an sich, und sein Trupp wuchs sogleich auf fünf bis sechs hundert Personen, welche er durch seine Raubereyen erhielt. Nach einiger Zeit wurde er durch funfzehn hundert Mann verstärket, die ihm einer, Namens Eelseddinbeg, aus Mißvergnügen zuführete. Alsdann befürchtete sein Oheim, er möchte sich rächen wollen, und ihn nöthigen, ihm Recht zu verschaffen. Dieses abzuwenden, schrieb er demselben, daß er ihm wegen aller begangenen Verbrechen, Gnade zu verschaffen hoffete, wenn er in des Chah Tahmas Dienste treten wollte, wozu sich Nadir Koul auch verstund. Sein Oheim brachte es auch so weit, daß ihm der Prinz Verzeihung wiederfahren ließ. Als er nun von seiner Begnadigung Nachricht bekommen hatte, gieng er nach Siclat, als wollte er sich bey seinem Oheim bedanken, der ihn gut empfieng, und das strafbare Vorhaben, welches er kurz darauf ausführete, keinesweges vermuthete. Nadir Koul bemächtigte sich in der That des Kastelles mit List, und brachte seinen Oheim um das Leben. Wie Chah Tahmas dieses erfuhr, wurde er ungemein darüber aufgebracht, mußte demselben aber, da er außer Stand war ihn zu bestrafen, zum andernmal begnadigen, um ihn dadurch in seine Dienste zu ziehen, und versprach beyden, sowohl ihm, als dem Eelseddin, sie

mit

theil, und befahl mit deſſen Vollſtreckung, wenn er noch am Leben wäre, - innen zu halten.

Wie die Begnadigung anlangte, war man in Vollzie-hung des Urtheils zwar ſchon ſehr weit gekommen, demun-geachtet gab Nadir Kouli noch einige Lebenszeichen von ſich. Man trug ihn in ein Gefängniß, wo er verbunden, und bis auf weitern Befehl bewahret wurde. Nach ſeiner Gene-ſung muſte er vor den Prinzen kommen, der alles geſcheue vergaß, ihn treflich beſchenkte, und befahl, daß er ſich künftig Tahmas Kouli, oder des Tahmas Diener, nen-nen ſollte.

Dieß war die erſte Stuffe zu dieſes außerordentlichen Mannes Erhöhung, der ein größeres Lob verdienen würde, wenn er nicht die ſeinem König ſchuldige Treue aus den Au-gen geſetzet hätte, und gegen ſeinen Wohlthäter undankbar geweſen wäre.

Von dieſer Zeit an ſuchte er ſich bey dem Prinzen be-liebt zu machen, und wuſte ſeine Gunſt ſo ſehr zu gewinnen, daß

---

mit Ehrenſtellen zu bekleiden. Hierauf begab ſich Nadir Kouli zu dem Prinzen, und erhielt nach einiger Zeit die Ober-befehlshaberſtelle über das Heer. Ein erſter Feldzug gieng gegen den Melik Mahmoud, welchen er gefangen nahm. Als-dann marſchirte er gegen die Abdalie-Afganen, welche nach der Eroberung von Herat, zu Sinn hatten Mecheſed einzuneh-men. Er ſtieß einige Tagreiſen von der erſten unter dieſen Städten, auf ſie, und ſchlug dieſelben gänzlich, belagerte He-rat, und nahm die Stadt mit Vergleich ein.

daß er ihn gar bald vollkommen eingenommen hatte. Er bekam eine Compagnie zu Pferd, womit er verschiedene kleine
Unternehmungen glücklich ausführete.

Während dieser Zeit nahm sich der Statthalter von Mecheheb vor, den Chah Tahmas zu Herat aufzuheben.
Diesen Streich desto sicherer auszuführen, stellete er
sich, als ob er mit dem Echeref zerfallen wäre, dem
Prinzen seine Leute zuführen, und sich ihm unterwerfen
wollte. Chah Tahmas würde sich auch durch diese List haben berücken lassen, wo ihn Tahmas Kouli nicht mißtrauisch
gemacht, und versprochen hätte, diesen Statthalter zu fangen, wenn er ihm das Commando über zwey tausend Reuter anvertrauen wollte. Der Prinz bewilligte sie ihm auf der
Stelle, und beehrte selbigen mit den Titel Khan, welchen
Tahmas Kouli hernach führte,

Er beschleunigte den Marsch mit seinen kleinen Trupp, und
stieß einige Tagreisen von Herat, auf diesen Statthalter, der
vielmehr Leute als er, bey sich hatte, griff ihn drey Tage hinter einander an, und bekam denselben nach einer gänzlichen Niederlage seines Haufens gefangen. Hierauf gieng er nach
Mecheheb, wo er keinen Widerstand antraf, und sich alles
dessen, was den Afganen zuständig war, bemächtigte. Dem
Chah Tahmas meldete er hernach den glücklichen Ausschlag
seiner Unternehmung, und ersuchte ihn bald möglichst in diese Stadt zu kommen.

Der Prinz begab sich auch wirklich dahin, und blieb
drey Monathe dort. Inzwischen machte Tahmas Kouli
Khan alle nöthige Anstalten den Krieg· mit Nachdruck gegen
die

die Afganen zu führen.   Er hatte bald ein Heer von zwanzig tauſend Mann beyſammen, worüber er den Prinzen zum
General machte, und abreiſete, dem Echeref entgegen zu gehen.   Als derſelbe von den erhaltenen Vortheilen des Chah
Tahmas Nachricht erhielt, der noch dazu durch die Tapferkeit und Klugheit ſeines neuen Generals unterſtützet wurde,
befürchtete er, überwältiget zu werden, wenn er ihm Zeit
gäbe, ſich noch mehr zu verſtärken. Er verließ, ſiebzehn
hundert neun und zwanzig, im Monath September Iſpahan,
mit einer Armee von funfzig tauſend Mann, und marſchirte
gegen Khoraſan.

Dieſe zwey Heere begegneten einander bey Damgan (1)
und man rüſtete ſich auf beyden Seiten zum ſchlagen.   Außer
der

---

1) Damgan iſt die Hauptſtadt in der Landſchaft Komis, die zwiſchen Khoraſan, von dem ſie ein Theil ausmachen ſoll, und
Irak Adgem liegt. Der türkiſche Erdbeſchreiber, ſetzet Damgan
unter den neun und achtzigſten Grad der Länge, und ſieben
und dreyßigſten der Breite. Die Etwals, unter den acht und ſiebzigſten Grad, fünf und funfzig Minuten der Länge, und ſechs
und dreyßigſten Grad, zwanzig Minuten der Breite.   Endlich der Kanon, unter den neun und ſiebzigſten Grad, dreyßig
Minuten der Länge, und der nämlichen Breite, drey Tagreiſen von Richabour gegen Süden. Damgan ſoll, wie man behauptet, von Houchenk geſtiftet worden ſeyn, und ehemals eine Mauer von acht hundert Klaftern in Umfang gehabt haben.
Die Luft iſt daſelbſt heiß, und das Waſſer etwas ſelten, die
Lebensmittel ſind aber ziemlich wohlfeil.   Die Birnen von dieſem Ort ſind berühmt.   Bey einem Dorf in dieſer Landſchaft
findet man eine Quelle, wovon das Waſſer ins gelblichte fället.
Man

der überlegenen Stärke von der Armee des Echeref, gegen des Prinzen seiner, wurden die Perser von den Afganen, welche gewohnt waren sie zu überwinden, als eine zaghafte Nation verachtet: daher versprachen sie sich einen vollkommenen Sieg, über dieselben zu erhalten, und fiengen in dieser Hoffnung das Treffen an. Sie wusten aber nicht daß die von Tahmas Kouli Khan commandirten Perser, nicht mehr die, unter feigen, oder untreuen Befehlshabern stehende Perser, waren. Der erste Angriff war sehr hitzig. Die Perser fochten mit der grösten Verzweiflung, und giengen so heftig auf die Afganen los, daß sie wichen, und nachdem sie in Unordnung gebracht waren, die Flucht nahmen, auch sich nicht eher als zu Ispahan wieder setzen konnten. Hier erkannten sie erst, den sowohl in der Schlacht, als währender Flucht, erlittenen Verlust, der sich wie man behauptet, wenigstens auf zwanzig tausend Mann soll belaufen haben.

Tahmas

Man versicherte mich, wenn jemand Unrath hinein würfe, erhebe sich ohne Verzug ein so stürmischer Wind, daß er Bäume ausreiße, und höre wieder auf, sobald man die Quelle reinige. Simnan ist auf der westlichen Seite dieses Landes die vornehmste Stadt. Der türkische Erdbeschreiber setzet sie unter den sieben und achtzigsten Grad der Länge, und sechs und dreyßigsten der Breite. Die Etvals, unter den acht und siebenzigsten, der Kanon, unter den neun und siebzigsten, und Jbul-Gald, unter den sechs und siebzigsten Grad der Länge, und der nämlichen Breite. Sie ist kleiner als Damgan, und grösser wie Bestam, einer andern Stadt des nämlichen Landes, die nach dem türkischen Erdbeschreiber, unter den neunzigsten Grad der Länge, und sieben und dreyßigsten der Breite, zwo Tagreisen von Djardjan liegt.

Tahmas Kouli Khan glaubte, daß man die Bestürzung der Feinde benutzen müsse, und jagte ihnen nach. Je näher er Ispahan kam, erklärten sich ganze Städte und Provinzen, öffentlich für den Chah Tahmas, und die Afganen wurden allenthalben vertrieben, welche nirgends als in der Hauptstadt, noch einen sichern Aufenthalt fanden. Er bekam von allen Seiten Truppen und Geld, und seine Armee war vierzig tausend Mann stark, als er zu Ispahan ankam.

Scheref sah die Gefahr voraus, welche ihm bevorstund, wenn er sich in einen unhaltbaren Platz einsperren ließ, worinnen noch genug alte Einwohner übrig waren, daß er die Folgen einer durch die Armee des Prinzen unterstützten Empörung, der beynahe schon vor den Stadtthoren war, nicht hätte befürchten sollen. Er beschloß also ins Feld zu rücken, und lagerte sich bey Mourtha Khor, die Perser daselbst zu erwarten. Tahmas Kouli Khan suchte ihn hier auf, griff ihn an, und schlug ihn, nöthigte denselben auch, in größter Eil nach Ispahan zu entfliehen.

Scheref hielt sich hier nicht sicher, und faßte den Entschluß, alles niedermachen, und die Stadt anzünden zu lassen, seine Schätze aber mit zu nehmen, und zu entfliehen. Tahmas Kouli Khan, der sein Vorhaben merkte, folgte ihm auf den Fuß nach, die Vollziehung zu verhindern. Als nun Scheref durch seine Spionen Nachricht erhielt, daß sich die Armee des Prinzen mit schnellen Schritten näherte, befahl er allen Afganen aus der Stadt zuzumarschiren, welches dermaßen eilfertig geschah, daß sie kaum so viel Zeit hatten, nur ihre kostbarsten Sachen mit zu nehmen.

Dieß

Dieß begab sich im Monath November, siebzehn hundert und dreyßig. Die Armee des Chah Tahmas hielt den Tag darauf ihren Einzug in die Hauptstadt, wohin er kurz nachher selbst kam, zum König ausgerufen wurde, und den Thron bestieg.

Ein und dreyßigstes Kapitel.

Tahmas Kouli Khan wird vom König zum Seraskier ernennt, und vertreibt die Afganen gänzlich aus der Provinz Chiraz. Echeref verliert in einem Gefecht mit den Bolougden sein Leben.

Bis hieher hatte sich zwar Tahmas Kouli Khan durch seine Dienste das Vertrauen und die Gnade des Fürsten erworben, wäre aber beynahe wegen eines allzukühnen Schrittes in Ungnad gefallen. Dieser Feldherr troßte auf seine geleisteten Dienste, und daß ihn Chah Tahmas noch nicht entrathen könnte: daher unterstund er sich um Erlaubniß zu bitten, daß er im ganzen Königreich Steuern ausschreiben, und damit nach Belieben schalten dörfte, um den Krieg fortzusetzen, und drohete, im Fall es ihm nicht zugestanden würde, abzudanken.

Im Grund war dieses eben so viel, als ob er die höchste Gewalt hätte an sich reissen wollen. Der König nahm auch diesen Vorschlag sehr ungnädig auf, verstellte sich aber,

aber, und aus Furcht die Anzahl seiner Feinde zu vergrößern, bewilligte er sein Verlangen, ernennte ihn zum Seraskier, und vermählte selbigen mit seiner Tante, des Schah
Husein Schwester.

So viele Gnadensbezeugungen erfoderten eine große
Erkenntlichkeit: Tahmas Kouli Khan bewies sich auch Anfangs viel eifriger und ämsiger dem Fürsten zu dienen, als
vorher. Er ließ ihn mit sechs tausend Mann in der Hauptstadt zurück, und setzte sich an der Spitze des übrigen Heeres
in Bewegung, den Afganen nachzujagen, welche sich seitdem sie
Ispahan verlassen, nach Chiraz gezogen hatten. Sie ver-
übten daselbst viele Grausamkeiten, und verschanzten sich
außerhalb, da sie in der Stadt nicht wollten eingeschlossen
seyn.

Sobald Tahmas Kouli Khan hinkam, ließ er mit Kanonen
auf sie schießen, und suchte verschiedenemal ihre Verschanzungen
zu übersteigen, wurde aber jederzeit zurück getrieben. Die Afganen vertheidigten sich tapfer hinter ihren Linien, ja sie
thaten zuweilen einige Ausfälle, hielten auch das Kanonen-
feuer, und die Angriffe der Perser lang aus: da sie aber
um ein merkliches schwächer wurden, verließen sie ihre Linien, und wendeten sich nach Kiaziran (1), wohin Tahmas
Kouli

---

1) Die Stadt Kiaziran, oder Kiazirom, in der Provinz Fars,
und Hauptstadt des Districts Chapour Kore, der von Chapour,
des Ardechir Sohn, also ist genennt worden: liegt dem türkischen

Kouli Khan einen besondern Haufen von seinen Truppen, sie
zu verfolgen, abschickte. Als nun diese Flüchtlinge nirgends
mehr sicher waren, theilten sie sich in mehrere Haufen, auf
unterschiedlichen Strassen Kandehar zu erreichen. Escheref
blieb also mit sehr wenig Personen zurück, welche ihm beson
ders ergeben waren, und denselben daher auch nicht verlassen wollten, Diesen kleinen Trupp griffen die Boloudgeu,
oder vielmehr die Einwohner des Gebirges Kafas (2), an,
und schlugen ihn, wobey Escheref das Leben verlor.

Zwey

---

schen Erdbeschreiber zufolge, unter den sieben und achtzigsten
einen halben Grad der Länge, und neun und zwanzigsten einen
halben der Breite, nach den Etval?, unter den sechs und sie-
zigsten Grad der Länge, und neun und zwanzigsten Grad, fünf
und fünfzig Minuten der Breite, nach den Kanon, unter der
nämlichen Länge, und neun und zwanzigsten Grad, funfzig
Minuten der Breite, zwo Tagreisen vom Meer. Die Luft
ist hier gesund, und das Wasser gut, welches durch unterirdische Kanäle dahin geführet wird, und die umliegenden Felder
sind fruchtbar. Ursprünglich waren es drey Dörfer, daraus
Friouz, des Yezde-Dgerd Sohn, eine Stadt machte, welche sein Sohn Kubad vergrösserte. Wiewohl sie heutzutag
größtentheils verwüstet ist, stehen doch Pallääte darinnen, die
festen Schlössern ähnlich sind. In der umliegenden Gegend
wachsen Citronen, Pomeranzen, und Datteln, welche man
Khatlan nennt, und für die besten unter allen Gattungen hält.
Zu Kiaziran wird eine große Handlung mit Baumwollen, Sei-
denzeugen, und Leinewand getrieben, daher auch diese Stadt
den Namen Dimlat von Persien erhalten hat.

Zwey und dreyßigstes Kapitel.

Tahmas Kouli Khan wird von Chah Tahmas
bey seiner Zurückkunft nach Ispahan, zum ersten
Staatsminister ernennt, und marschiret hierauf
gegen die Türken, welche von ihm, und dem
Chah Tahmas zu unterschiedenenmalen geschlagen
werden. Chah Tahmas schließet mit den Türken
einen nachtheiligen Frieden, wird aber endlich von
Tahmas Kouli Khan des Thrones entsetzet, und
sein Sohn unter den Namen Chah Abbas,
als König ausgerufen.

Wie Tahmas Kouli Khan die Afganen also zerstreuet,
und aus Persien verjagt hatte, kehrete er wieder
nach Ispahan zurück, und stattete bey Chah Tahmas von

T 2   seiner

---

a) In der Provinz Kirman befindet sich ein sehr fruchtbares Gebirg,
Kasas genennt, welches gegen Süden das Meer hat, Ostwärts Havas und eine Wüste, gegen Norden Dsirift und Kou-
ban, nebst den Gebirgen Eboa-Gamin, und Westwärts das
Land Sirdjan, und der Völker Boulondges, welche am Fuß
des Gebirges Kasas, von Lecheguers, bis an die Gränzen
Hurmuz wohnen. Sie haben in diesen Ebenen Felder, und
mit Datteln bepflanzte Plätze. Die Datteln sammlen sie niemals ein, als bis der Wind solche von den Bäumen wirft, und
lassen sie den Armen. Die Boulondges sind von Natur
treuselig, und gutthätig: Hingegen begeben sich die Kure-
den,

seiner Unternehmung Bericht ab. Als ein Merkmaal seiner Zufriedenheit, ertheilete ihm der Fürst, die Würde eines ersten Staatsministers. Da er einmal diese Stelle begleitete, ließ er sich angelegen seyn, in dem Königreich alles wieder auf guten Fuß zu setzen, und vergab alle Aemter. Hierauf machte er Anstalten diejenigen Provinzen wieder zu erobern, welche die Türken und Moskowiter an sich gerissen hatten.

Sobald er sich mächtig genug befand, dieses Vorhaben anzuführen, beschloß er zuerst gegen die Türken zu marschiren, und nahm an der Spitze von zwölf tausend Mann, den Weg nach Hemedan.

Abdullah Pacha, commandirte in diesen Gegenden, im Namen des Großherrn, und gieng ihm, als er von des Tahmas Kouli Khan Marsch, Nachricht erhalten hatte, entgegen. Die beyden Armeen stunden an einen Ort, Gul-Mekian genennt, zwo Tagreisen von Hemedan, einander in Gesicht. Das Gefecht nahm seinen Anfang, und beyde Theile fochten mit unglaublicher Tapferkeit, bis endlich die Türken geschlagen wurden. Abdullah Pacha entflohe mit den Ueberbleibseln seines Heeres nach Kirman-Chah. Als er nun sah, daß ihn der Ueberwinder nachjagte, und entschlossen,

---

den, welche von unterschiedlichen Oberhäuptern regieret werden, auf die Landstraßen, und verüben ihre Räubereyen bis an die Gränzen der Provinzen Fars und Sistan. In dem Gebirg Kafas sowohl, als dem von Bazir, welches noch zu Kirman gehöret, sind Gold, Silber, Kupfer, und Eisen Minen.

ſchloſſen war den Streit auszumachen, ohne ihm Zeit zu laſſen, zog er ſeine ganze Macht zuſammen, und ſtellete ſich
demſelben von neuen entgegen, ward aber gleichfalls wieder
geſchlagen.   Dieſes nöthigte ihn ſich von Kirman-Chah weg
zu ziehen, und Perſien mit den wenigen Truppen, welche ihm nach den beyden Niederlagen übrig geblieben waren,
zu verlaſſen.

Hierauf marſchirte Tahmas Kouli Khan auf Tauris,
und entriß den Türken wieder zum Theil, was ſie in Aderbaidjan erobert hatten : welche um einen Waffenſtillſtand baten,
da ſie ſich nicht ſtark genug fanden ihm die Spitze zu bieten.

Dieſes bewilligte er ihnen gern, zum Zeit zu gewinnen,
daß er gegen die Abdalis marſchiren konnte, denen ſeine Entfernung eine bequeme Gelegenheit zu ſeyn geſchienen hatte,
das Joch abzuſchütteln.   Sie hatten Verſtärkung von ihrem Stamm kommen laſſen, und daraus ein zahlreiches
Heer formiret, womit ſie in Khoraſan wieder Feindſeligkeiten zu verüben anfiengen. Tahmas Kouli Khan verfügte ſich
mit ſeinen leichteſten Truppen dahin, gieng ihnen, da ſie
es an wenigſten vermutheten zu Leib, ſchlug ſie, und nöthigte dieſelben, ſich in Herat zu werfen. Er belagerte dieſe Stadt, bekam ſie durch Hunger, und ließ alle Afganen,
welche darinnen gelegen waren, niedermachen.

Die Türken machten ſich dieſen Stillſtand zu Nutzen, den
Krieg nachdrücklicher als vorher, wieder anzufangen. Die
Nachrichten welche Chah Tahmas von ihren Bewegungen erhielt, veranlaſſeten ihn, ſich perſönlich ihren Unternehmungen zu widerſetzen.   Unterdeſſen alſo, daß ſein General beſchäftiget

ſchäftiget war, die Ruhe in Khoraſan wieder herzuſtellen, ging er von Iſpahan ab, und marſchirte mit ſeiner Armee gerade auf Tauris. Die Verſtärkung, welche er daſelbſt antraf, ſetzte ihn in Stand, einen Haufen türkiſcher Truppen zu ſchlagen, welche ſich ſeinem Marſch nach Erivan widerſetzten, wo er hernach das Kaſtell belagerte. Er muſte aber dieſe Belagerung, wegen erhaltener Nachricht von des Ahmed Pacha Anmarſch, der ſchon mit ſeiner Armee von zwanzig tauſend Mann in die Provinz Kirmanchah eingedrungen war, wieder aufheben.

Chah Tahmas eilte dahin, und griff dieſen Pacha an, ward aber geſchlagen, und genöthiget, ſich nach Hemedan zurück zu ziehen, wo ihm der Pacha Friedens Vorſchläge thun ließ. Da er nicht für gut hielt ſolche anzunehmen, antwortete er ihm, daß eine Schlacht ihre Streitigkeiten entſcheiden, und er ſich alſo nur dazu gefaßt machen ſollte. Er rückte auch in der That mit den wenigen bey ſich habenden Leuten ins Feld, und wurde zum andermal geſchlagen. Dieſer unglückliche Ausgang benahm ihm dennoch den Muth nicht, indem er neue Hülfstruppen erwartete. Als er nun eine Verſtärkung von zwölf tauſend Mann bekommen hatte, ließ er dem Ahmed Pacha ſagen, daß er unter Bedingung, alles was zu Perſien gehörte, wieder abzutretten, mit dem Groſherrn Frieden machen wollte, außerdem aber entſchloſſen wäre, den Krieg fortzuſetzen. Hieraus merktet der Pacha, daß er Verſtärkung müſſe erhalten haben, und kurz darauf bekam er ſogar von der Anzahl ſeiner Truppen Nachricht, da er ſie nun den ſeinigen überlegen fand, hielt er für dienlich, ſich nach Kirmanchah zurück zu ziehen, und daſelbſt ſein Heer zu ergänzen.

Chah

Chah Tahmas marfchirte gegen ihn, und man ließ es
auf beyden Seiten weder an Lift noch an Tapferkeit feh
len.   In den häufigen Scharmützeln fiegten bald die Perfer, bald die Türken, bis fich endlich das Glück offenbar
für die Perfer erklärte: die Türken wurden gänzlich gefchla-
gen, und diefe Gegenden zu verlaffen genöthiget.   Von
zwanzig taufend Mann welche Ahmed Pacha Anfangs gehabt hatte, waren ihm nur zwey taufend übrig geblieben,
mit denen er fich nach Bagdad zurück zog.

Anftatt daß fich Chah Tahmas diefen Sieg und die Be-
reitwilligkeit der Truppen hätte follen zu Nutz machen,
die Türken vollends aus Perfien zu vertreiben, fchloß er einen Frieden, und überließ ihnen alle Provinzen, welche
fie noch in Befitz hatten.   Diefer Fürft fuchte nämlich das
Königliche Anfehen, deffen fich fein General vermittelft des
Kriegs angemaßet hatte, wieder zu erlangen, und entfchloß
fich alfo dazu, ob es fchon dem Staatsintereffe entgegen
war.   Als Tahmas Kouli Khan von diefem Frieden Nachricht bekam, errieth er leicht die wahren Beweggründe davon.   Er brach im Monath Auguft fiebzehn hundert und
zwey und dreyßig von Mechehed auf, kam nach Ifpahan,
und lagerte fich außer der Stadt mit einer Armee von vierzig taufend Mann, welches lauter ihm ergebene Leute waren, die nichts fuchten als ihren Eifer gegen die Feinde des
Staats an den Tag zu legen.

Da er fich diefer Gefinnung der Truppen bedienen wollte, befchloß er den Chah Tahmas abzufetzen, in welcher
Abficht er ihn bat heraus zu kommen, und die Armee zu mu-
ftern. Der König muthmaffete keineswegs eine folche Ver-

rätherey,

rätherey, und begab sich ins Lager. Nach geendigter Mu-
sterung lud der General denselben zu sich in sein Zelt, wo
er ihn prächtig bewirthete, und alle Gattungen von starken
Weinen zu kosten gab, wodurch er dergestalt betrunken wurde, daß er ganz ohne Vernunft auf den Sofa hinfiel, und
einschlief. Hierauf ließ er die vornehmsten Officiere hinein-
kommen, zeigte ihnen den König in diesem Zustand, und
vergrößerte in einer wohl ausgesonnenen Rede, die Ausschweifungen des Fürsten, der seinem Vorgeben nach, dem Trunk und
den Wollüsten Tag und Nacht ergeben war, er stellete ihnen
die gefährlichen Folgen, welche ein solches Leben unfehlbar
nach sich ziehen müste, vor, und bewies, daß es schlechter-
dings nöthig sey, ihn der Regierung zu entsetzen, und sich
seiner Person zu bemächtigen.

Außerdem, daß die meisten dieser Officiere, entweder aus seiner Provinz, oder Afganen, und andere Fremde waren, die ihm alle ihr Glück zu danken hatten: hatte
er sie durch seine Freygebigkeit an sich gezogen. Noch über
dieß liebten ihn die Soldaten, welche sein gutes Verhalten
bey so manchen Gelegenheiten mit angesehen hatten, auch
durch seine Sorgfalt gut bezahlet wurden, und waren ihm
außerordentlich ergeben. Als nun Tahmas Kouli Khan keinen Widerstand fand, ließ er den König auf der Stelle gefangen nehmen, und schickte ihn, als er sah daß sich niemand,
weder in der Stadt noch bey dem Heer, um des Fürsten
willen regte, unter guter Bedeckung nach Sebzevar (1).

Hier-

---

1) Sebzevar ist ein Flecken des Bezirks Brihak in Khorasan, zwan-

Hierauf gieng er in die Stadt, und begab sich gerad in den Pallast, wo er des Chah Tahmas Sohn aus der Wiege nahm, ihn auf den Thron zu setzen, und ließ solchen unter dem Namen Chah Abbas, zum König ausrufen.

Man erzählte mir, der junge König habe, als man ihn wieder in die Wiegen gelegt hatte, zu drey oder vier unterschiedlichen malen geschrieen. Als nun Tahmas Kouli Khan die Umstehenden gefraget habe, ob sie verstünden was der neue König sagen wollte, und einige unter ihnen geantwortet hätten, daß er vermuthlich zu trinken begehre, sagte er ihnen zuerst: „Ihr wisset alle nichts, was mich aber betrifft, der ich von Gott die Geschicklichkeit empfangen habe, die Sprache der Kinder zu verstehen, vernehme ich so viel, daß er die Provinzen wieder von uns zurück verlanget, deren sich die Türken bemächtiget haben. Ja, mein Prinz setzte er hinzu, indem er das Kind beym Kopf anfaßte, wir wollen uns bald an Sultan Mahmoud rächen, und so Gott will, sollen Sie Rosinen von Scutare, und vielleicht auch von Constantinopel zu essen bekommen. Das anderemal sagte er, der Prinz fodere die Provinzen, welche die Moscowiter an sich gezogen hätten: und zum dritten, er wolle

T 5   haben,

___

zig Meilen von Richabour, unter den acht und achtzigsten Grad der Länge, und sechs und dreyßigsten einen halben der Breite, wie der türkische Erbbeschreiber meldet: und nach den Etvals, unter den ein und achtzigsten Grad der Länge, und sechs und dreyßigsten der Breite. Khosrev - Dgerd war ehemals der vornehmste Ort in diesem Bezirk, welcher ohngefähr ein und vierzig Dörfer enthält.

haben, man sollte Kandchar wieder erobern ; endlich
viertens, zu Mecca einen Platz für die Perser fodern.„ Je
desmal, versprach er dem Prinzen, daß seine Befehle sollten vollzogen werden : woraus seine weit ausseben-
den Absichten, welche er seitdem bewerkstelliget hat, abzu-
nehmen waren.

Drey und dreyßigstes Kapitel.

Tahmas Kouli Khan wird unter den Namen Veli
Nimet, zum Regenten des Königreichs ernennt.
Er machet mit den Moscowitern Frieden, und
gehet auf die Türken los.   Muhammed Khan
suchet den Chah Tahmas wieder auf den
Thron zu setzen, wird aber geschlagen.

Nachdem Tahmas Kouli Khan den König auf diese Weise
abgesetzet hatte, ließ er sich als Regent des Königs-
reichs, während der Minderjährigkeit des Chah Abbas, erkennen. Man sah sich wohl genöthiget, ihm diese Stelle
aufzutragen : maßen er der ganzen Versammlung rund heraus erklärte, daß er sich würdiger und geschickter, als einer
dazu hielte, und sie mit Gewalt schon würde zu erhalten
wissen, wenn man ihm solche nicht freywillig geben wollte.
Seit dieser Zeit nun, legte er sich den Namen Veli Nimet,
oder Wohlthäter der Nation bey.

Da

Da er also die höchste Gewalt in Händen hatte, bediente er sich derselben als ein wahrer Monarch. Er machte neue Gesetze, legte dem Volk Steuern auf, und besetzte die Aemter nach Belieben : seine vornehmste Sorge gieng aber dahin, die Truppen wohl bezahlen zu lassen, ohne dabey den übrigen Theil der Nation zu schonen. Hierauf ließ er den Türken und Moscowitern seine Gelangung zur Regentenstelle bekannt machen, und zu gleicher Zeit die Provinzen, deren sie sich bemächtiget hatten, zurück fodern.

Da die Moscowiter nicht in Stand zu seyn glaubten, daß sie ihre Eroberungen behaupten könnten, machten sie sich ein Verdienst daraus solche abzutretten, und schlossen ein für ihre Handlung sehr vortheilhaftes Bündniß. Die Türken hingegen verwarfen auf eine trotzige Art, das Begehren des Regenten : der sich durch ihre Antwort beleidiget fand, und an der Spitze von hundert tausend Mann gegen sie marschirte. Einige Tagreisen von Bagdad stieß er auf Ahmed Pacha, schlug ihn, und belagerte denselben in dieser Stadt. Es war aber, so viel ich aus den noch vorhandenen Ueberbleibseln habe urtheilen können, mehr eine Blockirung, als förmliche Belagerung : maßen er, anstatt die Laufgräben zu eröfnen, und die Festung wie in Europa geschiehet, anzugreifen, rund herum Casernen bauen ließ, wo er seine Armee einquartierte, in Hoffnung die Stadt durch Hunger zu bekommen. Vielleicht würde er auch seinen Endzweck erreichet haben, wenn nicht Topal Osmann Pacha, der vom Großvezir, Serasckier worden war, zum Entsatz der Belagerten herbey gekommen wäre.

Tahmas

Tahmas Kouli Khan hob bey Annäherung des Seras=
kiers die Einschließung auf, marschirte ihm entgegen, und
griff denselben so muthig an, daß die türkische Armee in Un=
ordnung gebracht wurde: als er sich aber zu sehr wagte,
verlor er sein Pferd, und war zu Fuß mitten im Gefecht.
Hierauf nahmen die Perser, in der Meynung daß sie ih=
ren General verloren hätten, die Flucht. Bey dieser Zer=
streuung ritt Khan Djan, einer der vornehmsten Persischen
Herren, an Tahmas Kouli Khan vorbey, der ihm zurief, er
sollte still halten, und ihm sein Pferd leihen: von demsel=
ben aber im fliehen zur Antwort bekam: „Du würdest die=
ses nicht für mich thun, und magst also immerhin umkom=
men!„ welche Antwort ihm nach der Hand theuer zu ste=
hen kam: maßen Tahmas Kouli Khan diesen Herrn einige
Jahre darauf, zu Georgien, wo er Statthalter war, er=
drosseln ließ.

Diese Schlacht war für die Perser sehr unglücklich, in=
dem während des Gefechts und auf der Flucht, eine große Men=
ge derselben umkam. Tahmas Kouli Khan fand Gelegen=
heit, sich mit der Flucht zu retten, und hielt nirgends still,
als zu Hemedan, wo die Flüchtlinge zu ihm kamen. Er
verzagte aber demungeachtet nicht. Auf erhaltene Nachricht
daß Topal Osmann Pacha, sein Heer in unterschiedliche
kleine Haufen zertheilet habe, sammlete er schleunig neue
Truppen, setzte sich in Marsch, und überrumpelte einige
von diesen Haufen, welche er aufs Haupt schlug.

Der Seraskier commandirte die Haupt Armee. Tah=
mas Kouli Khan suchte ihn, und als er unterweges Nach=
richt bekam, daß der Pacha ein Heer von zwanzig tausend
Persern,

Perſern, welches zu einer andern Unternehmung beſtimmt
war, eingeſchloſſen hätte, eilete er noch mehr ihnen zu
Hülfe zu kommen, ehe ſie auf das äußerſte gebracht würden.
Seine Geſchwindigkeit rettete dieſelben, und ſie ihrer Seits
trugen nicht wenig zu den erhaltenen Sieg bey. Denn als
ſie von ſeiner Ankunft Nachricht bekommen hatten, thaten
ſie mit ihm zu gleicher Zeit den Angriff. Die Türken wurden gänzlich geſchlagen, ihr Seraskier kam um ſein Leben,
und ſie verloren ihr Geſchütz, mit den größten Theil des
Geräthes.

Dieſe Begebenheit, welche ſich im Monath Julius,
des Jahres ſiebzehn hundert drey und dreyßig, ſoll zugetragen haben, war für Tahmas Kouli Khan entſcheidend, denn
es wuchs dadurch ſeine Macht in Perſien, und die Türken
wurden dergeſtalt in Schrecken geſetzet, daß ſie nicht anders
als mit Schrecken gegen ihn marſchirten. Gleich hernach
verſtärkte Tahmas Kouli Khan ſeine Armee, und kehrete
nach Bagdad zurück, welche Stadt er zum andernmal be-
rennete, in Hoffnung ſich derſelben zu bemächtigen, ehe
noch die Pforte ein neues Heer dahin ſchicken könnte, als
ein unverſehener Zufall den Platz befreyete.

Muhammed Khan, von Nation ein Boloudge, hatte
zum beſten des Chah Tahmas, die Waffen ergriffen, in der
Abſicht, ihn wieder auf den Thron zu ſetzen, und an der
Spitze von zwölf tauſend Mann bereits Chiraz eingenommen.
Auf dieſe Nachricht ließ Tahmas Kouli Khan, ſeine Unternehmung gegen Bagdad fahren, gieng wieder nach Perſien
zurück, und kam bey Chiraz an, noch ehe Muhammed
Khan etwas von ſeinem Marſch vernommen hatte. Da derſelbe

selbe nicht glauben konnte, daß die ganze Armee dem General habe folgen können, eilete er mit den Angriff, ward aber von seinen Truppen verlassen, welche in Schrecken geriethen, sobald sie nur den Tahmas Kouli Khan erblickten. Muhammed Khan, der gleichfalls die Flucht nahm, ward kurz darauf ergriffen, und seinem Feinde überliefert, worauf er sich im Gefängniß aus Verzweiflung erhenkte.

Vier und dreyßigstes Kapitel.

Tahmas Kouli Khan setzet den Krieg gegen die Türken fort, entreiset ihnen alle von Persien eroberte Provinzen, und besteiget hierauf durch allerley Kunstgriffe den Persischen Thron.

Als Tahmas Kouli Khan wieder nach Ispahan zurück gekommen war, rüstete er sich von neuen, den Krieg gegen die Türken fortzusetzen. Er nahm den Weg auf Aserbaidjan, griff die Türken bey verschiedenen Gelegenheiten an, und hatte jederzeit die Oberhand. Im Jahr siebzehn hundert fünf und dreyßig, gieng er nach Georgien, und belagerte Teflis, welcher Stadt er sich bemächtigte, und die Türken aus der ganzen Provinz verjagte. Hierauf wurde Erivan belagert, und das Kastell mit Sturm erobert. Alsdann gieng er auf den Serasfier Abdullah Pacha los,

ver,

verfolgte denselben vier bis fünf Tage, immer fechtend, und schlug ihn bey Kars (1) vollkommen. In den letztern Treffen, welches eines der blutigsten war, das man seit langer Zeit

---

1) Kars ist die Hauptstadt in den eben so genannten Bezirk, der gegen Osten, und Süden an die Districte Revan, und Tchehdir, Nordwärts an den Albista, und gegen Westen an Erzerum. Er enthält sechs Kreise, und gehöret theils mit zu Gurdgistan. Teimour muste sich lang vor Kars aufhalten, und zerstörte sie, nachdem er solche mit Vergleich einbekommen hatte. Nachdem selbige unter türkische Bothmäßigkeit gerathen war, ließ sie der Bezir Kara Mustafa Pacha, im Jahr der Hegire, neun hundert acht und achtzig (tausend fünfhundert und achtzig), mit einer Mauer und Graben befestigen. Diese Stadt liegt zwischen zwey Gebirgen, und der Eres fließet hart daran vorbey.

Der Eres, oder Araxes, ein sehr großer Strom, entspringt aus Bigne Gueil-Pallati, von da er sich in den Bezirk Pasin wendet, und durch die Brücke Tchouban fließet. Der Zengui, kommet aus Gueultche-Deguis, welches dem Kastel Bayezit, Nordwärts gegen über lieget, und lauft nach Revan, wo er sich mit dem Eres vermischet, so, wie der Kara-Sou, und Arpa-tchai, welcher letztere aus Tchouourt-Saat entspringet. Alsdann formiren diese vier Ströme nur einen, der gerade nach Osten lauft. Hierauf schlängelt er sich unten um das Gebirg Argui, kommet nach Allicheguerd, und fließet Nakschivan vorbey, weiter durch die Brücke bey Tchoulha. Dem Gebirg Kurdge, und der Schanze Kabtaba gegen über, nimmt er den Gueutche und Reban zu sich. Ein Arm des Gür, der von Mahmoud-Abad kommet, vereiniget sich jenseits der Brücke von Tchoulha, mit dem Eres, worauf

Zeit gesehen hatte, verlor der Seraskier, nebst vielen andern Pachen, das Leben. Der Verlust dieser Schlacht zog den von Guentche, und der andern Eroberungen, welche den Türken noch über geblieben waren, nach sich.

Wie nun Tahmas Kouli Khan alle Landschaften, welche seit der letztern Staatsveränderung davon waren abgerissen worden, bis auf Kandehar, mit Persien wieder vereiniget hatte, glaubte er, es wäre der Zeitpunkt jetzo vorhanden, sein großes Vorhaben, den Thron zu besteigen, auszuführen. Zu diesem Ende verfügte er sich siebzehn hundert sechs und dreyßig, nach Tscheul Mogan (2), und schickte von da,

Kou-

---

auf er bey Ogevad unter der Brücke durchfließet. Endlich stürzet er sich von einem sehr hohen Ort herab, Eres-bar genennt, und formiret durch seinen Abschuß einen Wasserfall, unter welchem die Landstraße vorbey gehet. Nachdem er hier den Gur eingenommen hat, wird er außerordentlich breit, und fället bey Kiußasisi in das Meer von Kharez. Sein Lauf beträget ohngefähr hundert und funfzig Meilen, und man behauptet, die Leute von Rees (deren im Koran gedacht wird,) hätten an dessen Ufern gewohnet.

2) Tscheul heisset wüst, und Mogan ist der Namen des Landes, welches den Bezirk Kara-Bag enthält. Dieses Land ist nach der Morgenländer Vorgeben, von Mogan, des Japhets Sohn, also genennet worden. Es liegt Südwärts dem Meer Chirvan, zwischen Armenien, Chirvan, Aderbaidjan, und dem See Kharez, und erstreckt sich von dem Stein Guirlve-Erat, bis an den Strom Eres. Wie Hamdullah berichtet, ist in diesem Land das Gras, allenthalben wo man das Gebirg Sei-

fan

Kourire in alle Provinzen, mit Befehlen an die vornehmsten Mollas, Statthalter, Stamm Oberhäupter, und alle in Diensten stehende Personen, zu ihm zu kommen, um Landtag zu halten.

Alle diejenigen, welche man hatte rufen lassen, kamen an den bestimmten Tag. Er hielt eine Rede an sie, darinnen er den Zustand von Persien vorstellete, als er die Befehlshaberstelle übernommen hatte, die auf seinen unterschiedlichen Feldzügen ausgestandene Beschwerlichkeiten, und die

lan nicht vor Augen hat, vergiftet, wodurch das Vieh, besonders wenn es im Frühjahr nüchtern davon frisset, ums Leben kommt, welches aber an den Orten, wo dieses Gebirg kann gesehen werden, nicht geschehen soll. Man behauptet, daß ehemals die Stadt Mogan daselbst gewesen sey, und ihre Lage zwischen Chemalbi, Reychehre, und Mahmoud-Abad, eine Tagreise weit, von einer jeden unter diesen Städten gehabt habe: wodurch der Strom Kiele-thal geflossen wäre. Die Etwals setzen diese Stadt, unter den acht und siebzigsten Grad der Länge, und acht und dreysigsten der Breite, zwo Tagreisen von Derbend, wie Ibni-Haukal meldet. Nach des Azizi Bericht stund sie unter Erdebil. Die Landschaft Mogan ist groß, und mit Wasser, Schilf, und Viehweiden angefüllet, auch nicht allzuweit von dem Kaspischen Meer entfernet, sieben Tagreisen von Tibriz gegen Nordwest. Wie Azizi meldet, gränzet sie gegen Osten an Gcilau, und von Mogan an dem Ort wo der Cur sich in das Meer stürzet, sind sechzehn Meilen, längst dem Ufer gegen Westen und Norden, und von der Mündung des Cur bis nach Derbend, sind am Seeufer hin, ein und zwanzig Meilen.

U

die Gefahr deren er ausgesetzt gewesen, das Königreich von der Unterdruckung zu befreyen: welches ihm auch,
wie er vorgab, sowohl gelungen sey, daß nichts fehle
Persien vollkommen wieder zu beruhigen, und selbiges eben
so blühend zu machen, wie es unter den grösten Königen gewesen wäre, als den von den Türken angebottenen Frieden anzunehmen, und Kandehar zu erobern. Er setzte hinzu,
daß er sie deswegen zusammen berufen habe, um ihnen seinen
Entschluß anzudeuten, das Commando über die Armee, nebst
der Regentenstelle niederzulegen: indessen lasse er ihnen die
Freyheit, jemand anders an seine Stelle zu erwählen, ja
sogar einen König, wenn sie es für gut hielten, und er gäbe ihnen drey Tage Bedenkzeit.

Hieraus verstunden die Abgeordneten, daß er nach
den Thron strebe, und sie nur deswegen habe zusammen kommen lassen, sie zu nöthigen, ihm den Titel eines Königs aufzutragen, dessen ganze Gewalt er schon an sich gezogen hatte: man dörfe hier also nicht lang wählen, mas-
sen sie sonst in Gefahr stünden, alle erwürget zu werden, oder
zu verhungern, wenn sie sich nicht nach seinen Willen be-
quemten. Eines von beyden wäre ihnen sicher wiederfahren,
da die Armee, die wenigstens aus hundert tausend
Mann, lauter dem Tahmas Kouli Khan ergebenen Leuten
bestand, denselben zum König würde ausgerufen haben, wenn
er die üblichen Wahl Ceremonien hätte übergehen wollen.
In diesen Fall würden auch die Abgeordneten insgesammt ohne Barmherzigkeit durch das Schwerd umgekommen seyn,
wenn er sie nicht lieber in dieser Wüstenen, wo es keine andere Lebensmittel gab, als die, welche er austheilen ließ, hätte wollen Hungers sterben lassen.

Er

Er verabschiedete die Versammlung, und gab zugleich einigen vertrauten Officieren den Auftrag, daß ein jeder von ihnen eine gewisse Anzahl der Abgeordneten mit in sein Zelt nehmen, sie wohl bewirthen, und dahin bringen sollte, sich nach seinen Willen zu bequemen. Seinen Befehlen wurde auf das pünktlichste nachgelebet. Man stellte ihnen auf eine geschickte Art vor, wie es das gemeine Beste erfodere, dem Regenten die Krone anzubieten, und falls er sie allen Vermuthen nach ausschlagen sollte, müste man ihm wenigstens anliegen, das Regiment bis zur Mündigkeit des Schah Abbas fortzuführen. Da die Perser ihren rechtmäßigen Fürsten ungemein zugethan sind, erwähleten die meisten Abgeordneten das letztere. Als sie für den Tahmas Kouli Khan wieder erschienen, dankten sie ihm für alle dem Staat geleistete Dienste, und baten denselben, sich der Regierung noch ferner anzunehmen, und den rühmlichen Titel Veli Nimet, den er so rechtmäßig erworben hätte, beyzubehalten.

Auf diese Art suchten sie durch List sein heimliches Bestreben nach der Krone zu vereiteln. Er verwarf also mit einem gewissen Unwillen ihr Begehren, und sagte, daß er mit Besorgung der öffentlichen Angelegenheiten nichts mehr wollte zu schaffen haben. Hierauf erhoben seine unter der Versammlung ausgestreute Anhänger, ihre Stimme: wir müssen, riefen sie, einen König haben, und wollen keinen andern, als Veli Nimet. Die Abgeordneten, welche den Säbel schon über ihren Haupt gezucket zu sehen glaubten, waren genöthiget die nämliche Sprache zu führen, und es wurden auf diese Weise alle Stimmen, zum Besten des Tahmas Kouli Khan vereiniget. Man bat ihn unterthänig, daß er die Königliche Würde annehmen möchte. Nach einer verstell-

ten

ten Weigerung von etlichen Minuten, erklärte er sich endlich
ihrem inständigen Bitten Plaz zu geben, jedoch unter der
Bedingung, daß sie sowohl ihm, als seinen Nachkommen
den Eid der Treue leisten, und gewisse bisher strittige Lehr-
puncten annehmen wollten.

Diese leztere Bedingung war den Mollas nicht anständig, und der Vornehmste unter ihnen fieng an zu reden,
und sagte, daß es gefährlich wäre Neuerungen in der Religion anzufangen. Er wollte es eben beweisen, als ihm
der neue König das Stillschweigen auflegte, indem er denselben vor der ganzen Versammlung erdrosseln ließ. Die
übrigen sahen ein, daß man nachgeben müste, und versprachen auf der Stelle, allem was er befehlen würde, nachzu-
kommen. Er ward auch unter den Namen Nadir Chah, als
König ausgerufen, welches im Monath Merz geschah. Kurz
darauf wurde mit seinem Stempel Münze gepräget, und das
Gebet an Freytag geschah durch ganz Persien in seinen Namen.

Fünf

Fünf und dreyßigstes Kapitel.

Nadir Chah lässet sich von den jährlichen Einkünften der Mollas ein richtiges Verzeichniß geben,
und ziehet solche hernach ein.   Den Abdul - Balikhan schicket er als Gesandten nach Constantinopel,   und rüstet sich zu der Belagerung von
Kandehar, welches er nach einer lang-
währigen Einschließung endlich
erobert.

Die Mollas beschwereten sich ganz ohne Scheu über die
ihrem Oberhaupt wiederfahrene üble Begegnung. Sie
sagten dieses wäre ein schreckliches Verbrechen ohne Beyspiel.
Da sie nun hieraus schloßen, daß Nadir Chah nicht geneigt sey
ihren Stand in Ehren zu halten, suchten sie ihn verhaßt
zu machen.   In dieser Absicht streueten sie allenthalben aus,
daß er ein Mann ohne Religion wäre, und nicht ermangeln
würde den Glauben der Chias über den Haufen zu
werfen.

Als Nadir Chah von ihren aufrührischen Reden Nachricht bekam, ließ er unterschiedliche von ihnen rufen, und
fragte dieselben, was sie mit den großen Reichthümern welche sie besäßen, machten? einer der kühnsten unter ihnen,
da er die übrigen bestürzt sah, antwortete, daß ein Theil
dieser Güter, dem Willen des Gebers gemäß, zu milden
Stiftungen angewendet würde : der übrigen hingegen bedie-
ne man sich die Mollas zu unterhalten, welche Gott ohne

U 3   Unter-

Unterlaß für des Königs und des ganzen Königreichs Wohlergehen anfleheten.

Nadir Chah versetzte darauf, daß ihr Gebet offenbar vergeblich wäre, da Persien schon so lange Zeit seinen Feinden offen gestanden, und dessen Könige entweder wären abgesetzet, oder doch genöthiget worden herum zu irren, das Volk aber mit allem Elend überhäufet gewesen: dagegen liege es nicht weniger an Tag, daß sein und seiner Truppen Gebet etwas gefruchtet habe, mithin erfodere es auch die Billigkeit, daß er mit seinem Heer diese Einkünfte genieße. Zu gleicher Zeit befahl er eine genaue Untersuchung dieser Güter anzustellen, und ersahe aus dem Verzeichniß, welches man ihm nach Verlauf einiger Tage überreichte, daß sich die jährlichen Einkünfte der Mollas, auf eine Million Tomans beliefen. Er zog sie ein, unter den Vorwand, daß er solche zur Bezahlung seiner Armee nöthig habe: wenn das Volk Mollas und Imans verlange, könnte es solche frey halten, er für seine Person brauche weder ihre Gelehrsamkeit, noch ihr Gebet, und sey nicht geneigt, sie länger im Müssiggang zu erhalten. Wofern sie indessen bey seinem Heer wollten Dienst nehmen, würde er jeden unter ihnen, einen seiner Tapferkeit angemessenen Sold geben.

Ein so verwegenes Unternehmen, würde außer Nadir Chah, für jeden andern betrübte Folgen gehabt haben. Allein er konnte sich auf seine Armee verlassen, welche meistens aus Sunnis bestund, und verachtete daher den Unwillen der Perser. Damit er nun von ihrer Rache nichts möchte zu besorgen haben, folgte er dem sich formirten Plan, die Gro-

ßen

ßen aus den Weg zu räumen, und das gemeine Volk mit
Auflagen zu beschweren.

Die Einziehung von den Gütern der Mollas, gab in
Persien zu mancherley Gesprächen Anlaß. Einige sagten,
Nadir Chah wäre in Herzen jederzeit ein Sunni gewesen, ob
er schon sich zu der Secte der Chias bekannt habe : andere
hingegen redeten von ihm, als von einem Mann ohne Religion. Es offenbarte sich auch hernach in der That, daß
er bloß um seinen Entzweck zu erreichen, einen solchen
Eifer für die Persische Secte hatte blicken lassen, und
wie er auf den Thron war, sich nur darum als einen Anhänger der Sunnischen Secte erklärte, damit er das große
Abschen gegen die an Persien gränzende Landschaften, wo
man diese letztere Secte bekannte, desto besser möchte hinaus führen können.

Nachdem Nadir Chah die Abgeordneten beurlaubet hatte, schickte er den Abdul-Bakikhan nach Constantinopel,
den mit dem Großherrn geschlossenen Frieden zu bestättigen,
und gieng nach Kazvin sich krönen zu lassen. Als diese
Ceremonie vorbey war, marschirte er nach Ispahan, wo
er sich einige Zeit aufhielt, um zu den gegen die Afganen
vorhabenden Feldzug Anstalten zu machen. Er verließ diese
Stadt, siebzehn hundert sechs und dreyßig, im Monath December, mit einer Armee von hundert tausend Mann, und
marschirte gerade auf Kandehar los. Wie er den Titel Veli Nimet annahm, legte er dagegen die Benennung Tahmas
Kouli Khan ab, und gab sie einem seiner Officiere, mit der
Würde eines Vekil, oder Lieutenants. Dieser Officier

U 4 ver-

vereinigte sich mit ihm zu Kandehar, nebst einer Verstärkung von vierzig tausend Mann.

Sogleich nach der Ankunft dieses neuen Trupps, rüstete sich der König zu der Belagerung von Kandehar, und zerstreuete, damit er nicht beunruhiget würde, alle in der Gegend herumstreifende Haufen der Afganen. Hernach zog er seine Truppen vor der Festung in einem verschanzten Lager zusammen, wo er sogar Häuser bauen ließ, und dieses Lager, Nadir-Abbad, oder die Bewohnung des Nadir, nennete. Nachdem diese Arbeit geendiget war, that er dem damaligen Befehlshaber, Husein Khan, zu wissen, daß er nicht abziehen würde, bevor die Festung bezwungen wäre.

Als dieser Befehlshaber von des Nadir Chah Vorhaben, und Marsch, Nachricht bekommen hatte, ließ er die S..ö: überflüßig mit Lebensmitteln, und Kriegsvorrath versehen, und war entschlossen sich bis auf den letzten Mann zu wehren. Die Belagerung dauerte ein Jahr, und war sehr blutig, wegen der häufigen Ausfälle der Afganen: bis endlich der König Mittel fand, das Kastell zu überrumpeln, und dadurch die Belagerten zur Uebergab zu nöthigen. Die Stadt ward im Jahr siebzehn hundert sechs und dreysig, übergeben. Viele Personen haben mich versichert, daß Nadir Chah, ohne die Verrätherey des Husein Khan, der sich den Vorgeben nach, hatte bestechen lassen, die Belagerung würde haben aufheben müssen. Dieser Khan blieb auch in der That Befehlshaber über die Stadt, und viele Afganen nahmen Dienst, unter des Siegers Truppen.

Sechs

Sechs und dreyßigstes Kapitel.

Nadir Chah entschließet sich zu den Feldzug nach Indien. Geschichte von der Unordnung, worinnen sich dieses Reich befunden hat, bis zu der Empörung der Merches.

Eben dazumal faßte Nadir Chah den Entschluß in Indien einzudringen. Die Verwirrung welche durch Nachläßigkeit, des dem Wein, Frauenzimmer, und den Ergötzungen der Jagd, ergebenen Vezirs, Kammer-ed din Chan, in die Regierungsform dieses Reichs eingeschlichen war, hatte den Kaiser Muhammed Chah (1) genöthiget,

U 5 den

---

1) Die Mugulischen (Mugul bedeutet Weiß), oder nach unserer Aussprache, Mogolischen Kaiser, stammen von Teimour in folgender Ordnung ab.

Teimour Kiurekan, den wir Tamerlan nennen, wurde den sechsten April, dreyzehn hundert sechs und dreyßig, zu Keche, ehemals Chehri-Sebez, oder die grüne Stadt genennt, eine Tagreise von Semerkand, geboren. Er bestieg den achten April dreyzehn hundert und siebzig, zu Balkhe den Thron: eroberte Mavera-ulnehre, Bedakhechan, Kharezme, Turkistan, Zabblstan, die Landschaft Gur, Indien bis nach Dilli, klein Asien, Syrien, und Aegypten. Als er den Kriegszug gegen Indien unternahm, hatte er eine Armee von hundert tausend Mann, und von zweymal hundert tausend, wie er den türkischen Kaiser Bayezid schlug. Er wurde zu Adraneal, und starb den achten Februar, vierzehn hundert und fünf,

den Nizam - ul - Mulk, einem der Staatsminister, und Statthalter in der Provinz Dekien, als den einzigen Mann

der

---

fünf, eben als er auf den Marsch war, die Tatarn von Khata zu bekriegen.

Chah Roch, Teimours Sohn, regierte nach seinem Vater drey und vierzig Jahre, und starb vierzehn hundert sieben und vierzig.

Sultan Ebou Seid, des Sultan Muhammed Sohn, und ein Enkel von Miran Chah, dem dritten Sohn des Teimour, wurde vierzehn hundert sieben und zwanzig gebohren, stieg in einem Alter von fünf und zwanzig Jahren auf den Thron, und verlor vierzehn hundert neun und sechzig, das Leben.

Umer Mirza, der vierte Sohn von Ebou - Seid, wurde zu Semerkand, im Jahr vierzehn hundert sechs und funfzig gebohren, und starb vierzehn hundert vier und neunzig.

Zahireddin Baber, des Umer Mirza Sohn, wurde vierzehn hundert drey und achtzig gebohren, und bestieg am achten Junius, vierzehn hundert vier und neunzig, den Thron. Anfänglich regierte er zu Mavera - Ulnehre, und eroberte nachgehends Kiabul, Kandehar, Bedakhechan, Gasuin, und ganz Indien, Dekien, Gutcherat und Bengalen ausgenommen. Er starb funfzehn hundert und dreyßig, und ward zu Kiabul begraben. Von seinem Leben hat er Nachrichten unter den Titel Vakeat - Baberi hinterlassen.

Nasreddin Humaioun, Babers Sohn, wurde funfzehn hundert und acht, zu Kiabul gebohren, bestieg den Thron

zu

der in Stand wäre, die Ordnung wieder herzuſtellen, an
Hof zurück zu rufen.

Dieſer

---

zu Egre, funfzehn hundert und dreyſig, und eroberte Maſeva/
Gutcherat, und Bengalen. Nachher ward er aus ſeinem
Königreiche verjaget, flüchtete ſich nach Perſien, und bat
den Chah Tahmas, des Jsmail Sohn, um Hülfe, der ihm
auch Beyſtand leiſtete, daß er wieder in ſeine Staaten zurück
kehren konnte. Er ſtarb funfzehn hundert ſechs und funfzig.

Dgelal-Eddin Eſber, wurde funfzehn hundert zwey und
vierzig, zu Emir Kiout gebohren, und funfzehn hundert ſechs
und funfzig, zu Kalainour, in der Provinz Labour, zum König ausgerufen. Er brachte faſt ganz Jndien unter ſeinen
Gehorſam, und ſtarb ſechzehn hundert und fünf, zu Egre.

Selim, der älteſte Sohn des Eſber, kam funfzehn hundert neun und ſechzig, zu Fethepour, zwölf Meilen von Egre,
auf die Welt, und beſtieg an dieſen letztern Ort, ſechzehn
hundert und fünf, unter den Namen Noureddin Dgihangnir,
den Thron, und ſtarb ſechzehn hundert ſieben und zwanzig, zu
Tchingariſti. Er war ein weibiſcher Fürſt, der ſich durch
eine ſchöne Frauenperſon, Nour-Dgihan genennt, regieren
ließ.

Chihabeddin Chah Dgihan, dritter Sohn des Dgihangnir, wurde funfzehn hundert und zwey und neunzig gebohren,
und beſtieg den Thron zu Egre, ſechzehn hundert acht und zwanzig. Jm Jahr ſechzehn hundert ſieben und vierzig, verſetzte
er den Sitz des Reichs, von dieſer Stadt nach Dilli, weßhalben
auch dieſe Stadt Chah Dgihan Abad iſt genennet worden. Nach-

dem

Dieser Minister hatte sich aus Misvergnügen von dem Hof weg begeben. Sobald er des Kaisers Befehl empfieng, überließ er die Regierung seinem Sohn Gazi-ed-din Khan, ver-

---

dem er dreyßig Jahre regieret hatte, wurde er durch seinen Sohn Eurenzsib abgesetzet, der ihn in das Kastell zu Egre einsperren ließ, wo er sechzehn hundert sechs und sechzig, starb.

Mohy-eddin Eurenzsib, dritter Sohn des Chah-Ogihan, wurde sechzehn hundert und achtzehn, den zwey und zwanzigsten October gebohren, und bestieg sechzehn hundert acht und funfzig, zu Egre den Thron. Seinen Bruder Murad Babche ließ er einschließen, eroberte Dilli, verbannete seinen Vater nach Egre, und marschirte auf Bengalen, gegen seinen Bruder, Sultan Chudia, den er bey Kleure schlug, und wurde sechzehn hundert neun und funfzig, unter den Namen Alem-guir, zum andernmal als Kaiser ausgerufen. Seinen Bruder Dara Chuliouh ließ er um das Leben bringen, und seinen eigenen Sohn Sultan Muhammed, nebst Suleiman Chuliouh, des Dara Chuliouh Sohn, in das Schloß Guraliar sperren. Sein Sohn Muhammed Elber, empörte sich sechzehn hundert vier und sechzig, gegen ihn, eben als Eurenzsib wider die Rabseruth marschirte. Er verfolgte seinen Sohn bis in die Provinz Detien, und nöthigte ihn, sich zur See nach Persien zu flüchten. Während der beynahe funfzigjährigen Regierung des Eurenzsib, war er fast beständig in Krieg verwickelt: eroberte Bichapour, und Haider-Abad, ohne die übrigen Districte und Festungen in Detien zu rechnen, durch deren Besitznehmung er die Einkünfte des Reichs beträchtlich vermehrte, verlor aber hingegen Kandehar, Balthe, und Bedahchan. Er starb siebzehn hundert und sieben, zu Ahmed Riguer, und w...t bey Derviche Chahzein eddin, zuweit ...

verfügte sich schleunig in die Hauptstadt, und ward bey dem
Kaiser zur Audienz gelassen, der ihm die Würde eines Vekil Mutlak, oder obersten Lieutenants ertheilete, wodurch
er über den Grosvezir erhoben wurde. Allein er sah die
Wider-

Muhammed Muzem, des Eurenkzib Sohn, marschirte
von Kabul aus, an der Spitze eines Heeres, und lieferte seinem Bruder Muhammed Azem bey Egre eine Schlacht, schlug
ihn, und ward unter dem Namen Kuteb:ddin Behadir Chah,
und Chahalem, zum Kaiser ausgerufen. Hierauf zog er gegen
seinen Bruder Kiam Bahche, der sich zu Haider-Abad niedergelassen hatte, nahm ihn gefangen, und starb nach einer sechs-
jährigen Regierung.

Oghandar Chah, des Behadir Chah Sohn, stieg auf
den Thron, nachdem er drey von seinen Brüdern überwunden
und getödtet hatte. Er wurde durch Ferruh-sier geschlagen,
und zu entfliehen genöthiget.

Ferruh-sier, ein Sohn von Azim el Chan, und des Behadir Chah Enkel, kam zur Regierung, und ward nach einiger
Zeit durch zween Herren an seinem Hof, die Seids genennt, entsetzet, welche ihn siebzehn hundert und neunzehn das Gesicht
nehmen, und umbringen ließen.

Keff-ebderdjat, des Keff-eichan Sohn, und Behadir
Chah Enkel, wurde von den Seids, aus dem Kastell Selimguer,
wo man die Prinzen vom Geblüt verwahret, genommen, und
an die Stelle des Ferruh-sier auf den Thron gesetzet. Nach
drey Monathen ließen ihm die Seids gleichfalls das Leben nehmen, und setzten an dessen Stelle seinen Bruder Keffeddewlet,
der nach wenigen Tagen eines natürlichen Todes starb.

Raf-

Widerwärtigkeiten nicht voraus, die ihm dieser neue Stand
über den Hals zog. Khan Dewran, der Oberbefehlshaber
der Armee, war der erste Günstling, dem der Kaiser nichts
abschlagen konnte : er fragte ihn bey allen Geschäften um
Rath, und folgte jederzeit seinem Gutachten. Die übrigen Herren an Hof, welche in den Wollüsten ersoffen waren,
verbrachten ihre Zeit entweder bey dem Frauenzimmer, oder
mit Hofnarren.

Als sie sahen daß Nizam - ul - Mulk die Ordnung wieder herstellen, und alles auf den Fuß setzen wollte, wie es
zu Kaiser Alemguir Zeiten gewesen war : nahmen sie zu heimlichen Ränken ihre Zuflucht, ihn zu stürzen. Sie waren ihm in allen entgegen, und vereitelten seine Geschicklichkeit, Klugheit, und gute Absichten. Nizam - ul - Mulk
wurde es bald gewahr, daß er vergeblich arbeitete. Man
ließ seine Meynung nicht gelten, und gab seinen Vorstellungen kein Gehör, und seine Feinde welche durch den glücklichen Erfolg aufgemuntert wurden, giengen so weit, daß
sie ihn öffentlich verspotteten, und lächerlich machten.

Ihre Frechheit beleidigte ihn auf das äußerste, und da
es ihm verdrüßlich war, länger an einen Hof zu seyn, wo
Unordnung und Zügellosigkeit herrschete, beschloß er, sich
unter

Nasreddin Muhammed Chah, des Dschihan Chah Sohn,
und Enkel von Behadir Chah, wurde durch die nämlichen Seids
auf den Thron gesetzt, welche ihn Anfangs regierten. Er be-
freyte sich zwar nach der Hand von ihrer Tyranney, hatte
aber das Unglück größere Trübsale zu erdulden.

unter irgend einen scheinbaren Vorwand davon zu entfernen. Eines Tages machte er bey dem Kaiser seine Aufwartung, und bat ihn um Erlaubniß, daß er wieder nach Dekien zurück kehren dürfte, wo seine Gegenwart, wie er sagte, nöthig wäre, die Radjas (*) welche sich zu empören Luft hätten, in Zaum zu halten. Er bekam seinen Abschied, und reisete fort.

Sobald er in Dekien angelanget war, dachte er darauf wie er sich an seinen Feinden rächen möchte, und zugleich dem Muhammed Chah über das unsinnige Betragen derjenigen so um ihn waren, und die Gefahr, worinnen das Reich schwebte, die Augen öfnen. In dieser Absicht wendete er sich an Sahou Radja, Bagira, und andere Oberhäupter der Merehes (**) in der Provinz Dekien, welche er zur Empörung aufmunterte. Er stellete ihnen vor, daß sie bey den gegenwärtigen Zustand des Hofes, sich nicht allein wegen der ihnen erwiesenen Ungerechtigkeiten rächen, sondern auch alles was sie verlangten erhalten könnten, wenn sie den Muth hätten zu den Waffen zu greifen, Sie würden leicht bis in die Hauptstadt dringen können, und dürften sich keines Widerstandes besorgen.

Dieses von Natur zum rauben geneigte Volk, ergriff diese Gelegenheit begierig, das Joch, welches man ihm auflegen wollte, abzuschütteln, und sich durch plündern zu bereichern.

---

*) Dieß sind abgöttische Prinzen bey den Indianern

**) Sie werden auch Maretten genennt Anm. des Ueberſ.

chern. Nachdem sie in Malepa zusammen gekommen waren, dieses Vorhaben auszuführen, machten sie durch Belagerung der Stadt, worinnen Behabir Khan, der Statthalter von dieser Provinz residirte, mit den Feindseligkeiten den Anfang. Als dieser war umgebracht, und die Stadt erobert worden, verwüsteten sie das ganze Land, und hinterließen die Felder so schwarz als wenn Feuer oder die Heuschrecken darauf gewesen wären, und zogen wieder nach Haus.

An Hof bemühete und regete man sich gar nicht, die Merehes zu züchtigen, und sie an Begehung weiterer Verwüstungen zu hindern. Die Ganimen, ein anderes Volk in Dekien (2), benutzte diese Nachläßigkeit, und verbreitete sich

2) Dekien, welches einen Theil des Mogolischen Reiches ausmachet, liegt Gutcherat gegen Süden. Es erstreckt sich von dem Ursprung des Stromes Bat, bis an den Nilga, zwey hundert und funfzig Meilen weit, und wird in drey Theile eingetheilet, nämlich das Gebirg Bagat, welches von einem Ende bis zum andern mitten durchgehet, und die auf beyden Seiten dieses Gebirges befindliche Landschaften. Nach dem Bericht des Verfassers von Hest Eklim, enthält es drey hundert und sechzig feste Schlösser. Wie man behauptet, soll Dekien, welches einen Bastart anzeiget, deswegen also genennet worden seyn, weil die Dekens nach dessen Eroberung sich mit den Frauen im Land vermischet haben, welche Vermengung eine Art von Mestizen hervorgebracht hat. Ahmed Riguer, welches der türkische Erdbeschreiber unter den hundert und funfzehnten Grad der Länge, und zwanzigsten der Breite setzet, ist die Hauptstadt darinnen. In Ansehung der Güte von Luft und Wasser, wie auch ihrer vortheilhaften Lage wegen, übertrifft sie die übrigen

Städte

ſich das folgende Jahr in großer Menge in der Provinz Gutcherat (3). Sie waren nicht mit den vierten Theil, der, dieſer Provinz aufgelegten Steuern, zufrieden, welche ihnen von
den Kaiſern waren zugeſtanden worden: ſondern begiengen
ſonſt noch große Ausſchweifungen, und ſtreiften bis an die
Gränzen von Gualiar.

Die

Städte Indiens. Sie hat Gebirge und Ebenen, wie auch
ein Kaſtell, das für unüberwindlich gehalten wird, ingleichen
unterirdiſche Waſſerleitungen, welche die ganze Stadt mit
Waſſer verſehen, Gärten, und ſchöne Spaziergänge.

3) Die dem Mogoliſchen Kaiſer zukehende Landſchaft Gutcherat,
liegt an der Weſtlichen Küſte der Halbinſel von Indien, unter
den Ausfluß des Indus. Sie iſt ohngefähr hundert und ſechzig deutſche Meilen lang, und eben ſo breit. Man
nennet ſie auch Kienbait, nach einer Stadt dieſes Namens,
welche von dem türkiſchen Erdbeſchreiber, unter den hundert
und funfzehnten Grad der Länge, und vier und zwanzigſten der
Breite, von dem Kanon, unter den neun und neunzigſten Grad,
zwanzig Minuten der Länge, und zwey und zwanzigſten Grad,
zwanzig Minuten der Breite, von den Etvals hingegen, unter
den nämlichen Grad der Länge, und ſechs und zwanzigſten Grad,
zwanzig Minuten der Breite geſetzet wird: drey Tagreiſen gegen Südoſt von Ahmed - abad, eben ſo weit von Berverge,
welches ſüdwärts liegt, und noch, wie Idriſi meldet, drey
Meilen von der See, an einen kleinen Strom, der ſich in einen
drey Tagreiſen langen Meerbuſen ſtürzet. Dieſer Meerbuſen
iſt wegen der hier beträchtlichen Ebbe und Flut, ſehr gefährlich,

X

Die Nachricht von den Verheerungen, welche durch die Ganimen und Merchen, wechselsweise in den Provinzen Dekien und Gutcherat geschahen, kam dem Hof bald

---

lich, indem das Wasser manchesmal drey Meilen zurück tritt, und grosse Klippen entdecket, woran die Schiffe öfters zu Grund gehen. Man nimmt, um hinein zu fahren, zu Diu Lotsen. Kienbait ist eine der grösten und schönsten Städte von Judien. Es wird daselbst grosse Handlung mit Specerey und andern Kaufmannswaaren getrieben, welche von allen Seiten dahin gebracht werden, besonders Elephanten Zähne, die von Nufala kommen, und womit die Einwohner zu Kienbait ihre Häuser schmücken, die von Backsteinen und weißen Marmor gebauet sind.

Ahmed-abad, die Hauptstadt in Gutcherat, liegt in einer fruchtbaren, und angenehmen Gegend, an einen kleinen Strom. Luft und Wasser an diesen Ort, der Anfangs nur ein Flecken, Namens Esaroul war, gefielen dem König zu Gutcherat, Ahmed Chad, dermaßen wohl, daß er im Jahr der Hegire acht hundert und dreyzehn, (vierzehn hundert und zehn), eine Stadt daraus machte, und sie befestigte. Sultan Mahmoud ließ hernach einige Meilen davon eine andere bauen, die er Mahmoud-abad nennte. Als nun diese beyden Städte mit der Zeit sich vergrößerten, wurden sie zusammen gestoßen, so, daß sie heutzutag nur eine ausmachen. Die Bazars sind daselbst geräumlicher, und bequemer als in andern Städten Judiens, und die Gewölber haben zwey, und manchesmal drey Stockwerke, sind auch schöner und prächtiger denn anderwärts, und die Männer sind daselbst höflich, die Frauenpersonen aber weiß, schön, und verliebt. Souret, welches wir Surat aussprechen, ist eine Seestadt des nämlichen Landes, fünf

Tage

bald zu Ohren, und die Klagen der Einwohner, welche den Kaiser um Schutz gegen diese Räuber anriefen, waren daselbst gleichfalls zu vernehmen. Es war den Ministern unmöglich die Größe des Uebels länger zu verheelen, oder es für Muhammed Chah geheim zu halten.

Dieser wichtige Auftrag ward dem Khan Devran, dem Vezir, und einigen andern Umeras (*) anvertrauet, welche das Zutrauen ihres Herrn sehr übel erfülleten, maßen sie ungeachtet ihrer zahlreichen Armee, womit die Rebellen hätten können gezüchtiget, und wieder zum Gehorsam gebracht werden, an nichts weniger dachten, als sie anzugreifen. Da sie gern bald wieder zu ihren Ergözungen zurück kehren wollten, schloßen sie mit den Ganimen einen schändlichen Vergleich, und bestättigten ihnen das Geschenk vom vierten Theil der Auflagen, unter der Bedingung daß sie die Waffen niederlegen sollten. Nach diesen schönen Feldzug kehreten sie in die Hauptstadt zurück, und rühmten sich ihrer Heldenthaten.

X 2

Man

Tagreisen südwärts von Ahmed-abad. Sie ist wohl befestiget, und treibt sehr große Handlung. Diu, eine andere Stadt, am Eingang des Meerbusens, Westwärts von Kienkait, unter den hundert und eilften Grad der Länge, und ein und zwanzigsten der Breite, nach des türkischen Erdbeschreibers Bericht. Guve, welches wir Goa nennen, und Demen, liegen in eben diesen Land. Diese Städte gehören aber den Portugiesen.

*) Umeras sind die Großen in Indien.

Man wurde die schlechte Aufführung der Feldherren
gar bald innen. Das nämliche Jahr griffen die Ganimen
wieder zu den Waffen, streiften bis nach Ekber-abad (4),
und setzten sich vor, sogar an den Thoren der Hauptstadt,
Brandschatzungen einzutreiben. Khan Devran, und der Vezir, wurden zum andernmal gegen sie geschickt, und blieben
zu Ekber-abad stehen. Kurz vorher waren die Merehes über
den Strom gegangen, um die Provinz Audih, worinnen
Seadet Khan Statthalter war, anzugreifen.

Auf die erste Nachricht welche dieser Khan von ihren
Bewegungen erhalten hatte, war er mit einer hinreichenden
Anzahl Truppen abgegangen, sich ihnen entgegen zu setzen. Er lieferte ihnen eine Schlacht, worinnen sie ohngefähr

---

4) Ekber-abad, oder Egre, die vormalige Hauptstadt von Indien,
liegt achtzig Meilen Ost, und Südwärts von Dilli. Anfänglich stund sie unter Biane. Sultan Eskender gab sich alle
Mühe eine große Stadt daraus zu machen. Gir Khan, und
Selim Khan hatten nach ihm das nämliche Vorhaben, und erreichten vollkommen ihren Endzweck. Ekber Chah, nach dessen Namen sie Ekber-abad ist genennet worden hat solche mit
prächtigen Pallästen, und schönen Gärten ausgezieret, die er
auf beyden Seiten des Stromes, Tschoun, oder Tschumna, den
Jomanes der Alten, anlegte, der mitten durch diese Stadt fließet. Das Kastell zu Egre ist von Steinen gebauet, welche
durch eiserne Klammern so fest mit einander verbunden sind, daß
sie nur einen einzigen auszumachen scheinen. Man brauchte
vier Jahr, und unermeßliche Summen, zu dessen Erbauung.
Die große Stadt Hisar liegt Ost und Nordwärts von Egre:
Leklenhou aber, eine kleinere Stadt, liegt gegen Osten.

fähr fünf tausend Mann verloren, nebst zween ihrer vornehmsten Officiere, welche in die Gefangenschaft geriethen. Als sich die Merches nach dieser Niederlage nicht stark genug befanden, der Armee des Vezirs, und des Khan Devran, die Spitze zu bieten, nahmen sie die Flucht, und zerstreueten sich in der Gegend von Ferid-abad, einer zehen Meilen von der Residenz entlegenen Stadt.

Als die beyden Feldherrn diesen glücklichen Erfolg vernommen hatten, drangen sie in Seadet Khan, sich mit ihnen zu vereinigen. Sobald er angelanget war, beschleunigten sie ihren Marsch mit starken Tagreisen, die Flüchtigen zu verfolgen, und kamen auf Ferid-abad, einige Stunden später als sich die Merches von da weg begeben, nach Kialikia unweit Dilli zu gehen, wo sie an einen Festtag die Einwohner überfallen, jedoch niemand daselbst umgebracht hatten. Sie hatten sich aber nur begnüget sie auszuplündern, und Anstalt gemachet, Chah Dgihan-abad (5), zu verheeren.

X 3 Der

---

5) Die Stadt Dilli ist eigentlich nach des Kaiser Chah-Dgihan Namen also genennet worden. Der türkische Erdbeschreiber setzet sie zwar unter den hundert und zwanzigsten Grad der Länge, und zwanzigsten der Breite: es dünket mich aber, er habe sich sowohl in der Länge als Breite verstoßen, maßen er zugestehet, diese Stadt liege ost und südwärts von Lahour, und sey nur funfzehn Tagreisen davon entfernet. Dilli liegt in einer sandigten und steinigten Ebene, an dem Strom Tschonn, der hier so groß ist als der Eufrat. Sie hat Mauern von Backsteinen,
es-

Der Kaiser, der über ihre Annäherung erschrack, be,
fahl dem Emir Khan, und Hasen Khan, mit dem Geschütz
aufzubrechen, um sie zu verhindern in die Stadt zu kommen.
Als dieselben nun einige Meilen davon Posto gefasset hatten,
wurden sie von den Räubern mit vieler Wuth angegriffen.
Es war ein großes Blutbad. Man fochte auf beyden Sei,
ten sehr tapfer, und der Sieg blieb lang zweifelhaft, wie
aber Hasen Khan nebst einer großen Anzahl seiner Leute, end,
lich das Leben verloren hatte, wurde Emir Khan mit seinen
übrigen Truppen von den Merehes in die Flucht geschlagen.
Sie waren eben in Begriff nach Dilli zu kommen, als die
drey Generale anlangten. Der Vezir, so voraus gegangen
war, griff sie zuerst an, und die beyden andern folgten
gleich nach. Man schlug dieselben um so leichter, da sie
bereits im ersten Gefecht viel gelitten hatten, und für Müdig,
keit beynahe gänzlich entkräftet waren. Sie nahmen die
Flucht, und ließen nicht eher nach, als bis sie zwölf Mei,
len von den Siegern entfernet waren.

Wenn

---

angenehme Spaziergänge und Gärten, auch unter andern ei,
nen Ort, den Jagdplatz des Firouz-Chah genennt, wo ein gro,
ßes Gebäu stehet, in dessen Mitte man eine steinerne Säule
aus einem Stück siehet, wovon die Höhe dreyßig, der Durch,
schnitt aber drey Ehlen beträget, ohne viele andere merkwürdige
Dinge zu rechnen. Das alte, heutzutag zerstörte Dilli, liegt
eine Meile von dem neuen, welches der Kanon, und Ibul-
Said, unter den hundert und drey und dreyßigsten Grad, fünf,
zig Minuten der Länge, und fünf und dreyßigsten Grad, fünf,
zig Minuten der Breite setzen.

Wenn man sich ihre Niederlage zu Nutz gemacht hätte, würden sie vielleicht nicht in Stand gewesen seyn, noch das Herz gehabt haben, ihre Räubereyen fortzusetzen. Indessen mochte nun entweder die Armee des Vezirs, und des Khan Devran durch das eilfertige Marschiren viel gelitten haben, oder die Generale sich für den Beschwerlichkeiten scheuen, kurz, sie verfolgten die Flüchtigen nur zwo bis drey Meilen, worauf sie allgemachs das sieben Meilen von der Hauptstadt entfernte Serai, von Allah - verdi erreichten, und daselbst blieben.

Diese Nachläßigkeit war den Rebellen sehr nützlich, welche von ihren Schrecken sich wieder erholeten, und sich auf das neue versammelten. Da sie aber in diesen unterschiedlichen Gefechten viele Leute verloren hatten, und Zeit gewinnen wollten, schickten sie an die drey Generale, und waren bereit sich zu unterwerfen. Dieser Vorschlag ward von dem Vezir und dem Khan Devran angenommen. Seadet Khan, den die Faulheit und thörigte Einbildung dieser beyden Hofleute verdroß, kehrete wieder in seine Statthalterschaft zurück, und wollte nicht an Hof gehen, beklagte aber bey sich selbst den Kaiser und das Reich, und verachtete Leute, welche die Gnade ihres Herrn so wenig verdienten.

X 4

Sieben

Sieben und dreyßigstes Kapitel.

Der Kaiser entdeckt zuletzt die schändliche Aufführung seiner Minister, und ruft den Nizam-ul-mulk wieder an Hof zurück, der von neuen daselbst verspottet, und dadurch dergestalt aufgebracht wird, das er nebst Seadet Khan, den Nadir Chah nach Indien locket.

Der Vezir, und Khan Devran, hielten ihren Einzug in die Hauptstadt, und statteten dem Kaiser von ihren Unternehmungen Bericht ab: wo sie nicht ermangelten die Vortheile welche man von dem eben mit den Rebellen geschlossenen Vergleich zu erwarten hätte, auf das beste herauszustreichen. Sie mochten aber ihr schlechtes Betragen noch so sehr zu bemänteln suchen, konnten sie doch nicht verhindern, daß der Kaiser endlich ihr bey diesen Frieden begangenes Bubenstück entdeckte.

Es wuste dieser Fürst gar wohl, daß Nizam-ul-Mulk der eigentliche Anstifter der Unruhen war, die von den Ganimen, und Merehes begangen wurden, und daß man solche, ohne diesen Minister nach Hof zurück zu rufen, unmöglich beendigen könnte. Er beschloß also, ihm in den gnädigsten Ausdrücken schreiben zu lassen, und ersuchte denselben sich zu ihm zu verfügen, mit den Versprechen daß er nichts zu befürchten, und alles mögliche Vergnügen sollte zu genießen haben.

Dieser

Dieser geschickte Mann hielt diese Versprechungen um so mehr für aufrichtig, da er wuste wie unentbehrlich er war. Ueberdieß hoffte er Gelegenheit zu finden, daß er sich an seinen Feinden rächen könnte, und besann sich also nicht lang. Damit man aber seine Zurückkunft dem Gehorsam gegen die Befehle seines Herrn beymessen möchte, eilete er nicht sehr mit der Abreise, bis er einen zweyten Brief empfieng, der dem ersten ähnlich war, außer daß solcher noch stärkere Versicherungen enthielt.

Alsdenn machte er sich auf den Weg, und langte in kurzer Zeit bey Hof an, er verwunderte sich aber nicht wenig, als er sahe, daß man daselbst noch wie vorher lebte, und die Geschäfte behandelte. Khan Devran stand noch immer in großer Gnade, und war ihm in allen seinen Unternehmungen hinderlich. Wenn er bey Hof erschien, verspotteten ihn die Hofleute, welche es mit einander verabredet hatten, durch ihre Gebärden, und suchten ihn auf hunderley Art lächerlich zu machen. Ja, man hat mir sogar versichert, daß Khan Devran, als er einst zu den Kaiser hinein gieng, ganz laut gesagt habe; „sehet, hier kommt der Maimoundgi!„ dieser Ausdruck bedeutet eigentlich einen Marktschreyer, der das Volk dadurch belustiget, daß er Affen tanzen lässet, und im figürlichen Verstand bedienet man sich dessen, einen listigen Betrüger anzuzeigen. Nizam-ul-Mulk antwortete: „wenn ich der Maimoundgi bin, werde dich bald wissen tanzend zu machen.„

Diese Beschimpfung verdoppelte seinen Verdruß. Da er nun wohl voraus sahe, daß ihm der Kaiser nicht gestatten würde, nach Dekien wieder zurück zu kehren, suchte er tr-

gend

gend ein anderes Mittel zu finden, aus einen so wiederwär-
tigen Leben zu kommen. Anfänglich bemühete er sich den
Vezir auf die Seite zu bringen, und bat denselben mit ihm
gemeinschaftlich zu arbeiten, und sowohl bey Hof als in den
Staatsgeschäften alles wieder in gehörige Ordnung zu setzen.
Der Vezir handelte aber auf eine ganz entgegen gesetzte Art,
ungeachtet sie durch Verheurathung ihrer Kinder doppelt mit
einander befreundet waren. (*)

Wie Nizam - ul - Mulk sahe daß hier nichts zu thun
war, dachte er auf etwas anders, und fand nach reiflicher
Ueberlegung, daß ein unheilbares Uebel, durch gewaltthätige Mittel müßte gehoben werden.

Mithin beschloß er eine Unordnung deren nicht mehr abzuhelfen war, noch zu vergrößern, in der Absicht Gelegenheit
zu finden, wo er sich seiner Feinde, insbesondere aber des
Khan Devran entledigen könnte.

Niemand schien ihm zum Mitgehülfen seines Vorhabens geschickter zu seyn, als Seadet Khan. Er wuste daß
sich derselbe in seine Statthalterschaft begeben hatte, und
eben so misvergnügt über den Kaiser, der seine dem Staat
geleistete Dienste wenig zu achten schien, als wider den Khan
Devran aufgebracht war, welcher sie, um den Vorzug zu behaupten, zu verringern suchte. Er machte also ein geheimes
Bünd-

---

*) Des Nizam - ul - Mulk Sohn, hatte nämlich des Vezirs Tochter
geheurathet, und des Vezirs Sohn, die Tochter des Nizam-
ul - Mulk.

Bündniß mit diesem Khan, und da sie einander Treue zugesaget hatten, wurden sie eins, daß man um dem Kaiser die Augen zu öfnen, und ihren gemeinschaftlichen Feind, den Khan Devran zu stürzen, den Nadir Chah, der damals Kandehar belagerte, überreden müsse nach Indien zu kommen. Dieses war der erste Anlaß zu den Feldzug dieses Königs nach Indien.

Acht und dreyßigstes Kapitel.

Nadir Chah entschließet sich auf die Vorstellungen der beyden Umeras, in Indien einzubrechen, und erobert Kiabul.

Auf die Eroberung der Stadt Kandehar folgete gar bald die Bezwingung der ganzen Provinz. Mittlerweile also Nadir Chah beschäftiget war, sich in seiner neuen Eroberung fest zu setzen, empfieng er die Briefe des Nizam ul-Mulk und Seadet Khan, worinnen sie ihn auf das höchste anlagen, mit seinem Heer nach Indien zu kommen. Dieß beantwortete er weitläuftig, und legte ihnen die Gefahr und Schwierigkeit vor Augen, welche bey einer solchen Unternehmung voraus zu sehen wären. Er stellete vor, die unter Mogolischer Bothmäßigkeit stehende Afganen hätten die engen Pässe der steilen Gebirge besetzet, wodurch er nothwendig den Weg nehmen müsse, und wann er auch durch diese engen Pässe glücklich käme, hätte er es noch mit Nasir Khan, den Befehlshaber in Kiabul, und mit Zekerja
Khan,

Khan, den Commandanten von Lahour zu thun. Endlich könnten ihm von Muhammed Chah zahlreiche Armeen entgegen gestellet, und immer wieder ergänzet, das Persische Heer hingegen allgemachs zu Grund gerichtet werden, was es auch Anfangs für Siege erlangen möchte : ohne der grossen Ströme zu gedenken, worüber er setzen müsse, und der Schwierigkeiten sein Heer in einem feindlichen Land zu erhalten.

Aus des Nadir Chah Antwort verstunden die beyden Umeras, daß ihm dieses Unternehmen zu schwer vorkam. Sie schrieben also noch einmal, und versicherten ihm auf das beste, seinen Marsch nach Indien zu erleichtern, und alle Hindernisse für denen er sich fürchtete, aus den Weg zu räumen. Durch diese letzteren Briefe wurde ihm seine Furcht gänzlich benommen : und er war alsdann ernstlich auf dieses große Unternehmen bedacht. In dieser Absicht nahm er Kiurden, Georgianer, Türken, Balkis, und Afganen in Dienste, welches lauter versuchte, und der Beschwerlichkeiten des Kriegs gewohnte Leute waren, und sein Heer befand sich bald hundert tausend Mann stark.

Er versahe sie mit Kleidern, Waffen, und Pferden, und versprach ihnen die Hälfte von der Beute, welche sie in Indien machen würden, ohne die Beförderung zu rechnen, wozu er jedem nach seinen Rang und Verdiensten Hoffnung machte. Wie er sie nun also aufgemuntert hatte, verließ er Kandehar, und marschirte gegen die Gränzen von Indien.

Sobald Nizam-ul-Mulk und Seadet Khan von seinem Marsch Nachricht erhalten hatten, schrieben sie unterschiedli-

che

che Briefe an Cherze Khan, Nasir Khan, und Zekierja Khan, welche in dem Kastell zu Kiabul, von dieser Provinz, und zu Lahour Befehlshaber waren. Diese Briefe waren folgender Gestalt abgefasset: „Auf Vernehmen, daß Nadir Chah, als er die Trägheit des Kaisers, und das schlechte Betragen seiner Minister, die immerfort mit Tanzen, und allen Arten der Schwelgerey ihre Zeit hinbringen, erfahren hat, sich entschlossen habe nach Indien zu kommen, halten wir es für unsere Schuldigkeit, euch freundschaftlich zu melden, daß von allen Hofleuten kein einziger so beherzt sey, euch mit einer Armee zu Hülfe zu kommen, ihm den Eingang zu verwehren. Ihr werdet also wohl thun, wenn ihr euch diese Nachricht zu Nutz machet, und euer Leben und Vermögen durch schleunige Unterwerfung rettet, ohne sich durch vergebliches Herumschlagen mit ihm, aufzuhalten.„

Dieser Brief hatte bey den Statthaltern der Provinzen, die Wirkung, welche Nizam - ul - Mulk und Seadet Khan sich davon versprochen hatten. Da sie den Zustand des Hofes nur allzugut kannten, zweifelten sie keinesweges an der vollkommenen Richtigkeit alles dessen, was man ihnen geschrieben hatte, und waren folglich nur auf ihre eigene Sicherheit bedacht. Unterdessen rückte Nadir Chah immer weiter, und eroberte ohne viele Schwierigkeit, erstlich Gourbend (1), hernach aber Gazvin (2), worauf er gerade nach Kiabul (3) marschirte, und es belagerte.

Nasir

---

1) Gour - bend ist ein enger Paß zwischen den Gebirgen von Zabliston.

Nasir Khan, Statthalter über die Provinz, war auf die bloße Nachricht von Annäherung der Persischen Armee, entflohen, sich nach Pichaiver zu begeben. Cherje Khan,

---

stan, wodurch man in das Land Gour kommt, welcher Bezirk und Flecken Nordwärts Khandjan liegt. Von da kommt man durch Wüsteneyen in drey Tagen nach Mimend, und weiter in zween, durch bewohnte Landschaften nach Balkhe. Die übrigen beträchtlichen Oerter dieses Landes, sind Kuffak, das Kastell Zafer, und Baglam. Es giebt hier auch Silber, und Lasur Bergwerke, die aber nicht benutzet werden. Zwischen Gour-bend und einen andern Ort, Abi-Baran genennt, sind zwo mit Bäumen bepflanzte Gegenden, welche ihn das Frühjahr durch, zu einen angenehmen Aufenthalt machen. Man findet daselbst eine besondere Gattung von Tulpen, Rosentulpen genennt, die einen unvergleichlichen Geruch haben.

2) Gazein, oder Gazne liegt dem türkischen Erdbeschreiber zufolge, unter den hundert und vierten und einen halben Grad der Länge, und drey und dreyßigsten der Breite. Nach dem Etwald, unter den vier und neunzigsten Grad, vierzig Minuten der Länge, und vier und dreyßigsten Grad, vier und vierzig Minuten der Breite. Nach dem Kanon endlich, unter den zwey und neunzigsten Grad, ein und funfzig Minuten der Länge, und drey und dreyßigsten Grad, vier und funfzig Minuten der Breite. Ibni-Haukal berichtet, daß es eine Handelsstadt an der Gränze von Indien sey, welche unter Bamian stünde, wovon sie acht Tagreisen, und vierzig Meilen von der Gränze Sidgistan entfernt liege. Vorzeiten war sie nicht sehr beträchtlich: Emir Sebulteguin aber, und sein Sohn, Sultan Mahmoud, haben dieselbe um ein vieles vergrößert. Neben ihr fließet ein Strom vorbey, der sich mit den zu Kabul vereiniget.

Khan, der Commandant des Kastells zu Kiabul, war aber in dieser Festung geblieben, und entschlossen sie auf das beste zu vertheidigen, ohne sich durch die Nachricht der beyden Umeras

vereiniget. Das Wasser zu Gaznin ist gut, und die Luft, weil es ein gebirgigtes Land ist, sehr gesund. Die Bäume, und Weinstöcke tragen zwar Früchte, welche aber in geringer Anzahl sind, und selten reif werden. Es herrschen daselbst wenig Krankheiten, und man lebt sehr lang: auch finden sich hier keine giftigen Thiere. Diese Stadt ist unter dem Regiment der Gaznevidischen Fürsten sehr volkreich gewesen, und hat große Gelehrte hervorgebracht.

3) Kiabul ist die Hauptstadt von Zablistan, welches die Perser Balkheter-Zemin nennen. Dieses Land, welches länger, als breiter, auch mit Bergen umgeben ist, gränzet gegen Osten an Berhaver, und einige andere Indianische Gegenden, Westwärts an Kloubistan und Hezare, gegen Norden an die Landschaften Kandez, und Endez, wo ihm das Gebirg Hindoukiesche zur Scheidwand dienet, südwärts an Kizmil, und andere von den Afganen bewohnte Länder. Der türkische Erdbeschreiber setzet Kiabul unter den hundert und fünften und einen halben Grad der Länge, und drey und dreßigsten einen halben der Breite. Der Kanon unter den fünf und neunzigsten Grad, zwanzig Minuten der Länge, und drey und dreßigten Grad, vierzig Minuten der Breite. Die Etvals hingegen, unter den vier und neunzigsten Grad, vierzig Minuten der Länge, und vier und dreßigten Grad, fünf und dreßig Minuten der Breite. Diese Stadt liegt an dem Ufer eines Stromes, den Ibni Said Mehran nennet, ist gut befestiget, und unzugänglich. Ehebin war solche unter den Indianern sehr berühmt, welche ihre Fürsten nicht eher erkannten, als bis sie vorher daselbst waren

Umeras abschrecken zu lassen. Er trieb die Angriffe der Feinde mit seinen Kanonen und dem kleinen Gewehr zurück, und
tödtete ihnen viele Mannschaft, und sie mußten ein ganzes
Monath davor liegen.

Wenn

---

ren gekrönet worden. Die benachbarten Gebirge haben Eisen-
gruben. Es wächset daselbst Gewürz, und Adlerholz, der
Mirabolanbaum aber nicht: da man ihn aber der Handlung wegen von Indien nach Kiabul bringet, wird er Kiabuli, nach
den Namen dieser Stadt genennet. Den Strom der vorbey fließet, heißen die Landeseinwohner Hezare *), wegen der großen
Anzahl von Städten und Flecken, die an dessen Ufer liegen. Er
fließet dieser Stadt von Norden gegen Süden, und nimmt hernach seinen Lauf von Osten gegen Süden. Nachdem er hierauf
vier Tagreisen weiter unten, Neslerbar (a), und zwo Tagreisen
weiter, Pichaiver, vorbey geströmet ist, kommt er zwo
Tagreisen von da, nach Devav (b). Die Ströme Peutsche-
Kioure,

---

*) Hezar ist ein Persisches Wort, und heißet tausend.

(a) Neslerbar liegt nach den türkischen Erdbeschreiber, unter dem
hundert und sechsten einen halben Grad der Länge, und
vier und dreyßigsten der Breite, ostwärts von Kiabul.
Diese Stadt ist an der Westlichen Seite eines sehr hohen
Gebirgs, Kioubi Sefid, oder das weiße Gebirg genennt,
erbauet.

(b) Devav liegt eben diesem Erdbeschreiber zufolge, unter den
hundert und achten, und einen halben Grad der Länge, und
vier und dreyßigsten der Breite. Diese große Stadt liegt
an

Reisen in die Türk. und nach Persien. 1ter B. 337

Wenn seine Tapferkeit wäre unterstützet worden, hätte er den Nadir Chah vielleicht genöthiget, sein Unternehmen gleich Anfangs fahren zu lassen, und wieder zurück nach Persien zu kehren. Er hatte deshalben alle nöthige Vorsorge angewendet: denn sobald er nur sahe, daß ihm eine Belagerung bevorstünde, schickte er Kourire an Nasir Khan, wie auch an Zekierja Khan, berichtete ihnen die Gefahr worinnen er sich befände, und bat sie, ihm auf das schleunigste zu Hülfe zu kommen. Ja, er gab auch dem Hof Nachricht von den Bewegungen der Feinde, und stellete ihnen vor, wie höchst nöthig es sey, ihm bald möglichst Hülfstruppen zu senden. Sein inständiges Anhalten wiederholte er zwar öfters, allein es gaben sich weder die zween Statthalter, noch die Minister an die er sich gewendet hatte, einige Mühe ihm heraus zu helfen.

Hierdurch gewann Nadir Chah Zeit, auf Anhöhen Batterien errichten zu lassen, wovon er die Stadt Tag und Nacht

---

Kloure, und Surat welche nur einen ausmachen, vereinigen sich Südwärts von diesem letztern Ort mit demselben. Eine halbe Stunde Oftwärts von Kiabul, ist ein Dorf, und Kastell das eben den Namen führet.

---

an den Zusammenfluß des Stromes Peutchekloure, der von Abend kommt, und desjenigen, der aus den Gebirgen Kiouber, welche gegen Morgen sind, entspringen. Nachdem sie sich mit dem Fluß Kiabul vereiniget haben, laufen sie gegen Dounbedt.

Y

Nacht beschoß. Nachdem er sich derselben bemächtiget hatte, befahl er einen Hauptsturm auf die Stadt zu unternehmen, und eroberte solche. Die ganze Besatzung wurde niedergemachet: Cherze Khan aber und sein Sohn, fielen dem Nadir Chah lebendig in die Hände, der sie mit kalten Blut umbringen ließ. Der seit des Baaber Chah Zeiten daselbst aufbewahrte Schatz, ingleichen die mit Waffen, Teppichen, Kleidern, und andern Dingen angefüllte Magazine, welche auf viele Leuks (4) Roupien geschätzet wurden, blieben dem Sieger, und setzten ihn in Stand seine Eroberungen auf Kosten der Feinde weiter auszubreiten.

Neun und dreyßigstes Kapitel.

Ueber die empfangehe Nachricht der Eroberung von Kiabul, entstehet eine große Bestürzung an den Mogolischen Hof. Nadir Chah bemächtiget sich nach vielen überwundenen Schwierigkeiten der Stadt Pichaiver.

Als die Nachricht von der Eroberung von Kiabul, dem Muhammed Chah zu Ohren gekommen war, wurde er ungemein darüber bestürzet. Dieser Fürst war der Meynung, daß

---

4) Der Leuk beträgt hundert tausend Roupien: und die Roupie ongefähr fünf und vierzig französische Sols, oder nach deutschen Geld, einen Gulden, zween und einen halben Kreuzer.

daß keine Zeit mehr zu verſäumen wäre, und gab daher al=
ſobald Befehl, ſchleunig ein Heer zu verſammlen, und ſich
damit den Perſern zu widerſetzen. Der Radja Tſchi - Sengue
hatte ſchon öfters an Khan Devran geſchrieben, von dem
er ein aufrichtiger Freund war, und ihn gewarnet auf der
Hut zu ſeyn. Er berichtete ihm ſtets, daß die Unternehmung
des Nadir Chah, ein zwiſchen etlichen Mogoliſchen Herren
verabredeter Handel wäre, welche den Kaiſer und das Reich
verriethen. Cherje Khan wäre ſeiner Treue wegen aufge=
opfert worden, und Naſir Khan aus Furcht nach Pichaiver
entflohen, ohne ſich um ſeine Provinz, oder ſonſt etwas zu
bekümmern: wenn nun Zekierja Khan, wie es allerdings
das Anſehen habe, gleichfalls keinen Widerſtand leiſtete,
den Fortgang der feindlichen Waffen zu hindern, ſo erfodere
es die äußerſte Noth, daß Khan Devran nebſt der Armee
aufbreche, zu dem er alsdann mit ſeinen Radjeputs ſtoßen
wollte.

Khan Devran, der den Nachdruck, und die Wahr=
heit dieſer Rede einſahe, begab ſich zu dem Kaiſer, und
ſtellete ihm vor, wie nothwendig es ſey, perſönlich ſeine
Armee zu commandiren. Nizam - ul - Mulk glaubte, daß er
um ſeine Verrätherey deſto beſſer zu verbergen, die Meynung
des Khan Devran unterſtützen müſte. Er lobte ſie auch in
der That, und drang auf ihre Vollziehung: damit er je=
doch eine deſto größere Zuneigung gegen den Kaiſer an den
Tag legen möchte, ſetzte er hinzu, daß ſeine Majeſtät ihre
Perſon nicht der Gefahr ausſetzen, ſondern zu Lahour blei=
ben ſollte, bis er und die übrigen Umeras mit der Armee
nach Kiabul marſchiret wären, den weitern Fortgang
des Nadir Chah Einhalt zu thun, und ihm bey ſich eräu=

genbet

gender Gelegenheit eine Schlacht zu liefern. Alsobald wurde zum Aufbruch der Armee Befehl gegeben. Man schickte das Kaiserliche Gepäck in den außerhalb Dilli liegenden Garten Chalemar, und er war zur Abreise fertig, als Khan Devran alle diese Anschläge unterbrach. Er hatte gehöret Nizam-ul-Mulk habe seine Meynung gebilliget, und dieß war schon hinlänglich ihn auf andere Gedanken zu bringen, daß er einen dem vorigen ganz entgegen gesetzten Rath ertheilete. Wie Nizam-ul-Mulk sahe daß man nicht mehr an den Aufbruch dácte, kehrete er zu dem Kaiser zurück, und drang von neuem auf seine Abreise, mit den Zusatz, es wäre um das Reich gethan, wenn er nicht abgieng. Alle seine Vorstellungen waren aber fruchtlos. Er war einmal verdächtig, und Khan Devran hatte bey allen Gelegenheiten den Vorzug. Es wurde befohlen, das Gepäck wieder zurück kommen zu lassen, und die Zurüstungen hatten plötzlich ein Ende: das Heer erhielt Befehl nicht zu marschiren, und Muhammed Chah blieb zu Dilli.

Unterdessen gieng Nadir Chah weiter. Nachdem er in dem Kastell von Kiabul eine starke Besatzung gelassen hatte, marschirte er auf Pichaiver (1). Ob er nun schon von einem Hof, dessen Uneinigkeit und Trägheit seine Unternehmungen begünstigte, nichts zu befürchten hatte, muste er dem ungeachtet noch viele Schwierigkeiten und Hindernisse über-

---

1) Pichaiver ist eine große Stadt, unter dem hundert und siebenten und einen halben Grad der Länge, und vier und dreyßigsten der Breite, wie der türkische Erdbeschreiber meldet, eine Tagreise gegen Abend von Devav.

überwinden, bevor er zu dieſer Stadt kommen konnte. Unterſchiedliche kleine Indianiſche Statthalter (2), hatten ſich
mit den Afganen dieſer Landſchaft vereiniget,   die engen Päſſe in den Gebirgen eingenommen, und ſolche mit
einen Verhak von Bäumen verſperret. Dieſe Päſſe muſten
überſtiegen werden,   wenn man in Indien eindringen wollte,
welches bey einer geringen Vertheidigung eine unmögliche
Sache zu ſeyn ſchien.

Nadir Chah war gegen alle Schwierigkeiten durch die
ihm gegebene Nachrichten verſichert,   und ſeine Truppen
durch Hoffnung einer reichen Beute ermuntert. Wie er alſo
in dieſe engen Päſſe gelangte, that er ſeinen Angriff mit
vieler Hitze, ward aber von den Afganen tapfer zurück getrieben. Da ſie auf Anhöhen ſtunden, und wohl verſchan-
zet waren, fügten ihnen die Pfeile und Musketen der Perſer
wenig Schaden zu, welche ſich des Säbels nicht bedienen
konnten. Nadir Chah wurde dennoch durch den erlittenen
Verluſt nicht abgeſchrecket. Er wiederholte den Angriff öfters, und gewann bald ein Fuß breit Landes, bald verlor
er ſolches wieder, und die Hartnäckigkeit womit man auf
beyden Theilen fochte, machte dieſe Scharmützel ſehr blutig.

Als er endlich wahrnahm, daß ſeine Armee durch den
in dieſen Gefechten erlittenen Verluſt, welche faſt ein gan-

Y 3   zes

---

2) Dieſe Statthalter von den Mahomedaniſchen zu unterſcheiden,
welche in Indien den Titel Nawab führen, nennet man die erſtern Zemindar, welches Perſiſche Wort von Zemin, das iſt Erde,
und Dar, oder demjenigen der etwas innen hat, zuſammengeſetzet iſt.

jes Monath lang täglich wiberholet wurden, um ein ziemli-
ches schmolz, befürchtete er solche gänzlich zu Grund zu richten, wenn er darauf beharrete diese engen Pässe zu überwäl-
tigen, und erfand ein anderes Mittel. Er ließ nämlich
den Afganen sagen, daß sie ihn unbilliger Weise in seinen
Marsch aufhielten, maßen er gar nichts wider sie im Sinn
habe: bey seiner großen Hochachtung gegen ihre Tapferkeit
lade er sie ein nach den Beyspiel ihrer Brüder, der Afganen zu Kandehar, Dienste bey ihm zu nehmen, er wollte
sie im Nothfall mit Geld versehen, und bis nach Dilli führen, um mit ihnen die Beute Indiens zu theilen.

Da sich die Afganen von den Statthaltern der benachbarten Provinzen, welche ihnen keinen Entsaz geschickt hatten, verlassen sahen, und auch sonst noch über den Hof, der
ihnen schon seit vier Jahren keine Hülfsgelder bezahlet, mißvergnügt waren, gaben sie den Vorstellungen des Nadir Chah
Gehör, gestatteten ihm den Durchmarsch, und nahmen
Dienste. Durch dieses Mittel wurde der Verlust den sein
Heer erlitten hatte, nicht allein wieder ersezet, sondern es
befand sich stärker als es beym Abmarsch von Kandehar gewesen war.

Diese Verstärkung sezte ihn in Stand, auch den Afganen der übrigen Districte, welche sich zusammen gezogen
hatten, ihm die weiter fornen liegende Pässe strittig zu
machen, die Spize zu bieten, ja sie zu nöthigen seine Parthey zu ergreifen. Wie er nichts mehr von ihnen zu befürchten hatte, wählte er zehen tausend Persische Reuter,
so die besten Pferde hatten, und erschien mit ihnen nach einen Marsch von acht Tagen und acht Nächten vor Pichaiver.
Nasir

-Nasir Khan, der sich unter dieser Stadt mit sieben tausend Reutern verschanzet hatte, und vermuthete daß sich die Afganen, denen noch dazu die beschwerlichen Pässe zu statten kamen, lang vertheidigen würden; konnte daher nicht glauben, daß Nadir Chah so nahe wäre. Seine unvermuthete Ankunft machte ihn bestürzt: das neuangeworbene Volk aber, erschrack, und lief aus einander. Nur eine geringe Anzahl alter Truppen blieb bey ihm, welche Nadir Chah angriff. Sie vertheidigten sich einige Stunden lang, musten aber als die Perser ihre Linien überstiegen hatten, zurück weichen. Fast alle welche nicht niedergesäbelt wurden, geriethen in die Gefangenschaft, worunter Nasir Khan selbst war, dessen Gepäck man plünderte. Sobald die Afganen in derselben Gegend, diese Niederlage vernahmen, unterwarfen sie sich dem Nadir Chah, der in Pichaiver einen siegreichen Einzug hielt.

Vierzigstes Kapitel.

Die Eroberung von Pichaiver setzet den Mogolischen Kaiser in große Bestürzung. Nadir Chah erobert Lahour, schneidet dem zu Kiernal stehenden Heer die Lebensmittel ab, und wird von Seadet Khan angegriffen.

Die Eroberung von Pichaiver setzte den Kaiser mit seinen ganzen Hof in Schrecken, und die heimlichen

Ränke

Ränke hatten auf einige Zeit ihre Endschaft erreichet. Jedermann war der Meynung, daß man ohne Verzug gegen den Feind marschiren müſte, und der Befehl dazu ward faſt zu gleicher Zeit gegeben und vollzogen. Man ließ das Geſchüz abführen, und die Truppen ſetzten ſich in Marſch. Nizam - ul - Mulk, Khan Devran, der Vezir, und alle übrige Umeras, begaben ſich mit dem Kaiſer in den Garten vor Chale - mar.

Der Aufbruch dieſer Armee geſchahe an zweyten Tag des Monaths Cheval, im zwey und zwanzigſten Jahr (*), der Regierung des Muhammed Chah. Sie war über zweymal hundert tauſend Mann ſtark, und ſollte währenden Marſch noch durch die Hülfsvölker, welche unterſchiedliche Statthalter herbey zu führen Befehl hatten, vergröſert werden : Nizam - ul - Mulk befürchtete, es möchte Nadir Chah davon überwältiget werden, und bediente ſich folgender Liſt, daß er rieth, man ſollte die Armee in unterſchiedliche Haufen vertheilen, und neuerdings auf die Sicherheit der Kaiſerlichen Perſon drang, wie auch auf die Nothwendigkeit eines Hinterhalts, wenn man den kürzern ziehen ſollte.

Da man die Gefahr näher ſahe, glaubte man um ſo leichter daß ſein Rath aufrichtig wäre, und es wurde ihm von allen beygepflichtet. Die Umeras bekamen Befehl mit der Hauptarmee voraus zu gehen, mittlerweile der Kaiſer nebſt den übrigen Truppen allgemachs nachfolgen würde. Sie be-

---

*) Dieſes war der Monath Januarius, in Jahr ſiebzehn hundert neun und dreyßig.

beschleunigten ihren Marsch, und kamen, zu den, fünf und
funfzig Meilen von der Hauptstadt entfernten Flecken Kiernal,
wo sie still liegen blieben.　Khan Devran , dem Nizam-
ul-Mulk jederzeit verdächtig war , wollte durchaus haben,
daß man daselbst den Kaiser erwarten sollte.　Als nun die,
ser Fürst den achtzehnten des nämlichen Monaths durch Sak
gegangen war, kam er an fünften des Zil-kade, (oder Mo,
naths Februar), nach Kiernal.

Man hielt in seiner Gegenwart großen Rath, worin,
nen beschlossen wurde , die Armee sollte künftighin nur ei,
nen Haufen ausmachen, und sich an diesen Platz verschanzen,
um den Feind zu erwarten.　Dieser Aufschub war dem Na,
dir Chah sehr günstig, maßen er dadurch Zeit gewann, sich
in Pichaiver fest zu setzen, und über den Strom Etek (1),
wovon man ihm den Uebergang leicht hätte wehren können,
zu gehen.

Y 5　　　　　　Wie

---

1) Der Strom Etek erhält diesen Namen von einem Kastell das
am östlichen Ufer desselben lieget.　Die alten Völker von Ju,
dien haben ihn Enider genennt.　Von den Griechischen und
Lateinischen Erdbeschreibern, ist ihm der Namen Indus beygele,
get worden, und die Morgenländer heissen denselben heutzutag
den Strom Sind.　Der Indus schneidet an diesen Ort die
Provinz Pichaiver von Lahour.　Seine Quelle ist wie einige
dafür halten, sehr nahe bey der vom Ganges, auf dem Gebir,
ge Nogrekout, und er lauft ohngefähr neun hundert Meilen
weit, von Norden gegen Süden.　Nach anderer Bericht, ent,
springt er aus der mittägigen Seite der Gebirge von Kichemir,
unter

Wie er gewahr wurde, daß er immer weniger Schwierigkeiten antraf, je tiefer er nach Indien kam, marschirte
er gerade auf Lahour (2). Zekierja Khan hatte viel Mühe
an-

---

unter dem hundert und neunten und einen halben Grad der Länge,
und fünf und dreyßigsten der Breite. Er fließet Achenaquit Oftwärts vorbey, und empfängt unweit Koubenal den Strom Kiabul. Hierauf nimmt er seinen Lauf gegen Osten und Süden,
vermenget sich mit dem Hezare, und krümmet sich West- und
Südwärts, lässet den Nilab zwischen Westen und Norden,
und fließet zwo Tagreisen davon, unten an einem hohen Gebirg,
Dgehinklioub genennt, vorbey. Zwo andere Tagreisen daron,
lauft er nach Tchoupare, und noch zwo Tagreisen weiter, auf
Ploupout: alsdann zu den kleinen Flecken Ismail Khan, und
Fethi Khan, und vier Tagreisen von hier, nach Sitrour,
worauf er sich mit dem Strom Tchenbave, und weiter unten
mit dem Blab vermenget. Sehen Tagreisen tiefer, fließet er
Kiusbi und Bavela vorbey, eine niedriger, das Kastell Metil,
fünf tiefer unten, Pexier, fünf, andere Sebran, und noch fünf,
Retier Tchetche. Zwo Tagreisen unterwärts, zertheilet er sich
in zween Aeste, und fällt in das Meer. Diese Beschreibung
hat den Cheik-alem-eddin Kumurri zum Verfasser. Andere
behaupten, daß er sich in drey Arme zertheile, Nordwärts von
Retier-Tete, wovon der erste Westwärts an dieser Stadt vorbey lauft, und sich bey dem Haven Lahour in die See ergießet:
der zweyte aber unweit dem Flecken Ranier, eine Tagreise von
Lahour gegen Osten. Des dritten gedenken sie nicht. Der
Lauf des Indus soll zwey und vierzig Tagreisen betragen, und
wo er an breitesten ist, funfzig Stadien, (welches Aus-druck
sich der türkische Erdbeschreiber bedienet), und in der größten Tiefe
funfzehn Schuhe haben. Er verschluckt ohngefähr zwanzig
andere Ströme, und die Fische von diesen Strömen nehmen in
den

angewendet, sich darinnen zu befestigen, und Anstalten zur
Vertheidigung gemacht : sein eigentliches Absehen war aber,
sich des Nizam - ul - Mulk Rath gemäß, zu unterwerfen.

Nadir

---

den Indus, worinnen es auch viele Crocodille giebt, eine andere Farbe an sich.

    Nach des Ebul- Feda Bericht, der ihn Mehran nennet,
fließt er durch die Landschaft Multan, unter den sechs und
neunzigsten Grad, fünf und dreßig Minuten der Länge, und
neun und zwanzigsten zwey Drittel Grad der Breite : alsdann
nimmt er seinen Lauf Sud und Westwärts nach Mansoure, unter den fünf und neunzigsten Grad der Länge, und zweyhundert
und zwey und sechzigsten der Breite, worauf er sich Deiboul
gegen Osten, unter den zwey und neunzigsten einen halben
Grad der Länge, und fünf und zwanzigsten Grad, zehn Minuten der Breite, in das Meer stürzet. Er soll hierinnen dem
Nile ähnlich seyn, daß er zu gewisser Zeit das Land überschwemmet, ein anderesmal aber, sich wieder in sein Beet zurück ziehet, und alles wo er durchströmet, fruchtbar machet. Der
Verfasser des Werkes Kesmulmamour genennt, meldet, daß
er unter den hundert und sechs und zwanzigsten Grad der Länge,
und sechs und dreßigsten der Breite anfange, von Westen gegen Süden bis an den hundert und zwanzigsten Grad der Länge,
und zwey und dreßigsten der Breite, hierauf gegen Westen bis
zu den hundert und eilften Grad der Länge, und sechs und
zwanzigsten der Breite, alsdann gegen Süden bis auf den hundert und siebenten Grad der Länge, und drey und zwanzigsten
der Breite, fließe, sich nachher in zween Arme theile, wovon
der eine unter den hundert und vierten Grad der Länge, und
zwanzigsten der Breite in das Meer falle. Nach des Türkischen
Erdbeschreibers Bericht, vereinigen sich fünf Ströme, die

als

Nadir Chah war auch in der That kaum vor der Festung erschienen, als 'er sich mit seinem Geschütz und Truppen in
das Kastell zurück zog, woraus er drey Tage lang einige
Luftschüsse that, und es hernach mit Vergleich übergab.

Als Nadir Chah von Lahour Besitz genommen hatte,
blieb er acht Tage daselbst, sich zu Fortsetzung seiner Eroberungen zu rüsten. Nachdem er in dem Kastell eine
Besatzung von tausend Mann gelassen hatte, setzte er seinen
Marsch ununterbrochen fort, und kam in wenig Tagen nach
Kiernal, wo er sogleich der Armee des Muhammed Chah,
welche er daselbst verschanzt antraf, die Lebensmittel abzu-
schneiden suchte. Man war nicht darauf bedacht gewesen,
für

---

aus den Gebirgen von Kichemir entspringen, mit den Indus,
davon er vier bekannt machet: nämlich den Biab, der Ost
und Südwärts von Lahour fließet, und bey Outchetche in den
Indus fället, den Ravi, der Anfangs seinen Lauf gegen Süden
in der Landschaft Lahour richtet, sich hierauf gegen Westen
krümmet und unter Sulour mit den Indus vermengt wird, den
Tchenhav, der West und Südwärts laufet, und bey Multan
hineinfället, endlich den Belhat, so bey Behra sich mit dem
nämlichen vereiniget.

a) Der Türkische Erdbeschreiber setzet Lahour unter den hundert und
drey und zwanzigsten Grad der Länge, und ein und dreyßigsten
einen halben der Breite: die Etvals hingegen, unter den
hundertsten Grad der Länge, und ein und dreyßigsten der Breite.
Diese Stadt ist groß, volkreich, und liegt in einer ebenen Gegend, an den Strom Ravi. Sie hat ein Kastell, und ein
schönes Schloß, war auch ehedim die Hauptstadt von Indien.

für ein so zahlreiches Heer hinreichenden Vorrath anzuschaf-
fen, und die Lebensmittel stiegen bald auf einen unmäßigen
Preis. Der Abar Weizen wurde bis zu zehen Roupien verkauft, und war selbst um diesen Preis kaum zu haben.

Seadet Khan hatte Befehl sich mit der Armee zu vereinigen, und war mit zwanzig tausend Mann aufgebrochen,
konnte aber erst nach des Kaisers Abreise in der Hauptstadt
anlangen. Er eilete nach Möglichkeit ihn zu erreichen, und
kam den fünften des Zil-kade nach Kiernal. Nun hatte er
zwar an des Nizam-ul-Mulk Verrätherey, mit Theil genommen, verlangte aber demungeachtet nicht den Untergang des
Reichs, sondern nur die Erniedrigung des Khan Devran,
und der übrigen Minister, gegen die er aufgebracht war.
Er war also sehr betrübt, da er die Armee in einer so großen Gefahr sahe. Dem Eindruck seines Schmerzens zufolge, trat er hastig in das Kaiserliche Zelt, und sagte mit
der einem getreuen Unterthanen zustehenden Freymüthigkeit,
und der Kühnheit eines Soldaten, zu ihm; „er betrübe sich
das Lager durch Nadir Chah eingeschlossen zu sehen, und daß
man so lang gezaudert habe, ihm eine Schlacht zu liefern.
Nunmehr wolle er sie aber unverzüglich angreifen, und wenn
die andern Umeras sich weigern sollten ihm zu folgen, würde er allein aufbrechen: maßen er lieber für seinen Fürsten
mit den Waffen in der Faust sterben, als ihn den Feinden
in die Hände wollte fallen sehen, nachdem die Armee würde
verhungert seyn.„

Nizam-ul-Mulk, der die Rache noch weiter zu treiben begehrte, widersetzte sich diesem Vorschlag heftig, und
suchte nach Möglichkeit, den Seadet Khan zu verhindern,

ein

ein so rühmliches Vorhaben auszuführen : indem er sagte,
es wäre ein unglücklicher Tag (3) , und die Sache weiter
nicht eilfertig , mithin müsse die Schlacht durchaus aufge-
schoben werden.   Seadet Khan verwarf seine Einwendungen,
und beschloß von Stund an, die mit ihm gehabte Freundschaft
zu brechen.

Eben zu der Zeit meldete man den Generalen, daß die
Perser die Linien überstiegen hätten, und das Gepäck plünderten : hierauf war Seadet Khan seiner nicht mehr mächtig.
Er lief in sein Quartier, und bestieg nebst seinem Vetter Muhammed Khan, einen Elephanten, und rief seinen Leuten zu,
ihm zu folgen.   Der gröste Theil seines Haufens war aber
zurück geblieben, und diejenigen welche noch ins Lager hatten
kommen können,   waren von dem eben gemachten eilfertigen
Marsch abgemattet, mithin wurde er nur von sehr wenigen
Personen begleitet.   Demungeachtet griff er die Feinde dermaßen tapfer an, daß er sie gar bald nöthigte, vom plündern abzulassen : ja sein Muth verleitete ihn sogar, sie
ohne einigen Beystand zu erwarten, zwo Stunden weit zu
verfolgen.

Als Khan Devran von dem, was zwischen Seadet
Khan, und den Persern vorgieng, Nachricht bekam, er-
wachte er aus seiner Trägheit, und die Eifersucht ersetzte
bey ihm den Mangel an Herzhaftigkeit.   Er befürchtete
nämlich, es möchte dieser Khan wenn er siegreich wieder zurück

---

3) Die Mahomedaner glauben, daß es glückliche und unglückliche
Tage giebt.

rück kommen ſollte, allein den Ruhm davon tragen, den
Kaiſer befreyet zu haben, und ihm ſowohl die Gnade ſeines
Herrn, als auch das Commando der Armeen entziehen.
Dieſerwegen entſchloß ſich Khan Devran gleichfalls auf den
Wahlplatz zu erſcheinen. Er befahl ſeinem Bruder Muzaffer
Khan, dem Mirklu, Alidjand, Khan Zeman, Chch-
dad, und andern Umeras, ihm Geſellſchaft zu leiſten, und
gieng aus den Linien, als ob er den Seadet Khan zu unterſtützen begehrete. Kaum hatte er aber den Säbel gezogen,
als er plötzlich ſtehen blieb, und lieber einen Zuſchauer abgeben, denn ſich der Gefahr ausſetzen wollte.

Der Kaiſer folgte ihm, nebſt dem Nizam-ul-Mulk,
dem Vezir, und dem Geſchütz, auf den Fuß nach. Das
blinde Vertrauen welches der Fürſt zu dieſen ſchlechten General hatte, war Urſach, daß er bey ihm die Furchtſamkeit
von der Klugheit nicht unterſcheiden konnte. Er wurde gänzlich von ihm regieret, und richtete ſich in allen ſeinen Hand-
lungen nach den General: wie er alſo ſahe, daß er ſtehen
geblieben war, hielt er gleichfalls ſtill, und ließ durch dieſen Fehler dem Nadir Schah Zeit, Anſtalten zur Schlacht
zu machen.

Ein und vierzigstes Kapitel.

Seadet Khan wird von den Persern gefangen genommen, und hierauf die ganze Mogolische Armee geschlagen. Auf Zureden des Nizam-nl-
Mulk schließet Muhammed Chah, mit dem Nadir
Chah, einen Vergleich, und begiebt sich zu
ihn in das Lager, wo er zurück
bleiben muß.

Unterdessen erreichten einige flüchtige Perser ihr Lager, und
berichteten dem Nadir Chah was sich zugetragen hatte,
und daß die ganze Indianische Armee in Bewegung wäre.
Er schickte sogleich einen Haufen ab, der dem mit Seadet
Khan im Handgemeng begriffenen Trupp zu Hülf kommen
sollte. Bey Erblickung des Entsatzes, fasseten die Perser
Muth, hielten Stand, und fiengen das Treffen von neuen
an. Seadet Khan, der nicht unterstützet wurde, konnte
den Persern nicht widerstehen, welche ihn mit frischen Kräften anfielen, seine Mannschaft zum Theil niedermachten, und
die übrigen in die Flucht jagten. Hernach umringten sie diejenigen, so auf den Elephanten saßen. Seadet Khan, der
sich mit unter dieser Zahl befand, ward gefangen genommen,
und in das feindliche Lager gebracht.

Als Nadir Chah sahe, daß alles nach Wunsch von
statten gieng, wie es ihm war versprochen worden, stieg er
zu Pferd, und brach mit seiner ganzen Armee auf, den
Khan Devran anzugreifen. Sobald nur die beyden Armeen
einander in Gesicht stunden, thaten die Perser zuerst mit vieler

ler Hitze den Angriff, den die Indianer unerschrocken aus-
hielten. Das Blut floß auf allen Seiten Stromweise, und
die Wahlstatt ward in kurzer Zeit mit Todten und Verwun-
deten bedecket. Da die Indianer der Anzahl nach überlegen
waren, wurde ihr Verlust auf der Stelle wieder ersetzet.
Sie wiederholten den Angriff ohne Unterlaß mit neuen Kräften, so, daß endlich die Armee des Nadir Chah weichen muste, welche fechtend sich zurück zu ziehen anfieng, und endlich gar unterlag, als sie durch einen unversehenen Zufall sich
wieder erholte, und frische Hoffnung bekam.

Khan Devran, welcher von der Hitze der Soldaten dahin gerissen wurde, befand sich sehr tief im Gefecht verwickelt. Er ward tödtlich durch eine Kugel verwundet, und
fiel rücklings von seinem Elephanten herab. Da ihn nun
die Indianer so um ihn fochten, für todt hielten, wurden
sie hinläßig. Die Nachricht von seinem Tod verbreitete sich
bald unter den ganzen Heer, und benahm ihnen allen
Muth. Diesen Zeitpunkt benutzten die Perser, und setzten
sich wieder. Sie griffen von neuem an, und fochten um so
erbitterter, je schwächer sich die Indianer vertheidigten.
Muzaffer Khan, Chebdach Mirklu, Ali-Djand einer von
des Khan Devran Söhnen, und mehr andere vornehme Officiere, welche durch ihr Beyspiel die Truppen wieder auf-
muntern wollten, legten eine außerordentliche Tapferkeit an
den Tag, und verloren das Leben. Das Treffen erreichte
nicht eher, als bis die Nacht anbrach, sein Ende.
In dieser Schlacht kam viel Mannschaft auf beyden Theilen
um, Indianer aber noch mehr als Perser. Muhammed
Chah verließ den Wahlplatz, und blieb neuerdings in seinem
verschanzten Lager stehen.

Z

Khan

Khan Devran hatte durch seine Verwundung viel Blut
verloren, und war in Ohnmacht gefallen. Als er wieder
zu sich gekommen war, vernahm er den Abzug des Kaisers,
und da er keinen von dessen Leuten antraf, ja nicht einmal
jemand bey dem er nach ihu hätte fragen können, begab er
sich gleichfalls in sein Quartier. Er fand daselbst weder
Zelten noch Gepäck, indem alles war geplündert worden.
Hierauf ließ er sich in das Kaiserliche Zelt tragen, und fiel
zu seinen Füßen in Ohnmacht. Bey Erblickung dieses Günst-
lings wurde des Muhammed Chah Betrübniß, der ihn für
todt gehalten hatte, wieder in etwas gestillet. Er ließ ihn
in eines seiner Zelten tragen, und schickte seinen vornehmsten
Wundarzt dahin, denselben zu verbinden, und befahl, man
sollte großen Fleiß anwenden.

Nizam-ul-Mulk begnügte sich aber nicht an der Rache
allein, sondern wollte ihn auch noch ausspotten, und besuchte daher an folgenden den Khan Devran. Nachdem er
ihn gefragt hatte, wie er sich an seiner Wunde befände,
sprach er auf eine höhnische Art zu ihm: „Es ist mir nur
leid, daß du jetzo nicht Zeit hast zu sehen, wie ich die Affen tanzen lasse.„ Khan Devran sahe ihn zornig an, und
indem er einen tiefen Seufzer ausstieß, sagte er: „Muß
ich denn bey meinen gegenwärtigen Umständen, noch zum
andernmal von dir verwundet werden? gehe, und sey zufrieden, daß du dich an mir gerächet, und diene hinfüro
deinem Herrn getreuer, als du es bisher gethan hast.„

Nizam-ul-Mulk war zu misvergnügt, als daß ihn
diese Vorwürfe hätten rühren sollen, und war, anstatt einen so heilsamen Rath zu benutzen, nur darauf bedacht, wie

er

er ſich an ſeinen übrigen Feinden rächen möchte. Er gieng fort ohne darauf zu antworten, und begab ſich zu den Kaiſer, dem er auf eine rührende Art erzählete, in was für betrüb- ten Umſtänden er den General angetroffen hätte. Hierauf ſprach er weitläuftig von den traurigen Folgen des Kriegs, und der Gefahr welcher ſeine Majeſtät ſich ausgeſetzet befänden, ohne zu gedenken, daß ſie den Verdruß hätten alle Augen- blick das Abſterben eines ihrer Lieblinge zu vernehmen. End- lich machte er den Schluß, daß es die Wohlfahrt des Reichs erfoderte, mit Nadir Chah auf das ſchleunigſte einen Vergleich einzugehen, da man nicht mehr hoffen dürfte ihn mit offen- barer Gewalt zurück zu treiben.

Dieſe argliſtige Rede beunruhigte den Muhammed Chah. Nun wäre es ihm zwar lieber geweſen, zum andernmal ein Treffen zu liefern, als ſich zu einen Vergleich zu bequemen, der nothwendig ſehr ſchimpflich und nachtheilig ausfallen mu- ſte. Es waren aber alle Umeras auf die er ſich an meiſten verließ, entweder umgekommen, oder gefährlich verwundet worden: folglich wuſte er nicht, wem er um Rath fragen, oder das Commando über die Armee anvertrauen ſollte. Alle diejenigen ſo um ihn waren, und das Anſehen, welches ſich Nizam-ul-Mulk angemaßet hatte, fürchteten, ſtimme- ten mit ihm überein, oder ſchwiegen gar ſtill. Daher ſahe ſich der Kaiſer genöthiget, des Miniſters Rath zu folgen, und um Frieden zu bitten. Obſchon ſein Heer ſtärker war, als das feindliche, und er noch ein zahlreicheres hätte auf die Beine ſtellen können.

Was noch das ſchlimmſte dabey war, ſo wollte Nizam- ul-Mulk den Frieden ſelbſt ſchließen. Er ließ ſich eine

Voll

Vollmacht geben, womit er in des Nadir Chah Lager gieng,
und mit ihm Unterhandlung pflog. Diese Zusammenkunft
war von beyden gewünschet worden, um die gänzliche Ausführung ihres Vorhabens miteinander zu verabreden. Die
Vergleichspuncte wurden bald zwischen ihnen berichtiget, und
Nizam - ul - Mulk kehrete ins Lager mit Geschenken überhäufet, zurück.

Als Khan Devran vernahm, daß man wegen des
Friedens handelte, ließ er einen tiefen Seufzer aus, und
bedauerte des Kaisers Schicksal, worauf er sogleich starb.
Dieser Khan war seinem Herrn jederzeit getreu, und auf
sein bestes eifrig bedacht gewesen. Wenn er ein so guter General, als geschickter Hofmann gewesen wäre, und das
wollüstige Hofleben seinen Muth nicht geschwächet hätte,
würde Indien das Unglück, wodurch es ist verwüstet worden,
nicht erlebet haben.

Nizam - ul - Mulk befand sich durch seinen Tod von einem Nebenbuhler befreyet, und versahe mit vollkommener
Gewalt das Amt eines Vekil Mutlak, oder obersten Lieutenants, wovon er bisher nur den Titel geführet zu haben
schien. In der Absicht noch mächtiger zu werden, verlangte er auch gleich nach des Khan Devran Absterben, die
Stelle eines Oberbefehlshabers, welche der Kaiser ihm nicht
abzuschlagen getrauete.

Da er hierdurch sowohl in dem geheimen Rath, als
bey der Armee unumschränkter Herr geworden war: kehrete
er wieder zu dem Nadir Chah zurück, den Vertrag vollends zu schließen. Es wurde verabredet daß Muhammed
Chah

Chah den Nadir Chah besuchen, und ihm ein Geschenk von zwey tausend Kiurours (1) machen, alsdann aber dieser König die Staaten des Mogols verlassen sollte. In Ansehung des Ceremoniels bey dieser Zusammenkunft, wurde folgendes beliebet: daß nämlich zwischen beyden Armeen ein Zelt sollte aufgeschlagen werden, und von den zween Fürsten, Nadir Chah sich zuerst, Muhammed Chah aber an letzten dahin verfügen. Bey Ankunft des Kaisers, müste des Königs von Persien Sohn, einige Schritte entgegen gehen, selbigen zu dem Zelt hin zu begleiten: Nadir Chah aber, ihn am Eingang empfangen, und mit sich in das Zelt nehmen. Daselbst sollten zween Throne gegen einander überstehen, und beyde sich zu gleicher Zeit darauf setzen: nach einer kurzen Unterredung aber, Muhammed Chah wieder in sein Lager zurück kehren, und beym Weggehen die nämlichen Ehrenbezeugungen, als bey der Ankunft empfangen.

Seadet Khan wurde von Verdruß und Eifersucht eingenommen, als er von dem was vorgegangen war, Nachricht bekam. Da er wahrnahm daß Nizam-ul-Mulk den ganzen Nutzen von einer Verrätherey, woran er doch Anfangs so viel Theil genommen hatte, allein davon tragen sollte, bereuete er die redlichen Gesinnungen, welche er gegen seinen Herrn wieder angenommen hatte. Sein Verlangen war, die Gunst des Nadir Chah mit dem Nizam-ul-Mulk zu theilen, daher entschloß er sich neuerdings ein Verräther zu werden, und seinen Mitbuhler noch an Bosheit zu übertreffen.

Z 3

treffen.

---

treffen. Er ließ also dem König auf eine geschickte Art vorstellen, daß Nizam-ul-Mulk durch Anbietung eines so mittelmäßigen Geschenkes, welches weder dem Reichthum des
Indianischen Kaisers, noch der Hoheit des Königs von Persien gemäß sey, die ihm schuldige Ehrfurcht aus den Augen
gesetzet habe. Hingegen verspreche er doppelt so viel, als
Nizam-ul-Mulk, wofern er nur die Rathschläge dieses
Ministers der ihn hintergieng, nicht mehr anhören, den
Kaiser wenn er solchen einmal in seiner Gewalt habe, zurück
behalten, und sich von dem Schatz wolle Bericht erstatten
lassen.

Dieser Vorschlag welcher der Gierigkeit des Nadir Chah mit
Hoffnung schmeichelte, wurde sehr gut aufgenommen, und
er beschloß von Stund an, den Vertrag nicht zu halten.
Er ließ ein großes Gastmahl anstellen, und der Kaiser, der
in Gesellschaft des Nizam-ul-Mulk anlangte, ward auf
die verabredete Art empfangen. Nach den ersten Höflichkeits-
bezeugungen gab Nadir Chah ein Zeichen, das Essen aufzutragen, und bat den Kaiser sich die Mahlzeit gefallen zu lassen, welches Muhammed Chah auch annahm.

Während daß sie bey der Tafel saßen, redete ihn Nadir Chah folgender Gestalt an: „Ist es wohl möglich daß
du die Sorge für dein Reich dergestalt hast hintan setzen können, und mich hieher kommen lassen! hätte es nicht die
Klugheit erfodert, auf erhaltene Nachricht von meiner Abreise von Kandehar, des Vorhabens in Indien einzubrechen,
deine Hauptstadt zu verlassen, persönlich bis Lahour zu marschiren, oder jemand von deinen Generalen nach Kiabul mit
einer Armee zu senden, mir den Paß zu verrennen!
                                                        Ueber

Ueber nichts erſtaune ich aber mehr, als daß du ſo unbeſon-
nen geweſen biſt, dich zu einen Beſuch bey mir, der ich
Krieg gegen dich führe, zu verſtehen, und nicht gewuſt haſt,
wie ein Monarch keinen größern Fehler begehen kann, denn
ſich der Willführ ſeines Feindes zu überlaſſen: wenn ich
nun, da Gott vor ſey, etwas böſes gegen dich in Sinn hätte, wie könnteſt du dich dagegen in Acht nehmen? vorjetzo
kenne ich deine Unterthanen hinlänglich, um zu wiſſen daß
ſie insgeſammt, vornehme und geringe, ſchlechte Kerl, ja
ſogar Verräther ſind. Meine Abſicht iſt nicht, dir die
Krone zu nehmen: ich will nur deine Hauptſtadt beſehen,
mich einige Tage dort aufhalten, und alsdann wieder nach
Perſien zurück kehren.„ Bey Vorbringung dieſer letztern
Worte legte er die Hand auf den Koran, und ſchwur ſein
Wort zu halten.

Muhammed Chah, der ſich dieſer Rede nicht vermu-
thet hatte, hörte ſie mit Entſetzen an: die letzten Worte
machten ihn aber dergeſtalt beſtürzt, daß er beynahe in Ohnmacht gefallen wäre. Er veränderte die Farbe, die Zunge
klebte ihn an den Gaumen, und ward unbeweglich, und
ſein Gemüth ganz verwirret. Als er einige Minuten über
die Gefahr worinnen er ſchwebte, nachgedacht hatte, brach
er das Stillſchweigen, und bat um Erlaubniß, wieder in
ſein Lager zurückkehren zu dörfen. Nadir Chah ſchlug ihm
ſolches ab, und gab ihn dem Abdul-Bakikhan in Verwah-
rung, den er zum Vezir ernennt hatte.

Die Nachricht von des Kaiſers Gefangenſchaft verurſachte bey dem Indianiſchen Heer, eine allgemeine Beſtürzung.
Der Itimad-ud-dewlet, und alle übrige Umeras, waren
die

die ganze Nacht durch in einer außerordentlichen Unruhe.
Den folgenden sahe man des Morgens einen Persischen Officier mit einem Trupp ankommen, der sich des Kaiserlichen
Schatzes und Gepäckes bemächtigte, und hernach im Lager ausrufen ließ, daß jedermann mit seinem Geräthe, und
allen was er tragen könnte, frey hingehen dörfte, wohin
er wolle, ohne Furcht aufgehalten, oder übel begegnet zu
werden. Gleich darauf hoben zehen Persische Reuter den
Itimad-ub-dewlet auf, und brachten denselben in das
Kaiserliche Quartier, im Persischen Lager, wo sie ihn bey
diesen Fürsten ließen.

Zwey und vierzigstes Kapitel.

Seadet Khan wird von Nadir Chah, mit einen
Trupp Persischer Reuterey voraus nach Dilli geschickt, von dem dortigen Kastell Besitz zu
nehmen. Nadir Chah lässet alles im Indianischen Lager erbeutete, mit guter Bedeckung nach
Kiabul abgehen, und hält wenige Tage hernach
seinen Einzug zu Dilli. Seadet Khan wird
daselbst von dem König übel empfangen,
und bringet sich aus Verdruß
darüber, mit Gift um das
Leben.

Da der Kaiser sich in der Gefangenschaft befand, und
seine Armee zerstreuet war, konnte Nadir Chah gerade

rade nach der Hauptſtadt marſchiren. Er wollte aber vorher das Volk gern bereden, als geſchähe ſein Marſch mit
Genehmhaltung des Muhammed Chah, und ſchickte
den Seadet Khan voraus, die Gemüther vorzubereiten,
und alle nöthige Sicherheits Anſtalten zu treffen. Dieſer
Khan trat ſeinen Marſch mit zwey tauſend Perſiſchen Reutern
an, welche von Tahmas Kouli Khan Vekil commandiret
wurden, und kam zu Ende des Ziel-Kade nach Dilli.

Er ließ gleich Anfangs durch die ganze Stadt ein Verbot ausrufen, den Perſern ſich zu widerſetzen, oder ihnen
auf irgend eine Art beſchwerlich zu fallen. Nachdem dieſes
geſchehen war, foderte er den Commandanten im Kaſtell zu
ſich, und zeigte ihm einen mit des Kaiſers Siegel verſehenen
Befehl, das Quartier Reuchen-Abad für Nadir Chah
zurecht machen zu laſſen, und das Kaſtell zu räumen, damit der Trupp ſo ihn begleitet hatte, könnte hinein logieret
werden. Wie ſehr auch dieſer Befehl den Commandanten be-
fremdete, wurde er dennoch blindlings von ihm vollzogen.

Die zwey tauſend Perſer zogen in das Kaſtell, Seadet
Khan begab ſich aber des Nachts dahin, und verſiegelte
mit dem Kaiſerlichen Siegel alle Käſten und Thüren der
Magazine. Hierauf verfertigte er ein genäues Verzeichniß
der Umeras, Miniſter, Zollbedienten, und aller reichen
Leute in der Hauptſtadt, es mochten nun Mahometaner oder
Indianer ſeyn, damit Nadir Chah ſogleich wiſſen könnte,
von welchen Perſonen er bey ſeiner Ankunft Geld fodern
dörfte. Er ließ auch die Palläſte bezeichnen, welche ſol-
ten geräumet werden, die Perſiſchen Officiere zu logieren.

Unter-

Unterdessen schickte Nadir Chah, da er die Kriegscassa nebst dem im Indianischen Lager gefundenen Geschütz, und Kriegsvorrath in seiner Gewalt hatte, alles dieses mit guter Bedeckung nach Kiabul, um von da gelegentlich nach Persien gebracht zu werden. Hierauf gieng er von Kiernal weg, und zog in folgender Ordnung. Der Kaiser, der in einer Sänfte getragen wurde, und den Nizam-ul-Mulk, den Vezir, den Serbulend Khan, nebst übrigen Umeras bey sich hatte, marschirte unter Begleitung von vierzig tausend Mann, rechter Hand : die Kiulah-pouches (1) waren zur linken, und Nadir Chah machte mit den übrigen Theil des Heeres, den Nachzug.

Nach einen Marsch von etlichen Tagen, kamen sie den siebenten des Zil-Hadge; (oder des Monats März), in den Garten Chale-mar, wo sie über Nacht blieben. An folgenden hielt der Kaiser zu Dilli seinen Einzug. Als er nun in seinen Pallast abgestiegen war, ließ er durch Ausrufer bekannt machen, Nadir Chah würde Tages darauf anlangen : die Einwohner sollten also ihre Läden und Häuser zuschließen, mit den ausdrücklichen Verbot, sich weder auf den Straßen, Märkten, oder Dächern, aus Neugier sehen zu lassen. Diesem wurde auch so pünktlich nachgelebet, daß Nadir Chah an neunten bey hellen Tag einzog, ohne jemand unterwegs zu sehen, oder anzutreffen, und sich in das Quartier Reuchen-abad, welches man für ihn zubereitet hatte, einlogierte.

Seadet

---

1) Die Kiulah-Pouches, das ist Mützenträger, sind Persische Nationaltruppen, die eine Mütze mit vier Hörnern tragen, nach des Nadir Chah Erfindung.

-Seadet Khan hatte sich bemühet ihm bis zu den Garten Chale - mar, entgegen zu gehen, und denselben in den
Pallast wo er abgestiegen war, begleitet. Er schmeichelte
sich eine geheime Audienz zu erhalten, worinnen er ihm Anschläge geben wollte, wie er sich während seines Aufenthalts
in der Hauptstadt zu betragen habe. Als nun der König seinen Eifer keiner Achtung zu würdigen schien, unterstund er
sich näher zu kommen, um mit ihm zu sprechen. Er ward
jedoch ungnädig empfangen, und außerordentlich hart ange-
lassen : ja Nadir Chah drohete sogar, er wollte ihn nach
der Strenge bestrafen lassen, wenn er nicht mit ehesten das
ihm versprochene Geschenk brächte.

Seadet Khan konnte leicht abnehmen, daß es von Nizam - ul - Mulk herrühre. Ungeachtet ihn dieser verschmitzte
Staatsmann, gern zum Gehülfen seiner Verrätherey angenommen hatte, war er dennoch nicht geneigt des Königs
Gnade mit ihm zu theilen. Ja, er hatte sogar schon alle
Maaßregeln zu seinem Verderben ergriffen, indem er ihn
verdächtig machte. Seadet Khan, der nunmehr alle Hoffnung verloren hatte, und seinen Mitbuhler zu übertreffen
zweifelte, gieng nach Hauß, nahm Gift zu sich, und wurde Tages darauf todt gefunden.

Drey

Drey und vierzigstes Kapitel.

Die Einwohner von Dilli empören sich gegen die
Perser, und bringen viele derselben um das Le=
ben. Nadir Chah lässet deshalben ein großes
Blutbad anstellen, die Stadt plündern, und
zum Theil anzünden. Fernere Erzählung der
Grausamkeiten welche daselbst auf seinen Be=
fehl verübet werden, um Geld zu er=
pressen.

An diesen Tag, den zehnten Märj, verbreitete sich gegen Abend
das Gerücht, als wäre Nadir Chah todt. Hier=
auf griffen die Einwohner aufrührischer Weise zu den Waffen,
und machten alle Kizilbaches nieder, welche sie auf den Stras=
sen antrafen : ja, sie drangen sogar in das Kastell, und man
behauptet, daß in dieser Empörung, welche die ganze
Nacht fortdauerte, mehr als 2500 Perser umgekommen sind.
Dem Könige wurde es zwar gleich Anfangs gemeldet, er
befürchtete aber während der Nacht irgend einen Hinterhalt,
und erwartete den Tag, die Unordnung zu hemmen.

Sobald nur die Sonne aufgegangen war, verfügte er
sich in die Moschee Reuchen - ub - dewlet, und sah unter=
wegs die Körper von einer großen Anzahl Perser, welche
auf den Boden ausgestreckt lagen. Dieser Anblick erregte
seinen Grimm. Er befahl alles niederzumachen, und er=
laubte die Häuser und Kramläden zu plündern. Augenblick=
lich waren die Kiulahpouches in den vornehmsten Quartieren
mit

mit den Säbel in der Fauft vertheilet, welche alles was fich
auf den Straffen befand, niederhieben, und die Thüren
einftießen. Männer, Weiber, Kinder, ja fogar diejenigen die noch an der Bruft lagen, wurden fämtlich ohne
Unterfchied umgebracht. Die Alten, Gelehrten, und
Andächtigen, welche fich in Mofcheen geflüchtet hatten,
wurden unmenfchlicher Weife, während daß fie den Koran
herfagten, erwürget. Niemand wurde verfchonet, als einige der fchönften Mädchen, welche dem Tode entgiengen,
um die viehifche Luft der Soldaten zu fättigen, die weder
auf Geburt noch Stand, und felbft nicht daß man fremd
war, fahen. Als diefe Barbaren endlich müd waren, Blut
zu vergießen, fiengen fie an zu plündern. Sie griffen
hauptfächlich nach Edelfteinen, Gold, und Silber, und
machten unermeßliche Beute. Das übrige wurde von ihnen
nicht geachtet, fondern die Häufer angezündet, und ganze
Viertel in die Afche gelegt.

Unterdeffen hatten fich einige Fremde welche in die
Hauptftadt geflohen waren, zufammen rottiret, ihr Leben zu vertheidigen, mit denen fich Jubelierer, Wechsler,
Stoffhändler, und andere vereinigten. Der Auffeher über
des Kaifers Hausgeräth, und Jnan-Eddin der Hofmedi-
cus, waren ihre Anführer, die Kizilbaches zurück zu treiben. Sie fochten einige Zeitlang als verzweifelte: zuletzt
hatten aber diefe zufammengerafften Leute, die fo wenig
gewohnet waren das Gewehr zu führen, bloß das Vergnügen mit den Waffen in der Fauft zu fterben. In diefem
Blutbade kamen mehr 225000 Perfonen um, und diejenigen
welche das Glück hatten der Niedermetzlung zu entgehen,
nahmen die Flucht.

Als

Als nun hierauf Nizam - ul - Mulk und der Vezir, das
übrige Theil der Stadt retten wollten, warfen sie sich dem
Nadir Chah zu Füßen, und baten um Gnade. Mit fun-
kelnden Augen, und einer donnernden Stimme, gab er
eben dazumal Befehl auch die übrigen Quartiere durch Feuer
und Schwerd zu verheeren. Anfangs wurden die zween
Umeras, sehr ungnädig empfangen, nachdem aber Nadir
Chah seinen Zorn durch einen Strom von Drohungen und
Scheltworten ausgelassen hatte, ließ er sich endlich erweichen, und befahl den Nalbgis (1), die Kizilbaches zurück zu
rufen. Hierauf ließ er bekannt machen, daß sich die Einwohner sollten zu Haus halten, auch den Kizilbaches ver-
bieten, sie ferner zu beunruhigen, und die Ruhe ward so
gleich in der ganzen Stadt wieder hergestellet.

Am folgenden befahl er den Soldaten alle entführte
Frauenpersonen wieder in Freyheit zu setzen, und den Einwohnern bey Todesstrafe, die todten Körper auf der Stelle
zu begraben. Diese Unglücklichen hätten zwar gewünschet
Zeit zu haben, die Körper der Muselmänner von der abgöt-
tischen Indianer ihren, absondern zu können, um jedem seiner Religion gemäß die letzte Pflicht zu erweisen: aus Furcht
aber, das Blutbad möchte wieder anfangen, wenn sie nicht
schleunig des Nadir Chah Befehl vollzögen, machten einige
in der Eile auf den Marktplätzen, Gruben, wo sie alles
durch einander hinein warfen, andere hingegen Holzstöße,
                                                    worauf

---

1) Die Nalbgis sind Officiere, davon ein jeder tausend Mann
commandiret.

worauf fie folche ohne Unterfchied verbrannten. Man hatte nicht eher Zeit an diejenigen zu denken, welche an verborgenen Orten waren umgebracht worden, als bis Nadir Chah fort war: wo es fodann ein fchröcklicher Anblick war, zu fehen wie aus den Häufern die halb verfaulten Leichname heraus gezogen wurden.

Seid Khan, und Chehfurav Khan, wovon der eine mit dem Vezir, der andere hingegen mit Kara Khan, der in dem Treffen bey Kiernal fein Leben verloren hatte, befreundet war, wurde nebft Reiman dem Oberhaupte der Tchoupdards (2), befchuldiget, als hätten fie während der Unruhe eine große Anzahl Kizilbaches umgebracht. Nadir Chah befahl, daß ihnen der Bauch follte aufgefpalten werden. Nizam-ul-Mulk und der Vezir, gaben fich zwar alle Mühe, diefelben zu retten, richteten aber nichts aus, fondern der Befehl ward fogleich in ihrer Gegenwart vollzogen.

Tahmas Vekil, der vorher den Auftrag gehabt hatte, auf des Seadet Khan Bezeigen ein wachfames Aug zu haben, wurde alsdann zu feinen Refen Muhammed Khan gefchickt, mit den Befehl, ein Verzeichniß des Geldes, und aller von dem Seadet Khan hinterlaffenen Güter zu verfertigen. Er gehorchte, und kam wieder zurück, dem Nadir Chah davon Bericht abzuftatten, der ihm befahl alles herbringen zu laffen, und fagte, daß er folches unter die Erben vertheilen wollte, um allen Streit vorzubeugen. Tahmas

---

2) Die Tchoupdards, oder Stockträger, find Thürhüter des Kaifers.

mas Vekil legte diese Sachen, nachdem er alles beysammen
hatte, Sack für Sack, und Stück für Stück, dem Könige
vor Augen, der sich solcher bemächtigte.

Nadir Chah schickte hierauf den Muhammed Khan
nach Audih, und befahl ihm den Schatz, welchen Seadet
Khan in dieser Stadt hatte, wegzunehmen, und ihm solchen innerhalb vierzig Tagen, als so lang man gemeiniglich
zu dieser Reise brauchet, mitzubringen. Er gab ihm eine
Bedeckung von tausend Persischen Reutern mit, aus Furcht,
wie er sagte, er möchte sich verirren, oder unterwegs bestohlen werden. Der Khan gehorchte auf das schleunigste,
machte die Reise in der vorgeschriebenen Zeit, und kam mit
einem Kiurour, und zehen Leuks Roupien, wieder zurück, welche er dem Schatzmeister des Königs einhändigte.

Zu gleicher Zeit ward Murid Khan nach Bengalen ge-
sendet, die Steuercassa dieses Landes mitzubringen.
Nizam-ul-Mulk, der Vezir, und Khan Devran, hatten einen Kiurour Roupien für die Kriegscassa empfangen,
als sie aus der Hauptstadt abgiengen, gegen Nadir Chah
zu marschiren. Hierüber zog er die beyden ersten zur Rechenschaft, und nöthigte sie ihm zwanzig Leuks zu bringen.
Hernach befahl er ihnen aus ihren Statthalterschaften, sowohl
ihre eigenen, als die dem Kaiser zuständigen Gelder, kommen zu lassen.

Nizam-ul-Mulk wuste sich aber mit List aus dieser
Verlegenheit zu helfen. "Ihre Majestät wissen, sagte er zu
ihm, daß ich gänzlich zu Ihren Diensten bin, und Ihnen
jederzeit die Wahrheit hinterbracht habe: daher hoffe ich
auch,

auch, daß Sie mir werden die Gerechtigkeit wiederfahren laßen, demjenigen was ich Ihnen jeßo melde, Glauben beyzumeßen. Als ich von Dekien abgieng, machte ich meinen Sohn daselbst zum Lieutenant, und überlies ihm alle Güter, die ich dort besaß. Es ist jedem bekannt, daß er nicht mehr unter mir stehet, und ich ihn unmöglich wieder zum Gehorsam bringen kann. Blos Ihre Person wird al, so in Stand seyn denselben zu bezwingen, und auch die Radjas von Dekien, welche sich alle empöret haben, wieder unter das Joch zu bringen. Außer den Schätzen welche mein Sohn gesammlet hat, können Sie auch starke Scha, tzungen von diesen Radjas erheben, welche nach keinen Befehl mehr, etwas fragen.„

Nadir Chah sahe die unter dieser Antwort verborgene List wohl ein: da er aber den Nizam-ul-Mulk noch brauch, te, beschloß er sich zu verstellen, und erwähnte des Schatzes von Dekien nicht mehr. Dem Vezir wurde aber härter be, gegnet. Der König wuste, daß er sehr reich war, und wollte ihn daher durch Drohungen schrecken, um Geld zu erpreßen, welches doch nichts half. Er ließ des Vezirs Secretair kommen, überhäufte ihn mit Scheltworten, und befahl, daß er seine Rechnung vorlegen sollte. Es führete aber derselbe unterschiedliche Ursachen an, wodurch er diese Foderung von sich abzulehnen glaubte. Nadir Chah ließ ihm ohne darauf zu achten, sogleich ein Ohr abschneiden, und den Vezir an die Sonne stellen: welche Art der Bestrafung in den heißen Ländern üblich ist. Durch dieses Mittel erpreßete er einen Kiurour Roupien, ohne die vielen Edelsteine und Elephan, ten zu rechnen. Den Secretair hingegen tarirte er auf eine große Summe Geld, und übergab ihn dem Serbulos Khan,

mit

mit Befehl solchen so lang zu peinigen, bis er bezahlet hätte: er befreyete sich aber von dieser Plage durch Gift.

Nadir Chah verschonete sogar nicht einmal der Herren welche todt waren. Er legte Soldaten in die Palläste des Musaffer Khan, des Mirflu, und der übrigen Gefährten des Khan Devran, die zu Kiernal gegen ihn gefochten hatten, und erpressete einen Kiurour Roupien, von ihren Erben. Unterdessen war die Stadt von den Kiulah-pouches dergestalt eingeschlossen, daß nichts weder hinein noch heraus kommen konnte. Wenn auch allenfalls jemand von den Einwohnern entflohe, um den Bedrängungen zu entgehen, fiel er ihnen unfehlbar in die Hände, und wurde ohne Barmherzigkeit umgebracht. Es fehlete bald an Lebensmitteln. Der Abar Getraid wurde nm eine Roupie verkauft, und es verhungerten viele Leute.

Unterschiedliche Fremde wollten lieber Gefahr laufen, von dem Nadir Chah übel empfangen zu werden, als auf diese Art umkommen. Sie warfen sich ihm miteinander zu Füßen, und baten mit weinenden Augen um Brod. So unmenschlich auch dieser Fürst war, ließ er sich dennoch durch das Flehen dieser Unglücklichen erweichen, und erlaubte ihnen, sich in die Gegend von Ferid-abad zu begeben, und daselbst Getraid zu ihrem Unterhalt zu holen, zugleich verbot er den Kizilbaches sie zu beunruhigen. Diese Fremden benutzten die ihnen zugestandene Freyheit, kauften Lebensmittel, und trugen solche in Ermanglung eines Fuhrwerkes, auf den Köpfen nach Haus.

Alsdann

Alsdann ließ sich Nadir Schah den Kaiserlichen Schatz, und die Kleiderkammer auffperren, welche unter etlichen Regierungen nicht waren angegriffen worden. Er nahm daraus Jubelen, Gold, Silber, reiche Stoffen, und kostbares Geräth, unter andern auch den Pfauenthron, der auf neun Kiurours geschätzet wurde, und schickte alles mit guter Bedeckung nach Kiabul.

Hierauf brachte er unterschiedliche Tage, sich von den Beschwerlichkeiten des Kriegs zu erholen, mit Spazierfahrten, und Gastmahlen zu, wo das köstlichste was nur in Indien anzutreffen war, aufgetragen wurde.

Die schönen Gebäue und andere Kunstwerke zu Dilli, gefielen ihm sowohl, daß er auch in Persien dergleichen wollte machen laffen. Zu dem Ende suchte er Baumeister, Schreiner, Bildhauer, und andere geschickte Künstler aus, welche er mit den Schatz nach Kiabul sendete, und befahl, ihnen alles nöthige in Ueberfluß zu liefern. Ja, er wünschte überdieses, daß man sie auf das geschwindeste nach Persien bringen möchte, und einige dazu gebrauchet würden eine Festung und Stadt, wie Schah Dzihan - Abad war, an den ihnen vorgeschriebenen Platz zu bauen, die übrigen hingegen sollten unterdessen an andern Werken arbeiten. Er bestimmte auch hernach in der That, nahe bey Hemedan einen Platz, wo diese Stadt sollte hinkommen, und Nadir - Abad genennet werden: allein die immerwährenden Kriege, worinnen er seit seiner Zurückkunft verwickelt war, erlaubten ihm nicht dieses Vorhaben auszuführen. Der Nachkommenschaft ein Andenken seiner Eroberung zu hinterlassen, ließ er zu Dilli goldene und silberne Münzen schlagen, womit er seine

Truppen

Truppen bezahlte. Man hat mich versichert, daß auch zu
Surate und Bengalen unter seinen Namen dergleichen sind
geschlagen worden. Einige von diesen Münzen hatten folgende Umschrift:

Sultan der Selatini Dgihan Chah Chahan Nadir Iran
Zeman.

Das ist: Der Fürst aller Fürsten in der Welt, der
König der Könige, das Wunder von Persien, und des
Zeitalters.

Es wurde mir aber gesagt, daß sie in der Hauptstadt
nicht wären gangbar gewesen, und allen Ansehen nach, waren sie es auch in beyden übrigen Ländern nicht häufig.

Vier und vierzigstes Kapitel.

Nadir Chah begehret bey Muhammed Chah eine
Prinzeßin von Geblüt für seinen Prinzen Nasrullah Mirza, und nöthiget ihn dem neuvermählten Paar unterschiedliche Provinzen von
Indien, förmlich abzutretten.

Als Nadir Chah alle Große des Hofes ausgescheelet, und
sich des Kaiserlichen Schatzes bemächtiget hatte: ließ
er bey Muhammed Chah eine Prinzeßin von Geblüt,
Kiambascha genennt, für seinen Sohn Nasrullah Mirza
verlangen,

verlangen, welche ihm der Kaiſer nicht abzuſchlagen trauete. Das Beylager wurde wie gewöhnlich, den ſieben und zwanzig, ſten des Zil - hadge, (oder Märzmonaths), vollzogen : aber kein Hochzeitmahl, oder ſonſt eine bey dergleichen Gelegen, heiten übliche Luſtbarkeit angeſtellet.

Es hatte aber Nadir Chah bey dieſer Vermählung, nicht bloß die Ehre der Verwandtſchaft vor Augen: da er bey Eroberung dieſes weitläuftigen Reichs, allzu viel Schwie, rigkeiten voraus ſahe, ſelbſt die Unmöglichkeit ſolches zu be, haupten, wollte er ſich doch wenigſtens eines Theils von Indien verſichern. Den Tag nach den Beylager, befahl er dem Nizam - ul - Mulk, dem Kaiſer Namens ſeiner zu ſa, gen, daß er die Provinz Kiabul, nebſt allen jenſeits des Stroms Etek gelegenen Landſchaften Indiens, den neuvermählten abtretten müſte, welches Nizam - ul - Mulk dem Muhammed Chah vortrug.

Da er nun gezwungen war, der Gewalt zu weichen, begab er ſich ſeines Rechts auf dieſe Provinzen, durch einen von ihm ſelbſt unterſchriebenen, und mit ſeinem Siegel be, ſiegelten Aufſatz, der in folgenden Ausdrücken abgefaſſet war.

Als der Fürſt aller Fürſten, und König aller Könige, der Schatten Gottes auf Erden, und Beſchützer des Islam, (oder wahren Glaubens), der zweyte Alexander, der mäch, tige König Nadir Chah, dem Gott eine lange Regierung verleihe, vorher Geſandten an mich, der ich vor dem Thron Gottes niederfalle, geſchicket hat, habe ich befohlen, die Geſchäfte weshalben ſie gekommen waren, auszumachen. Der nämliche hat ſeitdem von Kandahar den Turkman Mu
hammed

hammed Khan, als Gesandten an mich abgefertiget, mich an seine Foderungen zu erinnern: meine Minister haben ihn aber aufgezogen, und die Vollstreckung meiner Befehle zu vereiteln gesuchet. Dieses schlechte Betragen derselben, hat Mißverständniß zwischen uns hervorgebracht, und den Nadir Chah genöthiget, mit einer Armee nach Indien zu kommen. Meine Generale haben ihm bey Kiernal ein Treffen geliefert, worinnen er Sieger geblieben ist. Diese Begebenheit hat Unterhandlungen veranlasset, welche durch eine Zusammenkunft so ich mit ihm gehabt habe, sind geendiget worden. Dieser große König ist hierauf mit mir bis nach Chah Dgihan-Abad gekommen, wo ich ihm meine Reichthümer, Schätze, und mein ganzes Reich angebotten habe: er hat aber solches nicht völlig annehmen wollen, sondern sich nur mit einem Theil begnüget, und mich in den Besitz der Krone und des Reichs, wie ich es vorher war, gelassen. In Betracht dieser Großmuth, habe ich ihm alle, dem Strome Etek, dem Sind (1), und dem Nale-Senguere,

---

1) Der Indus-Sind, nach einen Sohn des Ham, dem Sohn Noah genennt, wie die Morgenländer wenigstens behaupten, hat diesen letztern Namen dem Land Sind gegeben, welches gegen Westen an Mekran, und die Wüste Sibgistan, Südwärts an das Meer, gegen Osten an Gutcherat, und Nordwärts an die Landschaften Tibet, Kichemir, und Kiaboi gränzet. Die darinnen befindlichen Städte, und andere Wohnplätze, lie, gen meistens dem Strom Mehran gegen Westen, darunter folgende die beträchtlichsten sind.

.

Debat,

guere, der ein Arm davon ist, gegen Abend gelegene Landschaften, abgetretten: das ist Pschaiver, Kiabul, und

Gain in

Deboul, eine berühmte Handelsstadt an dem Seeufer,
liegt, wie der türkische Erdbeschreiber meldet, unter den hundert und ersten, einen halben Grad der Länge, und zwey
und zwanzigsten einen halben der Breite. Ebul-Feda
nennet solche Deibul, und setzet sie nach Ibni-Said, und
den Kanon, unter den zwey und neunzigsten Grad, ein und
dreßig Minuten der Länge, und vier und zwanzigsten Grad
zwanzig Minuten der Breite; nach den Etvals aber, unter
den zwey und neunzigsten Grad, dreßig Minuten der Länge,
und fünf und zwanzigsten Grad, zehn Minuten der Breite:
wobey er noch anmerket, daß es ein kleiner Seehaven, sechs
Tagreisen von Mansoure, und vier von Teroun, sey. Lahuri,
ein heutzutag beträchtlicher Haven in diesem Land, liegt zwo
Tagreisen Ostwärts von Deboul, und von dem Ort da sich
ein Arm des Indus in das Meer stürzet. Der, so Tete gegen Westen lauft, fließet diesem Haven Südwärts, wo die
Meeresfluth das Wasser gesalzen machet. Der türkische Erdbeschreiber setzet Lahuri unter den hundert und zweyten, einen
halben Grad der Länge, und zwey und zwanzigsten, einen
halben der Breite.

Mansure, welches der türkische Erdbeschreiber unter den
hundert und fünften, einen halben Grad der Länge, und fünf
und zwanzigsten, einen halben der Breite. Ibni-Said
unter den fünf und neunzigsten Grad, vierzig Minuten der
Länge, und fünf und zwanzigsten Grad, sieben und vierzig
Minuten der Breite. Die Etvals, und der Kanon, unter
den fünf und neunzigsten Grad, vierzig Minuten der Länge,
und sechs und zwanzigsten Grad, dreßig Minuten der Breite.

Si

Gaznin, das von den Afganen bewohnte Kiouhistan, die Gegenden und Kastelle von Delier, Selier, und Khuda Abad,

---

Sie ist ziemlich groß, und liegt auf einer durch den Mehran formirten Insel. Es wachsen daselbst Datteln, Zuckerrohr, und eine Frucht Pemonne genennt, die so groß als ein Apfel, und sehr bitter ist.

Multan, welche nach dem türkischen Erdbeschreiber, unter dem hundert und siebenten, einen halben Grad der Länge, und neun und zwanzigsten, einen halben der Breite, nach dem Etvald, und Kamon, unter den sechs und neunzigsten Grad, fünf und zwanzig Minuten der Länge, und neun und zwanzigsten Grad, vierzig Minuten der Breite liegt, hundert und sechzig Meilen Südwärts von Gazne. Der Tchenchav läuft eine Stunde gegen Süden an dieser Stadt vorbey, und fließet Westwärts nach Outche. Man siehet zu Multan die Figur einer Mannspersson, die auf einen Stuhl sitzet, und die Beine unterwärts übereinander geschlagen hat. Seine Augen bestehen aus zween Edelsteinen, die Indianer haben große Hochachtung dafür, und Wallfahrten dahin.

Deirel-Jsmail-Khan, liegt an den Indus, in einer Ebene, zwo Tagreisen unter Pilouton. Deirel-Fethi-Khan ist an eben diesen Strom, zwo Tagreisen weiter unten.

Sitpar, diese Stadt liegt un'er den hundert und siebenten Grad der Länge, und neun und zwanzigsten, einen halben der Breite, drey bis vier Tagreisen niedriger, als Deirel-Fethi-Khan, an dem Ufer des Indus, der an dieser Stadt Südwärts vorbeylauft.

Outcheiche

Abad, die Länder der Tschoukis, (oder Scythen), Boludgen, und anderer, mit ihren Städten, Festungen, Dörfern,

Aa 5

und

Outchetche, eine andere Stadt unter der nämlichen Länge, und dreyßigsten Grad der Breite, ist dem Indus gegen Osten und Süden. Siiper gegen über, drey Tagreisen Westwärts von Multan. Der mit den Rubah vereinigte Tchenhav, fället eine halbe Tagreise davon, gegen Süden in den Indus.

Bavela, ist die vornehmste Stadt in der Landschaft Multan, unter den hundert und sechsten Grad der Länge, und acht und zwanzigsten der Breite, zwischen den Indus der hier vorbey läuft, und Multan, drey Tagreisen von Outchetche. Metile ist eine Tagreise gegen Abend, von dem Strom entfernt.

Peckter, die ehemalige Hauptstadt und Residenz der Könige dieses Landes, unter dem hundert und fünften, einem halben Grad der Länge, und vier und dreyßigsten der Breite, liegt auf einem Hügel, den der Indus umfließet. Die Stadt Loucheri, welche ein Kastell hat, ist nicht weit davon entfernt, an den mittägigen Ufern dieses Stromes. Sekier ist ein Kastell an dessen mitternächtigen Ufer, und Oekier eine Stadt vier Meilen von Peckter.

Die Einwohner dieses Landes sind den Indianern gleich, einige Götzendiener, andere Medjousis oder Magier, und wieder andere Mahomedaner. Uebrigens sind sie den Arabern ähnlich, anstatt daß die von Mekran, (a) mit ihren Nachbarn überein kommen.

(a) Mekran, eine Persische Provinz, die Westwärts an Kirmen

und was dazu gehöret. Diese sollen künftighin einen Theil
seines Königreichs ausmachen. Meinen Statthaltern und
Beam-

man, gegen Süden an das Meer, Ostwärts an den
Sind, und gegen Norden an Achenaguir, Khaft, und
Zabliftan gränzet, ist zwar sehr groß, aber meistens unbewohnet. Ihre Einwohner haben viele Aehnlichkeit mit
den Kurden: reden Persisch, tragen baumwollene Kleider, nebst Turbans, und legen sich auf die Handlung.
Dieses Land enthält unterschiedliche Städte und Kastelle.

Guie, die Hauptstadt in Mekran, ist groß, und
liegt dem türkischen Erdbeschreiber zufolge, unter den sechs
und neunzigsten Grad der Länge, und sieben und zwanzigsten, einen halben der Breite, zwischen Gebirgen, wovon sie Süd und Nordwärts umgränzet wird. Durmuz ist
zehn Tagreisen gegen Westen, und Kidge eben so weit,
Ostwärts davon entfernt. Diese letztere Stadt ist befestiget, und größer als Haleb, unter den zwey und neunzigsten, einen halben Grad der Länge, und sieben und
zwanzigsten, einen halben der Breite. Der Strom
Nebent fließet neben seinem Kastell vorbey, welches auf
der andern Seite einen Felsen hat, dem sehr schwer beyzukommen ist. Nordwärts der Stadt sind Gebirge und gegen Süden eine Wüsteney, die sich von hier bis an das
Meer, zehen Tagreisen weit erstrecket.

Dizek ist eine andere Stadt in Mekran, unter den sieben und neunzigsten, einen halben Grad der Länge, und
neun und zwanzigsten, einen halben der Breite. Ein
so großer Strom als der Orontes, fließet neben vorbey,
und kommet von Norden. Guie ist zehen Tagreisen zwischen Westen und Süden davon entfernet, und Djal drey
gegen Osten. Dieses letztere ist eine Stadt und Kastell,
unter den acht und neunzigsten, einen halben Grad der
Länge, und neun und zwanzigsten, einen halben der
Breite. Ein starker von Westen und Norden herkommen-
der

Beamten verbiete ich aber, sich auf irgend eine Art, um die Landschaften jenseits des besagten Stromes, zu bekümmern.

---

der Fluß, lauft an dieser Stadt Nordwärts vorbey, und stürzet sich Pentchepour gegen Mitternacht in das Meer, welche Stadt unter den acht und neunzigsten, einen halben Grad der Länge, und sechs und zwanzigsten, einen halben der Breite liegt.

In der Provinz Mekran sind aber folgende Ströme. Der Nedenk, welcher so groß ist als der Nil, und von Gazne, Erkioub, und Bedahchan herkommt. Er lauft Kldge gegen Osten, hierauf Südwärts Daren, und wendet sich nach Mend, unter den sechs und neunzigsten Grad der Länge, und sechs und zwanzigsten, einen halben der Breite. von da er seinen Lauf gegen Süden richtet, und zwo Tagreisen Westwärts von Kievadie, bey einen Ort Destiari genennt, in das Meer fället.

Der Kiourkieul, welcher aus der Gegend von Navel kommt, welches unter den neun und neunzigsten Grad der Länge, und dreysigsten der Breite liegt. Er lauft Dironjabad gegen Osten, unter den sechs und neunzigsten einen halben Grad der Länge, und sieben und zwanzigsten, einen halben der Breite: Westwärts von Pichin, unter den sechs und neunzigsten, einen halben Grad der Länge, und sieben und zwanzigsten der Breite, und flieset gegen Westen und Süden, unter den Namen Sourtingulour. Nachdem er viele Landschaften durchströmet hat, stürzet er sich in das Meer, bey Tiz, einen Haven in Mekran, acht Tagreisen von Hurmus, wenn man den Weg zu Land nimmt, und acht zur See. Ebul-Feda irret sich, wenn er berichtet, Tiz liege an dem Ufer des Mehran: dieser Strom ist sehr weit davon entfernt. Andere behaupten, der Kiourkieul empfange auch das Wasser von Kiechel, welches Kastell unter den sechs und neunzigsten Grad der Länge, und acht und zwanzigsten, einen
nen

mern. Da hingegen die übrigen Städte und Festungen, welche sich gegen Morgen dieses Stromes, ingleichen des Sinds,
und Nale Senguere, befinden, wie vorher, zu den Indianischen Reich gehören sollen. Geschehen zu Chah Dgihan
Abad, den vierten des Monaths Muharrem, in Jahr
der Hegire eilf hundert zwey und funfzig, (welches auf den
Monat April, siebzehnhundert neun und dreysig, fället.)

<hr />

nen, halben der Breite liegt, und falle endlich zwischen Khu-
dar und Dichin in das Meer von Hurmus.

Der Klourkies, entspringet Ostwärts von Sipavend,
welcher Flecken unter den acht und neunzigsten Grad der
Länge, und neun und zwanzigsten, einen halben der
Breite, liegt. Er fließet Dizel, Kichel, Tentchepour, Gaie, und gegen Westen Kasritiund vorbey,
unter den sechs und neunzigsten Grad der Länge, und sechs
und zwanzigsten einen halben der Breite, wo er sich
mit den Gouringuiour vermenget, und bey Tiz in das
Meer von Hurmus lauft.

Der Makichid, der von Sajne herkommt, wendet
sich alsdann auf Navel, und Djai, Ostwärts Tentchepour,
und eine Tagreise, Kidge gegen Westen. Nachher wird er
bey Ejan mit den Nohenl vermischet.

<hr />

Fünf

Fünf und vierzigstes Kapitel.

Nadir Chah erpresset auf die grausamste Art, ohne jemand zu verschonen, große Geldsummen von den Einwohnern zu Dilli.

Als Nadir Chah durch diese Abtheilung, diejenigen Provinzen von Indien, welche ihm an gelegensten waren, in seiner Gewalt hatte: dachte er bloß darauf, so viele Reichthümer, als ihm nur möglich war, mit fortzunehmen. Die, welche er schon zusammen gebracht hatte, waren zwar sehr beträchtlich, seine Begierde aber dennoch nicht dadurch gesättiget. Er befahl dem Nizam-ul-Mulk, dem Vezir, dem Serbulend Khan, und Azimallah Khan, unter den Titel eines Geschenkes, von allen Umeras, vornehmen und geringern, desgleichen auch von den Einwohnern der Stadt, ohne jemand zu verschonen, nach Beschaffenheit der Vermögens Umstände eines jeden, Geld zu fodern, und solches in seinen Schatz zu hinterlegen. Damit sie nun desto mehr Sorgfalt und Fleiß in Vollziehung dieses Befehls anwenden möchten, gab er ihnen den Mustapha Khan, seinen zweyten Vezir, und den Tahmas Vekil zu Aufsehern mit: indem ihm die gewaltthätige und grausame Gemüthsart dieser beyden Männer, bekannt war.

Die vier Umeras, denen wider Willen ein so verhaßtes Amt aufgetragen war, ließen alle Große, sowohl Muselmänner, als Abgötter, zusammen kommen, machten ein genaues Verzeichniß aller Häuser in der Stadt, und schrieben die Namen derjenigen auf, die zu bezahlen in Stand waren, welche sie insgesamt auf einen Kurour, und funfzig Leuk
Roupiea,

Roupien schätzten, und die Liste dem König überbrachten.
Diese Summe schien ihm in Betracht des Geschenkes, welches ihm Seadet Khan versprochen hatte, allzu gering zu
seyn. Er ward zornig, und überhäufte die dazu verordneten
mit Scheltworten. Sie stelleten ihm den Verlust vor, welchen die Stadt sowohl durch das Feuer, als die Plünderung
erlitten hatte, und setzten hinzu, daß man ohne große Bedrü-
ckung unmöglich eine größere Summe auftreiben könnte. Nadir Chah wurde ganz rasend, und verlangte daß man unverzüglich die vier Kiurours, welche ihm von Seadet Khan waren versprochen worden, herbey schaffen sollte.

Die in Furcht gejagten Commissairs, theilten die verschiedenen Quartiere der Stadt unter einander, wohin sie Einnehmer schickten, welche dieseSchatzung mit der äußersten Strenge eintrieben. Es wurde von jeden seine Steuer besonders ge-
fodert, ohne zu untersuchen ob er bezahlen konnte oder nicht.
Ja, selbst für diejenigen Personen, welche durch ihre Geburt
oder Rang, von den übrigen unterschieden waren, wurde so
wenig Achtung bezeiget, daß verschiedene unter der ihnen an-
gethanen Marter den Geist aufgaben. Kurz, die Grausamkeit wurde so hoch getrieben, daß sich eine große Anzahl von
den Einwohnern der Stadt, da sie ein zweytes Blutbad be-
sorgten, auf die Flucht begaben, ihr Leben und ihre Ehre
zu retten.

Ein so unvermutheter, als glücklicher Zufall, rettete den
größten Theil dieser Flüchtlinge. Beden-Sengue-Djat,
der heydnische Statthalter von der Provinz Ekber-abad,
hatte nämlich erfahren, wie sehr die Hauptstadt von Nadir
Chah bedräugt wurde, und fünf bis sechs tausend Reuter zusammen gezogen, womit er die ganze Landschaft, von Ferid-
abad, bis sechs Meilen gegen Dilli bedeckte. Seinen Trup-

pen hatte er befohlen, alle Kizilbaches, welche von dieſer Seite herkämen, niederzumachen, und die Einwohner der Hauptſtadt, welche da anlangten, in Schutz zu nehmen, und ſie
nach Ferid-abad, und andere ſichere Orte zu bringen. Auf
dieſe Nachricht verbot Nadir Chah den Kizilbaches, die Einwohner welche ſich gegen Ferid-abad hinwendeten, zu verfolgen: daß folglich alle diejenigen, ſo das Glück hatten von
den Truppen dieſes Statthalters aufgefangen zu werden, Lebensmittel und Reitpferde bey ihnen bekamen. Sie begaben
ſich daher ohne Furcht von den Kizilbaches beunruhiget zu
werden, nach Ekber-abad, Kirman, und wohin es ihnen
ſonſt beliebte.

Unterdeſſen fuhren die Einnehmer in ihren Erpreſſungen
fort. Sie öffneten mit Gewalt die Häuſer, durchſuchten und
wühlten jedes herum, in Hoffnung verborgene Schätze zu finden, und bemächtigten ſich alles, es mochte Silber oder anderes Geräth ſeyn, verſchoneten auch weder Wittwen noch
Waiſen. Durch dieſe Gewaltthätigkeiten, brachten ſie drey
Kiurours Roupien zuſammen, wovon ſie zwey und ſechzig
Leuks in den Schatz des Nadir Chah lieferten, und das übrige für ſich behielten.

Bey Erblickung ſo vieler Grauſamkeiten, überreichte
ein Derwich aus Mitleiden gegen dieſes unglückliche Volk, dem
Nadir Chah ein in folgenden Ausdrücken abgefaßtes Schreiben; „So du Gott biſt, handle als ein Gott; biſt du aber
ein Prophet, ſo führe uns den Weg des Heils; und mache
wenn du ein König biſt, die Völker glückſelig, ſtürze ſie aber
nicht in das Verderben.,, Worauf Nadir Chah antwortete:
„Ich bin weder Gott, um als Gott zu verfahren, noch ein
Prophet, um den Weg des Heils zu zeigen, oder König, um
die Völker glücklich zu machen: ſondern derjenige, den Gott
                                                              gegen

gegen solche Nationen sendet, denen er seinen Zorn will empfinden laffen.,,

Es hatte auch in der That das Ansehen, als hätte sich
Gott dieses außerordentlichen Mannes bedienen wollen, die
morgenländischen Fürsten zu bestrafen, welche durch ihr wollüstiges Leben, und schlechte Regierung, zu seiner Hoheit den Weg
gebahnet haben. Bis daher waren ihm die meisten Unternehmungen gelungen, und bey seinem Heer, ob es schon aus
mancherley Völkern, und zusammengeraffeten Leuten bestund,
herrschete eine solche Subordination, daß niemals die gering-
ste Empörung darunter wahrzunehmen war. Wiewohl auch
die strengen Bestrafungen, so über diejenigen ergiengen, welche das Unglück hatten, etwas zu versehen, die übrigen in
Zaum hielten, und furchtsam machten. Nasen und Ohren
abschneiden waren die gelindesten Strafen: das Augen aus-
stechen, auf den Tod prügeln, erdroßeln, und die Auffspal-
tung des Bauchs, geschahe bey großen Verbrechen. Rang,
Geburt, und selbst die geleisteten Dienste, schützten niemand
für seiner Strenge.

So waren die Angelegenheiten des Nadir Chah in Indien beschaffen, als ich Ispahan verließ. Ich setze nunmehr
die Nachricht von meinen Reisen fort, und werde nach der
Zeit Ordnung, die weitern Begebenheiten von dem Feldzug
dieses Königs bis zu seiner Rückkehr nach Persien, mit anführen.

Ende des ersten Bandes.